四川大學中國俗文化研究所
四川大學漢語史研究所

# 漢語史研究集刊

（第二十八輯）

語言學·漢語類CSSCI來源集刊

俞理明 雷漢卿◎主編

四川大學出版社

項目策劃：黃蘊婷
責任編輯：歐風偃
責任校對：黃蘊婷
封面設計：嚴春艷
責任印製：王　煒

**圖書在版編目（CIP）數據**

漢語史研究集刊．第二十八輯 / 俞理明，雷漢卿主編．— 成都：四川大學出版社，2020.6
ISBN 978-7-5690-3736-4

Ⅰ．①漢… Ⅱ．①俞… ②雷… Ⅲ．①漢語史—研究—叢刊 Ⅳ．①H1-09

中國版本圖書館 CIP 數據核字（2020）第 087734 號

**書名　漢語史研究集刊（第二十八輯）**
Hanyushi Yanjiu Jikan(Di-Ershiba Ji)

| | |
|---|---|
| 主　　編 | 俞理明　雷漢卿 |
| 出　　版 | 四川大學出版社 |
| 地　　址 | 成都市一環路南一段 24 號（610065） |
| 發　　行 | 四川大學出版社 |
| 書　　號 | ISBN 978-7-5690-3736-4 |
| 印　　刷 | 成都金龍印務有限責任公司 |
| 成品尺寸 | 185mm×260mm |
| 印　　張 | 22.75 |
| 字　　數 | 476 千字 |
| 版　　次 | 2020 年 6 月第 1 版 |
| 印　　次 | 2020 年 6 月第 1 次印刷 |
| 定　　價 | 98.00 圓 |



◆ 讀者郵購本書，請與本社發行科聯繫。
電話：(028)85408408/(028)85401670/
(028)86408023　郵政編碼：610065
◆ 本社圖書如有印裝質量問題，請寄回出版社調換。
◆ 網址：http://press.scu.edu.cn

四川大學出版社
微信公眾號

# 目 録

# 漢文佛典中虚词複音化现象*

## ——以介詞複音化為例

董志翘

**提　要**：在漢文佛典中，一則因為受當時流行文體的影響，一則因為便於記憶念誦，譯師與僧人們大量採用四言（偈頌部分則常為五言、七言）句型，有時在文句三缺一（或偈頌中文句五缺一、七缺一）的情況下，為了追求形式的整齊，譯師們常用加以助詞（或詞綴）或同義連文的方法將一個單音節詞改成雙音節。這一現象，在實詞組合方面司空見慣，至於虛詞，亦並非鮮見。但以往學界經常提到的是一些副詞（如登即、鎮常、頗甚、皆復、必自等），其實，一些單音節介詞、連詞也常有增為雙音的用法：介詞如"為於""由於""因於""以於"；"以因""因以""以由""由以""以緣""緣以""以用""用以""逮至""逮及""階緣"（連詞如"且而""然雖""及以""及與""並及"等等，本文略），這樣的用法很少見於中土文獻，具有明顯的譯經文體風格，故略作描寫，並進一步分析其形成的原因及途徑。同時，也簡單談一下漢譯佛典中比較特殊的由"複音介詞"構成的框式介詞。

**關鍵詞**：漢文佛典；介詞；複音化；框架

## 一、關於"介詞＋於"的複音化形式

### （一）【為於】

在文言中，介詞"為"的主要功能，一般是"介進動作行為的施行者"，相當於"被"（《論語・子罕》："不為酒困，何有於我哉?"）；"介進動作行為的原因"，相當於"因為"（如：《荀子・天論》："天行有常，不為堯存，不為桀亡。""介進動作行為的對象、目的"，相當於"替""對"等（《莊子・養生主》："庖丁為文惠君

* 基金項目：国家社科基金重点项目"中古汉语虚词研究及中古汉语虚词词典编撰"（18AYY020）；江苏省高校哲学社会科学优秀创新团队建设项目"融合人文－教育－科技－康复的语言学交叉创新研究"（2017STD006）。

解牛。”陶潛《桃花源記》：“不足為外人道也。”）。在漢文佛典中，介詞“為”的功能大體相同，而不同的是，出現了某些雙音節的形式，如“為於”：

**1. “為於”介進動作行為的施行者，相當於“被”**

（1）東晉法顯譯《大般涅槃經》卷 2：“兄弟二人在此而耕，同時為於/霹靂所殺，及以四牛/亦皆俱死，云何世尊/而不覺知？”（T01—198a[①]）

（2）失譯《別譯雜阿含經》卷 1：“若見於彼/提婆達多，為於利養/之所危害，宜應捨棄/貪求之事，審諦觀察，當作是解，莫貪利養。”（T02—374c）

（3）姚秦鳩摩羅什譯《大樹緊那羅王所問經》卷 2：“此諸精進/從寂靜生，身心寂靜住，無出無入，無上無下，為於無生/無起所攝。”（T15—377a）

（4）元魏般若流支譯《正法念處經》卷 16：“一切眾生癡所欺，為於愛染之所縛，將至世間嶮難道，老死惡濟恐怖處。（T17—91b）

（5）同上《正法念處經》卷 31：“其人為於/影鬼所執，寧捨自身，不害影鬼，不以毒藥/置於影中，恐害鬼命，雖知方便/而不殘害。”（T17—183a）

（6）同上《正法念處經》卷 61：“此諸眾生/云何為於/自業所誑？由心怨家/之所造作，得不可喻/種種大苦。”（T17—360a）

（7）同上《正法念處經》卷 65：“復次，修行者內身循身觀。彼以聞慧或以天眼見：少力蟲住在身中，此蟲食髓，若髓不足，蟲則無力，蟲無力故，人亦無力。復有餘蟲，亦食人髓，為於強蟲/之所陵逼，人則苦惱。觀無力蟲已，如實知身。”（T17—387c）

（8）同上《正法念處經》卷 67：“如是比丘/觀於頭中/有十種蟲/為風所殺：一名頂內蟲，為足甲風/之所殺害；二名腦內蟲，為於兩足傍風之所殺害；三名髑髏骨蟲，為不覺風/之所殺害；四名食髮蟲，為破骨風/之所殺害；五名耳內行蟲，為行蹈地風之所殺害；六名流涕蟲，為於跟風/之所殺害；七名脂內行蟲，為破脛風/之所殺害；八名交牙節蟲；九名食涎蟲，為破足腕節風之所殺害；十名食齒根蟲，為破髀骨風之所殺害。”（T17—396c）

（9）蕭齊求那毘地譯《百喻經》卷 4：“凡夫錯解，便求世界有邊無邊及以眾生有我無我，竟不能觀/中道之理，忽然命終，為於無常/之所殺害，墮三惡道，如彼愚人/推求摩尼/為他所害。”（T04—557a）

（10）高齊那連提耶舍譯《月燈三昧經》卷 8：“王即問：‘汝割身時，不甚為於苦逼惱？汝速備藥自塗瘡，勿令身將受大苦。’”（T15—601a）

---

① 本文所引佛典文獻標注格式為：“T”指《大正新修大藏經》，臺北：新文豐出版公司 1975 年影印本；“X”指《卍新纂續藏經》，臺北：新文豐出版公司 1980 年影印本，“—”前後的數字分別表示冊數和頁數，a，b，c 分別表示上、中、下欄。

(11) 隋闍那崛多譯《佛本行集經》卷 1："自口稱言：'稀有世尊！願我當來/得作於佛，十號具足，還如今日/善思如來，為於大眾/聲聞人天/恭敬圍繞，聽佛説法/信受奉行，一種無異。'"(T03—656b)

(12) 唐不空譯《大方廣如來藏經》卷 1："彼善男子、善女人，為於煩惱/之所淩沒，於胎藏中有俱胝百千諸佛，悉皆如我。"(T16—461c)

以上句中"為於……（之）（所）V"構成被動句式。在传统文言中"為……（之）（所）V"句型之"為"介進動作行為的施事者，而在漢文佛典中，"於"經常用於介詞與賓語之間。

正如許理和谈到汉文佛典中的"於"时所云："'於'很常見。它通常按傳統的用法使用，既可以放在主要動詞前面處於狀語的地位，'於空中作樂。'（T. 224—477. 1）也可以放在動詞後面，表示處所和方向。（董按：應加上"介進動作行為的施事者"）但在很多情況下放在動詞後面的'於'作用已經減弱為一般的'賓語助詞'，把直接賓語介紹給主要動詞。'雨於天華。'（T. 624—351. 1）'降服於魔。'（T. 224. 476. 3）'讒溺於人'（T. 350. 189. 3）……應當指出，在標準的文言中象'降服於魔''讒溺於人'這樣的結構必須解釋為被動式（被魔降服，被人讒溺），但是，在佛經譯文中由於'於'的作用已經減弱，就不會產生這種歧義，因為在這些篇佛經中沒有用'於'來表示被動的，'於'的這一種傳統用法顯然已經在口語中消失了。"（参 E. Zurcher，1987）許理和很敏鋭地觀察到漢文佛典中"放在動詞後面的'於'作用已經減弱為一般"賓語助詞"，把直接賓語介紹給主要動詞"的現象①，但未言及這類"於"也經常放在某些介詞與直接介詞賓語之間，把直接介詞賓語介紹給介詞的用法②。其實，大多的介詞是由動詞虛化下來的，因此動詞這一特點很自然地投射了過來，於是，"於"也用於介詞與賓語之間，以"為於＋賓語"組成一個介詞詞組，置於動詞之前，修飾限制動詞。此處則形成"為於……（之）（所）V"的被動句式。

**2. "為於"介進動作行為的原因，相當於"因為"**

(1) 吳支謙譯《撰集百緣經》卷 5："尋自觀察：'緣兒比丘/為於我故，設諸餚饍/請佛及僧，免餓鬼身，得來生天，我今當還/報佛世尊/及比丘恩。'"(T04—225b)

(2) 後秦鳩摩羅什譯《大莊嚴論經》卷 2："如斯之樂，正為現身/信心之寶，為於累世，於人天中/財寶自恣，是故知信為第一財寶。"(T04—268a)

---

① 不過，"於"這種用在動詞後面把直接賓語介紹給主要動詞的用法，並非始自漢譯佛典，只是漢譯佛典中使用更廣泛而已。詳劉瑞明 (1998)。

② 對此問題，朱慶之 (1992)、魏培泉 (1993) 等都已言及。

（3）同上《大莊嚴論經》卷6："決定一切智，以憐愍我故，是以説三歸，不説有第四。為於三有故，而説三歸依，若當第四者，我則無歸依。"（T04—292 b）

（4）元魏慧覺等譯《賢愚經》卷1："虔闍婆梨大國王者，卻後七日，為於法故，當剜其身/以燃千燈。"（T04—349c）

（5）高齊那連提耶舍譯《大悲經》卷4："童子！汝父往日/臨命終時/為於汝故，以此寶物/寄付於我。今我還汝，是汝己物，應當領受。慎莫放逸，堅持守護，勿令損失。"（T12—966b）

（6）隋闍那堀多譯《起世經》卷4："諸比丘！瞿迦梨比丘，為於舍利弗、目揵連所起誹謗心、濁心惡心故，死後即生波頭摩獄。"（T01—329c）

（7）同上《佛本行集經》卷36："彼辟支佛，為於日光/照觸身體，遂便汗流。"（T03—822b）

（8）隋闍那堀多譯《佛本行集經》卷39："又復比丘！汝等若至/他方聚落，為於多人/生憐愍故，攝受彼故，當為説法/初中後善，其義微妙，具足無缺。"（T03—836a）

3. **為於：介進動作行為的對象、目的。相當於"對""替"**

（1）三國吳支謙譯《撰集百緣經》卷2："時天帝釋知佛心念，即共天、龍、夜叉、究槃荼等，各各齎持牛頭栴檀樹，奉上世尊。為於如來/造大講堂，天諸床榻/臥具被褥，天須陀食，自然備有，供養佛僧。"（T04—208c）

（2）東晉佛陀跋陀羅譯《佛説觀佛三昧海經》卷6："見佛如來/足步虛空，為於老母/現無數身，心大歡喜/裂邪見網，頭腦頂禮/世尊足下。"（T15—676a）

（3）後秦鳩摩羅什譯《大莊嚴論經》卷9："如來之人寶，為於諸比丘，隨順方便説，種種妙好法。"（T04—305a）

（4）同上《大莊嚴論經》卷12："毗首羯磨語釋提桓因言：'今大王於一切眾生體性悲愍，當使彼身還復如故，願一切眾生智心不動。'爾時帝釋問彼王言：'為於一鴿/能捨是身，不憂惱耶？'"（T04—323a）

（5）元魏慧覺等譯《賢愚經》卷9："佛説是已，時諸會者，聞佛所説，感念世尊，為於群生，經涉劇苦，而不退廢，歎未曾有。"（T04—415b）

（6）隋闍那堀多譯《佛本行集經》卷40："此之庵舍，為於一切/螺髻而造，云何見/我病患下痢，驅遣我出？"（T03—841a）

從上所引諸例可以看出，"為""於"雖然均為介詞，但"為於"中的"於"更像是一個襯音詞（漢語中介詞"於"只能在動詞後引進動作行為施事者，而沒有在

動詞前引進動作行為施事者的用法，介詞“於”也沒有介進原因的用法），主要作用是補足一個音節

如在四字格的語篇中的“為於無常/之所殺害”“其人為於/影鬼所執”；“為於我故”“為於法故”“為於日光/照觸身體”；“為於如來/造大講堂”“為於一鴿/能捨是身”等等（加/號的句子，雖從語義言中間可以不斷句，但從邏輯音步言，標/處當為一個音步）在五字格、七字格的偈頌中，同樣如此。如“為於三有故，而說三歸依”“為於諸比丘，隨順方便說，種種妙好法”“一切眾生癡所欺，為於愛染之所縛”等等。①

從語義而言，“為於”實際上是一個單音介詞“為”與一個單音助詞“於”的結合，並非一個複音介詞。而且在中土文獻中，這樣的用法並不普遍。但是考慮到也有少數受此類用法的影響的介詞，以至於遺留至今，成為現代漢語中的雙音介詞，如“由於”“對於”之類。（北涼曇無讖譯《大方等大集經》卷 41：“時戒依止大魔軍主聞此偈已，念彼過去福德因緣，對於如來/五體布地，眼中淚出，長跪合掌，作如是言：‘如來世尊！我大懊悔、我大慚愧！’”（T13—272c）），因此我們也將“為於”置於複音虛詞中考察。與此類似的還有“由於”“因於”等：

（二）【由於】

介詞“由”可介進動作行為的原因，相當於“因為”，而漢文佛典中則多“由於”（而“於”作為介詞並無介進原因的功能，因此“由於”不可能是介詞的同義複用）：

（1）三國吳支謙譯《撰集百緣經》卷 2：“由於彼時/供養佛故，無量世中，不墮地獄、畜生、餓鬼。”（T04—212c）

（2）同上《撰集百緣經》卷 8：“由於彼時/精懃持戒，今得值我/出家得道。”（T04—239b）

（3）姚秦竺佛念譯《出曜經》卷 23：“眾生相殘/共相殺害，皆由於痛/而致此患。”（T04—734b）

（4）元魏慧覺等譯《賢愚經》卷 5：“由於爾時/一妄語故，墮大地獄，多受苦毒；從地獄出，五百世中，常受渾沌之身。由於爾時/好佈施故，常生豪富/得為財主。”（T04—383a）

（5）同上《賢愚經》卷 13：“世尊！過去由於貪故，而便墮落。”（T04—439c）

---

① 對此，姜南（2008）曾利用梵漢對勘，認為譯經中間這類“於”相當於梵文中引進包含受事在內的語義格標記，故“音節襯字”説難於立足。對此朱冠明（2015）提出質疑。本人覺得朱冠明的質疑是有道理的。況且，“於”的此類用法，在先秦中土文獻中已經出現，並非始於翻譯佛經。另詳劉瑞明（1988）。

（6）唐玄奘譯《大般若波羅蜜多經》卷392："由於中住/而有罣礙，由罣礙故/而有退沒，由退沒故/心便劣弱。"（T06—1026a）

（7）同上《大般若波羅蜜多經》卷437："是善男子、善女人等/由於無量/大集會中，讀誦、宣説/甚深般若/波羅蜜多，便獲無量/無數無邊/不可思議/不可稱量/殊勝功德。"（T07—200b）

（8）同上《大般若波羅蜜多經》卷477："由於善業/造作增長/生人、天中。由於惡業/造作增長/墮三惡趣。於善業中/由於定業/造作增長/生於色界/或無色界。"（T07—418b）

（三）【因於】

介詞"因"可介進動作行為的原因，相當於"因為"，而漢文佛典中則多"因於：

（1）失譯《大乘悲分陀利經》卷5："我作仙人，以諸善業，化彼眾生，令住神通。因於邪見，奉事摩醯/首羅天者，即現摩醯首羅天，勸以善業。現那羅延日月，乃至現梵天形，勸以善法。"（T03—266a）

（2）失譯《別譯雜阿含經》卷5："若默無所説，莫知其愚智，要因於言説，然後乃別知。"（T02—407b）

（3）隋闍那崛多譯《佛本行集經》卷15："是時宮內，有一婦人，名曰鹿女，遙見太子，歸來入宮，因於欲心/而説偈言：'淨飯大王受快樂，摩訶波闍無憂愁，宮內婇女極姝妍，誰能當此聖子處？'"（T03—724b）

（4）同上《佛本行集經》卷20："爾時菩薩/復作是言：'若前所説，因於斷食/當得福者，其野獸等/應得大福。'"（T03—746c）

（四）【以於】

介詞"以"可以介進動作行為的原因；介進動作行為的工具、依據、憑藉等。而漢文佛典中常出現"以於"：

1. **介進動作行為的工具、依憑等，相當於"用"**

（1）西晉竺法護譯《賢劫經》卷2："若以不得/身口心際，是曰戒矣；而以於法/真諦修順，悉無所諍，是曰忍辱。"（T14—13c）

（2）劉宋求那跋陀羅譯《佛説菩薩行方便境界神通變化經》卷3："結跏趺坐/相好嚴身/恭敬禮佛，以於種種/瓔珞雲網，供佛世尊。"（T09—314c）

（3）元魏菩提流支譯《伽耶山頂經》卷1："文殊師利答言：'天子！諸菩薩摩訶薩直心，以於一切眾生平等心為本。'"（T14—484b）

（4）高齊那連提耶舍譯《月燈三昧經》卷8："法師比丘黑惡瘡，此方乃

可得痊癒；若不以於如是藥，療治比丘惡瘡者，法師必當便死歿，正以闕於此方故。”（T15—600c）

（5）隋闍那崛多譯《佛本行集經》卷 16：“或有婇女/以細腰鼓，懸於項上，絡腋而眠；或有婇女/以於箜篌/搭項而眠；或有婇女/齘齒䶎䶎/鳴喚䶎而眠；或有垂頭/讇語而眠；或有伏面/猶如塚間/死屍而眠；或有失於/大小便利/不淨而眠。（T03—728c）

（6）同上《佛本行集經》卷 17：“爾時，太子心內生疑，畏眾人覺，私密細聲，以於此偈/告車匿言：‘同生車匿汝當知，我觀宮內如塚墓，亦似蛆蟲穴無異，如與羅刹同共居。’”（T03—730b）

（7）同上《佛本行集經》卷 33：“爾時，世尊隨行隨説，以於此偈，答彼乞索/婆羅門言：‘……。’（T03—808a）

2. **介進動作行為的原因，相當於“因為”**

（1）西晉無羅叉譯《放光般若經》卷 17：“以於神通知所有無所有故，成阿耨多羅三耶三菩。”（T08—120 b）

（2）元魏菩提流支譯《金剛般若波羅蜜經》卷 1：“過去世中/所造惡業，應感生後/惡道果報。以於現身/受輕苦故，先世罪業/及苦果報/則為消滅，當得阿耨多羅三藐三菩提。”（T08—759c）

（3）隋闍那堀多譯《起世經》卷 2：“閻浮洲人/以於他邊/受十善業，是故命終/即得往生/欝單越界。”（T01—316c）

（4）同上《起世經》卷 4：“一切眾生，以於往昔/身作惡行、口作惡行、意作惡行，是故彼等皆受如是種種異色無量苦惱心不憙事。”（T01—330c）

（5）隋阇那堀多譯《佛本行集經》卷 7：“是時，彼樹以於菩薩威德力故，枝自然曲，柔軟低垂。”（T03—686b）

（6）唐菩提流志譯《實相般若波羅蜜經》卷 1：“般若波羅蜜，究竟方便智。能成清淨業，普淨於諸有。又以於貪等，調伏諸世間。乃至有頂天，清淨無違暴。”（T08—778a）

（7）唐智嚴譯《師子素馱娑王斷肉經》卷 1：“過去阿僧祇劫，釋提桓因/處忉利宮，以於過去/食肉餘習，變身為鷹/而逐於鴿。”（T03—392c）

## 二、關於“同義複用”的介詞的複音化形式

在漢文佛典中，更多的是由兩個單音同義虛詞並列複用而形成的的複音虛詞，這也十分容易理解。正如王力先生所言：“漢語大部分的雙音詞都是經過同義詞臨時組合的階段的。這就是説，在最初的時候，只是兩個同義詞的並列，還沒有凝結

成為一個整體，一個單詞。這可以從兩個方面證明：第一，最初某些同義詞的組合沒有固定的形式，幾個同義詞可以自由組合，甚至可以顛倒。”① 因為在漢語複音化的進程中，不僅大量實詞都經過這一階段，不少虛詞亦經過這一階段。

（一）【以因】

《古書虛詞集釋》：“以，因也。”《詞詮》：“以，介詞，因也。表動作之所因。”

（1）西晉竺法護譯《大哀經》卷 4：“世吼悉護知，如是等無異。而行調和者，而住寂清淨。則以因此故，速得致清淨。亦疾成其行，究竟道調和。”（T13—429c）

（2）東晉僧伽提婆譯《中阿含經》：“彼一切行/無量福跡。以因齋故，沙門瞿曇/弟子隨族/剃除鬚髮，著袈裟衣。至信、捨家、無家、學道，自調禦，自息止，自滅訖。”（T01—650b）

（3）姚秦佛陀耶舍譯《虛空藏菩薩經》卷 1：“此諸人等，所犯重罪，以因汝故，悉得燒然。”（T13—656a）

（4）姚秦鳩摩羅什譯《佛說華手經》卷 6：“若今不放捨，不久亦分散。以因出家故，能生眾善法。”（T16—171a）

（5）北涼曇無讖譯《佛所行讚》：“梵志修苦行，壽終得生天，以因苦行故，當得安樂果。”（T 04—13a）

（6）劉宋求那跋陀羅譯《雜阿含經》卷 38：：“爾時，世尊告諸比丘：‘云何愚癡？以因飲食故，知而妄語。’”（T 02—280b）

（7）同上《雜阿含經》卷 42：“時，火與婆羅門聞佛說偈，還得信心，復以種種飲食滿鉢與之。世尊不受，以因說偈而施故，復說偈言：‘因為說偈法，不應受飲食，當觀察自法，說法不受食。’”（T 02—308a）

（8）元魏吉迦夜共曇曜譯《雜寶藏經》卷 9：“尊者言：‘爾時貧人，今王是也。以因往昔/三錢施緣，世世尊貴，常得如是/三重錢甕。緣五里中，步步歡喜，恒於五里，有此金錢。’”（T04—491b）

（9）元魏般若流支譯《正法念處經》卷 16：“其人以作/十種不善/業道因緣，得一切苦。以惡業故，生餓鬼中。惡業牽故，業為本故，入於惡道，為彼所縛。以因業故，不脫生死。”（T17—92b）

（10）元魏菩提流支譯《入楞伽經》卷 2：“大慧！以因不相似故，有無義不成。”（T16—524c）

（11）同上《入楞伽經》卷 6：“大慧！以是義故，應當遠離盧迦耶陀婆羅

---

① 王力主編《古代漢語》（校訂重排本，第一冊），北京：中華書局，1999 年，第 89 頁。

門，以因彼說能生苦聚故，是故不應親近供養恭敬諮請盧迦耶陀婆羅門。”(T16—547b)

(12) 陳月婆首那譯《勝天王般若波羅蜜經》卷 3：“依行生識，識生名色，名色生六入，六入生觸，觸生受故。凡夫起愛，渴愛生取，以因取故，則相續有，由有故生，生則有老，老故有死、憂悲苦惱。”(T08—703a)

(13) 隋闍那堀多譯《大威德陀羅尼經》卷 10：“若有所受，彼即是苦。若即是苦，彼即是痛。以因痛故，即有痛處，依處而住。”(T21—801b)

(14) 隋闍那堀多譯《佛本行集經》卷 32：“以此佈施功德故，當到聖智極果中，復得盡於諸漏邊。以因如是業行故，後更轉轉無恐怖，漸得脱於諸有纏，既入無漏得清涼。”(T03—802b)

(二)【因以】

(1) 西晉竺法護譯《度世品經》：“其身強要，一切邪學、眾外異術/無能動者；其身無相，而復示現/諸相清淨、百福功德；其身無好，因以法相，而為眾好，稽首為禮。”(T10—637a)

(2) 西晉竺法護譯《佛説無希望經》卷 1：“本際虛空相，人際不可議。其際譬如影，斯慧不可了。因以行妄想，由是退轉心，當盡斯羅網，何緣當成佛?”(T17—780a)

(3) 西晉竺法護譯《持心梵天所問經》卷 3：“或復有人而懷癡行，因以講説而得解脱。”(T15—20b)

(4) 同上《維摩詰所説經》卷 1：“其往者，維摩詰因以身疾，廣為説法：‘……’”(T14—539b)

(5) 姚秦鳩摩羅什譯《維摩詰所説經》卷 2：“世間眾道法，悉於中出家，因以解人惑，而不墮邪見。”(T14—550a)

(6) 姚秦鸠摩罗什译《佛説華手經》卷 10：“有三昧名首楞嚴，於一切中為最勝，因以淨心故，能得通達十方無罣礙。”(T16—207c)

(7) 隋闍那崛多譯《佛本行集經》卷 25：“時，彼所折尼拘陀枝，因以菩薩威神力故，即從地生，更著枝柯葉花子等，皆悉具足。”(T03—771a)

(8) 唐菩提流志譯《大寶積經》卷 9：“諸天立虛空，舉聲歎頌曰：‘如今清淨人，所願必當成。因以眾生故，會成所要誓。’”(T11—52c)

(三)【以由】

《經傳釋詞》：“《漢書・劉向傳》注曰：‘目，由也。’此亦常語。”黃侃批云：“由者，因之借，以、由、因聲轉。”

（1）元魏菩提流支譯《金剛仙論》卷5："佛告帝釋言：'三千大千世界，滿中舍利作一分，此摩訶般若一匣經作一分，汝於此二，欲取何者？'帝釋白佛：'我寧取此般若經也。然我非不敬重如來舍利。以由般若故，方有舍利。亦以般若勳修故，舍利得供養。故取經不取捨利，以不如故。'"（T25—830a）

（2）唐行滿集《涅槃經疏私記》卷8："先治王身，然後及心者，以由心故，令身造逆。若單治身，罪則不滅，故云心也。"（X37—94b）

（3）宋紹德、慧詢等譯《菩薩本生鬘論》卷4："後有式棄/如來出世，亦得值遇，但得聞名/不覩佛形，以至毘舍浮佛、拘留孫佛、拘那含牟尼佛、迦攝波佛，如是六佛次第出世，但得聞名，皆不覩見。以由得聞/六佛名故，今得與我/同生釋種。"（T03—343a）

（四）【由以】

（1）西晉竺法護譯《諸佛要集經》卷2："文殊答曰：'誠如仁言，所可饒益/不可窮盡，由以法界/不可盡故。'"（T17—769b）

（2）西晉竺法護譯《漸備一切智德經》卷1："若離吾我，心自計察，又此我身，由以愚冥，譬若草木/瓦石牆壁，猶若形影，曉了無名。以是之故，解脱名色/五陰之身，永消諸見/六十二疑，因斯得成/無極大哀。"（T10—463b）

（3）唐金剛智譯《金剛頂瑜伽修習毘盧遮那三摩地法》卷1："次應結彼歡喜印，定慧二羽三相拍。由以拍印加持故，一切聖眾皆歡喜。"（T18—329c）

（4）唐金剛智譯《金剛頂經瑜伽觀自在王如來修行法》卷1："由以焚香供養故，即得如來無礙智。普周世界獻妙香，獲得諸上諸佛智。"（T19—79a）

（五）【以緣】

《助字辨略》："緣，因也。"《詞詮》："緣，介詞，因也。"此項用法由動詞沿著、順著義虛化而來。

（1）西晉竺法護譯《阿差末菩薩經》卷4："何謂一切/眾生之度？諸法悉合/謂脱不脱。脱不脱者，菩薩大士/充續功祚/是名曰脱。曉了生死/所興功德/謂身、口、心，以明曉了/口作功德、身立福祚，身、口、心行/三事生死，菩薩以緣/曉知脱便，願薩云若/諸通敏慧，是曰明達。"（T13—598a）

（2）北涼曇無讖譯《大方等大集經》卷25："有一畫師，以緣事故/竟不得來。諸人畫已，持共上王。善男子！可言諸人悉集作不？"（T13—176a）

（六）【緣以】

（1）西晉竺法護譯《持心梵天所問經》卷3："唯須菩提！有婬行人，緣以空事，而得解脫，如來悉知。"（T15—20b）

（2）元魏慧覺等譯《賢愚經》卷2："緣後懺悔/喜施好油，所生之處，還得端正。緣以油施，常得多力，數千萬眾，無敢當者。"（T04—366a）

（3）失譯《無明羅剎集》卷2："觸言：'能生受者，此事實爾。緣以三事因緣，觸乃得生。猶如鑽火，人功、燧、鑽/三事和合/得出於火，我亦如是。'"（T16—855a）

（4）失譯《毘尼母經》卷1："迦葉白佛言：'世尊！我過去世，緣以食施/辟支佛故，從是以來，常樂出家，求涅槃解脫。'"（T24—805b）

（七）【以用】

《詞詮》："用，介詞，與'以'同。"唐慧琳《一切經音義》卷28："《蒼頡篇》：'用，以也。'經文作'甬'非也。"（T54—494c）

1. **介進動作行為的原因，相當於"因為"**

（1）後漢安世高譯《太子慕魄經》卷1："時，慕魄則到水邊，淨自洗浴，以香塗身，悉取衣被、瓔珞著之。到坑問曰：'作坑何施？'其僕對曰：'國王有子，名曰慕魄，瘖瘂聾癡，年十三歲，不能言語。王問婆羅門，婆羅門師白言："當生埋之，爾乃安吉，全國榮宗，利後子孫。"以用是故，我等作坑，欲埋慕魄。'慕魄即曰：'我則是太子慕魄也。'"（T03—408c）

（2）西晉竺法護譯《漸備一切智德經》卷2："不念有難，唯思法師，於世難值，甚為稀有。以用法故，無所愛惜，內外所有，咸以佈施。"（T10—469a）

（3）西晉竺法護譯《生經》卷4："於時本土比舍，有人到此國邑，見其女身羸瘦不安，以用愕然：'何故如是？'"（T03—96c）

（4）西晉竺法護譯《普曜經》卷2："菩薩還兜術，大聖降妙後。當叉手禮足，至神入彼室；妙後觀其意，若干種微妙。今以用是故，而有是變應。"（T03—491b）

2. **介進動作行為的工具，相当于"用""拿"**

（1）三國吳支謙《太子瑞應本起經》卷1："菩薩即拾槀草，以用布地，正基而坐，叉手閉目，一心誓言：'使吾於此肌骨枯腐，不得佛，終不起。'"（T03—476c）

（2）西晉竺法護譯《生經》卷5："十二年向已欲滿，知經多者，當以九種物，以用施之。九種物者——金、馬、銀、鞍、勒及端正女、金澡罐及金澡盤、金銀床席，皆絕妙好，如是之比，有九種物。”（T03—107c）

（3）西晉竺法護譯《光讚經》卷 1：“此寶蓮華/以用供散/釋迦牟如來。”（T08—148b）

（4）西晉竺法護譯《漸備一切智德經》卷 4：“勸化無數/眾生之類，以用諸佛/無限之法，教授無量/眾生之惱，入不可計/諸佛世界。”（T10—479a）

（5）東晉法顯譯《大般涅槃經》卷 2：“大善見王，今開寶藏，以用布施，若有所須/隨意來取。”（T01—201c）

（6）東晉僧伽提婆譯《中阿含經》卷 1：“爾時，事火編髮梵志善教勅已，即至人間，於後年少/便出遊戲，火遂滅盡。彼還求火，即取火鑽/以用打地。”（T01—529a）

（7）東晉僧伽提婆譯《增壹阿含經》卷 2：“長者對曰：‘我昨日以用百千兩金惠施，更不能復惠施。”（T02—684c）

（8）後秦佛陀耶舍共竺佛念譯《長阿含經》卷 1：“又如膏車，欲使通利，以用運載，有所至到。”（T01—84c）

（9）後秦鳩摩羅什譯《大莊嚴論經》卷 6：“先所伏藏財，盡以用還汝，更復以財寶，而以供養汝。”（T04—290a）

（10）北涼曇無讖譯《悲華經》卷 2：“其樓四門/七寶所成，七寶行樹，其樹皆懸/寶衣瓔珞，種種真珠、妙好寶蓋/及諸寶器/以用莊嚴。復有諸香、妙寶、華果/以莊挍樹，散種種華，綩綖繒纊/以為敷具，懸諸繒幡。聖王金輪/於樓觀前/懸處虛空/去地七尺，令白象寶/在如來後/持七寶樹，其樹復有/真珠繒帛，種種瓔珞/以用莊挍，其上復有/七寶妙蓋。”（T03—175a）

（11）元魏慧覺等譯《賢愚經》：“爾時大月大臣，擔七寶頭，來用曉謝，腹拍其前，語婆羅門言：‘此王頭者，骨肉血含，不淨之物，何用索此？今持爾所/七寶之頭，以用貿易，汝可取之，轉易足得/終身之富。’”（T04—389b）

（12）元魏曇摩流支譯《信力入印法門經》卷 4：“文殊師利！如大琉璃/如意寶珠，無價色衣/以用纏裹。依彼衣故，見種種相。”（T10—952b）

（13）失譯《雜譬喻經》卷 2：“婦與夫/一五升器/以用盛糧。”（T04—506b）

（14）唐般若譯《大乘本生心地觀經》卷 8：“爾時，薄伽梵告文殊師利菩薩言：‘若有善男子、善女人，於恒河沙三千大千世界，滿中七寶/以用供養/十方諸佛，為一一佛/造立精舍/七寶莊嚴，安置供養佛及菩薩滿恒沙劫。”（T03—330c）

（15）唐阿地瞿多譯《陀羅尼集經》卷 1：“其五瓶中。各插柳枝/柏枝竹

枝/雜華果枝，皆并葉用。以用綵帛/各長四尺，繫雜果枝上。”（T18—787a）

（八）【用以】

1．**介進動作行為的原因，相當於“因為”**

（1）西晉竺法護譯《賢劫經》卷1：“隨其所欲受所生，用以喜是三昧故，身常永安心以和。”（T14—11a）

（2）西晉竺法護譯《佛説無希望經》卷1：“菩薩大士/以大蓮華/三昧正受，將護地獄/就往拔濟，則令于彼/一切得享/天祚之安。用以衆生/被苦惱故，顯示忉利/最選之宮，見此厄難/因則患厭，而得度脱/諸所受惱。”（T17—776c）

（3）東晉佛陀跋陀羅共法顯譯《摩訶僧祇律》卷12：“答言：‘我作是事，用以快樂。’（T22—326b）

（4）唐波羅頗蜜多羅譯《般若燈論釋》卷14：“我亦不用以有執著相故，復次為遮自部人所分別空者。”（T30—125c）

2．**介進動作行為的工具，相當於“用”**

（1）西晉竺法護譯《修行道地經》卷3：“人不曉本無，常計樂謂淨，譬如以捉拳，用以誘小兒。”（T15—198c）

（2）後秦鳩摩羅什譯《大莊嚴論經》卷1：“設我有財寶，以真金造塔，七珍用廁填，寶案妙巾帙，莊嚴極殊妙，而用以供養。”（T04—259b）

（3）後秦鳩摩羅什譯《佛説首楞嚴三昧經》卷1：“藥王名曰滅除，若鬪戰時用以塗鼓，諸被箭射刀矛所傷，得聞鼓聲箭出毒除。”（T15—3b）

（4）後秦鳩摩羅什譯《大智度論》卷93：“是菩薩以身所貴物，隨所須時，用以供養，或以塗地、塗壁及行坐處。”（T25—711a）

（5）劉宋佛陀什共竺道生譯《彌沙塞部和醯五分律》卷5：“諸比丘言：‘我等已離金銀及錢，不復受畜此不淨物。’劫言：‘汝等妄語！我親見比丘用以賣買。’”（T22—36c）

（6）陳月婆首那譯《勝天王般若波羅蜜經》卷4：“有牧牛女/搆百乳牛，以飲一牛，搆此牛乳，用以作糜/奉獻菩薩。”（T08—708c）

（7）隋那連提耶舍譯《力莊嚴三昧經》卷1：“時此三千/大千世界，滿虛空中/種種七寶/蓮花莊嚴。最勝香光/皆作金色，純青琉璃/用以為莖。臺廣七肘/皆高七尋，蓮花開敷/甚可喜樂。”（T15—711c）

（8）失譯《盧至長者因緣經》卷1：“乘朽故車，編草草葉，用以為蓋。”（T14—821c）

（9）唐不空譯《菩提場所説一字頂輪王經》卷 3："住戒而造作，應作最勝像。用以白檀香，更洗令清淨。而不應截屈，然後而加持。"（T19—206c）

（10）唐不空譯《一字頂輪王瑜伽觀行儀軌》卷 1："以先所集身/口意善資糧，用以此身物，安於明手中。"（T19—315a）

（11）唐不空譯《觀自在大悲成就瑜伽蓮華部念誦法門》卷 1："用以大指向內，撥其中指頭，是名寶車印。"（T20—4b）

（12）唐菩提流志譯《一字佛頂輪王經》卷 1："色盞新淨，勿用皮膠水調和彩色，用以香膠/調色畫采。"（T19—230a）

（13）唐輸波迦羅譯《蘇婆呼童子請問經》卷 2："即應白月八日，或十四日/或十五日，用以瞿摩/塗地淨之。"（T18—741c）

（14）唐義淨譯《根本説一切有部毘奈耶藥事》卷 5："於園苑內/起窣堵波，用以鐶釧/種種莊具/嚴飾其塔。"（T24—23b）

（15）宋法護譯《佛説如來不思議祕密大乘經》卷 5："作是念已，即勅侍人/用以七寶/妙巧作瓶。"（T11—715a）

（九）【逮至】

《詞詮》："逮，時間介詞，及至也。"《助字辨略》："逮，猶云及至也。""逮"的此項用法，由動詞"及"義虛化而來，與"及"演化平行。

（1）元魏吉迦夜共曇曜譯《付法藏因緣傳》卷 1："於是迦葉/作是誓言：世界所有/成羅漢者，我悉歸依。作是語已，出家威儀/所有諸戒/皆悉具足。逮至如來/成一切智，於王舍城/頒宣妙法。"（T50—298b）

（2）同上《付法藏因緣傳》卷 3："今我得道/由此獼猴，即以香花/而用供養。時獼猴主憂波毱多是，為畜生時/尚能覺悟。志甚黠慧/利智辯才。逮至商那/欲付其法，觀察毱多/為生子耶？入定思惟/知未出世，與諸比丘/詣毱多舍，乃至漸少/單己獨往。"（T50—305b）

（3）同上《付法藏因緣傳》卷 5："憂波毱多言：'唯然受教。'逮至尊者/憂波毱多/化緣將訖，意欲涅槃，觀提多迦/出世未也？思惟便知，猶未出世。"（T50—313b）

（4）同上《付法藏因緣傳》卷 6："是故如上/諸賢聖人，皆共頂戴/受持守護。更相付囑/常轉法輪，為諸眾生/起大饒益，斷塞惡道/開人天路。逮至最後/斯法衰殄，賢聖隱沒/無能建立，世間闇冥/永失大明。"（T50—321c）

（5）梁僧佑撰《出三藏記集》卷 1："持戒堅淨，則羅睺惟最。曉律精明，則波離為首。至於泥曰，遺囑慇懃。金色迦葉，結集斯藏。洲渚所依，莫踰茲典。逮至中葉，學同説異，五部之路，森然競分。"（T55—94a）

（6）唐道宣撰《續高僧傳》卷15：“至七月二日，葬於南郊/高陽之原。時炎景陵天/遊塵翳日。逮至發引之前，夜降微雨。及於明旦，天地清朗，雲霧四除，纖塵不飛，道路無擁。”（T50—541a）

（7）同上《續高僧傳》卷2：“釋曇光，姓張氏，汴州人。自幼及長，潔志清範。諸有勝徒，莫不登踐。於礪、爍兩師，聽受成教。逮至立年，盛明律藏，命宗章義，是所推崇。”（T50—624a）

（8）唐道宣撰《廣弘明集》：“三天正法經云：九氣既分，九真天王乃至三元夫人，三元之君、太上道君於是而形。逮至皇帝始立，生民結土為像於曠野。”（T52—145 b）

（9）唐玄奘撰《大唐西域記》卷4：“數百年前，猶有階級，逮至今時，陷沒已盡。”（T51—893 b）

（10）唐智昇撰《開元釋教錄》卷1：“大慈恩寺翻經堂內壁畫，古今翻譯圖變，靖邁因撰題之於壁，但略費長房錄。翻經之者紀之，餘撰集者不錄。逮至皇朝，總成四卷。房所錯者，此亦同然。”（T55—578c）

（11）同上《開元釋教錄》卷9：“右從後漢/逮至皇朝，合一十九代。所出大小乘經律論並賢聖集傳，總二千二百七十八部，都合七千四十六卷。”（T55—572b）

（十）【逮及】

（1）元魏吉迦夜共曇曜譯《付法藏因緣傳》卷2：“於是阿難/給侍如來，善能隨順。聞持法藏，初無漏失。逮及世尊/於雙樹林/垂般涅槃，問憍陳如‘阿難所在？’答言：‘今在娑羅林外/為諸魔眾/之所嬈亂。深入邪網/甚大苦惱。除佛如來/無能救護。”（T50—302a）

（2）梁僧佑撰《出三藏記集》卷8：“於時有優婆塞支恭明，逮及於晉/有法護、叔蘭，此三賢者，並博綜稽古，研機極玄。殊方異音，兼通關解。先後譯傳，別為三經。”（T55—58b）

（3）同上《出三藏記集》卷10：“自昔漢興/逮及有晉，道俗名賢並參懷聖典。其中弘通佛教者，傳譯甚眾。”（T55—73a）

（4）唐道宣撰《續高僧傳》卷22：“是由赤髭論主/初乃誦傳，未展談授，尋還異域。此方學侶，竟絕維持，逮及覆聽，方開學肆。”（T50—620b）

（5）宋宗晓编《四明尊者教行錄》卷7：“逮及後世，止觀爰興，慈鋒慧劒，摧墮疑城。”（T46—931c）

（十一）【比及】

《詞詮》：“比，時間介詞，讀去聲。及也，至也。與口語‘到’同。”《古書虛詞集釋》："比，及也。"《助字辯略》："比，去聲，及也。"

(1) 梁宝唱撰《經律異相》卷 36："更使監田，比及冬藏，復獲三倍。"(T53—194a)

(2) 隋智顗说《妙法蓮華經文句》卷 3："今事未發，道是聲聞。比及發迹，身子是大菩薩，非同何謂?"(T34—34c)

(3) 隋费长房撰《歷代三寶紀》卷 8："即便夜發。比及將旦，行數百里。問弟子曰：'何所覺耶?'"(T49—80a)

(4) 唐道宣撰《續高僧傳》卷 26："又見百餘沙門/在塔基上，執箒輦土/以陪增者。比及明晨，寂無所見。"(T50—673b)

(5) 唐一行述记《阿彌陀經略註》卷 1："命生不辰也，殃及於親，比及三年，母以疾喪。迨今耿耿，食寢不忘，談起痛心，不覺涕漣也。"(X22—897c)

(6) 唐道世撰《法苑珠林》卷 36："琛之以元嘉十七年夏，於廣陵遙見慧汪精舍前幡蓋甚眾，而無形像。馳往觀之，比及到門，奄然都滅。"(T53—569a)

(7) 唐孟献忠撰《金剛般若經集驗記》卷 3："二更將盡，雨遂滂沱。比及天明，一尺以上，周迴五百里內，甘澤並足。威神之力，巍巍如是。"(X87—465b)

(8) 宋张商英述《續清涼傳》卷 2："丙午，至真容院，具威儀，迎所安羅睺像。比及寺門而報者曰：'殿中燈且現矣。'"(T51—1130c)

(9) 宋宗晓编《樂邦文類》卷 3："始告以六齋之禁。比及午後，非時之食，終夕不視。"(T47—191b)

(10) 宋道威入注《法華經入疏》卷 1："今事未發，道是聲聞。比及發迹，身子即是大菩薩，非同何謂。"(X30—35c)

(11) 宋宗鑑集《釋門正統》卷 5："比及三年，預社逾二萬人，感驗至多。"(X75—326b)

（十二）**【比逮】**

隋法经等撰《眾經目錄》卷 7："比逮東晉/二秦之時，經律粗備，但法假人/弘賢日廣。於是道安法師創條諸經目錄。"(T55—148c)

當然，漢文佛典中，此類"同義複用"的介詞還有很多，比如"及臻"，唐慧琳《一切經音義》卷 29："臻，至也。《説文》從至秦聲也。"(T54—501b) 宋贊寧撰《宋高僧傳》："釋齊安，俗姓李，實唐帝系之英。先人播越，故生於海門郡焉。深避世榮，終祕氏族。安在胎，母夢日兆詳。既誕而神光下燭，數歲有異僧欵門，召見摩頂曰：'鳳穴振儀，龍宮藏寶，紹終之業，其在斯乎！' 及臻丱角，亟請出家，父母訶止。"（T50—776b）比如"向望"，"望"作为介词，有"向""往"义[①]，唐道宣《續高僧傳》卷20："永徽中，有人無目不知何來，彈琵琶誦法華一部。向望人山，手彈口誦，以娛此山，亦不測其然。"（T50—603c）总之，汉文佛典中的"同义复用"虚词，大多具有以下特征：

（1）無論是加助詞、詞綴（本文介詞中沒有加詞綴湊成雙音節的現象，但在副詞中極多），還是通過"同義複用"湊成雙音介詞的，正如前文所云，大多是為了韻律節奏的和諧，在四字句（部分偈頌的五字句、七字句）中補足一個音節。

（2）大多數"同義複用"虛詞，都有限定、明確多義虛詞語法意義的作用，如"以由""由以""以因""因以"中之"以"有介進工具，表"用""拿""憑"；介進原因，表"因為"的語法意義，但與"由""因"（主要表原因）結合以後（語義上相互制約），就是明確的表示原因了。

（3）有些新興的虛詞，人們尚不熟悉，一旦與同義的舊有介詞構成"複用"，就能較好地顯示它的新義。如"向望""緣以"等。

（4）虛詞的同義複用與實詞一樣，也是經過一個臨時的組合階段，初始時期，往往還屬兩個同義單音虛詞的並用（這從一個單音虛詞往往與幾個同義單音虛詞分別組合，從某些同義並用的兩個單音虛詞可以自由倒序可以看出），但隨著使用的頻率的提高，隨著人們的約定俗成，其中部分後來就凝結成一個雙音虛詞了（有一部分則被淘汰）。

（5）劉丹青曾撰《漢語中的框式介詞》（2002）一文，云"框式介詞（circumposition），指由前置詞加後置詞構成的，使介詞支配的成分夾在中間的一種類型。現代漢語中的'在……裡、跟……似的、用……來'等，近代漢語中的'因……上、似……也似'等，古代漢語中的'以……以、及……而'等，都可以歸入此類介詞。框式介詞在漢語中是一種重要的句法現象，構成了漢語的重要類型特徵。但大部分框式介詞都屬於臨時性句法組合，而未必是固定的詞項。""漢語框式介詞起源於先秦，經過中古、近代的發展，到現代實際上已形成相當豐富的框式介詞現象。然而漢語的這一重要類型現象一直未能作為一種語法形式引起漢語學界的重視。"在漢文佛典中，很有特色的是有不少由複音介詞構成的框式介詞：其中最有特色、最多的是表示原因的框式介詞"複音介詞……故"。如："為於……故"（為於法故，當剜其身）、"由於……故"（由於爾時一妄語故，墮大地獄）、"以

---

① 唐杜甫《哀江頭》詩："黃昏胡騎塵滿城，欲往城南望城北。""望"一作"忘"，因而注家眾説紛紜。在、實則"望""往"互文同義，乃"向"義也。宋陸遊《老學庵筆記》卷七："然荊公集句，兩篇皆作'欲往城南望城北'。或以為舛誤，或以為改定，皆非也，蓋所傳本偶不同，而意則一也。北人謂'向'為'望'，謂欲往城南，乃向城北，亦皇惑避死，不能記南北之意。"

於……故”（以於菩薩威德力故，枝自然曲）、“以因……故”（以因汝故，悉得燒然）“以由……故”（以由般若故，方有舍利）“以緣……故”（以緣事故，竟不得來）、“以用……故”（以用是故，而有是變應）”“用以……故”（用以喜是三昧故，身常永安心以和）；另外，還有、“由於……而”（由於中住，而有罣礙）、“因於……而”（因於欲心而說偈言）、“因以……而”（因以解人惑，而不墮邪見）、“逮至……時”（逮至今時）、“比逮……之時”（比逮東晉二秦之時）；甚至有表被動的“為於……所”（為於霹靂所殺）等等。

（6）從漢文佛典中，還可以看到：這一時期的介詞短語，明顯出現前長後消的趨勢（從上面所舉例句可見，幾乎絕大部分介詞短語都置於動詞之前），介詞短語的前長後消，與框式介詞的形成有著一定的因果關係。“在使用前置詞的語言中，介詞與連詞、結構助詞一樣，是句法結合中的聯繫項（relctor），用來連接兩個句法關係成分。Dik（1997①）根據跨語言調查得出的人類語言若干語序原則中，有一條很重要的聯繫項原則。該原則指出聯繫項的優先位置是位於所連接兩個單位之間。”“介詞短語的常規位置是在動詞之後，前置詞與動詞後的位置之配合，就導致介詞位於所連接的動詞和名詞之間。”“中古近代漢語的發展，打亂了上古漢語前置詞與動詞後位置的配合，前置短語跑到動詞前，介詞不再位於中介位置，從而違背了聯繫項居中的原則。在此情況下，方位詞和其他來源的一些後置詞發展起來了。它們愈益常用，逐漸虛化，填補了介詞短語和动词间中介位置的联系项空缺，換言之，介词的前消後长弥补了介词短语前長後消留下的中介位置的空缺。另一方面，漢語的前置詞並沒有完全消失，其標記語義角色的作用也並非都有合適的後置詞可代。於是前、後置詞相加而成的框式介詞就在漢語中發展起來了。”（劉丹青 2002）這也很好地說明了漢譯佛典中出現不少由複音介詞構成的框式介詞的原因。

## 參考文獻


姜南．漢譯佛經音節襯字辯說．語言研究，2008（4）．

劉丹青．漢語中的框式介詞．當代語言學，2002（4）．

朱慶之．佛典与中古汉语词汇研究．臺北：文津出版社，1992．

魏培泉．古汉语介词“於”的演变略史．历史语言研究所集刊（第 62 本第 4 分）．1993．

楊樹達．詞詮．北京：中華書局，2004．

朱冠明．先秦至中古漢語語法演變研究．北京：中國社會科學出版社，2015．

王力主編．古代漢語（校訂重排本，第一冊）．北京：中華書局，1999．

裴學海．古書虛詞集釋．北京：中華書局，1954．


---

① Dik，S. C. 1997. The Theory of Functional Grammar Part I：The Structure of the Clause. kees Hengeveld，ed. 2nd ed. Berlin and New York：Mouton de Gruyter.

劉瑞明. “於”的一種助詞用法——《佛經中‘於’的一種特殊用法》辨誤. 九江师专学报，1988 (3).

(荷蘭) 許理和 (E. Zurcher) 著. 蔣紹愚譯. 最早的佛經譯文中的東漢口語成分. 語言學論叢. 第十四輯. 北京：商務印書館，1987.

# Disyllablization of Function Words in Chinese Version of Buddhist Scriptures

## —A Case Study of Preposition Disyllablization

Dong Zhiqiao

**Abstract**: Translators and monks used a large number of four-character sentence patterns in Chinese version of Buddhist scriptures (the verse part is often five or seven character) because of the influence of the popular style at that time, and for the sake of easy memory and recitation. In order to pursue the order of form, translators often changed a monosyllabic word into a disyllabic word by using auxiliary words (or affixes) or synonym combination in the case of "three missing one" (or "five missing one" and "seven missing one"). This phenomenon is common in the combination of notional words as well as in function words. Although words aforementioned in the past were some adverbs such as *dengji* (登即), *zhenchang* (鎮常), *poshen* (頗甚), *jiefu* (皆復), *bizi* (必自), some monosyllabic prepositions and conjunctions' disyllabic usage was frequently increased: prepositions such as *weiyu* (為於), *youyu* (由於), *yinyu* (因於), *yiyu* (以於), *yiyin* (以因), *yinyi* (因以), *yiyou* (以由), *youyi* (由以), *yiyuan* (以緣), *yuanyi* (緣以), *yiyong* (以用), *yongyi* (用以), *daizhi* (逮至), *daiji* (逮及), *jieyuan* (階緣); conjunctions were omitted, such as *qie'er* (且而), *ran'sui* (然雖), *jiyi* (及以), *jiyu* (及與), *bingji* (並及), etc. Such usage, which had rarely been seen in the Chinese native literature, was an obvious style for the translation of sutras, whose causes and ways of formation were further analyzed. This paper also talks about the special circumpositions composed of polysyllabic-preposition in Chinese version of Buddhist scriptures.

**Keywords**: Chinese version of Buddhist scriptures; preposition; disyllablization; frame

(董志翹，南京師範大學文學院)

# 歷史語法研究中的語料鑒別與定性問題芻議*

王建軍

**提　要：** 語料是歷史語法研究的立足點。如何處理語料貫穿於歷史語法研究的全過程。語料處理的兩個關鍵性環節是：鑒別和定性。結合具體研究案例，本文著重闡明瞭語料鑒別的客觀性問題和語料定性的理性化要求。

**關鍵詞：** 歷史語法研究；語料鑒別；語料定性

## 一、引言

漢語史研究是一種以歷史語言為研究對象的學術活動，由於欠缺可靠的歷史語感和靈敏的語言直覺，幾乎所有的研究者在開展相關研究時都必須直面語料問題。可以説，語料問題貫穿語言研究的全過程，從語料的挖掘、佔有到提取，從語料的梳理、辨析到定性，每一個環節都無法超越。正因如此，前輩學者對語料問題高度重視。黎錦熙的"例不十，法不立"和王力的"例外不十，法不破"都十分推重語料數量的重要性，藉以申明漢語史研究中選材取證的基本原則。洪誠《關於漢語史材料運用的問題》一文則從客觀語言史實出發系統而辯證地剖析了漢語史研究中語料運用方面的諸多問題，如同撥霧見日，嘉惠後學之處尤多。

近數十年來，語料庫建設日益成為漢語史研究中的一個新的熱點和亮點，正化作推進漢語史研究的策動力之一。但是，必須看到，無論語料庫多麼充盈、多麼完備、多麼翔實，漢語史研究中所滋生的語料困惑並沒有得到應有的化解，某些困惑甚至還在加劇。產生困惑的關鍵在於，歷史語料是一種死的存在，而漢語史研究是一種活的處理，彼此之間的對應與銜接不可能做到天衣無縫，無懈可擊。

與語音史和辭彙史相比，語法史具有以下幾個鮮明的特點：其一，語法事實的

* 本文為國家社科基金項目"語言類型學視野下漢語句類演變研究"（編號 18BYY161）的階段性成果。

孕育與成熟是一種漸進的、長期的積累，正如吳福祥（2004）所言："語法演變從發生、擴展到最終完成是一個較長的歷史過程。"其二，語法史實不能構擬，也不能依據既有的模式進行簡單而直接的類推。其三，任何時期的語法系統是內部與外部、時間與空間、共時和歷時等多種因素交互作用下的產物，屬於一種高度的非同質系統。其四，語法要素的演變不是勻速和均衡的，出現參差、交錯乃至反復都是正常現象。這些特點決定了歷史語法研究的客觀性、複雜性和嚴謹性，同時也意味著該項研究對歷史語料的特別倚重。因此，歷史語法研究高度注重對歷史語料的處理。實際操作證明，歷史語法語料的處理儘管涉及語料處理的所有細節問題，但似乎更強調、更注重以下兩個環節的把握：一是客觀地鑒別語料；二是理性地分析語料。先鑒別，再分析，這是歷史語法研究處理語料的必由之途，也是歷史語法研究走向深入的兩大關鍵步驟。

## 二、客觀性——語法史料鑒別中的恒久元素

語法史料的鑒別是語法史實研究的起點，其結果會直接左右研究者對語料的取捨。鑒別不慎，語法史料的實際價值就有可能被高看或低估，並進而影響後續階段研究的成敗。對語法史研究者而言，客觀地進行語法史料的鑒別是一項不可小視的基本功。所謂客觀鑒別就是要歷史而全面地把握語法史料的真實性、同一性、時代性和代表性。

### （一）語法史料的真實性

語料的真實性問題是漢語史研究界一個老生常談的問題。洪誠（2000：98）指出："歷史學家運用史料要辨別真偽，我們研究漢語史（運用史料）也要辨真偽。……歷史學家辨真偽，以歷史的事實為標準，偽書的內容不真實，他們是不採用的。我們辨真偽以語言表達為標準。"語料的真實性是漢語史研究的生命線。一旦語料失真，整個研究就會流於虛妄，就會出現崩盤，其價值自然也無從談起。

在語料真偽的鑒別問題上，學術界已開展了兩級淨化工作：一是剔除歷代文獻中的偽書；二是彰顯真書中的摻假篇目。但是，語料的失真並不單單表現為文獻的作（仿）偽，還經常表現為文獻的不純。近年來的研究表明，文獻中的偽語料並不限於所謂的偽書和偽篇，真書中的偽語句也有相當的比例，而這正日益成為歷史語法研究的干擾素，不僅會誤導人們的研究視線，而且更容易造成一種學術幻覺。

譬如，學術界關於副詞"就"初見年代的爭論即與語料中個別詞句的真偽大有幹係。起初，梅祖麟先生（1984：126）根據對元刊《古今雜劇三十種》的考察情況認定："副詞'就'字在元代才出現。"後來，董志翹、蔡鏡浩兩位（1994：32）在《中古虛詞語法例釋》中舉宋洪邁《夷堅志·支景》中的用例證實"就"的副詞

用法在宋代即已萌生。近兩年，更有學者（2005：324—339）指出《三國志》中已有了時間副詞“就”的用例（邢志群，2005），如：

若臣不稱其職，則請就黜退。陛下宜還。（《三國志・魏書・陳矯傳》）

我信其偽降，就封殖之，崇其位號，定其君臣，是為虎傅翼也。（《三國志・魏書・劉曄傳》注引《傅子》）

而南安果將蜀兵，就攻隴西。（《三國志・魏書・張既傳》注引《三輔決錄》）

從意義和功能分析，例中的“就”無疑是不折不扣的副詞。但若置於共時和歷時的視野下，這個“就”則有兩大疑點：一是基本不見於同期（魏晉南北朝）的其他語料，二是不載於後期（唐五代）的語料。從文獻記錄角度看，“就”作為口語裏的常用副詞，也不大可能出現所謂的“斷流”現象，因為中古以來的文獻並未遭遇到大規模的毀損。解開這個癥結的唯一途徑只能是反思、核查語料本身的合法性。權威研究結果顯示，現行《三國志》的版本均源自明刻本，而明刻本有篡改古籍之癖①。例如，《三國志・蜀書・趙雲傳》裴松之注引《雲別傳》“子龍一身都是膽也”中的“是”在明前的刻本中本作“為”。由此，我們懷疑上例的副詞“就”原本應為“即”或“便”。《搜神記》中僅見的一例副詞“就”可為之提供了一個有力的旁證。例如：

當有一人買新鞭者，便就買還，以懸此樹。（《搜神記》卷三“淳于智卜宅居”）

原本《搜神記》大約亡佚于宋代，現存二十卷本是明人從《法苑珠林》中輯補而成。例中“就”與“便”同體的現象在中古絕無僅有，而在明代文獻中則頗為習見。例如：

要吃時，只顧取來。多得乾娘便就收了。（《金瓶梅詞話》三回）

若是一日不來，我便就對你武大説。（《金瓶梅詞話》四回）

五官俱備，四肢皆全。便就學爬學走，拜了四方。（《西遊記》一回）

但憑師尊教誨，只是有些道氣兒，弟子便就學了。（《西遊記》二回）

因此，《三國志》中的副詞“就”與《搜神記》一樣，都是明人摻雜和篡改的產物。

真書中的個別偽語句在學術界一致看好的《論衡》中似乎也有反映。例如：

便是熊渠、養由基、李廣主名不審，無害也。（《論衡・儒增》）

對例中的“便是”，黃暉（1990：363）作了如下注釋：“‘便是’猶‘即是’，言即是主名不審，無害其真。”② 不過，《論衡》中這例表示讓步的連詞“便是”不僅在

① 此説本自《三國志》研究專家吳金華先生，他在相關會議和論著中曾多次論及。
② 黃暉：《論衡校釋》，北京：中華書局，1990年。

當時是一個孤證，而且嚴重超越了“便”和“便是”的語法化進程，實在有點匪夷所思。細究之下，我們發現，黃氏校釋的《論衡》底本是明嘉靖年間的通津草堂刻本。因此，我們懷疑明刻本《論衡》中的這例“便是”本為秦漢時期慣用的“即是”，也因明人妄改所致。

（二）語法史料的同一性

由於成書狀況的駁雜，不少語法史料屬於混合型文獻，缺乏內在的同一性。而語法史料一旦缺乏同一性，其中的語法指標也就不處在同一平面，難以相提並論。若對之一視同仁，則有可能導致相關結論的偏差。因此，在利用混合語料時，必須首先對之進行恰當的分解和離析。只有這樣，語法史料的內在價值才能得到恰如其分的體現，而相關研究所獲取的結論方才堅實可靠，不帶傾偏性。

語法史料的非同一性問題在中古的文獻中表現得比較嚴重。譬如《齊民要術》的語言面貌就十分不純，屬於比較典型的混合性語料。汪維輝（2007：12）指出：“《要術》的語言存在著較大的內部差異，最重要的一點就是賈氏自己的敍述語言和引用文獻之間的差異。《要術》引錄古文獻占全書篇幅半數以上，其中的情況頗為複雜：有引用前代的，也有引用當代的；有引用北方的，也有引用南方的；有全引的，也有節引的。這些不同質的語言成分在研究中需要加以區分。”因此，只有在經過精細的離析工作後，才能對《齊民要術》展開相關的語法研究。在這方面，汪氏的《〈齊民要術〉辭彙語法研究》堪稱傑作。

混合性的語法史料大致可分出主體語料和非主體語料兩塊。主體語料反映出文本的原始或基本的語言面貌，應該成為歷史語法研究的基礎語料；而非主體語料則或多或少地偏離或幹擾了文本的基本語言面貌，可以作為歷史語法研究的輔助語料。例如，《紅樓夢》的前八十回屬於主體語料，而後四十回則應該視為非主體語料。當然，也有個別混合語料難以明顯地區分出主體部分和非主體部分，《山海經》即為如此。

需要指出的是，混合語料不是廢語料，非主體語料更不等於偽語料。只要甄別分明，使用得當，其總體語料價值甚至還可以得到一定的提升。另外，將混合語料的內在各部分加以對照，不僅可以用來充實、完善相關結論，而且還能從語言角度來考察文獻的成書狀況，解決其中的疑年和疑人問題。

例如，《山海經》以記述自然和社會中存在的事物和現象為主，存在句是遍布全書的重要語法指標。但由於該書不是出自一人之手，因此各類存在句的指標在全書的各板塊中表現得很不一致（王建軍，2000）。詳情見附表。

| 篇目<br>句類 | 山經 | 海經 | 大荒經 | 海內經 |
|---|---|---|---|---|
| “無”字句 | 98 | 0 | 0 | 0 |
| “在”字句 | 3 | 151 | 2 | 1 |
| “居”字句 | 0 | 19 | 0 | 0 |
| 無中介動詞句 | 638 | 0 | 0 | 0 |

上述指標在揭示《山海經》內部各板塊語言對立狀況的同時，還進一步證成了如下結論：此書非一時一地一人之作。

同樣是存在句，《水滸傳》的前七十回與後三十回的表現也頗有軒輊。例如，前七十回多用“沒”字句，後三十回多用“無”字句。以下統計數字當可説明問題。

| 類別<br>回目 | “無”字句 | “沒”字句 | 合計 |
|---|---|---|---|
| 前七十回 | 68（約47%） | 76（約53%） | 144 |
| 後三十回 | 39（約83%） | 8（約17%） | 47 |

單就該項語法指標而言，《水滸傳》的前七十回與後三十回各具個性：前七十回的口語化程度高，後三十回的書面性強。這一言語的個性差異有力地支持了胡適和羅爾綱兩位的《水滸傳》原本為七十回的論斷①。

再如，《金瓶梅詞話》前六回的內容基本抄錄自《水滸傳》，與後九十四回不是出於一手，因而語料上也不具同一性。例如，前六回用來表肯定的語氣詞都是“便了”，而後九十四回則多用“就是（了）”。試比較：

我教媒人替你買兩個使女，早晚習學彈唱，服侍你便了。（《金瓶梅詞話》一回）

這個容易，我只聽你言語便了。（《金瓶梅詞話》三回）

那婦人道：“我只依著乾娘説便了。”（《金瓶梅詞話》四回）

媽不信，問孫天化就是了。（《金瓶梅詞話》十五回）

只説爹裏邊過夜，明日早來接爹就是了。（《金瓶梅詞話》十六回）

等我飲馬回來，對俺爹説就是了。（《金瓶梅詞話》十七回）

綜上，從混合類語法史料中提取語法指標應儘量考慮到內部的非同質性，避免從非同一性的語料出發而得出同一性的結論。

---

① 王建軍《水滸傳》中的存在句//漢語史研究集刊（第十輯），成都：巴蜀書社，2007年。

### （三）語法史料的時代性

由於文獻的成書年代與語言年代之間的不完全匹配，加上文本流傳狀況複雜，如何判别語法史料的確鑿年代有時頗費斟酌。就總體情況而言，文獻年代與語言年代的不匹配有兩種表現形態：其一是同一文獻的不同部分在語言年代方面不匹配，其二是同一文獻的不同文本在語言年代方面不匹配。

所謂不同部分之間的語言年代不匹配是指文獻的敘述語言和引述語言在年代上不匹配，這主要是針對紀實性的著作而言的，如歷代的史書和筆記等。這些文獻的語言大致可分成敘述和引述兩種類型：敘述語言被稱作文獻的記事部分，而引述語言則被稱為文獻的記言部分。目前對於如何判别記事和記言兩部分的時代性存在著兩種大相徑庭的看法：一種主張記事部分代表作者所處時代的語言，而記言部分代表説話人所處時代的語言；另一種則主張完全以文獻作者的時代為語料的時代，也即將敘述語言與引述語言作等值處理。孰是孰非，一時難以定奪。應該説，將文獻語言區别為敘述語言和引述語言並非空穴來風，因為古人確實有將記事和記言分而治之的傳統。記事採用作者語言、記言錄用人物語言是紀實性文獻自古以來的一種通例。一般説來，作者語言是一種同口語有明顯區别的文學語言，時代性弱，而人物語言則同口語比較接近，時代性強。例如：

> 嘗有貨環餅者，不言何物，但長歎曰："虧便虧我也。"謂價廉不稱耳。紹聖中，昭慈被廢居瑤華宫。而其人每至宫前，必置擔太息大言。遂為開封府捕而究之，無他，猶斷杖一百罷。自是改曰："待我放下歇則個。"人莫不笑之。（宋莊綽《雞肋編》卷上）
>
> 契丹小兒，初讀書，先以俗語顛倒其文句而習之，至有一字用兩三字者。頃奉使金國時，接伴副使秘書少監王補每為予言，以為笑。如"鳥宿池邊樹，僧敲月下門"兩句，其讀時則曰"月明裏和尚門子打，水底裏樹上老鴉坐"。大率如此。（洪邁《夷堅丙志・契丹誦詩》）

有些文獻出自後人之手，但其中引述的前代人物語言並不一定應該都是有案可據的，需要區别對待。例如殷芸《小説》中所引《漢高祖手敕太子書》雖從內容、語氣來看與劉邦的經歷與身份非常契合，但因不見於《史記》和《漢書》等信史，極有可能出於殷芸的杜撰，很難採信。而《世説新語》儘管成于南朝，但因其中引述的人物語言大致本自魏晉時期的《語林》和《郭子》等志人作品，倒可以作為研究前代語言的重要文本。但是，由於後人在採編前代典籍過程中往往好作文字上的更動，又會不可避免導致引述語言的局部失真，如《太平禦覽》《太平廣記》《北堂書鈔》等。柳士鎮（1988）在對《世説新語》和《晉書》異文語言作了詳細的比對後發現《晉書》的人物語言存在著十分濃重的仿古傾向，其中大量採用了上古漢語慣用的詞彙與語法結構，不僅滯後於人物的生活時代，也滯後于作者的生活時代。可見，完全以記事和記言來區別文獻語言的不同年代並不保險。因此，在如何看待文獻的語言時代上，我們應取辨證的立場，具體文獻具體分析，特別是要時時注意做好兩個層次的比較：一是同期同類史料之間的異文比較，以求其共性，如《世説新語》之于《語林》《隋唐嘉話》之於《酉陽雜俎》；二是不同期同類史料之間的異文比較，以求其個性，如《史記》之於《漢書》《世説新語》之於《晉書》。

所謂文本之間的年代不匹配是指同一文獻的不同傳本之間在語言年代上不匹配情形。同一種文獻有不同的版本，而不同的版本有不同的語言面貌是漢語史料的一大特色。因此，在歷史語法研究過程中，不能簡單地在原本與傳本的語言之間劃等號，應該密切關注原本與傳本在語言年代方面所顯示的差異性。例如，《老乞大》有《原本老乞大》（約 1346 年）、《老乞大諺解》（約 1483 年）、《老乞大新釋》（約 1761 年）和《重刊老乞大》（1795 年）等多個傳本，前後跨度達四五百年。漢語教科書的性質和用途決定了《老乞大》要在語言上與時俱進，因此不同版本的《老乞大》其實是不同時代口語的代表，在語料價值上絕對不能搞“一刀切”。對《老乞大》的各種版本的語言進行逐字逐句的比對，我們可以從中窺測四百多年來北方漢語在語法方面的許多重要演變信息。例如：

二兩半鈔，與恁多少呵是？由你，但與的是。（《原本老乞大》）

一百個錢，與你多少的是？由你，隨你與的是。（《老乞大諺解上》）

這一百錢，與你多少的是？隨你多少就是了。（《重刊老乞大諺解上》）

上述材料有力地證明語氣詞“就是（了）”在清代始完成對“便是”“是”的替換。又如：

這般的，你更待悔交那？（《原本老乞大》）

這們的，你要番悔？（《老乞大諺解下》）

這麼説，你是要反悔了麼？（《重刊老乞大諺解下》）

從“這般”到“這們”再到“這麼”，反映的是程度代詞的形式變化軌跡；從“那”到“麼”則反映出語氣詞的替換歷程。

（四）語法史料的代表性

以何種語料作為某個時代的語法面貌的代表，是歷史語法研究中的一個必須直面的重大問題。解決這個問題實非易事，因為決定某種語法史料面貌的因素是混合的、多元的，除了語言本身的因素外，更多的是語用因素，包括時間因素、空間因素、內容因素、文體因素和習慣因素等。如此一來，人們在確定某個時代代表性的語法史料時就難免陷入誤區。

代表性也即所謂的典型性。具有典型性的語法史料不僅應該凝聚活語言的基本語法特徵，而且能夠反映語法創新的徵候，並顯示語法演變的趨勢。按照上述標準，甲骨文就很難稱得上是商代語法的代表語料。因為甲骨文是商代的一種公文，其語言是一種公務語言。公務語言的專業性和實用性決定了甲骨文語言的片面性和單調性。洪誠（2000：99）即指出："卜辭在語言內容方面存在著很大的局限性。莫説人民的語言一句記錄不進，就連奴隸主的語言，也只限於卜筮的命辭和驗辭，其他的話也記錄不進。由於內容的局限，也就決定了語言形式簡單，千篇一律，沒有長篇敍事，沒有長篇議論，運用的辭彙有限。……句子中的定語貧乏，形容詞少，複合句少，沒有象聲詞和嘆詞。這都是由於卜辭的性質和文體所決定而產生的必然現象。"有鑒於此，洪誠（2000：98）堅決主張："描寫殷代語言，《尚書》中的《商書》不可廢棄。"

談到中古的語法史料，漢譯佛經自然不應忽視。但是，學界在關注漢譯佛經口語性的同時，往往忽略了其生硬性和非自然性的一面，而這一點在佛經語法中表現得尤為分明。遇笑容（2004）曾對《撰集百緣經》進行了較為詳細的梵漢對勘，結果發現有些梵文中特有的語法特徵被加進了漢譯，例如"V（O）已"中表動作完成的"已"的用法即受梵文影響而來[①]。還有一些中古新興的語法現象如副詞的同義連用形式（如"悉皆""皆共"等）既非梵文所本也非漢語固有，根本就是譯經者所創，直到後來才漸為中土文獻所接納。因此，能否將漢譯佛經作為中古語法的代表性語料尚需斟酌。

選擇代表性的語法史料一般需要考慮到以下兩個細節問題：一是研究的對象。不同的語法研究對象有不同的適宜生存語境，在文獻裏的分佈狀況也不盡一致，需要在考察時有所側重。例如，考察描寫性存在句應以描寫性著作（如小説）為重，考察疑問句應以對話體作品（如語錄）為重。二是文體的性質。文體不同，其中的語法表現自然有異。在對特定的語法現象進行考察時，語法史料的文體因素不能被忽略。就高端表現而言，文體有韻文與散文之別，同一語法現象在散文和韻文中的表現有可能大相徑庭。韻文的語言具有一定的非自然性，而非自然的語法事實是不具有代表性的。例如，韻文中的重疊現象既多且早，但大致出於韻律之需，不屬於自然的重疊，考察漢語重疊式的歷史進程就只能以散文文獻為代表。

考察發現，典型語法史料中也可能擁有一些非典型的語法指標。《論衡》一向被視為東漢語料的代表，有人甚至將是書列為考察上中古語法變遷的淵藪。但這種代表性絕不是全面的和無限的，像書中廣為分佈的"恰幸"副詞（如"方、會、

① 引自遇笑容在2004年召開的中國語言學會第12屆年會上提交的論文提綱《從梵漢對勘看〈撰集百緣經〉的語言性質》。

適、正”等）就屬於一種個性化的言語特徵。與先秦和同期的其他文獻相比，《論衡》中的“恰幸”副詞有超乎尋常的表現，不僅個數激增，使用率高，而且多有創新形式（如複音副詞“偶適”“適自”等），但是這種暴熱現象在當時並不具有典型意義。葛佳才（2006）解釋了個中的原因：“這個‘一枝獨秀’的特殊現象，不是時代、地域語法特徵的反映，也並非文章體裁等因素所致，而應當歸因於文本內容以及個人用語習慣。”他進一步指出：“適偶論是王充批判當時流行的……天人感應説、善惡禍福觀的有力武器，是王充哲學體系和《論衡》文本內容的重要組成部分。與此相應，王充在語言表達與運用上，自然離不開特定的恰幸副詞。”

在歷史語法研究中，無論是專書語法研究還是專題語法研究，語法史料的代表性都值得高度重視。只有擁有了代表性的歷史語料，才可能獲得代表性的歷史結論。

## 三、理性化——語法史料分析中的最高境界

語料分析就是在語料鑒別的前提下，對獲取的可靠語料進行思考、判斷和推理的過程，理性化應當貫穿始終。所謂理性化分析，就是要科學、審慎地給語料定性。語料定性處於語料處理的終端，是語料價值的最後利用和最高體現，它決定了歷史語法研究的最終成果。研究者必須妥善處理好語料的現實性、語境的滋擾性、解釋的周遍性、古今的差異性等相關問題。由於仁者見仁、智者見智，不同的人往往會對同樣的語料以不同的定性，直接導致了歷史語法研究中的分歧和爭端。

### （一）語料的現實性

語料分析的立足點是語料，因此任何分析都必須從語料的現實表現出發，即要充分地尊重語料的實際狀況。例如：

> 一夕中作池，比曉便成，今太子西池是也。（《世説新語·豪爽》）
>
> 爾時貧人珠供養者，今此寶天比丘是也。（《賢愚經》卷一）
>
> 蓋清明節前一日是也。（《齊民要術》卷九）
>
> 小聖乃窯神是也。（元無名氏《玎玎璫璫盆兒鬼》二折）
>
> 吾乃掌管南安府花園花神是也。（明湯顯祖《牡丹亭還魂記·驚夢》）
>
> 我是本衙一個隊長是也，如今官府起取操練軍士……（明朱有燉《團圓夢》一折）

以上前三例出自中古語料，其中“是也”屬於一種新舊形式的雜合體，“是”屬於當時新興的判斷詞，“也”則為舊有的輔助判斷的語氣詞，二者尚未粘合為一體。後三例則出自近代語料，其中的“是也”儘管仿自中古，但意義和功能均發生了明顯的虛化，已融合、蛻變成為一個起輔助判斷的語氣詞。因此，語料分析要擯棄先

人為主的觀念，一切從現實性出發，如實反映語料的變遷。

談到語料的實際狀況，不能回避語料的成熟度問題。成熟度是語料自然進化的結果，不應該夾雜任何人為的主觀因素。近幾十年，在求新思維的主導下，歷史語法研究領域滋生了某種激進的傾向，某些語法事實的語法化不斷被提前，這樣難免會出現個別事實被催熟的現象。關於詞綴“兒”的產生年代，過去一般認為是在唐宋之際。後來竺家甯（2005）依據佛經語料，認為詞綴“兒”早見於東漢而通行於六朝。此論雖說持之有故，但存在兩個致命的缺陷：1）佛經語料本身具有很大的局限性，不能代表中古漢語的主流，僅憑此立論會失於偏頗；2）竺文所舉用例如“乞兒”“屠兒”“伎兒”“戲兒”“婦兒”“貧兒”“牛兒”等僅限於人和動物，並且均不同程度含有“低賤”“卑下”義，與作小稱的“兒”之間的關聯依舊緊密。由此，我們覺得，將詞綴“兒”的產生年代提前的做法有超越現實之嫌。

重新分析是語法演變的內在機制之一，但我們對任何語法事實的重新分析都應該是水到渠成的產物。在進行重新分析時，我們應密切體察同一語法實體在不同場合所顯示出的性能差異，不搞“一刀切”。比如，“便是”用作讓步假設連詞時，既可連接名詞短語，也可以連接小句，其性能表現似有所不同。例如：

張生不免放身坐地，便是醍醐甘露酒怎再吃？（金董解元《西廂記諸宮調》卷三）

遮莫賊軍三萬垓，便是天蓬黑煞，見他應也伏輸。（金董解元《西廂記諸宮調》卷三）

便是世家巨族，不得與甲長聯親。（淩濛初《初刻拍案驚奇》卷二十）

便是哥哥與兄弟同生死，也須累及了花榮山寨不好。（《水滸傳》三十二回）

如何使得？便是應允了，後來也有翻變。（《水滸傳》七十二回）

便是有什麼說的，叫奶奶裁度著就是了。（《紅樓夢》六回）

上例表明，“便是”後接名詞短語還是小句，會引起其自身性能的一些微妙變化：當“便是”後接名詞短語時，“便”與“是”之間會產生一種分離傾向，“便”主要承擔連接功能，而“是”的判斷性能則有所回歸；當“便是”後接小句時，“便”與“是”之間的一體性則比較凸顯，二者純粹是單一的合成連詞。上述情況實際上反映了同一語法實體在不同語境中所呈現出的不同的語法化程度。

（二）語境的滋擾性

任何語言實體的語法性能都大致由兩個方面構成：一是實體的本體性能，二是語境的輔助性能。本體性能屬於實體的固有元素，長期而穩定，不需要依賴語境而存在。輔助性能屬於實體的附加元素，具有臨時性和易變性，一旦脫離特定語境便不復存在。語言實體的輔助性能不可避免地會對其本體性能產生一定的以假亂真作用，這正是語境的滋擾性所在。

在給語料定性的過程中，歷史語法研究的首要任務就是把語法事實全面、準確、清晰地描寫出來。所謂全面、準確、清晰的描寫，就是不僅要如實反映語言實體的一切表現，而且還要注意區分其中的本體表現與非本體表現。只有排除語境滋擾、如實反映語言實體的本真狀態的描寫才有可能稱得上是成功的描寫，而“一個成功的描寫已是解釋的一半”（吳福祥 2004）。

由於語法事實的微妙性和複雜性，人們有時會在實際描寫過程中不經意地疏忽對本體表現與非本體表現的區分，並進而對語法實體的定性產生負面影響。

語言實體的非本體表現通常是由語境因素賦予的。在語料分析過程中，常見的誤區之一就是過度強調或放大語言實體在語境中的非本體用法，將非本體用法升格為本體用法，最後再借助重新分析手段鍛造出一個新實體。例如：

> 那老兒見是宋江來，慌忙道：“押司如何今日出來得早?”宋江道：“便是夜來酒醉，錯聽更鼓。”（《水滸傳》二十一回）
>
> 盧俊義道：“便是我迷蹤失路，尋不著宿頭，你救我則個。”（《水滸傳》六十一回）
>
> 王婆道：“娘子怎的這兩日不過貧家吃茶?”那婦人道：“便是我這幾日身子不快，懶去走動。”（《金瓶梅詞話》三回）
>
> 許宣道：“娘子如何在此?”白娘子道：“便是雨不得住，鞋兒都踏濕了……”（《警世通言·白娘子永鎮雷峰塔》）

《漢語大詞典》將上述用例中的“便是”釋作“正因為”，基本定性為表原因的連詞。其實，這些用例屬於一種常規的釋因判斷句。李佐豐（2003：265）曾經指出：“根據主語、謂語的不同，判斷句可以分為三類：歸類句、釋因句和評議句。”據此，例中的“便是”根本不是什麼連詞，而是一個實實在在的肯定副詞與判斷動詞的組合體；“便是”之所以置於句首，則完全是主語承前省略所致，根本不能脫離對話語境而存在。

類似的情形在討論近代漢語結構助詞“底（的）”的時候也出現過。先看以下用例：

> 有小聖底萬事俱休，沒小聖底我日多年。（《張協狀元》十六齣）
>
> ［滾繡球］錢呵！有你的不讀書便出遊，沒你的不違法便下牢……有你的不唱喏便唱喏，有你的不高傲便高傲。（元武漢臣《散家財天賜老生兒》二折）
>
> 如先悔的，罰中統鈔一十兩與不悔之人使用無詞。（《原本老乞大》）

劉敏芝（2006）認為：“‘底’用於假設複句，相當於‘的話’，是語氣助詞。”這一推論基本是從“底（的）”的實際意義和用法而來，過分誇大了語言實體的語境變異性。其實，劉氏本人（2006）也意識到了表假設作用的“底（的）”對語境的強烈依賴性，指出：“要表達假設的語氣，必須借助於另外的條件，如［＋對比性］的句法語義特徵，或與‘若/如’等假設連詞共現，‘的’語法化為假設語氣詞必須具備這樣的句法環境。”顯然，近代的“底（的）”與上中古的“者”一樣，其常規用法之一是充任結構助詞，一般用在句子主語之後，標明停頓並提示下文，其本體功能並不因句子的用途而改變。

一般説來，語言實體的局部變異是在特定語境中孕育並發展的，因此，歷史語法研究在對語言實體進行重新分析時既要從語境出發，又不能被語境所羈絆。

（三）解釋的周遍性

所謂的語法解釋通常包含以下幾項基本內容：1）點明語法事實的相關類屬；2）指出語法事實的產生動因；3）揭示語法事實的運作機制；4）歸結語法事實的演變規律。語法事實是規律的事實，而規律彰顯的是周遍性，因此相應的語法解釋也應該具有周遍性。

所謂周遍性其實就是語言實體的一體性。在語法解釋中，不能因過分強調特殊性而忽視周遍性。語法解釋如果隨文而生、（，）因文而異，它的覆蓋面就難免狹窄，自然也就缺乏應有的力度。總之，語法的解釋力不僅表現在深度方面，也表現在廣度方面。

一種語法解釋的周遍性越大，也就意味著其合理性越強。如果一種語法解釋的周遍性小，其合理性就會相應降低，就有可能受到更多的質疑。從上古到近代，有一類特殊的“有”字句一直較為引人注目。例如：

> 有夜登丘而呼曰：“齊有亂。”（《左傳·僖公十六年》）
>
> 昔者有饋生魚於鄭子產。（《孟子·萬章上》）
>
> 未鑿井時，常有寄汲。（《論衡·書虛》）
>
> 夜有乘鱉蓋車，從數千騎來。（《古小説鉤沉·列異傳》）
>
> 紹聖中，有引白樂天罷忠州刺史還朝詩云……（宋莊綽《雞肋編》卷上）
>
> 前有擎朱幡，後有張皂蓋。（《水滸傳》八十八回）

如何解釋例中的“有”，歷來頗多歧見。清儒王引之在《經傳釋詞》中採用“因聲求義”之法，將此類“有”釋為代詞“或”。《古代漢語虛詞詞典》（2000：752）則對王説作了進一步發揮：“‘有’本是動詞，當它的賓語省略或脱落時，就具有指代的性質。”上述説解均從訓詁著眼，不能令人信服。李佐豐（1994：148）即持有異議，指出：“‘有’表示記異時，如果‘有’之後的人、物是不能確定的，則‘有’直接帶動詞性賓語。”我們認為，在語境的提示和補足作用下，句子的某一行為主體由於顯而易見或無足輕重而暫時脱落是允許的，因為這種脱落並不影響句意的完整。按語言分析原理，凡脱落的成分一般都能不受任何妨礙地回歸原位，驗之以上各例，無一不可在“有”前或後添加“人”這樣的行為主體。下例似可為證：

其後人有上書言相如使時受金，失官。(《史記·司馬相如列傳》)

適生，有人從門呼其父名。(《論衡·吉驗》)

天門郡有幽山峻穀，而其上人有從下經過者……（晉張華《博物志·雜説下》)

於時人有餉桓公藥草。(唐段成式《世説新語·排調》)

經數年，忽夜有人環其院呼智通。(《酉陽雜俎·智通》)

兩相比照，除了“有”後的行為主體脱落與否這一點，似乎找不出“有”在性能方面的差異。因此，所謂的特殊“有”字句其實是正常句子形式的一種變體，屬於句法調整的產物，這種變化與“有”並無直接關聯，所以不會改變“有”表存在的基本屬性。

對《詩經》裏“中田”“中谷”之類現象的解釋同樣也涉及到周遍性的問題。例如：

中田有廬。(《詩經·小雅·信南山》)

中谷（穀）有蓷。(《詩經·王風·中谷（穀）有蓷》)

幾部通行的文言虛詞詞典多視“中”為介詞，表示的意思“在……之中”。這種定性同樣拘泥於訓詁，只適用於個案。這種隨文生訓式的解釋不可能兼顧大面，反而往往顧此失彼。例如：

汎彼柏舟，在彼中河。(《詩經·國風·鄘風》)

汎彼柏舟，在彼河側。(同上)

以上“中河”與“河側”出現於同一語境，“中”與“側”顯系對稱，都是方位詞。另外，單就“在彼中河”而言，“中”也不宜看作介詞。邢公畹（1983：135）早在上世紀四十年代就結合侗台語族諸語言中方位詞語的構成情況，認定：“所有《詩經》中‘中’字的用法，從現代口語看來，都是一種倒置的現象。”邢氏的先生的解釋既有新意和依據，又在很大程度上顧及了“中”作為方位詞的周遍性，因而比較可取。

語法是有規律性的，而規律性的東西總具有相當的周遍性。語法解釋是否具有周遍性是科學語法研究與訓詁語法研究的分水嶺。歷史語法研究脱胎於訓詁語法研究，但它不應該沉湎於傳統，而應不斷地充實科學的內涵，實現歷史的超越。而提高語法解釋的周遍性應該是它當前的要務之一。

### （四）古今的差異性

毋庸置疑，古今語法之間存在著客觀而明顯的差異。在歷史語法研究領域，這早已成為一種學術共識。但學術共識不能僅停留在理念層面，而應貫穿到語料分析的實際環節。因此，充分體認古今語法的差異，關鍵不在於相關意識的樹立，而在於給語法史料以正確的歷史定位。

必須承認，現代語法與古代語法之間具有緊密的傳承關係。但是我們同時又應該意識到，這種傳承關係不是無所不在的，因為任何語法史都是由傳承、演變和消亡等多條線索交織而成的。以往的語法史著作大多側重於反映語法傳承與語法演變，對語法創新和語法消亡關注不夠。因此，在歷史語法研究過程中，我們不能一味熱衷於古今語法事實之間的銜接與溝通。太多的銜接與溝通會在無形中淡化古今漢語語法之間的真正差異，容易給人們造成一種歷史錯覺。

歷史的錯覺往往由錯位的視角而來。由於長期身處現代語境之中，研究者有時會在無形之中養成一種所謂的"現代漢語語法的眼光"。這種眼光會在特定條件下主導人們的潛意識，將歷史語法研究引入"以今律古"的怪圈。古漢語語法研究界一度流布甚廣的"詞類活用"説正是"以今律古"的一個極好例證。在辭彙總量偏低、詞類界限欠分明的上古時期，一詞多用是當時漢語實詞的常態表現。而所謂的"詞類活用"説則完全立足於現代詞類狀況，這種以後世現象來觀照、闡釋前世現象的做法缺乏歷史的定準，自然扞格難通。

越來越多的研究表明，確立科學的古今語法觀已成為推進歷史語法研究的動力之一。科學的語法史觀正不斷滲透到對具體語法史實的分析之中。比如對古漢語句中習見的處所類雙賓語句，語法史學界就經歷了一次觀念的進化。先舉幾個相關用例：

> 蹲乎會稽，投竿東海。（《莊子・外物》）
>
> 吳子禦之笠澤。（《左傳・哀公十六年》）
>
> 舉兵誅齊，敗之徐州。（《韓非子・喻老》）
>
> 樊噲覆其盾牌於地，加彘肩上。（《史記・項羽本紀》）

對例中的處所詞語，過去盛行的做法是將之視為省略介詞的補語。孫錫信（1992）就主張："先秦以前，動詞支配賓語如果還須説明支配的處所，一般採用'V＋O＋於＋處所詞'的形式。……到漢代這種句式中的'於'有時可以省略，如'複投三老河中'（《史記・滑稽列傳》），後代也承用這種句式，如'置席水中'（《搜神記》）。"孫氏顯然在一開始就將"V＋O＋介詞＋處所詞"這種句法格局定為歷史基準，然後再試圖把處所類雙賓語句納入其中，並在二者之間建立起一種聯繫。當然，也有一些學者不從"省略説"。潘允中（1982）就強調："也許按照上古的語法，這些介詞，本來就是不用的，並無所謂‘省略’。”楊伯峻和何樂士兩位（2001：562—567）則從歷史角度出發對古漢語的處所類雙賓句加以確認，指出：“在雙賓中有一個賓語表處所。三方關係為：甲在丙地對乙發出動作。”

有人強調古今語言雖有變化，但“萬變不離其宗”，因而主張“以今釋古”“以古驗今”是語法研究的必由之路（馮勝利 2000）。其實，古今漢語語法的共性主要表現在語法系統方面，這是所謂的不變之“宗”；而具體的語法事實則傳承與變異互生，一脈相承者自然可以“以今釋古”“以古驗今”，而變異深重者則只能“古為古，今為今”，故不宜在古今之間硬拉起一條子虛烏有的線。

**參考文獻**

儲澤祥．漢語存在句的歷時性考察．古漢語研究．1997（4）.

董志翹，蔡鏡浩．中古虛詞語法例釋．長春：吉林教育出版社，1994.

葛佳才．《論衡》中的恰幸副詞．語文研究，2006（1）.

馮勝利．漢語韻律句法學．上海：上海教育出版社，2000.

洪誠．關於漢語史材料運用的問題//洪誠文集．南京：江蘇古籍出版社，2000.

黃暉．論衡校釋．北京：中華書局，1990.

劉敏芝．宋代結構助詞“底”的新興用法及其來源．中國語文，2006（1）.

柳士鎮．《世説新語》《晉書》異文語言比較研究．中州學刊，1988（6）.

柳士鎮．試論中古語法的歷史地位//漢語史學報（第二輯）．上海：上海教育出版社，2002.

李佐豐．文言實詞．北京：語文出版社，1994.

李佐豐．上古漢語語法研究．北京：北京廣播學院出版社，2003.

梅祖麟．從語言史看幾本元雜劇賓白的寫作時期//語言學論叢（第十三輯）．北京：商務印書館，1984.

潘允中．漢語語法史概要．鄭州：中州書畫社，1982.

孫錫信．漢語歷史語法要略．上海：復旦大學出版社，1992.

王建軍．從存在句再論〈山海經〉的成書．南京師大學報，2000（2）.

王建軍《水滸傳》中的存在句//漢語史研究集刊（第十輯）．成都：巴蜀書社，2007.

汪維輝．《齊民要術》辭彙語法研究．上海：上海教育出版社，2007.

吳福祥．漢語歷史語法研究的檢討與反思//漢語史學報（第五輯）．上海：上海教育出版社，2004.

邢公畹．《詩經》“中”字倒置問題/語言論集．北京：商務印書館，1983.

邢志群．從“就”的語法化看漢語語義中的“主觀化”//語法化和語法研究（二）．北京：商務印書館，2005.

楊伯峻，何樂士．古漢語語法及其發展（下）．北京：語文出版社，2001.

竺家寧. 中古漢語的“兒”後綴. 中國語文，2005 (4).

## Suggestions for the Discrimination and Determination of Corpus in the Research of Historical Grammar

Wang Jianjun

**Abstract**: The Research of historical grammar is based on corpus. How to use corpus is running through the whole course of research. There are two key sectors on using corpus: discrimination and determination. Dealing with specific cases, this paper emphatically expounded the objectivity of discrimination of corpus and the rational faculty of the determination of corpus.

**Keywords**: research of historical grammar; discrimination of corpus; determination of corpus

（王建軍，蘇州大學文學院）

# 認同標記“是的”的來源*

李宗江

**提　要：**現代漢語有一個篇章連接成分“是的”，其主要功能是認同上一話輪或上文內容，也可引出下文進一步闡述的話語，本文將此“是的”看作“認同類語用標記”，簡稱“認同標記”。經考察，“是的”並非來自形容詞或係詞“是”和句末語氣詞“的”的組合，而是來自認同標記“是”和語氣詞“的”的組合，而認同標記“是”是由上古的認同標記“是也”丟掉“也”後而形成的。認同標記“是也”是“形容詞‘是’＋也”的組合，由作謂語演變而來。“是也”“是”和“是的”構成了前後相繼的認同標記歷史演化鏈。

**關鍵詞：**是也　是　是的　歷時關係　來源與演變

## 一、引言

現代漢語中有一個用於關聯兩個話輪或上下文的篇章連接成分——“是的”，龍海平、王耿（2014）稱其為“接入語”。例如：

（1）宗豫道：“你也不必說還了。這次我再幫你點，不過你記清楚了：這是末了一次了。”他正顏厲色起來，虞老先生也自膽寒，忙道：“是的是的，不錯不錯。你說的都是金玉良言。”（張愛玲《多少恨》）

（2）我不考慮那個！我手無縛雞之力，不能去殺敵雪恥，我只能臨危不苟，兒子怎死，我怎麼陪著。我想日本人會打聽出他是我的兒子，我也就不能否認他是我的兒子！是的，只要他們捕了我去，我會高聲的告訴他們，殺你們的是錢仲石，我的兒子！（老舍《四世同堂》）

以上的例（1）是對話語篇，“是的”用於後一話輪之首，表示對上一話輪內容

* 本研究得到國家社科基金項目《近代漢語的語用標記及其演變研究》（13BYY112）的資助。

的認同，並引出下文進一步闡述的内容；例（2）是個獨白語篇，“是的”用於兩個句子之間，用來肯定上文的話，並引出下文進一步闡述的内容。這種下文進一步闡述的内容我們稱為“認同語”，如以上兩例中的畫線部分。我們將這種具有篇章連接功能的“是的”看作表示認同且引出認同語的語用標記，簡稱為“認同標記”。（李宗江 2019）認同標記用於對話語篇時也可以沒有認同語，如例（1）可以删除“是的是的，不錯不錯”之後的部分。廖秋忠（1986）將我們所説的認同標記稱為“再肯定連接成分”，但只指例（2）這種用於獨白語篇的情況。

認同標記“是的”是從哪兒演變來的？人們鮮有論及。這可能是因為“是的”似乎不是一個詞，至少從現代漢語來看，它像一個“形容詞或係詞＋語氣詞”的句法性組合，内部語義透明，關係清晰，沒有什麼可討論的。龍海平、王耿（2014）有過研究，認為來自近代漢語作為判斷句謂語的“是的”。例如：

（3）本婦稱系市棍郁盛略賣在彼是的。（《二刻拍案驚奇》卷三十八）

（4）時陳察院方巡潮州府，取孫氏一干人犯來問。俱稱：孫氏謀殺親夫是的。（《廉明公案》上卷）

如上例中的“是的”讀作“shìdí”，為動賓短語，龍海平、王耿（2014）稱為“系動詞＋系事”結構。它與“是實”同義。例如：

（5）只此一言是的實。（《張協狀元》十四出）

（6）王俊殺叔是實，世名報仇也是理之當然。（《型世言》二回）

這説明當時的“是的”表示“是事實”“是真實的”。龍海平、王耿（2014）認為认同标记“是的（shìde）”即由此“是的（shìdí）”演變而來，並説從後者到前者的演变“是瞬間完成的”，並用“征派”説來解釋。我們認為至少這個語音銷蝕過程，即“的”由讀重音的 dí 變為輕聲的 de 的過程，如説是瞬間完成的，似無法令人信服；而且似也無法解釋，由作謂語到作認同標記為何一定要發生“的”的讀音弱化。另外“是的（shìdí）”的使用受到語體的限制，就能夠查考到的例句來看，其主要用於供述事狀，而作為認同標記，“是的”可以廣泛地用於對話甚至是書面語體，這種由特定語體向其他語體的擴展，似也無法在瞬間完成。因而“征派”説是值得商榷的。我們以為要回答“是的”的來源，需要將其與歷史上的相關成分聯繫起來考察。

## 二、兩類認同標記

認同標記是表示話語肯定的成分，依據其所肯定的話語的不同情況，可以將認同標記分為兩類，一類是表示確認事實的，現代漢語中最典型最常用的是“是的”，簡稱為“確認類”；另一類是表示接受指令的，現代漢語中最典型最常用的是“好的”，簡稱為“接受類”。

2.1 “是的”和“是”

現代漢語中“是的”“是”表達對事實的確認，回答是非問句提出的問題，或者對別人或者自己的意見做出肯定。例如：

(7) “你還沒結婚?”“是的。”

(8) “你們學校？有地震監測儀?”“是的。”白樹點點頭：“唐山地震我們就監測到了。”

(9) 山崗便伸手摸了一下。“很燙吧?”山峰問。“是的。”

(10) 加林：“我得要和巧珍把這事説清楚，不瞞你説，我心裡很痛苦。”亞萍：“是的。你應該很快結束你們的不幸!”

(11) 我知道老師會極其嚴厲地訓斥我，説不定他又會想出什麼奇奇怪怪的辦法來處罰我，但我一定不能哭，因為我沒有錯。是的，我沒有錯，錯的是老師。

以上的例子中，前四個是對話語篇，最後一個是獨白語篇。例（7）（8）（9）中，“是的”是對上一個話輪是非問句做出的肯定回答，例（10）是對一個陳述句做出的肯定回答。第（11）是同一個人對自己前面話語的肯定。但不管是哪一種情況，“是的”都是表示對上一話輪或上文話語所言事實的確認。這些例子中的“是的”可以用“是”來替換，但不能用“好的”或“好”來替換。

2.2 “好的”與“好”

現代漢語中“好的”和“好”是在上一話輪發出命令、建議、要求、允諾、囑咐、意願等表示時，做出的承諾性回應。例如：

(12) 白樹繼續説：“你現在就去吧。”“好的，我現在就去。”

(13) 白樹跟在他身後，説：“你是不是去看看?”物理老師回答：“好的。”可他依然往家中走去。

(14) “他要求你們代他問趙先生好。”“好的，好的，”吴克功連忙答應。

(15) 大衛：大衛，現在你可以叫我大衛。秀梅：好的，大衛。王先生已經通知我，你的工作是負責出貨。

(16) 葉桑突然叫了起來：“哎——別急。天涼了，你的那件厚毛衣放在壁櫥第二格裡，用一個粉紅色的塑料袋裝著。棉毛衫和棉毛褲都在衣櫃第三個抽屜裡。”邢志偉笑了起來，聲音很響。他説：“好的好的，我知道了，再見。”

(17) “您想當幾星級將軍?”“五星，當就當最大的。”“好的，就是一金板上有五顆星對吧？可以。”

以上的例子中，“好的”在例（12）中是對對方命令做出的回應，例（13）中是對對方所提建議的回應，例（14）中是對對方所提要求的回應，例（15）中是對方允許做某事的回應，例（16）中對對方囑咐的回應，例（17）是對對方意願的回應。這些例子中的“好的”可以用“好”來替換，但不能用“是的”或“是”來替換。

漢語歷史上最典型的認同標記有“然”“然也”，“是也”“是矣”“是已”“是”，“諾（喏）”。例如：

（18）師曠對曰：“汝聲清汗，汝色赤白，火色不壽。”王子曰：“然。吾後三年，將上賓於帝所，汝慎無言，殃將及汝。”（《逸周書·太子晉解》）

（19）問：“相公可姓潘麼？”潘遇道：“然也，足下何以知之？”（《醒世恒言》卷二十八）

（20）孟嘗君曰：“唐子非短子者耶？”曰：“是也。”（《淮南子·人間訓》）

（21）袁盎顧之曰：“我所謂袁將軍者也，公得毋誤乎？”刺者曰：“是矣！”（《史記·梁孝王世家》）

（22）晏子曰：“公疑之，則嬰請言湯伊尹之狀也。湯質皙而長，顏以髯，兑上豐下，倨身而揚聲。”公曰：“然，是已。”（《晏子春秋》卷二十二）

（23）師問僧：“承汝解藺是不？”對曰：“是。”（《祖堂集》卷五）

（24）伯宗曰：“吾飲諸大夫酒，而與之語，爾試聽之。”曰：“諾。”（《國語·晉語》）

其中“諾（喏）”為接受類認同標記，其他都是確認類認同標記。[①] 在確認類認同標記中，“然”“然也”中的主要成分與其他幾個不同，因而它們不可能與“是的”的來源有關，在“是”和包含“是”的認同標記中，由於“是矣”“是已”非常少見，而且用法與“是也”無別，因而下文不再涉及。

## 三、“是也”和“是”

在漢語史上，“是也”和“是”都可作認同標記，從產生時間上說，先有“是也”，後有“是”。

### 3.1　是也

“是也”作為認同標記，來源於形容詞“是”後加語氣詞“也”的組合。“是”

① “是”也可表示接受指令，如軍隊在上級向下級發出命令時，下級需用“是”作答，而不能用“好”或“好的”。因是特殊領域的用法，本文排除在外。

表示“正確、真實”之義。此義《漢語大詞典》舉有《詩經》用例，説明它產生很早。“是”加語氣詞“也”所形成的“是也”，在上古就常作謂語，與“非也”相對。例如：

(25) 子曰：“二三子！偃之言是也。前言戲之耳！”（《論語·陽貨》）

(26) 子墨子言曰：“我有天志，譬若輪人之有規，匠人之有矩，輪匠執其規矩，矩，以度天下之方圜。”曰：“中者是也，不中者非也。”（《墨子·天志》）

(27) 君之立不宜立者，非也；既立之，大夫奉之，是也。（董仲舒《春秋繁露》卷三）

由作謂語來肯定主語，到用於句首，來肯定對方的話，這是很自然的。現代漢語中的“對（的）、好（的）”等也都可以作認同標記，其來源是類同的。龍海平、王耿（2014）指出，英語、印地語、烏爾都語等多種語言中認同標記都可來自表示“正確、真實”義詞彙項。“是”就是這種詞彙項，但作認同標記時常加語氣詞，成為“是也”。

“是也”作認同標記最早是用於對話中，一開始是用於回應是非問句的提問，表示確認。例如：

(28) 長沮曰：“夫執輿者為誰？”子路曰：“為孔丘。”曰：“是魯孔丘與？”曰：“是也。”（《論語·微子》）

(29) 景公有愛女，請嫁于晏子，公乃往燕晏子之家。飲酒，酣，公見其妻曰：“此子之內子耶？”晏子對曰：“然，是也。”（《晏子春秋》卷六）

以上例中的“是也”都是用於對話中，表示對上一話輪是非問所問事實的確認。如例（28）中長沮問話中的“是”為指示代詞，回指第一話輪中的“執輿者”，與“是也”中的“是”不相同。“是也”表示對上一話輪問話“是魯孔丘與？”的確認。

到了中古，“是也”後面開始出現認同語，如下例中加下畫線的部分：

(30) 昔成王以桐葉戲叔虞，周公便以封之。今圖藏在天府，便可於坐上斷也，豈待到州乎？”宣王曰：“是也。當別下圖。”（《三國志裴注·魏書·韓崔高孫王傳》）

中古也可以見到“是也”用於獨白語篇中來肯定引語的用例。例如：

(31) 洛水又東，至陽虛山，合玄扈之水。《山海經》曰：洛水東北流，注于玄扈之水。是也。（《水經注》卷十五）

例（31）中“是也”並不是用於對話的第二話輪中，而是用於獨白語篇中對上文《山海經》引語的確認。

“是也”在近代甚至晚清都可見到。例如：

(32) 師云：“老子方親得山僧意。”順僧云：“打水魚頭痛。”師云：“是也。”(《祖堂集》卷七)

(33) 李文問：“中庸末章引詩‘不顯’之義，只是形容前面‘戒慎不睹，恐懼不聞’，而極其盛以言之否?”曰：“是也。此所引與詩正文之義同。”(《朱子語類》卷六十四)

(34) 眾人看了，有眼快的叫道：“這卻不是趙六老!”眾人仔細齊來相了一回，多道：“是也，是也。卻為甚做賊偷自家的東西? 卻被兒子殺了，好蹊蹺作怪的事!”(《初刻拍案驚奇》卷十三)

(35) 臧姑曰：“貨物放在艙底麼?”二成曰：“是也。”(邵彬儒《俗話傾談》卷一)

到了明清時期，儘管可見文獻用例，但其真實性難以確定，頂多是個文人仿古的說法。因為作為典型的文言語氣詞“也”，據曹銀晶（2012）的研究，其主要用於上古，中古開始減少，“到唐代就不多見了”。在近代，特別是宋元以後，在口語中肯定已經消失，但在白話語料中仍然可見“是也”，如果這反映了當時語言的真實面貌，那麼它就是一個已經詞化的形式。同時語氣詞“的”在元代已經產生，因而明清白話語料中的“是也”是否在白話中真實存在是值得懷疑的，也不排除是“是的”的書面記錄形式。

3.2 是

“是”單獨作認同標記始見於西漢。例如：

(36) 當道者曰：“帝令主君射熊與羆，皆死。”簡子曰：“是，且何也?”(《史記·趙世家》)

“是”在中古及唐宋時期的用例如：

(37) 後王尊為刺史，至其阪，問吏曰：“非王陽所畏之道邪?”吏曰：“是!”(劉孝標注《世說新語·言語》)

(38) 對曰：“滴水冰生，事不相涉。”師云：“是。”(《祖堂集》卷八)

(39) 上云：“豈非二太子先去了也?”連云：“是是。”(《三朝北盟會編·靖康城下奏使錄》)

“是”作認同標記在中古和近代與“是也”的數量比較如下表：

| 作　品 | “是也”數量 | “是”數量 |
| --- | --- | --- |
| 三國志 | 1 | 0 |
| 世說新語 | 1 | 0 |
| 宋書 | 1 | 0 |
| 魏書 | 1 | 0 |
| 北史 | 1 | 0 |
| 梁書 | 1 | 0 |
| 晉書 | 1 | 2 |
| 周書 | 1 | 0 |
| 隋書 | 2 | 0 |
| 舊唐書 | 1 | 2 |
| 新唐書 | 1 | 0 |
| 祖堂集 | 13 | 11 |
| 五燈會元 | 2 | 80 |
| 朱子語類前 60 卷 | 2 | 70 |

從上表可知，“是”從漢代產生，在中古沒有發展，到了唐末才多起來。到了宋代，在接近口語的語料中，主要用“是”，而不用“是也”。

先秦不見“是”作認同標記，主要用“然”“然也”“是也”。“是”在唐宋時代才多起來，這正好與語氣詞“也”消失的時間巧合。因而我們推測作為認同標記的“是”，並不是由形容詞單獨演變而來，而是因為“也”的逐漸消失，由“是也”丟掉“也”減省而來。

## 四、“是的”

“是的”最早見於清代。“是的”中的“的”只能是語氣詞，而表肯定語氣的“的”產生於元明時代，《漢語大詞典》所舉最早用例為元代，[①] 因而從理論上説元明時代就應該有“是的”了，但在清代才見文獻用例。例如：

(40) 一日，到珊瑚房裡，珊瑚笑了笑説：“我合你做妯娌十年多，近來極像合你初會呀。是的，我不知怎麼，見了你親極，全不像尋常日。”(《聊齋俚曲集・婦姑曲》三回)

(41) 寶玉看了，便笑問道：“你也是我這屋裡的人麼?”那丫頭道：“是

① 《漢語大詞典》舉例為元王實甫《西廂記》第一本第二摺：“此寺是則天皇後蓋造的，後來崩損，又是崔相國重修的。”

的。”(《紅樓夢》二十四回)

(42) 春航道:“第一,是好天:夕陽明月,微雨清風,輕煙晴雪,即一人獨坐,亦足心曠神怡。感春秋之佳日,對景物而留連,或曠野,或亭院,修竹疏花,桐蔭柳下,閑吟徐步,領略芳辰,令人忘俗。”蕙勞點頭道:“不錯,真是好的。第二,想必是好地了。”春航道:“是的。一丘一壑,山水清幽,卻好移步換形,引人入勝。”(《品花寶鑒》十三回)

(43) 老殘道:“必須有個親信朋友吃這一趟辛苦才好。若隨便叫個差人送去,便有輕慢他的意思,他一定不肯出來,那就連我都要遭怪了。”東造連連說:“是的,是的。我這裡有個族弟,明天就到的,可以讓他去一趟。”(《老殘遊記》七回)

“是的”在清代用例並不多,但從以上用例看,包括了認同標記在語篇中的各種分佈,如例(40)中“是的”是在一個人說話的上下文之間,“是的”用於肯定上文所言,並引出下文的認同語。其他三例都是用於對話語篇,(41)中用於回應上一話輪,後面沒有認同語,(42)(43)中在回應上一話輪的同時,其後還有認同語,如畫線的部分。

認同標記“是也”在現代漢語中已經完全不見了,只有“是”和“是的”。如果我們將“是也”“是”“是的”三者聯繫起來考察,就會發現,“是的”的演變並非如龍海平、王耿(2014)所言是瞬間完成的。作為認同標記,可以用於對話語篇,也可用於獨白語篇。“是也”“是”“是的”都是主要用於對話中,而且其後很多是沒有認同語的。從“是的”在現代漢語中的表現來看,其在語篇中的分佈如下:

對話$_1$:a 過年你回家嗎? b 是的。(回家。)

對話$_2$:a 過年你應該回家。b 是的。(我回家。)

獨白$_1$:他說過年要回家。是的。(應該回家。)

獨白$_2$:他天天盼望著過年回家。是的,出來那麼久了,應該回家。

在上面例子中,“是的”表示“確認、肯定”的功能是依次虛化的,對話$_1$中的a句是個是非問句,是非問句是期待確認的,所以其中的認同標記的詞彙意義最突出。對話$_2$的a句不是問句,說話者只是說出了自己的意見,並不期待對方確認,這時的認同標記起著回應對方、採納對方意見或者告訴對方自己有這個計畫等意思,與對話$_1$相比,認同功能已經弱化。獨白$_1$裡,“是的”是對引語的肯定,不是在對話中,既無確認功能也無回應功能,認同功能進一步弱化。在前面這三種情況下,“是的”後面都可以沒有認同語。從漢語史上看,“是也”後面多是沒有認同語的。到了獨白$_2$裡,“是的”就儀式化了,它後面必須有認同語,廖秋忠(1986)所講的再肯定連接成分只指“是的”用於獨白$_2$的情況，也就是認為在獨白語篇中，只起將認同語與上文連接起來的作用。這説明其本身的認同功能已經很弱，只是起著一個形式上的銜接作用，即將兩個具有相同認知傾向的命題銜接起來，或者説其作用是引出一個對上文表示進一步肯定或闡述的語句或語段。因而認同標記的演變依據其在如上共時語篇中的表現，經歷了以下的過程：

對話$_1$→對話$_2$→獨白$_1$→獨白$_2$

通過上文歷史語料的考察我們看到，這樣一個演變過程，在漢語歷史上是由“是也”“是”和“是的”接續完成的，其演變過程差不多貫穿了漢語歷史的全過程：“是也”“是”只用於對話和獨白$_1$中，在獨白$_2$中的功能，是由“是的”接續完成的。

## 五、“是也”“是”“是的”的歷時關係

先秦不見“是”作認同標記，主要用“然”“然也”“是也”。“是”的出現正好與語氣詞“也”開始衰減的時間巧合。因而我們推測，作為認同標記的“是”，並不是由形容詞單獨演變而來，而是因為“也”的逐漸消失，由“是也”丟掉“也”減省而來。

在上古漢語中，確認性認同標記主要用“然”“然也”“是也”。“是”作認同標記在漢代出現，到唐宋時代才多起來，或者説“是”從近代開始較多用於認同標記，一直沿用至今。我們以為“是”作認同標記並非由表示“正確、真實”意義的形容詞作謂語演變而來，而是由“是也”丟掉“也”後省減而來。這可以從三個方面來論證。一是如果説“是”由形容詞單獨演變而來，那麼無法解釋為什麼“是”反而後於“是也”產生。二是“是”作認同標記時，只能作為零句使用，具有獨立性，由於其是針對上一話輪做出的確認性回應，因而具有表述性，那麼這種表述性只可能來自於謂語，不可能來自其他成分。可是漢語的光杆形容詞作謂語受到限制，從實際語料中看，“是”除了在“今是而昨非”之類對比的情況下作謂語外，極少單獨作謂語，因而也就不可能單獨由作謂語演變為認同標記。三是“是”的大量出現是在唐宋時期，而語氣詞“也”恰也是在這一時期開始消失，（曹銀晶 2012）這似乎暗示二者之間存在某種內在的關聯。鑒於以上三點，比較合理的解釋是由於從中古起，“也”開始衰落，導致“是也”中的“也”丟掉，到了唐宋時代開始大量丟掉，從而認同標記“是也”縮減為“是”。至於明清時代在書面語料中少量的“是也”或者不是真實的口語成分，或者是“是的”的書面記錄形式。語氣詞“的”產生後，“是”一方面單獨作認同標記，同時也可加“的”，成為“是的”。“是也”“是”“是的”三者之間的演變關係如下：

是也 → 是 → 是的

丟“也” 加“的”

古代 中古近代 明清至今

從來源看，三者的性質有所不同。“是也”是由作謂語的形容詞“是”加語氣詞“也”演變而來。“是”並不是與“是也”並行的認同標記，而是“是也”丟失“也”後簡化而來。“是的”表面看來與“是也”相同，都是“形容詞＋語氣詞”的組合，而實際上不是，“是的”中的“是”是認同標記，而不是形容詞。因為清代到現代，形容詞“是”已經消失，李宗江（2019）羅列了明清時期由形容詞“是”構成的一些表示話語肯定的說法，如：“是的狠、可是的、可是呢、可是的了、正是、正是的、正是呢、也是、說得是、也見得是、言得是、此言也是、這話是的狠、可知煞是也、這就是得狠了。”這些詞語也是具有認同標記功能的，或者說它們是具有一定習語化傾向的成分。而在自由的組合中，形容詞“是”受到很大的限制。看以下的比較：

很對　很好　很正確　很是*

太對了　太好了　太正確了　太是了*

這樣做不對　這樣做不好　這樣做不正確　這樣做不是*

對極了　好極了　正確極了　是極了*

換句話說，“是的”中的“的”是加在認同標記“是”的後面，而不能加在形容詞“是”的後面，因為在現代漢語裡形容詞“是”已經消失。

## 六、餘論

由於“是”是一個多義詞，因而在不同的上下文中，“是”“是也”“是的”很容易被誤解。例如《現代漢語八百詞》在標為動詞的“是”下面提到了它表示應答的用法，在講到“如回答不用‘是’字的問句，或接過對方的話碴說”時，舉了如下的例子：

你明白了吧？——是，明白了。

你為什麼要離開呢？——是啊，我當初要是不走該多好！

顯然，該書將以上例中的“是”看作是動詞，根據我們在上文的討論，此中的“是”是認同標記，其來源當為“是也”，而“是也”中的“是”是形容詞，而不是動詞，因為在先秦，動詞“是”還沒有產生。[①] 包括在問話中內含“是”字的情

① 一般認為係詞“是”產生在漢代，參見王力（2013）、蔣紹愚（1989）。

況，作為應答語的“是也”“是的”中的“是”，也往往與問句中的“是”沒有同一性。例如：

(44) 長沮曰：“夫執輿者為誰?”子路曰：“為孔丘。”曰：“是魯孔丘與?”曰：“是也。”(《論語·微子》)

(45) 他是教授嗎?
是的。

(46) 他是去北京嗎?
是的。

在以上三例中，問話裡都有一個“是”，但答話中的“是也”“是的”中的“是”都不是問話中“是”的重複。例（44）裡，問話中的“是”是指示代詞，但答話中“是也”裡的“是”是表示“正確、真實”的形容詞，用黎錦熙先生的話說，此“是”字”乃形容詞‘是非’之‘是’”。[①] 現代漢語中例（45）（46）兩個問答句中，更像是重複同一個“是”，而實際上例（45）中問話的“是”是係詞，而答話中“是的”中的“是”是認同標記“是也”的省減形式；例（46）中，問話的“是”是焦點標記，答話中的“是”也是認同標記“是也”的省減形式。因為如果問句和答句中的“是”是同一個詞，那麼答句應該可以還原為“是教授的＊”“是去北京的＊”，可這樣的話是不說的。

## 參考文獻

曹銀晶. “也”“矣”“已”的功能及其演變. 北京大學博士論文，2012.

蔣紹愚. 古漢語詞彙綱要. 北京：北京大學出版社，1989.

李宗江. 近代漢語語用標記研究. 上海：上海教育出版社，2019.

廖秋忠. 現代漢語篇章中的連接成分. 中國語文，1986 (6).

龍海平，王 耿. 從征派過程看接入語“是的”的形成. 世界漢語教學，2014 (1).

呂叔湘. 現代漢語八百詞. 北京：商務印書館，1996.

王 力. 漢語語法史. 北京：商務印書館，2013.

## The Origin of the Identification Mark “*Shi de*”(是的)

Li Zongjiang

**Abstract**: In modern Chinese, there is a textual connective element “*shi de*”(是的), whose main function is to identify with the previous discourse or the

① 轉引自王力 (2013)。

content above, and sometimes to lead to the discourse be further elaborated. In this papcr, "*shi de*" (是的) is regarded as "identification pragmatic marker", referred to as "identification marker". According to the investigation, "*shi de*" (是的) dosc not come from the combination of the adjective or the preposition "*shi*" (是) and the modal word "*de*" (的) at the end of the sentence, but from the combination of the identification mark "*shi*" (是) and the modal word "*de*" (的), and the identification mark "*shi*" (是) is formed after the ancient identification mark "*shi*" (是), losing "*ye*" (也). The identification mark "*shi ye*" (是也) is a combination of the adjective "*shi*" (是) and "*ye*" (也), which evolved from the predicate. "*Shi ye*" (是也), "*shi*" (是) and "*shi de*" (是的) successively constitute the historical evolution of identification markers.

**Keywords**: "*shi ye*" (是也); "*shi*" (是); "*shi de*" (是的); diachronic relationship; origin and evolution

(李宗江，解放軍信息工程大學崑山校區)

# “要”表必然、意願和假設的來源*

龔　波　劉　利

**提　要**：表必然義的“要”由表“要害”“關鍵”義的“要”演變而來；表意願的“要”由表客觀必要義的“要”演變而來；假設連詞“要”由表意願的“要”演變而來。上述演變具有不同的語法化過程，演變的條件、誘因、動因和機制等各不相同，但演變都是在構式中展開的，演變過程與構式刪略、結構混同、語義混同和語用推理等密切相關。

**關鍵詞**：要；詞義引申；語法化；構式刪略；結構混同

## 一、引言

漢語史上，“要”的用法豐富而複雜。它既可以用作實詞，也可以用作虛詞，其詞性可以是名詞、動詞、形容詞、副詞、助動詞和連詞。它可以表示多種語義，這些語義表面上看起來似無關聯，實則具有引申虛化的關係。關於它的詞義引申和語法化過程，前人及時賢已有諸多的論述。就管見所及，太田辰夫（1987），江藍生（1987），王力（1989），楊伯峻、何樂士（1992），馬貝加（1994），董志翹、蔡鏡浩（1994），盧卓群（1997），蔣冀騁、吳福祥（1997），劉利（2000），段業輝（2002），古川裕（2006），高婉瑜（2011），王誠（2015），蔣紹愚（2012），鄭周永（2015），李明（2016）等都涉及到了這個問題。前賢的研究深化了我們對這個問題的認識，但是由於問題本身的複雜性及材料的限制，很多方面還遠未達成共識。筆者不揣鄙陋，擬就相關問題展開討論，以就正于方家。

* 本文是國家社科基金重大招標項目“漢語複句歷史演變研究及其語料庫假設”（16ZDA207）的階段性成果。文章初稿曾在第三屆漢語語法史青年論壇（2017年5月，南京大學）上宣讀，感謝與會學者的意見和建議。《漢語史研究集刊》匿名審稿專家精到的見解使本文避免了更多的疏漏，謹此致謝。文章尚存問題概歸作者。

“要”的主要用法是用作助動詞表達各種情態意義，“要”的其他用法都或多或少地與它的情態意義有關。厘清“要”的各種用法之間關聯的關鍵是要厘清“要”的各種情態意義之間的關聯。Palmer（1990）將英語的情態動詞分為三類：認識情態（epistemic）、道義情態（deontic）和動力情態（dynamic）。助動詞“要”的用法包含了這三類。為敘述方便，參考李明（2016：5—11）的分類方法，我們把“要”的情態意義歸為四類：

1. 表示説話者對事件真實性的推測。義為“必然”“一定”，可簡稱表必然①，屬 Palmer（1990）分類系統中的認識情態類。例如②：

（1）卿試擲地，要作金石聲。（《世説新語・文學》）

2. 表示事實上的需要，即客觀條件必要。義為“需要”，可簡稱表客觀必要，屬 Palmer（1990）分類系統中的動力情態類，李明（2016：6—9）則稱為“條件類”。例如：

（2）雖有身手，不能自運，要假他力，然後坐起。（《過去現在因果經》3/630a）

3. 表示説話者認為施事者應當施行某種行為。義為“應該”“必須”，可簡稱道義必要，屬 Palmer（1990）分類系統中道義情態類。例如：

（3）誠是才者，其地可遺，然要令我見。（《世説新語・賢媛》）

4. 表示主語有做某事的意志。義為“想要”“希望”，可簡稱表意願，屬 Palmer（1990）分類系統中的動力情態類。例如：

（4）我要見白日，雪來塞青天。（賈島詩）

除了用作助動詞之外，“要”還可以用作連詞，表示假設關係。

（5）金蓮道：“琴童兒是他家人，放壺他屋裡，想必要瞞昧這把壺的意思。要叫我，使小廝如今叫將那奴才來，老實打著，問他個下落。”（《金瓶梅》31）

為討論方便，以下我們將這五類“要”分別記作“要$_{必然}$”“要$_{需要}$”“要$_{應該}$”“要$_{意願}$”和“要$_{假設}$”③。本文主要討論“要$_{必然}$”“要$_{意願}$”和“要$_{假設}$”三種用法的

---

① 馬貝加（1994）認為“要”除了“表示對將要發生的事情的肯定”（即“必然”“一定”之義）以外，還可以表示“對將要發生的事情的揣測”（即表可能），所舉例證為：“懼入見要用漢法。”（《史記・南越列傳》）。王誠（2015）已證明此“要”為“要約”“要挾”之義，並非表可能。

② 由於前賢對“要”的語義演變過程多有討論，本文所用的例證有很多是經過前人反復引用和討論的，不一一注明。

③ 為討論方便，本文用詞語下標的形式來提示某一語詞的意義，如“要$_{必然}$”表示表必然義的“要”；用圓括號加下標的形式來標註某一語詞的詞類，如“要$_{(名)}$”表示名詞性的“要”。

“要”的來源及其詞義引申和語法化過程，在討論過程中也會涉及到“$要_{需要}$”和“$要_{應該}$”這兩種用法。①

## 二、“$要_{必然}$”的來源

表必然義的“要”由表“關鍵在於……”“要害之處在於……”“本質上是……”之義的“要”演變而來。這個演變是在構式（construction）中展開的，演變過程與構式刪略及語用推理密切相關。

董志翹、蔡鏡浩（1994：576）指出：“《説文》：‘要，身中也。’本為‘腰’之古字。因人的腰乃全身之要害部位，故引申之，則有‘要害’、‘關鍵’之義。”從先秦以降，“要”的一個重要的用法是用於指明某事的要害和關鍵之處在於什麼。這種用法的“要”經常與“在”“在於”“在乎”等存在動詞連用，構成“要＋$V_{存在}$＋X”構式。這個構式中的“要”作主語，用如名詞，可記作“$要_{關鍵}$”。早期的“$要_{關鍵}$＋$V_{存在}$＋X”構式中的“X”限於名詞或名詞性成分（NP）。例如：

(6) 老聃中其説，曰：“大謾，願聞其要。”孔子曰：“要在仁義。”（《莊子·天道》）

(7) 天下安寧，要在一人。（《文子·道德》）

(8) 事在四方，要在中央。聖人執要，四方來效。（《韓非子·揚權》）

隨著這種構式使用範圍的擴大，構式中的“X”由名詞或名詞性成分擴展到動詞或動詞性成分（VP）。例如：

(9) 故善附民者，是乃善用兵者也。故兵要在乎附民而已。（《荀子·議兵》）

(10) 立功名亦然，要在得賢。（《呂氏春秋·開春論·察賢》）

(11) 齊桓公問于甯戚曰：“管子今年老矣，為棄寡人而就世也，吾恐法令不行，人多失職，百姓疾怨，國多盜賊，吾何如而使奸邪不起，民衣食足乎？”甯戚對曰：“要在得賢而任之。”（《説苑·君道》）

在“$要_{關鍵}$＋$V_{存在}$＋X”構式中，“$要_{關鍵}$”作主語，其後的“$V_{存在}$”作謂語，“X”作賓語。當“$要_{關鍵}$＋$V_{存在}$＋X”中的X為謂詞性結構（即“$要_{關鍵}$＋$V_{存在}$＋VP”）時，構式中的的“$V_{存在}$”可以刪略而不影響語義的表達。例如：

(12) 維三代之禮，所損益各殊務，然要以近性情，通王道。（《史記·太

① 除了上述幾種用法之外，“要”還有一些別的用法，如表近未來和表慣常等。關於“要”表近未來的用法，李明（2016：179）有論及，認為是由表意願的“要”發展而來；關於“要”表慣常的用法，趙葵欣（2017）有詳細的論述。本文暫不涉及“要”的這兩種用法。

史公自序》）

（13）莊子散道德，放論，要亦歸之自然。（《史記·老子韓非列傳》）

（14）誠使鄉曲之俠，予季次、原憲比權量力，效功於當世，不同日而論矣。要以功見言信，俠客之義又曷可少哉！（《史記·游俠列傳》）

（15）帝王者各殊禮而異務，要以成功為統紀，豈可緄乎？（《史記·高祖功臣侯者年表序》）

（16）傾側巧文，要取便身利己，而非獨憂國之大計，哀民之死亡也。（《潛夫論·實邊》）

例（12）“要以近性情，通王道”是“要在（於）以近性情，通王道”的刪略形式；例（13）“要亦歸之自然”是“要亦在（於）歸之自然”或“要亦為歸之自然”的刪略形式；例（14）“要以功見言信”是“要在（於）以功見言信”的刪略形式。餘兩例同。

“要$_{\text{關鍵}}$＋$V_{\text{存在}}$＋VP”中的“$V_{\text{存在}}$”為什麼可以刪略呢？這可能與構式中的“$V_{\text{存在}}$”的意義比較空靈有關。甚至可以説，“要$_{\text{關鍵}}$＋$V_{\text{存在}}$＋X”構式中的“$V_{\text{存在}}$”的存在意義其實是不必要的，是一種語義羨餘。在“要$_{\text{關鍵}}$＋$V_{\text{存在}}$＋X”構式中，當X為NP時，NP之前的“$V_{\text{存在}}$”不能被刪略。但這更多的是一種句法上的要求，而不是語義上的要求。這個構式表達的語義重點是：1）某事很重要很關鍵；2）指明此事為何事。這兩點分別由構式中的主語“要$_{\text{關鍵}}$”和賓語NP來表達。從語義上來説，這個構式有了“要$_{\text{關鍵}}$”和NP就足夠了。但是，在漢語句法系統中，除了判斷句之外，主賓之間一般都需要一個動詞來繫聯。語言使用者會覺得一個缺乏謂語動詞的非判斷句不是一個可以接受的語句，在“要$_{\text{關鍵}}$”和NP之間還需要有一個動詞，以使這個句子主謂賓齊全。於是，上古漢語選用了表存在義的“在”“在於”等來起到繫聯的作用，大概是因為這種句子的語義與存在句之間具有一定的相宜性。在“要$_{\text{關鍵}}$＋$V_{\text{存在}}$＋NP”構式中，“$V_{\text{存在}}$”的存在僅有句法結構上的價值，語義價值很低。當“要$_{\text{關鍵}}$＋$V_{\text{存在}}$＋X”構式中的X由NP擴展到VP以後，這種結構上的繫聯價值也逐漸不復存在了。因為處於構式末的VP本身是語義表達的重點，而VP在漢語中的主要功能就是作謂語，這裡的VP也很容易被語言使用者重新分析為謂語。當構式末的VP被重新分析為謂語之後，整個構式不再需要“$V_{\text{存在}}$”來充當謂語了。這時，構式中“$V_{\text{存在}}$”既沒有了語義上的價值也沒有了句法上的價值，因而可以被刪略。在刪略了“$V_{\text{存在}}$”的“要$_{\text{關鍵}}$＋VP”結構中，“要$_{\text{關鍵}}$”後的VP作謂語，“要$_{\text{關鍵}}$”就走上了虛化的道路。由於VP前的位置是狀語的典型位置，“要$_{\text{關鍵}}$＋VP”結構與“狀語＋VP”結構混同，促使“要$_{\text{關鍵}}$”被重新分析為狀語，詞性也演變為副詞。原構式“要$_{\text{關鍵}}$＋$V_{\text{存在}}$＋VP”最終演變成為“副詞＋VP”這樣的常規結構形式。

當“要關鍵”被重新分析為狀語演變為“要（副）＋VP”之後，其詞義開始向兩個方向演化。一方面，當“要（副）＋VP”結構用於總結以往之事時，“要”由“關鍵”義引申為為“終歸”“總之”義①。指出已然發生的事件的要害和關鍵顯然是對過去經驗的概括和總結，由“要害”“關鍵”義引申出“終歸”“總之”義是很自然的語義演變。上述例（12）至例（16）都已可以理解為“終歸”“總之”。

另一方面，當“要（副）＋VP”結構式用於將然之事，特別是用於指出尚未發生且顯然必定發生的事件時，“要”的語義就由“關鍵”義引申出“必然”義。在這樣的語境中，説話人指出某事的要害和關鍵之處，其實隱含著另一個意思：肯定這個要害和關鍵必然會實現。例如：

（17）吾要且死，子腸亦且寸絕。（《戰國策·燕策三》）

（18）且此人不死，要應顯達為魏。竟是誰乎？何其寂蔑而無聞？（《三國志·蜀志·諸葛亮傳》注）

（19）黄泉下兮幽深，人生要死，何為苦心！（《漢書·武五子傳》）

（20）如陶家作器，……要會當壞。人身亦如是，……要會當死。（《道地經》15/1225a）

例（17）和例（18）的“要”用於將然語境，例（19）和例（20）用於指出顯而易見的道理。這幾例中的“要”就其來源來説，仍然是指出事情的要害和關鍵，但在當前語境中，“要”已經有了表必然的意思。

“要”的這個表必然的意思是經由語用推理過程推導出來的。聽話人在解讀的時候會有這樣的心理過程：

1）説話人説某事的要害和關鍵在於……；

2）這個要害和關鍵尚未發生（且顯然必定發生）；

3）説話人強調這個尚未發生（且顯然必定發生）的要害和關鍵違背了交談中的適量準則；

4）説話人是不會違背適量準則的，他一定另有用意；

5）因為事情的要害和關鍵往往意味著必然發生，而説話人刻意強調的這個要害和關鍵並未發生。因此，説話人的用意很有可能是要強調這個要害和關鍵一定會發生。

這個推理過程反復發生，不斷強化，“要”就由“要害”“關鍵”義逐漸演變出

① 李明（2016：75—76）認為名詞性的“要”演變為副詞性的“要”是通過與“曰”“取”“用”等動詞連用而實現的。我們認為演變關鍵不在於其後的動詞而在於“V存在”的刪略，組合關係的變化應該是演變的結果而不是演變的誘因。

了"必然""一定"義。當必然義的"要"擺脫上述推導語境的限制時，"要必然"就產生了。除上舉例（1）以外，我們覺得以下各例中的"要"也應看成是"要必然"①：

（21）事已急，要以俱死立信，安知後慮！（《史記・張耳陳餘列傳》）

（22）將軍曠日堅守，袁紹要當自退；自退之後，四方之衆必復可合也。（《三國志・魏志・公孫瓚傳》）

（23）卿等笑我，直以我女弱不能殺壽故也。要當以壽頸血污此刀刃，令汝輩見之。（《三國志・魏志・龐淯傳》注引《列女傳》）

（24）汝但安眠，勿生此慮。要不令汝有不祥事。（《過去現在因果經》，3/633a）

總之，"要必然"的產生是在構式中完成的，具體過程涉及構式刪略、結構混同、功能擴展、語境吸收和語用推理等過程。可概括為：

1）"要關鍵＋V存在＋NP"構式中的 NP 擴展為 VP，構式演變為"要關鍵＋V存在＋X"；（功能擴展）

2）"要關鍵＋V存在＋VP"中的"V存在"被刪略，構式演變為"要關鍵＋VP"；（構式刪略）

3）"要關鍵＋VP"被重新分析為"要(副)＋VP"；（結構混同）

4）"要(副)＋VP"用於未然語境，產生必然義；（功能擴展、語用推理）

5）"要"的必然義固化，脫離原語境，"要必然"產生。（語境吸收、功能擴展）

## 三、"要意願"的來源

"要意願"的產生比較晚，直到唐代才有較多確定的用例。如：

（25）如要住者，我專勾當，和尚更不用歸本國。（《入唐求法巡禮行記》卷二）

（26）我要見白日，雪來塞青天。（賈島詩）

關於"要意願"的來源，董志翹、蔡鏡浩（1994：576）曾指出："同義並列用法之'要欲'比單用'要'表主觀上的打算和希望，產生時代早，可能是'要'受到'欲'的類化而產生詞義演變的。"董志翹（2010/2013）在談到"要""欲"連

---

① 我們認為這些例句中的"要"是表達認識情態意義的，義為"必然""一定"。至於這些"要"的詞性是副詞還是助動詞則容有爭議。

用時説："在這些場合，'要'似乎還只是表達强調語氣，'欲'才表'希望''想要'義，不過可能就在這種結構中，使'要'沾染了'希望'、'想要'義。"王誠（2015）不認為"要"和"欲"是同義並列，但認同類化的觀點是可取的。高婉瑜（2011）認為表"希望""想要"義的"要"來自於表可能性的能願動詞"要"。李明（2016：203）則認為"表意願的'要'產生于唐代，是從'要約、約請、要求'等義引申來的"。

以上幾種關於"要$_{意願}$"來源的説法不盡相同，但大多還只是推測，沒有經過詳細論證。我們認為，"要$_{意願}$"的產生不是詞義類化或沾染的結果，也不是來源於表可能性或表"要約""約請""要求"之義的"要"。"要$_{意願}$"來源於"要$_{需要}$"①，其產生過程也與語用推理密切相關。試看以下兩例：

（27）夕陽黯晴碧，山翠互明滅。此中意無限，要與開士説。（宋之問詩）

（28）城上一掊土，手中千萬杵。築城畏不堅，堅城在何處。莫歎築城勞，將軍要卻敵。城高功亦高，爾命何處惜。（陸龜蒙詩）

例（27）"要與開士説"意思是"須與開士説"，因為只有"開士"（高僧）才能體察其中的"意無限"。詩中的"要"是表客觀必要的"要$_{需要}$"。不過，這個"要"已經有了向"要$_{意願}$"轉變的可能。讀者可以認為，正是因為客觀的必要性促使詩人主觀上產生了與"開士"訴説的主觀願望。例（28）"將軍要卻敵"意思應當是"將軍須卻敵"，但讀者也可以理解為"將軍想要卻敵"。以上兩例中的"要"雖以理解為"要$_{需要}$"為妥，但已經具備了向"要$_{意願}$"演變的語境條件，距離演變的發生僅有一步之遙。

董志翹（2010/2013）曾舉了幾個"要$_{意願}$"的較早用例：

（29）老思筇竹杖，冬要錦衾眠。（杜甫詩）

（30）若要添風月，應除數百竿。（韓愈詩）

（31）要語連夜語，須眠終日眠。（白居易詩）

這些早期用例中的"要$_{意願}$"都還能看出"要$_{需要}$"的痕跡。例（29）"老思筇竹杖"意謂年老需以筇竹為杖，"冬要錦衾眠"意謂冬日需藉錦衾而眠②。這句詩表達的恐怕更多的是客觀需要而非主觀意願。例（30）"若要添風月"當然可以理解為"若欲添風月"，但若理解為"若需添風月"，也未嘗不可。例（31）"要"與

① "要$_{需要}$"的產生時代早於"要$_{意願}$"。"要$_{需要}$"之例如：雖有身手，不能自運，要假他力，然後坐起。（《過去現在因果經》，3/630a）我受師教，要七日中滿得千指，便當得願，生於梵天。（《賢愚經》，4/424a）今秋取訖，至來年更不須種，自旅生也。唯須鋤之。如此，得四年不要種之，皆餘根自出也。《齊民要術·伐木》

② "杖"與"眠"相對，活用作動詞。

“須”互文，究竟是主觀願望還是客觀需要，難有定論。類似的例子又如：

(32) 離亂要知君到處，寄書須及雁南飛。(劉長卿詩)

(33) 絳老問年須算字，庾公逢月要題詩。(楊巨源詩)

(34) 用長時節君須策，泥醉風雲我要眠。(元稹詩)

這些例子中的“要”到底是“要$_{\text{意願}}$”還是“要$_{\text{需要}}$”，很難說清，可以看成是從“要$_{\text{需要}}$”到“要$_{\text{意願}}$”演變過程中處於重新分析階段的例證。

“要$_{\text{意願}}$”的產生與禮貌原則的運用有關。在表達自己的主觀願望時，禮貌原則表現為：當說話人想要什麼或希望什麼時，不直接說自己想要什麼或希望什麼，而是說客觀情況需要什麼；當說話人不想要做什麼或不希望什麼時，說話人也不直接說不想做什麼或不希望什麼，而是說客觀情況不需要做什麼。例如：

(35) 敕令兩軍於內裡築僊台，……皇帝切欲得成，每日有敕催築，兩軍都虞候把棒檢校。……長官奏曰：“護軍都虞候勾當築台。”皇帝宣曰：“不要你把棒勾當，須自擔土。”(《入唐求法巡禮行記》卷四)

(36) 我本泰山阿，避地到南國。主人欲移家，我亦要歸北。(盧仝詩)

例(35)中，說話人(皇帝)想要表達的是“不希望你把棒勾當”的意思，但是他沒有選用直接表示“希望”“想要”義的“欲”來表達這個意思，而是選用了通常表示客觀需要義的“要”，在當時的語境中，這個“要”表達的“希望”“想要”義是很清楚的，聽話人也會按照“希望”“想要”義來理解。例(36)與例(35)類似，說話人也選用了通常表示客觀需要義的“要”來表達自己的主觀願望，同時，由於“要”與“欲”互文，進一步促使聽話人將“要”理解為表示“希望”“想要”的意思。

總而言之，借助禮貌原則，說話人可以用表客觀需要的“要$_{\text{需要}}$”來表達自己的主觀願望，使語氣和緩，聽話人也可以借助禮貌原則推斷出說話人的主觀想要之義。這種語用推理過程是回溯推理在起作用：某人想要做某事，有可能是因為各種原因需要做某事；說話人說需要做某事，很可能表達的是想要做某事。這個推理過程反復發生，久而久之，本來需要借助語境和推理才能傳達的語義逐漸凝固在詞語身上，“要$_{\text{需要}}$”就逐漸演變成了“要$_{\text{意願}}$”[①]。

## 四、“要$_{\text{假設}}$”的來源

馬貝加(2002)認為“要$_{\text{假設}}$”產生于唐代，並且認為在魏晉南北朝時期的文

---

① 匿名審稿人指出：“要$_{\text{需要}}$”演變成“要$_{\text{意願}}$”可以比較網路流行語“必須”的用法：用必須做某事來表達很想要做某事。如“必須的”之類。感謝審稿人的指教，附記於此，以示不敢掠美。

獻中就有了可以兩解的用例。所舉例為：

(37) 禮還，復有詔責數諸葛瑾、步騭、朱然、呂岱等曰："……共定大業，整齊天下，當復有誰？凡百事要所當損益，樂聞異計，匡所不逮。"(《三國志·吳志·吳主傳》)

(38) 太祖曰："卿知達等，恐不如吾也。要能刺舉而辨眾事，使賢人君子為之，則不能也，昔叔孫通用群盜，良有以也。"(《三國志·魏志·高柔傳》)

馬先生認為例（37）的"要"可以解釋為"如果"或"只要"，也不妨解釋為"應當"或"應該"，由此例可見，假設連詞"要假設"與表道義情態的"要應該"之間有一定的聯繫。同時，例（38）的"要"可以解釋為"想要""若是想要"或"若要"，同時兼有假設連詞和能願動詞的功能，由此例可見，假設連詞"要假設"與"要意願"之間也有一定的聯繫。

馬先生不認為"要假設"具有單一的來源，而認為它是源詞的兩個義項共同作用的結果——新詞是在合力的作用下產生的。這個看法似可商榷，其所舉出的兩個例證也可作另外的理解。例（37）的"凡百事要所當損益"似當標點作"凡百事要，所當損益"。"事要"乃是一詞，《漢語大詞典》已有收錄，釋為"重要的事情"，所舉例證恰好有此例。另一例為："又採集古今，刪著事要，號曰《伏侯傳》。"(《後漢書·伏湛傳》) 例（38）中，"要能刺舉而辨眾事"似應屬上而不應屬下，"要能刺舉而辨眾事"前的句號應為逗號，其後的逗號應為句號。整句當作：

(39) 太祖曰："卿知達等，恐不如吾也，要能刺舉而辨眾事。使賢人君子為之，則不能也。昔叔孫通用群盜，良有以也。"(《三國志·魏志·高柔傳》)

此例上下文是說，在魏國建國之初，魏太祖以趙達等人為校事，負責監察群臣，高柔上書勸諫說趙達等人"擅作威福，宜檢治之"。此例是太祖對高柔的回復，大意是說，趙達等人雖非賢人君子，但卻能檢舉奸惡，監察群臣。這種事情如果由真正的賢人君子來做，恐怕還不行。"要能刺舉而辨眾事"的"要"乃是"要害""關鍵"之義，與表假設之"要"之間應無關聯。

蔣紹愚（2014）認為表假設的"要"是由表意願的"要"演變而來的。蔣先生舉了《朱子語類》中的幾個可以有歧解的句子來說明這個演變過程。轉引於下：

(40) 易是變易，陰陽無一日不變，無一時不變。莊子分明說"易以道陰陽"。要看易，須當恁地看，事物都是那陰陽做出來。(卷六二)

(41) 問："用方知，不用則不知。"曰："……恐伊川那時自問答去，今不可曉。要附在'至之道可以前知'解中，只攪得鶻突，沒理會。"(卷九七)

(42) 小人不可與君子同處於朝。昔曾布當建中靖國初，專欲涵養許多小

> 人，漸漸被他得志，一時諸君子皆為其所陷。要之，要出來做時，小人若未可卒去，亦須與分明開説是非善惡，使彼依自家話時，卻以事付之。若分明説是非，不依自家話時，自家只得去了。（卷一三〇）
>
> （43）本朝韓魏公為相。或謂公之德業無愧古人，但文章有所不逮。公曰：“某為相，歐陽永叔為翰林學士，天下之文章，莫大於是！”要説他自不識，安能知歐陽永叔，也得。（卷一三五）

蔣先生認為：“上述例句中的‘要’，應該是助動詞，可以用‘欲’來替换。但如果用‘若’來替换，句子意思也基本沒有變。這告訴我們，‘要’的助動詞用法和假設連詞用法之間是有聯繫的。”

蔣紹愚（2014）對這個演變的過程和演變的條件都有較為詳細的論述：

> 助動詞“要”首先出現在條件複句的前一小句中，這種句法環境就賦予這個小句表示假設的語義。其次，“要”後面的“VP”究竟是想施行而還沒有施行的主觀意圖，還是假想中的一種已經出現的客觀情況不易分清，因此，“要”表示意願的語義就減弱。這樣，當説話者説出“要出來做時”（卷一三〇）這個句子時，聽話者就可能有兩種理解：一種（A）認為是“欲出來做時”之意，一種（B）認為是“若出來做時”之意，而且這兩種理解差别不大。……這樣的言語行為反復出現，就會使語言的使用者形成一種印象：“要”在表示意願的同時，還可以表示假設。

蔣先生認為表願望義的“要”可以出現在假設句的前件中，這時，假設句的前件由一個表主觀願望的小句來充當，“要”佔據了假設連詞的位置，從而逐漸演變為假設連詞。蔣先生明確地指出了“要”由助動詞演變為假設連詞的兩個關鍵條件：語義混同和語境吸收。

蔣先生的論述很有説服力，舉出的例證也很恰當。我們對蔣先生的看法稍有補充。我們認為在這個演變過程中還有另一個重要的誘因——結構混同。蔣先生沒有明確地指出這一點，但我們覺得結構混同可能才是這個過程中更應當被强調的誘因。具體而言，在從“要$_{\text{意願}}$”到“要$_{\text{假設}}$”的演變過程中，觸發語義演變的因素可能不是因為“要$_{\text{意願}}$”出現在了條件複句的前一小句中，而是因為由“要$_{\text{意願}}$＋VP”構成的這個表達願望的小句後面緊跟著一個小句，這個緊跟著的小句是對願望如果達成之後的影響或結果的説明，這種由“願望小句＋結果小句”組成的結構與典型的假設句的結構（“條件小句＋結果小句”）是相同的。這種結構上的混同促使聽話人將前面的“要$_{\text{意願}}$＋VP”構成的小句重新分析為假設複句的條件小句，進一步將“要$_{\text{意願}}$”重新分析為“要$_{\text{假設}}$”。這種結構上的混同與語義上的混同應該是同時發生、相輔相成的，並且，結構上的混同對“要$_{\text{假設}}$”產生所起的作用可能比語義上的混同所起的作用要大。

先請看以下幾個用例：

(44) 又曰："性最難説，要説同亦得，要説異亦得。"（《朱子語類》卷四）

(45) 然沒此理，要有此理，除是死也。（《河南程氏遺書》卷二）

首先我們應當明確，這兩例中的"要"都是表示主觀願望的"要意願"，而不是表假設的"要假設"。很多人之所以會覺得這個"要"換成"若"也是可以的，似乎這個"要"也可以理解為表假設，這主要是拿現代人的語感來進行推論而得出的結論。然而這種推論是很危險的，其結論並不符合語言事實。拿現代漢語來説，我們不能因為現代漢語中的"你想説同，是可以的；你想説不同，也是可以的"這個句子中的"想"可以換成"如果"，就認為"想"可以表假設。同理，我們也不能因為宋代文獻中的"要説同亦得，要説異亦得"中的"要"可以換成"若"就認為這個句子中的"要"可以表假設。如果這個句子不是"要説同亦得，要説異亦得"，而是"欲説同亦得，欲説異亦得"，我們就不會認為其中的"欲"可以表假設。可見，我們之所以會認為這個"要"可以表假設是受到了現代的語感的影響，因為"要"在其後的文獻以及現代漢語中都可以表示假設，於是我們就反推，認為它在當時它也可以表示假設。但這種反推是不合邏輯的。從語義上來説，這個句子中的兩個"亦得"分別是對"要説同"和"要説異"這兩個表意願的成分的評論。從句法上來説，"要説同"和"要説異"分別作主語，兩個"亦得"作謂語。這兩個句子都不是假設句，"要"也不表假設。

如果僅有例（44）和例（45）這樣的用例，"要意願"還不足以發展成為"要假設"。"要假設"的產生還與結構的混同有關。請看以下兩例：

(46) 要與賢説有，賢又來問某討。（朱子語類・卷三）

(47) 如要敬則礙和，要仁則礙義，要剛則礙柔[①]。（朱子語類・卷九五）

這兩例中的"要"仍然是表意願的，"要＋VP"表示想要做某事。在"要＋VP"這個表意願的小句之後，説話人緊接著對這個意願小句所表示的事件如果實現之後的結果做出説明。因為在説話人的心目中，既然"要＋VP"的施事者有去做 VP 的意願，那麼就可以假定這個施事已經實施了這種行為，然後對這種行為產生的結果做出説明。按照常理，有意願去做的事情一般都會去做，因而這個假定的過程就被省略了。就其底層的語義結構而言，例（46）的底層語義構成應當是："要與賢説有，（若説有，）賢又來問某討。"[②] 例（47）的底層語義構成應當是：

① 此例中的"如"是表示舉例的，不是表示假設的。

② 其中的"要"是"要意願"，下一句同。

“要敬，（若敬，）則礙和，要仁，（若仁，）則礙義，要剛，（若剛，）則礙柔。”由於假定的情況就是施事的意願，是可以推知的，因此在表層結構中就省掉了這個假定的過程，表現在句法上就是刪略了假設複句的條件小句。這個缺省了條件小句的假設複句與前面的“要＋VP”構成“要＋VP＋語音停頓＋結果小句”這樣的結構形式，這種結構形式與典型的假設複句的結構“條件小句＋語音停頓＋結果小句”產生了混同。語言使用者很自然地就會把本表意願的“要＋VP”分析為條件小句，從而將“要”分析為假設連詞，即“要$_{假設}$”。

這個過程也可以用現代漢語的例句來説明。例如：

（48）a. 他要去上海，我要去廣州。

b. 他要去上海，當然是可以的。

c. 他要去上海，那他在這裡的工作就只能交給小李來做了。

d. 他要去了上海，那他這裡的工作就只能交給小李來做了。

a 例的“要”是典型的表意願的“要$_{意願}$”，沒有發展為假設連詞的語義和結構基礎。b 例的“要”就其來源來說也是表意願的，但是由於其後的小句是對其前表意願的小句的評論，這時，很難分清評論的是施事的意願，還是假想中的已經出現的情況。這種語義上的混同為“要”的演變提供了語義基礎。c 例的“要”雖然也可以看成是表意願，但是由於其後的小句顯然是對這個意願如果實現以後的結果的說明，該例的“要＋VP＋語音停頓＋結果小句”的結構與典型的假設複句的結構完全混同，再加上語義上的混同作為基礎，聽話人就會將意願小句重新分析為條件小句，將表意願的助動詞“要$_{意願}$”理解為表假設的連詞“要$_{假設}$”。等到 d 例中的“要＋VP”結構擺脫了上述語境的限制，其中的 VP 可以帶上助詞“了”的時候，“要”就徹底演變成了假設連詞。

從上面的論述來看，“要$_{假設}$”的產生還與假設複句的條件小句的刪略有關。假設複句的條件小句在某些情況下可以刪略，這一點古今漢語都是一致的。（龔波，2014）但是，省略了條件小句的假設複句畢竟不是假設複句的常態。漢語中的假設複句的常態是條件小句和結果小句俱全的，這已經成為了說漢語的人的一種思維定式。因此，當語言中出現例（46）、例（47）和例（48c）這樣的省略條件小句的假設複句時，由於完形心理的作用，聽話人就會將前面的跟條件小句同形並且語義上也有聯繫的願望小句重新分析為假設複句的條件小句。這樣，“要$_{意願}$”就吸收了語境中的假設語義，從而演變成了表假設的連詞“要$_{假設}$”。

總而言之，表假設的“要”來源於表意願的“要”，其產生過程與語義混同、結構混同、構式刪略和語境吸收等過程密切相關。

## 五、餘論

江藍生（2016）對漢語語法化的誘因問題進行了深入的思考和論證，結論令人信服。江先生説：

語法化真正的動因在於變異，即常規結構式的組合成分發生了變異，非典型化了。變異打破了常規結構式的句法和語義平衡，語法化的完成則使變異句建立起新的平衡，或者 A）使一種常規結構式演變為另一種常規結構式，或者 B）產生出一種新的結構式。……實詞語法化的具體誘因多種多樣，但歸根結底是常規結構式組合關係發生了各種變異。

本文對“要”的語義演變語法化過程的考察完全支持江先生的看法。江先生關於常規結構式的變異是語法化的真正誘因這一點，可以得到“要$_{必然}$”和“要$_{假設}$”的產生過程的證明。“要$_{必然}$”的產生都是由常規結構式“要$_{關鍵}$＋V$_{存在}$＋VP”删略“V$_{存在}$”的變異誘發的，“要$_{假設}$”的產生則與假設複句條件小句的變異有關①。

**參考文獻**

貝羅貝，李明．語義演變理論與語義演變和句法演變//瀋陽、馮勝利主編．當代語言學理論和漢語研究．北京：商務印書館，2008.

董志翹，蔡鏡浩．中古虚詞語法例釋．長春：吉林教育出版社，1994.

段業輝．中古漢語助動詞研究．南京：南京師範大學出版社，2002.

高婉瑜．漢語常用假設連詞演變研究．臺北：臺灣學生書局，2011.

龔波．上古漢語的假設構式//漢語史研究集刊．：第 14 輯．成都：巴蜀書社，2011.

江藍生．八卷本《搜神記》語言的時代．中國語文，1987（4）.

江藍生．超常組合與語義羨餘——漢語語法化誘因新探．中國語文，2016（3）.

蔣冀騁，吳福祥．近代漢語綱要．長沙：湖南教育出版社，1997.

蔣紹愚．詞義演變三例//漢語詞彙語法史論文續集．北京：商務印書館，2012.

李明．漢語助動詞的歷史演變研究．北京：商務印書館，2016.

李宗江．關於語法化機制研究的幾點看法//吳福祥、崔希亮主編．《語法化與語法研究》（四）．北京：商務印書館，2009

劉利．先秦漢語助動詞研究．北京：北京大學出版社，2000.

盧卓群．助動詞“要”的漢代起源説．古漢語研究，1997（3）.

馬貝加．“要”的語法化．語言研究，2002（4）.

王力．漢語語法史．北京：商務印書館，1989.

① “要$_{意願}$”的產生主要是語用推理的過程，不涉及語法化，因而與結構式的變異無關。

王誠. 也談助動詞"要"的產生. 漢語史研究集刊. : 第 20 輯. 成都：巴蜀書社，2015。

楊伯峻，何樂士. 古漢語語法及其發展. 北京：語文出版社，1992.

朱德熙. 語法講義. 北京：商務印書館，1982.

趙葵欣. 漢語"要"類慣常表達研究//吳福祥、陳前瑞主編. 語法化與語法研究（八）. 北京：商務印書館，2017.

（日）太田辰夫著，蔣紹愚、徐昌華譯. 中國語歷史文法. 北京：北京大學出版社，1987.

Palmer, F. R. *Modality and the English Modals* (second edition). London and New York: Longman, 1990.

Brown, P. & Levinson, S. Universals in Language Usage: Politeness Phenomena, in E. N. Goody (ed.), *Questions and Politeness: Strategies in Social Interaction*. Cambridge: Cambridge University Press, 1978.

## The Meaning Extension and Grammaticalization of "*Yao*" (要)

Gong Bo, Liu li

**Abstract**: The auxiliary verb "*yao*" signifying inevitability evolved from "*yao*" signifying significance; the auxiliary verb "*yao*" signifying want evolved from "*yao*" signifying objective necessity; the hypothetical conjunction "*yao*" evolved from "*yao*" signifying want. These evolutions had different grammaticalization process, namely, condition, inducement, motivation and mechanism of evolution, but all were carried out in the construction. The evolution process is closely related to construction deletion, structure mixing, semantic mixing and pragmatic inference.

**Keywords**: "*yao*"; meaning extension; grammaticalization; construction deletion; structure mixing

（龔波，廣州大學人文學院；劉利，北京語言大學）

# 漢語因果複句的語序變化及其動因研究*

徐式婧

**提　要：** 在東漢魏晉時期，漢語因果複句中有標記原因小句的語序發生了變化，從由後置於結果小句演變為前置，這種語序變化反應了原因標記從“粘合功能”向“語義標示功能”的過渡和發展。原因小句語序演變的動因一方面在於句法原則和語義語用原則之間互動關係的制約；另一方面，這種演變也反應了漢語關聯標記的產生和發展過程——從最初的篇章手段到穩定的語法手段。本文還發現，漢語原因小句的語序變化與漢語中非常重要的介詞短語的移位存在許多相似之處，但卻沒有像介詞短語那樣帶來與漢語 VO 語序的不和諧。

**關鍵詞：** 因果複句；語序變化；關聯標記；動因

## 一、引言

小句之間的融合（Clause Combining）可以采用不同的方式，既可以通過關聯標記將小句連接起來，也可以依靠意合和上下文語境而不使用任何顯性的語法標記。漢語複句的關聯標記主要有三個句法位置，其一是居於兩個小句之間（即第二小句句首），其二是居於第一小句句首，其三是前後兩個小句使用配套的關聯標記。根據原因小句（下簡稱“因句”）和結果小句（下簡稱“果句”）關聯標記的使用差異，漢語的因果複句可以劃分為三種不同的表達模式（儲澤祥、陶伏平 2008）[①]：

A 居中粘接式：因句，$g_{果}$ 一果句（g＝所以，因此，因而，以致），如：

---

* 本課題的研究得到國家社會科學基金一般項目“類型學視角下漢語條件句歷時演變的動因與機制研究”（項目編號：18BYY171）的資助。同時，本研究受北京語言大學院級科研項目（中央高校基本科研業務專項資金）“漢語關聯標記功能的曆時演變研究”（項目編號：20YJ16003）的資助，以及“漢語複句中的互動關係研究”（項目編號：19YJ16003）的資助。

① 本文中的“g”指的是因果複句關聯標記，包括因句標記（$g_{因}$）和果句標記（$g_{果}$）。

（1）意大利人對數字不像猶太人那麼有天賦，所以傑克布越幹越膽壯。（嚴歌苓《寄居者》）

B 居端依賴式：$g_{因}$—因句，果句（g=由於，因為），如：

（2）因為她在家庭裏搬弄是非，我確曾抽過她三個耳光。（莫言《生死疲勞》）

C 前後配套式：$g_{因}$—因句，$g_{果}$—果句（$g_{因}$=由於，因為；$g_{果}$=所以，因此，以致），如：

（3）因為現在職工們都不是產權房，所以這個補償本身就沒有多少錢。（崔曼莉《浮沉》）

這三種模式涵蓋了絕大多數現代漢語的因果複句用例，不過在上古漢語中，還有一個重要的模式儲文並未論及，句法上也屬於居中粘接式，與 A 不同的是，這種模式的結果小句前置於原因小句，即：

D 果句，$g_{因}$—因句（g=以，為，因為），如：

（4）我心酸楚，我百口莫辯，因為他們不允許我爭辯。（莫言《生死疲勞》）

儲文認為，現代漢語 B 式的使用是受限制的，因為漢語比較排斥只在第一小句使用關聯標記，該文更未對 D 式進行討論。事實上，從歷時來看，B 式的用法在近代和現代漢語中都有著比較高的使用頻率，而上古原因小句最早出現關聯標記時，則是采用 D 式來表達的。本文將針對有關聯標記的原因小句的歷時發展情況進行考察，重點涉及 B 式和 D 式兩種表達模式。

從類型學視角來看，狀語從句及狀語從句標記（複句中的偏句及複句連詞）是類型學研究中的重要參項（劉丹青 2011：61—74），西方學者針對英語乃至歐洲語言的狀語從句進行了廣泛而深入的類型學研究[①]。與西方語言相比，漢語因果複句具有一定的特殊性。Dik（1997：405—416）提出"聯繫項居中原則"，英語和日語中的因果複句都十分符合這一原則，而現代漢語的因果複句並非如此。在英語中，以原因小句後置為常，原因小句關聯標記以前置型為常[②]，即"果句，$g_{因}$—因句"；在日語中，以原因小句前置為常，原因小句關聯標記以後置型為常，即"因句—$g_{因}$，果句"。可以看出，在英語和日語中，原因標記都位於兩個小句之間，符合

① 參見 Van der Auwera et al.（1998）、Diessel（2001）、Dryer（1992、2005）、König（1998）以及 Kortmann（1997、1998、2001）等人的研究。

② "原因小句後置"指的是：語序上，結果小句居前，原因小句居後；"原因小句關聯標記前置型"指的是：原因標記前置於原因小句，即原因標記用於原因小句的句首而非句尾位置。

“聯繫項居中原則”。反觀現代漢語，因果複句以原因小句前置為常，原因小句關聯標記也以前置型為常，即“$g_{因}$一因句，果句”，這種情況沒有滿足聯繫項居中的要求，是類型學中較為特殊的語言現象。正因如此，有學者認為現代漢語使用的配套連詞（如：因為……所以）和框式連詞（如：由於…緣故）是這種現象的補償和調試策略（劉丹青 2011）。但事實上，這兩種補償策略在篇章中出現的例頻率並不高，尤其後者是非常低的。與之不同的是，上古漢語中，在因果複句[①]產生初期，含果標的因果複句使用頻率最高的句式為“因句，$g_{果}$一果句”（A 式），含因標的因果複句使用頻率最高的句式為“果句，$g_{因}$一因句”（D 式）。可以看出，上古時期因果複句這兩種高頻表達方式都是非常符合“聯繫項居中原則”的。那麽，從上古漢語至現代漢語時期，因果複句的語序和句式特征發生了怎樣的調整和變化？存在著什麽演變規律？其演變動因是什麽？本文將就這些問題進行深入分析與討論。

## 二、原因小句的語序變化[②]：從 D 式（居中粘接式）到 B 式（居端依賴式）

上古西周時期，因果關係的表達主要靠意合，依賴上下文語境而不使用顯性的關聯標記，例如：

（5）惠篤敘，無有遘自疾。（《尚書・洛誥》）（因句前置）

（6）乃惟孺子頒，朕不暇聽。（《尚書・洛誥》）（因句後置）

春秋戰國以後，原因小句開始出現關聯標記“以”“為”，這時的因句傾向後置於果句，即 D 式（果句，$g_{因}$一因句）。例如：

（7）晉侯、秦伯圍鄭，以其無禮於晉，且貳於楚也。（《左傳・僖公三十年》）

（8）子之辭靈丘而請士師，似也，為其可以言也。（《孟子・公孫醜下》）

東漢及中古魏晉以後，有標記原因小句開始逐漸前移，因句傾向前置於果句，即 B 式（$g_{因}$一因句，果句）的使用頻率慢慢高於 D 式（果句，$g_{因}$一因句）。例如：

（9）皆由稟氣不足，不自致於百也。（《論衡・氣壽》）

（10）因晏在宮內，欲以為子。（《世説新語・夙惠》）

（11）（謝無奕）以事不相得，自往數王藍田，肆言極罵。（《世説新語・忿狷》

① 這裏的因果複句指是使用關聯標記的複句，不涉及無標記的意合用法。

② 這裏主要討論的是有關聯標記的原因小句的語序變化，不涉及無標記原因小句（因句，$g_{果}$一果句）的情況。

近代漢語時期，有標記原因小句前置（B式）形成了一個穩定的狀態。例如：

（12）只緣薄福德，不久見身亡。（《敦煌變文·歡喜國王緣》）

（13）為是天形攲側，遂當其中耳。（《朱子語類》卷第二）

（14）因幫了一個生鐵王員外兒子使錢，每日三瓦兩舍，風花雪月，被他父親開封府裏告了一紙文狀……。（《水滸全傳》第二回）

清代至現代漢語時期，有標記原因小句仍然保持以前置為常，只是這一時期，除了B式，C式（$g_{因}$一因句，$g_{果}$一果句）的使用頻率也有較大幅度地提高，但語篇中仍以B式占據優勢。例如：

（15）巷內有個古廟，因地方窄狹，人皆呼作葫蘆廟。《紅樓夢》第一回）

（16）因為天不早啦，伊老者老沒回家，不放心，所以來接來啦。（松友梅《小額》）

（17）賽思由於內部調整，又錯過了天時，如今已是步步落後了。（崔曼莉《浮沈》）

本文統計了上古至現代漢語時期有標記原因小句後置和前置的使用情況①，具體如下表所示（表中的數據為有標記原因小句後置和前置各自所占的百分比）：

**表1　有標記原因小句後置和前置的歷時使用情況**

| | D式（有標記原因小句後置） | B式+C式（有標記原因小句前置） |
|---|---|---|
| 左傳 | 55.0% | 45.0% |
| 孟子 | 近100% | 約0.0% |
| 史記 | 70.8% | 29.2% |
| 論衡 | 約0.0% | 近100% |
| 世說新語 | 33.3% | 66.7% |
| 敦煌變文 | 12.5% | 87.5% |
| 朱子語類 | 40.7% | 59.3% |
| 水滸全傳 | 1.8% | 98.2% |
| 紅樓夢 | 2.5% | 97.5% |
| 小額 | 6.3% | 93.8% |
| 浮沈 | 33.8% | 66.2% |

從上表可以看出，漢語的有標記原因小句的語序在東漢至中古時期發生了一次

① 具體包括：上古時期的《左傳》《孟子》《史記》《論衡》，中古時期的《世說新語》，近代漢語時期的《敦煌變文》《朱子語類》《水滸全傳》《紅樓夢》，民國時期的《小額》以及現代漢語時期的《浮沈》等十二部史籍和現代著作。本文選擇了這些書籍中的部分章節進行窮盡式考察。

變化，逐漸從以後置於結果小句為主演變為前置為主。從上文所述的四大模式來看，因果關係的表達經歷了從“D 式（居中粘接式）”向“B 式（居端依賴式）①”的演變。

## 三、關聯標記的功能演變：從粘合標記到語義標示標記

歷時來看，因果複句中有標記原因小句存在從 D 式到 B 式的演變路徑。D 式原因標記的句法位置位於兩個小句之間；B 式的原因標記位於全句句首。用於不同句法位置的關聯標記，其功能存在差異。漢語偏正複句關聯標記根據其功能差異可以區分作兩類：其一為“粘合標記”，其二為“語義標示標記”。

A. 粘合標記

粘合標記的主要功能為鏈接上下文，這種關聯標記的使用將散落在篇章中的兩個獨立小句通過顯性的標記粘接起來，成為一個整體，使隱性的邏輯語義關係逐漸顯現，因此其句法位置一般位於兩個小句之間，例如古代漢語中常用的關聯標記“則”：

(18) 人有禍，則心畏恐；心畏恐，則行端直。(《韓非子・解老》)

(19) 使子路反見之，至，則行矣。(《論語・微子》)

(20) 稟牛馬之形，當自得牛馬之壽，牛馬之不變為人，則年壽亦短於人。(《論衡・無形》)

上例中，“則”用於兩個小句之間，將前後兩個小句連接起來，使得它們不再是獨立的個體，而是連接成一個整句，在篇章中成為一個整體。當然，這個整句所表達的邏輯關係仍然需要上下文語境的輔助來推斷。在第（18）例中，“則”用於事理上的承接，全句表達的是“條件—結果關係”（“那麼”義）；在第（19）例中，“則”用來表達情況正好相反的語義，全句表達的是一種輕微的轉折關係（“卻”義）；在例（20）中，“則”用在因果關係的語境中（“所以”義）。可見，粘合標記“則”無法獨立地標示全句的語義和小句之間的邏輯關係，句意的理解需要上下文語境的輔助。

B. 語義標示標記

語義標示標記的主要功能是獨立標示全句的語義和邏輯關係。這種關聯標記能夠不依賴語境和上下文，獨立地、有效地表達整個句子的邏輯涵義，通過明確地、知性地引導建立了小句之間的聯繫，使句子有清晰的邏輯結構可循，因此其句法位

① 清代以後，C 式（前後配套式）的使用頻率也有較大提高，因此這一時期主要的表達方式為 B 式＋C 式。B 式和 C 式的共同之處在於原因小句前置，即原因標記位於全句句首位置。

置一般位於整個複句的最前端，為全句設定語義框架，提供相關的主題背景①。例如：

(21) 楚雖無道，有臣若是，可無存乎?(《史記・伍子胥列傳》)

(22) 如能捉獲送身，賞金千斤，封邑萬戶。(《敦煌變文・伍子胥變文》)

上面兩例中，“雖”“如”兩個關聯標記用於整個複句的句首，語義實在、明確：“雖”清晰地標明了句子的“讓步一轉折關係”；“如”則明確地表達句子的“條件一結果關係”，都不需要上下文語境的輔助，這一類標記即語義標示標記。

綜上所述，偏正複句關聯標記有兩種主要的功能，其一為“粘合功能”，其二為“語義標示功能”。不過，這兩種功能並非是截然分開的，它們處在連續統的兩端。有些關聯標記，其功能處在兩者之間，或者同時具有兩種功能（共時），或者處在從一種功能向另外一種功能的演變過程中（歷時）。下例中的關聯標記“以”，其句法位置既可以用於兩個小句之間，又可以用於全句句首，同時具有“粘合”和“語義標示”兩種功能。

(23) 同心戴舜以為天子，以其舉十六相，去四凶也。(《左傳・文公十八年》)

——粘合功能

(24) 以有若似聖人，欲以所事孔子事之，強曾子。(《孟子・滕文公上》)

——語義標示功能

對於粘合功能和語義標示功能兩者的區分，本文提出以下三項判定標准：

1）關聯標記的句法位置：在偏正複句中，用於兩個小句之間的標記粘合功能更強，用於全句句首的標記語義標示功能更強。

2）主語的前後位置：在偏正複句的主句（後句）中，用於小句主語前的關聯標記，其粘合功能更強；而用於小句主語後的關聯標記，粘合功能相對較弱。劉月華、潘文娛（2001）認為，當連詞放在主語前面時，連詞起連接句子的作用；當主語放在連詞前面時，主語則作為話題起連接作用。同樣，在偏正複句的從句（前句）中，用於小句主語之前的關聯標記，其語義標示功能更強；用於小句主語之後的關聯標記，其語義標示功能則受到小句主語的影響和部分替代，因此其語義標示功能相對較弱。

3）語義標示強度：即指關聯標記在多大程度上獨立、明確標示句子的單一的語義和邏輯關係。我們采用的可操作性標准為關聯標記刪除後句子可接受度的高

---

① 這種表達類似於儲譯祥、陶伏平（2008）提出的“靠合”手段，即用關聯標記取消其中一個小句的自足性，讓它靠向另一個小句，通過建立依賴關係而形成一個整體。

低。典型的語義標示標記具有獨立標示語義的功能，因此删除後影響句子原語義的表達，句子的可接受程度很低；相比之下，粘合標記删除後，句子的可接受度則比較高。

綜上所述，漢語複句關聯標記的連續統如下：

粘合←————→語義標示

＋小句間　　　＋全句首

＋主語前（後句）　＋主語前（前句）

＋可删除　　　－可删除

依上述三條標準，上文討論過的關聯標記“則”“雖”“若”“以”在連續統中的句法位置如下：

粘合←————→語義標示

“則”　　“以”　　“雖”“若”

歷時來看，有標記原因小句從 D 式到 B 式的發展，正反應了其關聯標記的功能由“粘合”向“語義標示”發生演變。上古西周時期，語言中邏輯關係的表達主要靠意合，小句呈線性排列，依賴時間順序和事物之間的潛在應合，不依賴語言表面邏輯關係的建立，因此這一時期，一般不使用關聯標記。隨著語言的發展，人們開始在兩個小句之間使用關聯標記，將原本看似無關的兩個小句關聯成一個整體，使小句之間的邏輯關係由完全隱性到初步顯現。因此，原因標記的最初産生，其主要功能就是鏈接小句，即“粘合功能”，所采用句式即 D 式（果句，$g_{因}$－因句）。這時的關聯標記，尚不具備典型的語義標示功能。以下句為例：

（25）同心戴舜以為天子，以其舉十六相，去四凶也。（《左傳·文公十八年》）

從本文的三條判斷標准來看，原因標記“以”的粘合功能體現在：從句法位置來看，“以”用於兩個小句之間，而非全句首；從主語的前後位置來看，“以”用於主語“其”前，而非主語後；從語義標示強度來看，去掉“以”字後，句子仍可接受。由於這一時期存在大量意合無標記的用法，小句之間可以不使用任何關聯標記，因此去掉關聯標記“以”後的表達具有較高的可接受性。那麼，這裏的“以”屬於“粘合標記”。

先秦時期，我們還可以看到“以”用於句首的表達方式。不過，與用於兩個小句之間的粘合標記“以”相比，這種用法較為罕見。例如：

（26）鄭忽以其有功也，怒。（《左傳·恒公六年》）

上例中，從句法位置來看，“以”字用於全句句首；從語義標示強度來看，“以”字去掉後，句子原有的因果關係無法清晰表達，句子的可接受性差；不過，從主語前後位置來看，“以”出現在主語“鄭忽”後，而非主語前。可見，這裏的關聯標記“以”，不再是單純的粘合標記，而是正處在從粘合標記向語義標示標記過渡的發展過程中。

東漢、魏晉以後，這種用於複句句首的關聯標記在語篇中開始占據優勢，由於其用於句首位置，因此可以為全句設定語義框架，使人們一開始對句子的語義和邏輯關係有一個初步的預期。與用於小句間的關聯標記相比，這種表達方式減輕了人們的心理負擔，也降低了信息加工難度。此外，這種關聯標記語義清晰，能夠獨立地、有效地表達句子之間的邏輯關係，因此這時的關聯標記即“語義標示標記”，所用句式即B式（或C式）。例如：

(27) 山共以器重朝望，年逾七十，猶知管時任。(《世說新語·政事》)

(28) 緣汝前世曾為保見，今世合來計會。(《敦煌變文·廬山遠公話》)

(29) 因幫了一個生鐵王員外兒子使錢，每日三瓦兩舍，風花雪月，被他父親開封府裏告了一紙文狀……。(《水滸全傳》第二回)

(30) 因為天不早啦，伊老者老沒回家，不放心，所以來接來啦。(松友梅《小額》)

綜上所述，原因小句從D式向B式的演變反應了原因標記的功能從“粘合”向“語義標示”方向的過渡和發展。正是這種歷時的動因，使得原因標記發展到現代漢語時期，有的標記具有強大的語義標示功能（如“由於”），有的標記仍保留著粘合功能，同時兼具了語義標示功能（如“因為”）①。

## 四、聯繫項居中原則與時間象似性原則

有標記原因小句從D式到B式的演變，是句法原則和語義語用原則之間互動的結果。在不同的歷史時期，對因果複句的歷時發展起主導作用的原則存在差異，其一為句法方面的“聯繫項居中原則”，其二為語義語用方面的“時間象似性原則”。

句法方面的“聯繫項居中”原則，這一原則是由Dik（1997）提出的，指的是聯繫項的優先位置在兩個被聯繫項的成分之間，如果聯繫項位於某個被聯繫成分上，那麼它會在該被聯繫成分的邊緣。這裏聯繫項包括連詞、介詞、格標記、狀語從句標記以及修飾語標記等等，其作用就是將兩個有並列關係或者主從關係的成分連接成一個更大的成分。儲澤祥、陶伏平（2008）針對漢語因果複句研究時提出“因果關係關聯標記居中原則”，進一步深化和發展了“聯繫項居中原則”。

---

① 現代漢語中，“由於”只能用於全句句首，即用於前置的原因小句；“因為”則既可以用於後置的原因小句，也可以用於前置的原因小句。

語義語用方面的“象似性原則（Principle of Iconicity）”，指的是語言結構的優先選擇與它所表示的對象有直觀相似性。“時間象似性原則”是“象似性原則”中的一種，指事件發生的時間順序或概念的時間順序與語言描述的線性順序相一致。戴浩一（1988）提出了漢語中的“時間順序原則（The principle of temporal sequence，簡稱 PTS）”，即兩個句法單位的相對次序決定於它們所表示的概念領域裏的狀態的時間順序。

上古時期，含因標的因果複句傾向使用 D 式（果句，$g_{因}$—因句），無因標的因果複句傾向使用 A 式（因句，$g_{果}$—果句），兩者的共同特點為關聯標記位於兩個小句之間。可見，上古時期，“聯繫項居中原則”在起主導作用。東漢及中古以後，直至現代漢語時期，含因標因果複句傾向使用 B 式（$g_{因}$—因句，果句），無因標因果複句仍高頻使用 A 式（因句，$g_{果}$—果句），兩者的共同特點是複句的語序遵循時間軸上的先後順序，由因及果，因此這一段歷史時期，“時間象似性原則”在起主導作用。可以看出，無因標因果複句的 A 式從上古至現代漢語一直在高頻使用中，這是因為 A 式既符合了句法上的“聯繫項居中原則”，又符合了語義語用上的“時間象似性原則”，因此能夠穩定地存在。相比之下，含因標因果複句的兩種表達模式（D 式和 B 式），由於無法同時滿足句法和語義語用的雙重原則（D 式僅符合“聯繫項居中原則”；B 式僅符合“象似性原則”），處在不穩定狀態，在多原則互動的作用下，發生了從 D 式向 B 式的演變。

那麼，為什麼上古時期句法原則起主導作用，而後語義語用原則起主導作用？本文認為，語言發展的最初階段處在篇章發展期，這一時期，小句各自獨立，散落在篇章中，沒有形態標記。當形態標記出現時，首先是在語言表面，即形態句法層面呈現出來，因此這一階段句法原則（“聯繫項居中”）起主導作用。隨著語言的發展，語法規則逐漸形成系統性，人們開始尋求在語義層面尋找規則，以進一步約束語言的規範性，推動語言向更嚴謹的道路發展，因此在這一階段，語義語用規則（“時間象似性”）起主導作用。可以看出，句法原則和語義語用原分別在不同的歷史時期影響著語言的發展，這種多原則互動決定了有標記原因小句從 D 式向 B 式發生演變。此外，從漢語的語言類型特征來看，漢語是缺乏形態標記的語言，更依賴事件之間的潛在應和，包括隱藏在事件內部的時間上的先後順序，因此由“時間象似性原則”決定的 B 式，其高頻使用階段從東漢一直持續到現代漢語時期。

到了現代漢語時期，因果關係的表達方式又發生了一些新的變化，表達模式變得相對分散①，其中，A 式占 42.5%，B 式占 25%，C 式占 15%，D 式占 20%。

① 下文數據是本文對現代網絡小説《浮沈》的語料統計後得出的。董佳（2008）對《人民日報》2008 年的語料統計發現，D 式所占比例更高，約為 53.5%。

可以看出，同時符合兩個原則的句式 A 式仍然高頻存在，符合語義語用原則的 B 式也處於較高的使用頻率中。比較特殊的是，符合句法原則的 D 式也有不低的使用頻率，與上文所述有標記原因小句的歷時演變趨勢不太一致。研究發現，在近代漢語時期，D 式的使用頻率不高，仍然遠遠低於 B 式（李為政 2013），與中古漢語時期保持一致。但是從明清進入現代漢語時期，D 式的使用頻率明顯上升（賀陽 2008）。根據本文的語料統計，這種變化正是發生在具有特殊社會背景的清末民初時期，在白話文運動以及與英語等西方語言的大量接觸中①，D 式的使用頻率得到提高。這種變化和調整一方面受到了語言接觸的影響，而另一方面，漢語中 D 式的表達方式也是符合漢語自身的表達習慣的。D 式是原因標記產生之初傾向使用的模式，雖然在東漢以後受到 B 式的排擠，但卻一直存在著，就像一顆種子埋在語言之中，在清末民初時期受到特定因素的影響再次得到激發，從而形成了現代漢語時期較高頻的使用狀態。

## 五、篇章手段與語法手段

Givón（1979）認為，句法化的形成過程就是從篇章到語法的演變過程，滿足語用需求的篇章手段逐漸固化沉積形成了句法，他把語法形成過程概括為：篇章＞句法＞形態＞形態音系＞零形式。漢語有標記原因小句的語序變化正反應了關聯標記從篇章手段向語法手段的發展。

上古時期，因果複句 D 式的聯繫項位於兩個小句之間，這種聯繫項將原本散落在篇章中的小句通過關聯詞語初步連接成為一個整體，這時的關聯標記屬於篇章手段。這種手段有以下幾個特點（Givón 1979；方梅 2006）：首先，篇章手段不具有強制性，在使用上具有可選性。上古時期，原因標記並不是強制性出現的，這一時期存在大量意合無標句式以及含果標無因標的 A 式。其次，篇章手段一般發生在個體層面，系統性不強。上古時期，有因標因果複句 D 式的例頻率並不高，在四大模式的使用中，所占比例不足 10%（如：《左傳》3.9%，《孟子》8.8%，《史記》4.4%），因此屬於個體現象，尚不具系統性。再次，從篇章到句法的演變，體現為從松散的搭配到嚴謹的句法。上古時期 D 式中的原因標記（如："以""為"）用於兩個小句之間只是松散地搭配，它們僅作為一個聯繫項將篇章中兩個小句連接起來，沒有嚴格的句法限制，並且句法位置也不穩定，有時還可以用於全句的句首位置。此外，這一時期的關聯標記正處在從其他詞類向連詞（關聯標記）的演變過程中，有時語義上還處在兩可狀態。比如上古原因小句最早出現的關聯標記"以"處在從工具介詞（"用"義）向粘合標記的演變過程中，"為"字處在由係詞（"是"

① Diessel（2001）在針對印歐語言的類型學研究時提出，原因狀語從句（因句）傾向後置。

義）向粘合標記的演變過程中，我們在先秦語料中可以看到語義上處在兩可解釋的句子，它們是演變的橋接語境/關鍵語境（bridging/Critical Context），以下句為例：

（31）子之辭靈丘而請士師，似也，為其可以言也。（《孟子·公孫醜下》）

上句在語義上可作兩解，既可以理解為：（這樣做）是可以給齊王進言，也可以理解為：（這樣做）因為可以給齊王進言，由此可見“為”正處在從係詞向粘合標記的過渡階段。

而東漢及中古以後傾向使用的B式，其中的原因標記能夠獨立地標示全句語義和邏輯關係，句法位置逐漸形成位於句首的規律性，並且語篇中出現的例頻率也越來越高：西漢《史記》中僅占1.5%，而中古以後，《世說新語》中占10.7%，《敦煌變文》中占43.4%，《水滸全傳》中占37%，B式的系統性越來越強。由此可見，漢語有因標因果複句從D式（粘合標記）到B式（語義標示標記）的演變過程，正反應了漢語關聯標記的產生和發展過程，即從最初的篇章手段到典型的語法手段。

## 六、原因小句的語序變化與介詞短語的移位

本文研究提出，漢語的有標記原因小句在東漢魏晉時期發生了一次語序變化，與之相近的是，漢語的介詞短語也在東漢時期發生一次歷史性移位，由後置於動詞演變為前置（張赬 2002：245—272）。從句法上看，偏句（本文的原因小句）的句法地位就相當於PPV中作狀語的介詞短語（劉丹青 2011：315—319）。由於句法位置的相近性，原因小句與介詞短語在歷史上所發生的語序調整存在許多相似之處：

首先，兩者都是由後置演變為前置。因果複句中的原因小句由後置於結果小句演變為前置於結果小句，即：D式（果句，$g_{因}$—因句＞B式（$g_{因}$—因句，果句），而介詞短語也由後置於動詞演變為前置於動詞，即：VPP＞PPV。

其次，兩者發生在相近的歷史時期。因果複句中有標記原因小句的演變發生在東漢魏晉時期，而介詞短語在先秦漢語中尚位於動詞之後，東漢以後發生移位，逐漸移動到動詞之前。

再次，兩者演變的方式相近，都是通過詞彙興替完成的。劉丹青（2011）認為，介詞短語的歷史性移位最終是通過詞彙興替完成的，原因小句的語序變化也是如此。從上古最早出現的“以”“為”，發展到中古時期的“因”“由”“緣”“為緣”等，再到近代漢語大量湧現的雙音節關聯標記（唐五代的“緣”“但緣”“只緣”“為”“因”“由”“因為”“為因”等；宋代的“蓋為”“蓋因”“為”“為是”“為其”

“由於”“緣”“由”等；明清時期的“因”“為”“為因”“因為”“為是”“只因”“只為”等），原因小句的語序變化過程正是通過關聯標記的更迭完成的。

不同的是，介詞短語的移位導致了與漢語VO語序不和諧現象的發生。劉丹青（2011）認為，先秦漢語的語序以SVO類型為主，介詞短語以VPP為主，介詞的典型位置是中介位置。漢語介詞的相對不和諧是從PP由動詞後到動詞前的歷史性移位開始的。這一移位不但使漢語出現罕見的VO/PPV語序位置，而且使介詞主體前置詞的基本位置不在中介位置。相比之下，漢語因果複句中原因小句的語序變化卻沒有造成與漢語VO語序的不和諧。Dryer（1992）、Kortmann（1997、1998、2001）和Diessel（2001）從類型學學視角考察狀語從句與主句之間的位置關係時提出：對於VO語言來説，從句（因句）關聯標記一般位於小句句首，而非小句句尾；從句（因句）可以前置於主句（果句），也可以後置於主句。漢語的因果複句，因句由後置於果句演變為前置，無論前置還是後置，它們與漢語VO語序的語言類型特征都是相和諧的。

為何介詞短語的移位與原因小句的語序演變方向一致，但一個違背了和諧原則，一個卻沒有違背？本文認為，演變後的原因小句符合語義語用上的“時間象似性原則”，因此在類型學中具有存在的合理性。複句是小句之間的融合，每個小句能夠表達一個相對完整的意思，它們在語言表面呈線性存在。而語言是客觀事實的反應，因此這種線性存在必然受到事件本身發生的先後順序的影響。對於因果複句來説，由因及果的順序與時間上的先後順序更是密切相關的。相比之下，介詞短語是存在一個小句中的短語結構，並非一個語義表達單位，受時序性影響不大，因此“時間象似性原則”對介詞短語較難起作用。從另一個角度來看，漢語介詞短語移位也可能受到了複句表達方式的影響，或者説兩者之間具有一種互動關係。漢語中的讓步複句、條件複句、假設複句、推斷複句等其他類型的偏正複句從古至今都是傾向於前置的，而因果複句中的原因小句也在東漢時期從以後置為主演變為以前置為主，因此我們推測，這種前置性優勢對同一時期介詞短語的移位產生了一定的影響。

## 七、結語

本文從類型學和跨語言研究視角出發，針對以往因果複句研究中關注較少的B式和D式兩種有原因標記的表達模式進行了討論，從歷時維度提出了漢語原因小句的語序演變規律：從後置於結果小句（D式）演變為前置於結果小句（B式），這一演變軌迹反應了原因標記從粘合功能向語義標示功能的發展。這種變化一方面受到了句法原則和語義語用原則之間互動關係的制約，另一方面這種演變也是漢語關聯標記由最初的篇章手段逐漸發展為穩定的語法手段的必然結果。漢語原因小句的語序變化與介詞短語的移位存在很多相近之處，但卻沒有像介詞短語那樣帶來與漢語 VO 語序的不和諧，這主要是因為“時間象似性原則”對漢語因果複句的重要影響和制約。希望本文的研究能夠為學者們針對漢語因果複句的深入研究提供借鑒和參考。

**參考文獻**

儲澤祥，陶伏平. 漢語因果複句的關聯標記模式與“聯繫項居中原則”. 中國語文，2008（5）.

戴浩一. 時間順序和漢語的語序. 國外語言學，1988（1）.

董佳. 現代漢語政論文體中因果複句的使用情況研究（上）. 海外華文教育，2008（3）.

賀陽. 漢語主從複句的語序變化與印歐語言的影響. 長江學術，2008（4）.

李為政. 近代漢語因果句研究. 北京大學博士學位論文，2013.

劉丹青. 語序類型學與介詞理論. 北京：商務印書館，2011.

劉月華，潘文娛. 實用現代漢語語法. 北京：商務印書館，2001.

張赪. 漢語介詞詞組語序的歷時演變. 北京：北京語言文化大學出版社，2002.

Diessel，H. 2001. The Ordering Distribution of Main and Adverbial Clauses：A Typological Study. *Language*（3）.

Dik，S. 1997. The Theory of Functional Grammar，Part 2. Berlin and New York：Mouton de Gruyter.

Dryer，M. S. 1992. Adverbial Subordinators and Word Order Asymmetries. In John A. Hawkins and Anna Siewierska（eds.），*Performance Principles of Word Order*. EUROTYP Working Papers，European Science Foundation.

Givón，Tamly. 1979. *On Understanding Grammar*. London：Academic Press.

Kortmann，B. 1997. *Adverbial Subordination：A Typology and History of Adverbial Subordinators Based on Kortmann，European Languages*. Berlin/New York：Mouton de Gruyter.

Kortmann，B. 1998. Adverbial Subordinators in the Languages of Europe. In Johan van der Auwera and DÓnall P. ÓBaoill（eds.），*Adverbial Constructions in the Languages of Europe*. Berlin/New York：Mouton de Gruyter.

Kortmann，B. 2001. Adverbial Conjunctions. In Martin Haspelmath，Ekkehard König，Wulf Oesterreicher，and Wolfgang Raible（eds.），*Language Typology and Language Universals：An International Handbook*，Vol. 1. Berlin/New York：Mouton de Gruyter.

## The Evolution of Causal Complex Sentence and Its Motivation

Xu Shijing

**Abstract**：During Eastern Han，Wei and Jin Dynasty，the word order of causal complex sentence changed: from postposed by effect clause to preposed, which is also the changing of the function of causal markers: from binding to semantic-indicating. The motivation is the interaction effects of syntactic principles and semantic-pragmatic principles. Meanwhile, the evolution also reflects the emergence and development of Chinese connective markers: from discourse means to grammatical means. The word order change of causal complex sentence has several similarities with the movement of prepositional phrases in Chinese. However, the former didn't bring disharmony with Chinese VO-word order as prepositional phrases.

**Keywords**: causal complex sentence; word order change; connective marker; notivation

（徐式婧，北京語言大學國際學生教育政策與評價研究院）

# 上古漢語並列複句關聯標記“則”*

## ——基於《左傳》與《史記》的考察

楊　丹

**提　要：**上古漢語並列複句中的“則”具有對比功能，其作為述題標記用來表現前後分句話題與述題的對比性。“則”可以看成並列關聯標記，在複句中凸顯對比並列關係。從《左傳》與《史記》的比較來看，“則”在上古漢語中後期的發展演變主要體現為：類型的集中化、標記的構式化、組配的多樣化。“則”語法化的路徑為：動詞＞承接關聯標記。連詞“則”在標記功能上的擴展表現為：承接關聯標記 → 條件關聯標記 → 對比並列（述題）標記，前兩種是語法標記，後一種是語用標記。在對待並列複句中，“而”與“即”在類推機制作用下有時與“則”具有相似的句法功能，但在表現“話題—述題”方面都沒有“則”那麼典型。

**關鍵詞：**則；功能；發展；話題

連詞“則”在上古漢語早期主要為承接連詞。李傑群（2001）曾經考察了西周金文中“則”的用法，認為其本為動詞“劃分”義，由此引申為“法則”“效法”之義，再進一步虛化為表承接的連詞。武振玉（2007）也認為承接連詞是兩周金文“則”的主要用法。“則”的這種特點在後來的傳世文獻中得到了繼承，其他表假設、因果、轉折等關係都是承接關係的衍生。因為“假設/條件—結果”和“原因—結果”都含有時間或事理上的順接關係，“轉折”則含有事理上的逆接關係。《馬氏文通》（1983/2009：297—305）把它放在“承接連字”中進行討論，一語道出了“則”的主要特點，是“直承順接之辭”，並從“則”所在前後兩項的語義關係把它分為“言效之詞”“繼事之詞”“直決之詞”三類。這裏我們主要討論上古漢語“則”用在表對待的單重並列複句中的用法，旨在探討“則”的功能以及它在上古漢語中的使用和發展情況，其中我們對“則”的語法化及其連詞功能的擴展進行了

* 本文的研究得到教育部人文社會科學研究青年基金項目“上古漢語並列複句發展演變研究”（項目編號：17YJC740105）的資助。匿名審稿專家對本文提出了寶貴的修改意見，特致謝忱。

初步討論，並對與之功能類似的其他虛詞進行了比較研究。

## 一、對待並列複句中“則”的功能

“則”在上古漢語表對待的並列複句中不乏用例。如：

（1）深則厲，淺則揭。（《詩經・邶風・匏有苦葉》）

（2）凡公女嫁于敵國，姊妹，則上卿送之，以禮於先君；公子，則下卿送之。（《左傳・桓公三年》）

（3）人有禮則安，無禮則危。（《禮記・曲禮上》）

（4）學而不思則罔，思而不學則殆。（《論語・為政》）

（5）鄒魯之臣，生則不得事養，死則不得飯含。（《戰國策・趙策三》）

（6）泠風則小和，飄風則大和，厲風濟則眾竅為虛。（《莊子・齊物論》）

在這些表對待的並列複句中，如果單看某個分句中的“則”字，無疑語義上仍具有時間或事理上的相承關係，從“則”的前後項來看無並列關係，因此有的學者把此類複句中的“則”仍看作是承接連詞，如武振玉（2007）等。有的對其所體現的並列義持否定態度，如周建成、馮汝雙（1994）。然而，如果把並列複句當作一個整體，配標“則”所表示的對待並列關係不容忽視。楊樹達《詞詮》（1978：275）認為此類“則”可表“文中對待之關係”。呂叔湘（1982：337）曾說：“文言又有在兩句中分用兩個‘則’字，或單在下句用一個‘則’字的（單用於上句者較少），都足以增強兩事的對待性。”王力主編的《古代漢語》（1999：452）認為“則”用在相對待的並列句中可以表對比。我們認為，在表對待語義關係的並列複句中，“則”在語用上具有對比功能，這與其所凸顯的“話題（topic）—述題（comment）”性密切相關。

徐烈炯、劉丹青（2007：196—199）認為上海話的“末”是常用的話題標記，能表現話題的對比功能。他們對“末”和古漢語的“則”進行了比較，揭示出二者在表現話題焦點的功能上具有相似性，在有的對比性並列複句中甚至可用來互譯。如［以下為徐、劉（2007：198）的例句］：

（7）其室則邇，其人甚遠。（《詩經·鄭風·東門之墠》）

“伊個房間末老近個，伊個人老遠個”

徐、劉（2007：199）認為，兩者不同的是，“末”是一個話題標記（topic marker），而“則”是一個述題標記（comment marker），“它加在述題前表示其後的成分是述題，同時標明其前的成分是話題，而且常常是對比性話題”。同時徐、劉還認為話題標記“末”可以看成並列複句的關聯詞。有鑒於此，我們認為，古漢語的“則”在並列複句中用於表現對比性的話題和述題，而表現述題的差異是其主要功能，表現話題的差異是其次要功能。在並列複句中，“則”還可以看成並列關聯標記，凸顯對比並列關係。

“則”在並列複句中出現的情況如下：

配標“則”同時出現在複句各分句中，如：“……則……，……則……”；

單標“則”只出現在複句某個分句中，如：“……則……，……”或“……，……則……”；

組標“則”在複句中與其他標記組合搭配使用，如：“……則……，……即……”或“……則……，……而……”等。

三種標記形式中，常見的是配標與單標式。基於並列複句的對稱性特徵，配標“則”的對比並列義強於其單標式，如“則”在例（1）至例（6）中的對比並列義強於下面的例句。

（8）專則速及，侈將以其力斃。(《左傳·襄公二十九年》)

（9）年鈞擇賢，義鈞則卜，古之道也。(《左傳·襄公三十一年》)

在並列複句中“則”不管是作為述題標記還是作為關聯標記，都有明顯的強調和顯化作用，即：強調“則”後不同述題的對待關係，並且顯化整個複句的並列義。配標式的“則”是其作為並列關聯標記的典型格式，也是一個強式（strong form）標記，可以看成是表對比並列義的典型構式。單標“則”往往放在重要信息之前，以突出某分句的述題，然而它在顯化對比性方面則稍遜色，因此可以看作並列複句的弱式（weak form）標記。

## 二、《左傳》《史記》並列關聯標記“則”的使用

這裏我們重點考察《左傳》和《史記》(列傳）中單重並列複句“則”的用法，《左傳》共60例，《史記》(列傳）共99例。從組配形式來看，“則”主要有配標式、單標式和組標式。下面我們主要從“則”的標記形式、所在複句的前後項語義關係以及“則”前的成分等方面來考察其使用情況。

### （一）配標式

《左傳》41例，《史記》86例。

A式，“則”的前後項是條件結果關係，《左傳》34例，《史記》76例。

a. 前項為VP或AP，《左傳》21例，《史記》39例。

（10）凡諸侯有命，告則書，不然則否。(《左傳·隱公十一年》)

（11）輕則寡謀，無禮則脫。(《左傳·僖公三十三年》)

(12) 窕則不咸，摦則不容。(《左傳·昭公二十一年》)

(13) 寬則寵名譽之人，急則用介冑之士。(《史記·老子韓非列傳》)

(14) 先事秦則安，不事秦則危。(《史記·張儀列傳》)

(15) 故生則朝周，死則叱之。(《史記·魯仲連鄒陽列傳》)

b. 前項為 PP（此指介詞短語），《左傳》2 例，《史記》1 例。

(16) 故以國則廢名，以官則廢職，以山川則廢主，以畜牲則廢祀，以器幣則廢禮。(《左傳·桓公六年》)

(17) 且矯魏王令，奪晉鄙兵以救趙，於趙則有功矣，於魏則未為忠臣也。(《史記·魏公子列傳》)

c. 前項為 Clause，是條件緊縮句，《左傳》11 例，《史記》33 例。

(18) 其自為謀也則過矣，其為吾先君謀也則忠。(《左傳·成公二年》)

(19) 彼出則歸，彼歸則出，楚必道敝。(《左傳·昭公三十年》)

(20) 禮失則昏，名失則愆。(《左傳·哀公十六年》)

(21) 魏弱則割河外，韓弱則效宜陽。(《史記·蘇秦列傳》)

(22) 故曰酒極則亂，樂極則悲。(《史記·滑稽列傳》)

(23) 夫君不君則犯，臣不臣則誅，父不父則無道，子不子則不孝。(《史記·太史公自序》)

d. 前項為 NP，《左傳》未發現用例，《史記》3 例。

(24) 穰苴曰："將受命之日則忘其家，臨軍約束則忘其親，援枹鼓之急則忘其身。(《史記·司馬穰苴列傳》)

(25) 孔氏著《春秋》，隱桓之間則章，至定哀之際則微。(《史記·匈奴列傳》)

在兩部文獻中，A 式在“則”的配標式中占比最大，“則”的前項為條件，後項為結果。條件項可以看作是話題，結果項可以看作是述題，“則”為述題標記，有的還會伴有話題標記（主要為提頓詞）“也”的出現，如例（18）。“則”標示其前的不同話題並對述題加以強調和對比。

B 式，“則”所在分句的前項為後項謂語成分的施受論元，《左傳》5 例，“則”前的成分均為受事論元；《史記》未發現用例。

(26) 子、女、玉、帛，則君有之；羽、毛、齒、革，則君地生焉。(《左傳·僖公二十三年》)

(27) 其所善者，吾則行之；其所惡者，吾則改之，是吾師也。(《左傳·襄公三十一年》)

（28）山川之神，則水旱癘疫之災於是乎禜之；日月星辰之神，則雪霜風雨之不時於是乎禜之。（《左傳·昭公元年》）

《左傳》這幾例的前項話題主要為受事論元。徐烈炯、劉丹青（2007：215）認為“由受事論元充當話題是非常自然的事，實際上是最常見的話題類型之一”。受事論元的前置符合話題表強調的功能，也就是把需要突出的成分置於句首從而引起聽者的注意。上面幾例的受事論元在述題中還伴隨有接續代詞“之”等的複指，由此形成“論元共指性話題”結構。①

C式，“則”的前後項是判斷、存現等關係，《左傳》2例，《史記》10例。

（29）其人，則盜賊也；其器，則奸兆也。（《左傳·文公十八年》）

（30）儒雅則公孫弘、董仲舒、兒寬，篤行則石建、石慶，質直則汲黯、卜式，推賢則韓安國、鄭當時，定令則趙禹、張湯，文章則司馬遷、相如，滑稽則東方朔、枚皋，應對則嚴助、朱買臣，曆數則唐都、落下閎，協律則李延年，運籌則桑弘羊，奉使則張騫、蘇武，將帥則衛青、霍去病，受遺則霍光、金日磾。（《史記·平津侯主父列傳》）

（31）大月氏在大宛西可二三千里，居嬀水北。其南則大夏，西則安息，北則康居。（《史記·大宛列傳》）

（32）孝文時中寵臣，士人則鄧通，宦者則趙同、北宮伯子。（《史記·佞幸列傳》）

（33）故泰山之陽則魯，其陰則齊。（《史記·貨殖列傳》）

這類多數屬於“名則名，名則名”句式，是判斷句或存現句的並列，“則”後的名詞性謂語對前面的成分進行判斷或說明。存現句從語用上來說具有表達“話題—述題”的功能，“則”前表處所的成分是話題，之後的成分是述題。“則”表判斷的用法早在馬建忠的《馬氏文通》中就已意識到了。馬氏（1983/2009：300）把“直決之詞”的“則”又一分為三，其一為“其事或本相同也，或本相異也，‘則’字承之，所以決其為是為非，故‘則’字之後，即為表詞。”這裏的“表詞”既包含形容詞性謂語，也包括名詞性謂語。他所舉的多數例子為相對待的判斷句，馬氏的觀察是非常細緻的。

其實古漢語的判斷句與話題句密切相關。譬如典型的表判斷的標記“者”就可以看作是話題標記，尤其是在名詞性成分後表自指的“者”。如：

① 徐烈炯，劉丹青（2007：105）指出：“論元共指話題在語義上通常表現為施事、當事、工具、受事、對象等等，在句法上則表現為在主語、賓語（包括間接賓語）等論元成分所占的句法位置上存在空位或複指成分。”

(34) 陳勝者，陽城人也。(《史記·陳涉世家》)

按朱德熙(1983)的觀點，這裏的"者"是一個表自指的標記。"者……也"形成判斷句的構式框架。首先，從語義性質上講，"者"前的成分為後面的"陽城人也"提供關涉的對象。其次，句法上"陳勝"位於句首，並且其後可停頓，有的學者把這類"者"看成是語氣詞，如李小軍、劉利(2008)指出語氣詞具有提頓作用，這與話題後常有停頓相契合。再次，從話語功能上説，"者"前的成分一般是認知雙方的已知信息，在這樣的前提下，其後的述題才方便作判斷。"者"與"則"不同的是，作為提頓詞，前者是前附性的，後者是後附性的。

同樣，在一些壓縮判斷句(或稱為"活用的判斷句")中，被判斷的對象與後面作謂語的名詞或名詞性詞組不是嚴格意義上的邏輯判斷關係，在認知上需要借助相關知識範疇使之合情合理，這樣的判斷句如果理解成"話題—述題"結構在語義上就較為順暢。如典型的例句：

(35) 夫戰，勇氣也。(《左傳·莊公十年》)

眾所周知，"戰爭"不是"勇氣"，此句在判斷關係上似乎邏輯語義不是很嚴格。然而如果把前面成分看成話題，"戰"為後面的述題提供一個關涉的框架，整句就可以理解為："至於戰爭啊，是要靠勇氣的。"那麼"夫"就是一個前置的話題標記，董秀芳(2012)也認為它是一個來自指示代詞的話題標記。

Li & Thompson (1976) 認為漢語是"話題優先"(topic-prominent)型語言。這裏討論的A、B、C三種並列複句都與話題性相關，"則"用於其中不是偶和，而是有理據的，在對舉的並列複句中用於突出話題和述題的對比，同時在複句中還起到關聯前後分句的作用，顯化並列關係。

(二) 單標式

《左傳》18例，《史記》8例。

A式，"則"的前後項是條件結果關係。《左傳》12例，其中前標9例，後標3例；《史記》3例，其中前標1例，後標2例。

a. 前項為VP或AP，《左傳》6例，均為前標式，《史記》2例，為後標式。

(36) 飲此，則有後於魯國；不然，死且無後。(《左傳·莊公三十二年》)

(37) 速則失志，不整，喪列。(《左傳·成公十六年》)

(38) 兒能騎羊，引弓射鳥鼠，少長則射狐兔，用為食。(《史記·匈奴列傳》)

(39) 富者得勢益彰，失勢則客無所之。(《史記·貨殖列傳》)

b. 前項為PP，《左傳》尚未發現用例，《史記》1例，為前標式。

（40）孔子之所嚴事：於周則老子；於衛，蘧伯玉；於齊，晏平仲；於楚，老萊子；於鄭，子產；於魯，孟公綽。（《史記·仲尼弟子列傳》）

c. 前項為 Clause，《左傳》4 例，前標、後標各 2 例，《史記》尚未發現用例。

（41）知我者如夫子則可；不然，請止。（《左傳·襄公二十二年》）

此例為前標，後標如例（9）。

d. 前項為 NP，《左傳》2 例，前標、後標各 1 例，《史記》尚未發現用例。

（42）凡諸侯嫁女，同姓媵之，異姓則否。（《左傳·成公八年》）

B 式，"則"所在分句的前項為後項謂語成分的施受論元。《左傳》5 例，前標 1 例，後標 4 例，《史記》2 例，前標 1 例，後標 1 例。

（43）仲尼曰："胡簋之事，則嘗學之矣；甲兵之事，未之聞也。"（《左傳·哀公十一年》）

（44）我辭禮矣，彼則以之。（《左傳·襄公十年》）

（45）世之學老子者則絀儒學，儒學亦絀老子。（《史記·老子韓非列傳》）

C 式，"則"的前後項是判斷或存現等關係，《左傳》1 例，為後標式，《史記》3 例，均為前標式。

（46）中美能黄，上美為元，下美則裳，參成可筮。（《左傳·昭公十二年》）

（47）河内則楊皆、麻戊，關中楊贛、成信等。（《史記·酷吏列傳》）

（48）其西則條枝，北有奄蔡、黎軒。（《史記·大宛列傳》）

（三）組標式

"組標式"指"則"與"即""而""又"等其他連詞組合形成構式表並列義。《左傳》中僅發現了"則"與"又"的組合，共 1 例，為 A 式，標記前後項是條件結果關係，前項為 Clause。

（49）今二子者，君生則縱其惑，死又益其侈。（《左傳·成公二年》）

後分句的"又"相當於"則"，整句可以替換成"則"的配標式而句意影響不大。

《史記》的組標式也只發現 A 式這一類，共 5 例。

一為"則"與"即"的組合，共 3 例，"則"前項為 VP 的 2 例，為 Clause 的 1 例。

（50）孫子曰："前，則視心；左，視左手；右，視右手；後，即視背。"

(《史記·孫子吳起列傳》)

(51) 和即經主病也，代則絡脈有過。(《史記·扁鵲倉公列傳》)

(52) 病者安穀即過期，不安穀則不及期。(《史記·扁鵲倉公列傳》)

二為“則”與“而”的組合，共2例，“則”前項是VP或Clause，各1例。

(53) 與楚則漢破，與漢而楚破。(《史記·季布欒布列傳》)

(54) 倉廩實而知禮節，衣食足而知榮辱，上服度則六親固。(《史記·管晏列傳》)

《左傳》《史記》並列複句中關聯標記“則”的用法主要集中在配標式。單標和組標的例句皆屈指可數，並且類型也沒有配標豐富。單標中前標與後標的數量差距不太明顯。從兩部文獻的對比可以看出“則”的用法具有差異性。

### (四)《左傳》《史記》並列關聯標記“則”的用例表

表1

<table>
<tr><th rowspan="2">類　型</th><th rowspan="2">小　類</th><th colspan="3">《左傳》</th><th colspan="3">《史記》(列傳)</th></tr>
<tr><th>配標次數(百分比)</th><th>單標次數(百分比)</th><th>組標次數(百分比)</th><th>配標次數(百分比)</th><th>單標次數(百分比)</th><th>組標次數(百分比)</th></tr>
<tr><td rowspan="4">A式(前後項為條件結果關係)</td><td>前項為VP/AP</td><td>21<br>(35.0%)</td><td>6 (10.0%)<br>(前6)</td><td>0<br>(0%)</td><td>39<br>(39.4%)</td><td>2 (2.0%)<br>(後2)</td><td>3<br>(3.0%)</td></tr>
<tr><td>前項為PP</td><td>2<br>(3.3%)</td><td>0<br>(0%)</td><td>0<br>(0%)</td><td>1<br>(1.0%)</td><td>1 (1.0%)<br>(前1)</td><td>0<br>(0%)</td></tr>
<tr><td>前項為Clause</td><td>11<br>(18.3%)</td><td>4 (6.7%)<br>(前2；後2)</td><td>1<br>(1.7%)</td><td>33<br>(33.3%)</td><td>0<br>(0%)</td><td>2<br>(2.0%)</td></tr>
<tr><td>前項為NP</td><td>0<br>(0%)</td><td>2 (3.3%)<br>(前1；後1)</td><td>0<br>(0%)</td><td>3<br>(3.0%)</td><td>0<br>(0%)</td><td>0<br>(0%)</td></tr>
<tr><td rowspan="2">B式(前後項為施受論元關係)</td><td>前項為受事論元</td><td>5<br>(8.3%)</td><td>4 (6.7%)<br>(前1；後3)</td><td>0<br>(0%)</td><td>0<br>(0%)</td><td>0<br>(0%)</td><td>0<br>(0%)</td></tr>
<tr><td>前項為施事論元</td><td>0<br>(0%)</td><td>1 (1.7%)<br>(後1)</td><td>0<br>(0%)</td><td>0<br>(0%)</td><td>2 (2.0%)<br>(前1；後1)</td><td>0<br>(0%)</td></tr>
<tr><td colspan="2">C式(前後項為判斷/存現等關係)</td><td>2<br>(3.3%)</td><td>1 (1.7%)<br>(後1)</td><td>0<br>(0%)</td><td>10<br>(10.1%)</td><td>3 (3.0%)<br>(前3)</td><td>0<br>(0%)</td></tr>
<tr><td colspan="2" rowspan="2">總　計</td><td>41<br>(68.3%)</td><td>18 (30.0%)<br>(前10；後8)</td><td>1<br>(1.7%)</td><td>86<br>(86.9%)</td><td>8 (8.1%)<br>(前5；後3)</td><td>5<br>(5.1%)</td></tr>
<tr><td colspan="2">60<br>(100%)</td><td></td><td colspan="3">99<br>(100%)</td></tr>
</table>

## 三、從《左傳》與《史記》的比較看並列關聯標記“則”的發展

### （一）上古漢語並列關聯標記“則”的演變

從《左傳》與《史記》的比較來看，並列關聯標記“則”在上古漢語中後期的發展演變主要體現為：類型的集中化、標記的構式化、組配的多樣化。

1. **類型的集中化**

我們按前後分句的語義關係把“則”在複句中的用法分為A、B、C三種類型。《左傳》與《史記》體現出的類型基本相同，在各自的配標和單標式中均已有所覆蓋。從比較可以看出，對待並列句中的“則”在上古漢語中後期仍處在標記功能演變的進程中，沒有發生質的變化。《史記》中“則”的使用比《左傳》更為集中，最主要的類型為A式，其次為C式，B式則寥寥無幾。分句為條件結果關係的情況在“則”所處的對待並列句中占主流，而施受論元關係則逐漸式微。由此可見，“則”前話題表條件的用法在上古漢語後期變得更為強勢，且話題為條件緊縮句的情況在《史記》中更為突出。類型的集中化實際上伴隨的是“則”的“話題—述題”功能的強化。在漢語這種“話題優先”的語言中，上古漢語在話題方面表現得較為顯著。兩部文獻中“則”前話題成分的優選序列情況較為一致，可以概括為：“VP（或AP）＞條件小句＞NP＞PP”。

2. **標記的構式化**

“則”的配標式無論是在《左傳》還是《史記》中數量均佔優勢，《史記》的配標式86例，占總數的86.9%，相比《左傳》有所攀升，可見配標的優勢地位在上古漢語的後期更為明顯。“……則……，……則……”式在語義上具有表對比的並列義，構成了一個“形式語義對”，“則”的構式化在上古漢語時期已經完成。前面已提到，在對待並列複句中，配標式為強式標記，徐烈炯、劉丹青（2007：84）指出：“話題焦點的強調作用只表現在跟句外成分的對比上”，前後分句的話題互為背景，配標適宜於強化這種對比關係。配標式也是並列複句對稱性的體現，標記的配對構式化是並列複句發展的一個顯著趨勢，其他並列標記如“亦”“又”等也是如此。

3. **組配的多樣化**

與《左傳》有明顯差異的是，《史記》“則”能與某些連詞組合使用，如與“即”“而”對文。它們在“列傳”的單標並列複句中雖然數量不多，但能足以表明兩點：一是並列關聯標記在上古漢語中後期由單一向多樣化方向發展；二是某些標記的功能在演變的進程中具有趨同性，其原因我們會在後面討論。

## （二）“則”的語法化與其功能的擴展

### 1.“則”的語法化

“則”在甲骨文中未見用例，在西周金文中較為常見。前面已提及，已有學者指出“則”的連詞用法來源於其動詞“劃分”義。如：

（55）琱生則堇圭。（五年琱生簋）——琱生分堇圭。①

“則”由“劃分”義引申為“效法”義，再語法化為表承接關係的連詞。連詞“則”在早期就大量用來連接複句。管燮初（1981：190）曾指出“則”用來表示並列複句中的相因關係的有7例，② 用來表示偏正複句中的因果關係有7例。武振玉（2007）、傅書靈（2012）等認為承接關係是“則”作為虛詞的本源或早期用法。如：

（56）柞伯十爯（稱）弓無法（廢）矢，王則畀柞伯赤金十反（鈑）。（《近出殷周金集錄》2·371柞伯簋，西早）③

### 2.“則”的功能擴展

連詞“則”表承接的功能首先體現在時間上的承接，後來通過“隱喻”機制從而轉向事理上的承接。李傑群（2001）把西周金文中的“則”主要分為時間和事理上的承接，後者的用例如：

（57）敢弗具付鬲從，其且射分田邑，則懲。（鬲攸從鼎）

這種承接表示的是邏輯或事理上的先後關係，往往是前一分句提出假設或條件，後一分句得出相應的結果，條件或假設關係隱含的是事理上的前後相承。武振玉（2007）指出兩周金文中表時間承接的“則”主要集中在西周的中晚期，而表事理承接（主要指假設關係）的“則”主要集中在戰國時期。因此，“則”由表承接關係的連詞發展為表條件關係的連詞④，即：承接關聯標記 → 條件關聯標記。⑤“則”有時還可與其他典型表假設的連詞“若”等搭配使用。如：

（58）君若欲速得志於天下諸侯，則事可以隱令，可以寄政。（《國語·齊語》）

（59）若土廣者安，人眾者強，則桀、紂之後將存。（《戰國策·秦策四》）

---

① 此例引自李傑群（2001）。

② 他說的相因關係就是我們說的承接關係。

③ 此例引自武振玉（2007）。

④ 假設關係從廣義來說也屬於條件關係。

⑤ 儘管有的學者指出“則”不是假設關聯標記，其假設義是由它所在的構式賦予的，如龔波（2017：45），傅書靈（2012）。然而“則”在表假設關係的句子中，確實起到了顯化假設義的作用，有“則”與無“則”的句子在語義上並不完全等同。

（60）若晉君朝以入，則婢子夕以死；夕以入，則朝以死。（《左傳·僖公十五年》）

"則"常用在條件句中表條件或假設關係，整句形成"C 則 R"句式①。Haiman（1978：564—589）曾説"條件小句是話題"。在條件句中，"則"是後附性連詞，表條件的小句與"則"之間有一個頓宕，前項的小句可以當成話題來理解，也就是説，條件標記"則"可以被重新分析為話題性結構標記。當"則"前的話題由 NP 來充當時，"則"就可看成典型的述題標記，董秀芳（2012）認為"典型的話題是由名詞性成分充當的，謂詞性成分有時要指稱化之後才能充當話題"。這樣的句子在並列句中時見，如：

（61）其室則邇，其人甚遠。（《詩經·鄭風·東門之墠》）

（62）天地則已易矣，四時則已變矣。（《禮記·三年問》）

（63）內則父子，外則君臣。（《孟子·公孫丑下》）

但從上古的文獻來看，並列句中"則"前話題為 NP 的用例還是遜於話題為 VP 和小句的用例，"則"前做話題的優選成分還是傾向於後者，這可能與"則"來源於承接、條件連詞有關。劉丹青（2004：11）曾説："條件句標記是很多話題標記的直接前身"。"則"也符合這一發展路徑，即：條件關聯標記 → 述題標記。

實際上，"則"作為對比並列標記也來源於條件標記。因為"對比性是條件小句的天性"，② 也是話題的一個重要功能。在"C 則 R"句式中，表條件的分句與表結果的分句在深層結構上可以看作與另一種情況進行對比，只是沒有被完全激活。當與之對比的背景句一經表達，整個結構變為"$C_1$則 $R_1$，$C_2$則 $R_2$"對待式時，"則"的對比功能就被完全凸顯出來。"則"在並列複句中主要體現的是表對待的語用標記功能。如：

（64）山有木，工則度之；賓有禮，主則擇之。（《左傳·隱公十一年》）

（65）故敬其事，則命以始；服其身，則衣之純；用其衷，則佩之度。（《左傳·閔公二年》）

兩例均為二重複句，一層是並列關係，二層是條件/假設關係。各句中，條件小句形成表對比的話題，後面的結果形成表對比的述題。呂叔湘（1982：337）曾指出對待句中的"則""就是假設句的'則'字化出來的，其上含有'若論'或'至於'之意"，他的論述是很有見地的。李傑群（2001）曾考察了先秦典籍中"則"的用法，認為事理承接中表對待性的承接逐漸增多，我們把他統計出來的數

① C 代表 Conditions（條件），R 代表 Results（結果），均取首字母表示。

② 參見王春輝（2010）。

據製成如表 2 格：

**表 2　先秦典籍中“則”表事理、對待承接用例表**

| 文獻 | 事理承接 | 對待性承接（百分比） |
|---|---|---|
| 西周金文 | 12 | 4（33.3%） |
| 《尚書》 | 57 | 34（59.6%） |
| 《詩經》 | 39 | 26（66.7%） |
| 《論語》 | 91 | 63（69.2%） |
| 《孟子》 | 376 | 285（75.8%） |

可見對待性承接在事理承接中的比例隨著時代的發展有逐步攀升的趨勢，他所說的事理性承接多為假設句，也就是說，“則”後來表對比的功能越來越突出，其述題標記性質也越來越明顯。

徐烈炯、劉丹青（2007：200）提到上海話中“末”“連接並列句的作用跟話題標記的作用是同時存在、相互有關的”。這種相關關係同樣體現在“則”的用法上，在話題句中“則”突出對比功能，同時也有連接並列句的作用，表對待關係。實際上條件小句、話題句、並列句這三者在表示對比的功能上具有同一性，這也是三者在共時和歷時層面上相互關聯的原因所在。在此，我們不妨換一種表述，“則”的功能發展也可表示為：條件關聯標記 → 對比並列標記。因此，“則”語法化的路徑可以概括為：動詞＞承接連詞；連詞“則”在標記功能上的擴展可以表現為：承接關聯標記 → 條件關聯標記 → 對比並列（述題）標記，前兩種是語法標記，後一種是語用標記。

（三）“而”“即”演變的機制及與“則”的比較

這裏主要討論對待並列複句中與“則”功能類似的“而”“即”的用法。馬建忠《馬氏文通》（1983/2009：282）曾說：“承接連字，惟‘而’‘則’兩字，經籍中最習見。經生家以‘而’‘則’兩字之別，惟在文氣之緩急。上下文氣緩者，連以‘而’字，急則連以‘則’字。蓋第味乎‘而’‘則’之音韻，故為此浮泛之説耳。”馬氏一語道出了“而”與“則”的共同之處，即二者均常作承接連詞；在差異性方面，他批評了傳統經生家只限於音韻的浮泛之説，並分別對各自的句法特點進行了描述。

“而”在上古漢語早期就是一個高頻使用的連詞，早已完成了語法化過程。但從早期的文獻統計來看，它的主要語法功能是用來連接具有時間先後順序的事件，語法意義主要表承接關係。也就是說，“而”與“則”始初就具有相同的演化基礎，均來源於它們的承接關聯功能，故二者在向連詞發展的進程中表現出多方面的契合。除可用來表示承接關係外，還都可用來表示假設、轉折、因果等關係。後來

“而”在承接上似乎發展得更為全面，既可以連接詞、詞組，又可以連接分句；既可表時間上的承接，又可表事理上的承接；既可表順承關係（包括因果、假設/條件關係），又可表逆接關係（如轉折關係）。“而”與“則”在上古文獻中似乎經常可以通用，傳統訓詁學家也注意到了這一點。王引之《經傳釋詞》（1984：142）就說：“而，猶‘則’也。”他曾舉出諸多例句進行說明，如《左傳·襄公十八年》的“若可，君而繼之”，就可以變換成“君則繼之也”。又如下例中的“而”也完全可以用“則”來替換：

（66）入竟而問禁，入國而問俗，入門而問諱。（《禮記·曲禮上》）

但早期連詞“而”不像連詞“則”的用法那麼成熟。陳永正（1986：321—322）曾指出“連詞‘而’不見於卜辭和西周銅器銘文中，在春秋時期亦僅見兩三例”。而“則”在西周金文中就有不少用例，並且可用在表對待的並列句中，如：

（67）既卑我賞馬；效父則卑復氒絲於既。（曶鼎）①

對比並列標記的“則”從上古早期的出土文獻至中期的傳世文獻中都不乏用例，但“而”的用例則相對匱乏。我們統計了“而”在《左傳》中用於單重並列句的配標用例，共18例，如：

（68）凡馬，日中而出，日中而入。（《左傳·莊公二十九年》）

（69）叛而伐之，服而舍之。（《左傳·宣公十二年》）

（70）民生厚而德正，用利而事節，時順而物成。（《左傳·成公十六年》）

（71）古者日在北陸而藏冰，西陸朝覿而出之。（《左傳·昭公四年》）

以上幾例的“而”都能用“則”來替換，並且語義保持不變。並列複句中前後分句都有“而”的例子不在少數，但能與“則”互換並主要用於表事理承接和前後對比的用例不太多見。而配標“則”的用法據前面統計有41例，並且在句法形式上也更為多樣。“而”之前的成分常見為條件小句、動詞或動詞性詞組，前為名詞性成分的寥寥無幾，如例（68），這裏的名詞“日中”是一個時域性話題，它與述題間的語義關係較鬆散。

“而”用於對待並列句是基於“則”的類推機制的後果，類推的基礎是二者均來源於承接關聯標記。“則”在對舉並列句的各分句內部，實質上還是表承接關係，後來“而”的承接作用日趨完善，使得其功能逐漸擴展到“則”的領域，並從時間上的承接發展為事理上的承接。句法上二者也有相同點，均可插在主謂結構之間，形成“名·而/則·動”式強化假設關係，表示“如果”之義，如：

① 此例引自李傑群（2001）。

(72) 子產而死，誰其嗣之?(《左傳・襄公三十年》)

(73) 德則不競，尋盟何為?(《左傳・成公九年》)

這裏的主語“子產”及“德”從某種角度可以看成名詞性話題，因前面論述過“則”是由假設條件標記語法化為述題標記（或對比並列標記）的，[①]“而”也就有類推的可能。因為“則”語法化為連詞的時間較早，所以無論從數量還是用法上都更臻於完善和成熟。

到《史記》中，就出現了“而”與“則”搭配使用的情況，如前例（54）。此例源自《管子・牧民》，[②] 本句原為“倉廩實則知禮節，衣食足則知榮辱，上服度則六親固。”可見在上古後期，“而”表承接的作用已經泛化到能在並列句中與“則”相對為文，兩者的句法功能在此句中已無明顯差別。“而”經歷了在並列句中配對使用到與“則”搭配使用的過程，逐漸趨近於作對比並列標記。然而用於各分句中的配標“而”還不能看作典型的並列標記，至多只能當成弱式標記，因為“而”在表示話題性方面不如“則”那樣全面。在《左傳》和《史記》(列傳）中，我們並沒有見到配標“而”前後項成分有施受論元關係或表判斷、存現、描述等關係的例子，或者説沒有形成典型的“主而謂，主而謂”式。“而”與“則”的區別在下例較為明顯，“則”可位於主謂之間，如：

(74) 願聞此辰戌君，未獨男則共娶，女則共嫁，何也?(《太平經・卷六十九》)

中間兩分句若換為“而”來表達，只能變為“未獨男共娶而女共嫁”，這種用法的單標“而”是其連接並列成分的典型用法。“而”符合 Dik (1997) 提出的“聯繫項居中原則”，更傾向於突出並列複句的對稱性，前後往往是平行的詞、詞組或分句，如：

(75) 陳小而遠。(《左傳・文公六年》)

(76) 夫子所謂生死而肉骨也。(《左傳・襄公二十二年》)

(77) 今幣重而言甘。(《左傳・昭公十一年》)

(78) 君富於季氏，而大於魯國。(《左傳・定公九年》)

而“則”更傾向於突出並列複句的對比性，放在話題和述題之間，需要各分句相互作為參照的背景。在對舉並列句中，配標“而”沒有像“則”那樣走得更遠，

---

① 這裏假設標記的“則”相當於“若”，用在假設條件分句之中，與前面討論的如例（60）等用於結果分句的“則”不同，但兩者在這裏均看作假設標記。

② 關於《管子》的成書年代學界有爭論，有的學者認為是春秋時的著作，有的認為是戰國，甚至有的部分被認為是漢初的著作，綜合各家成説，其中的《牧民》應該是早於《史記》的。

成為話題結構或並列標記，“而”語義上主要負載的是承接義。

再來看“即”的用法。王引之《經傳釋詞》（1984：183）曾引《廣雅》曰：“則，即也。”“即”與“則”在上古文獻中常通用。究其原因，《經傳釋詞》從詞的內在形式——聲音的角度進行解釋，二者“古同聲而通用。”“則”與“即”在中古時期均為“精”母字，上古聲母接近，都屬於齒音，“則”的上古韻部為“職”部，“即”為“質”部，均為入聲韻，故“則”與“即”古音相近，具有一定的同源關係，作為虛詞在用法上也較為接近，在語法化進程上呈“平行虛化”的態勢。①

二者均可表承接關係，如：

（79）今楚師至，晉不我救，則楚強矣。（《左傳·襄公九年》）

（80）臣之義不參拜，王能使臣無拜，即可矣。（《戰國策·秦策四》）

二者均可表假設關係，如：

（81）心則不競，何憚於病？（《左傳·僖公七年》）

（82）謹守成皋，則漢欲挑戰，慎勿與戰。（《史記·項羽本紀》）

（83）我兄弟多，即君百歲後，秦必留我。（《史記·秦本紀》）

二者均可表讓步關係，如：

（84）善則善矣，未可以戰也。（《國語·吴語》）

（85）公子即合符，而晉鄙不授公子兵而復請之，事必危矣。（《史記·魏公子列傳》）

“則”與“即”經常處在相同的句法環境中容易發生平行虛化，譬如同處在假設句、讓步句或承接句中，句式會逐漸賦予它們連詞的語法功能，從而表示相同的語義關係。在對比並列句中，配標“即”的出現也是基於類推機制。通過對《左傳》和《史記》的考察，我們發現配標“即”的出現要晚於“則”，其實在連詞的用法上“即”就比“則”出現得晚。根據張玉金（1994：127—128）的研究，在甲骨文中，虛詞“即”主要作介詞，還沒有連詞用法。在西周金文中，管燮初（1981：190）統計了連詞②“則”共 14 例，而未見連詞“即”的用例。《左傳》中，“即”的主要用法是動詞“靠近”義，還不曾有並列複句的配標式。後來基於對“則”的類推機制，“即”出現了配對使用，數量上卻屈指可數。《史記》（列傳）單重並列複句有 4 例，如：

（86）國有道，即順命；無道，即衡命。（《史記·管晏列傳》）

---

① 平行虛化指“不同辭彙單位由於分佈在相同的句法環境中受到相同的因素的影響，從而出現方向相同的虛化。”參閱洪波（2000：1—13）。

② 他所舉的連詞既包括連接詞或詞組的，也包括連接分句的。

(87) 降城即以侯其將，得賂即以分其士。(《史記·酈生陸賈列傳》)

(88) 故中熱，即為陰石柔齊治之；中寒，即為陽石剛齊治之。(《史記·扁鵲倉公列傳》)

以上例句的"即"可以用"則"來替換，兩者的語義和語法功能極其類似。因此便出現了"即"與"則"的對舉，如前例(50)至(52)，另如：

(89) 公徐行即免死，疾行則及禍。(《史記·項羽本紀》)

此例《漢書·項籍傳》為："公徐行則免死，疾行則及禍。"可見"即"與"則"在表對舉的並列複句中用法並無二致，其他用例如：

(90) 凡人情，說其所苦即樂，失其所樂則哀。(《淮南子》卷十)

(91) 為之即吉，不為則凶，是其人也。(《太平經》卷一百十九)

(92) 山大則神大，山小即神小也。(《抱樸子》卷十七)

(93) 此則神以形為體，體全即神全，體傷則神缺矣。(《全梁文》卷二十四)

(94) 冷即須微厚，熱則須微薄，尤須以意斟量之。(《齊民要術》卷八)

儘管"即"與"則"功能發展的路徑更為相似，但同"而"一樣，《史記》"列傳"中"即"所在句式的語義類型也只見條件結果式，且"即"的前項主要為小句或VP，句首未見NP用例，沒有出現"主即謂，主即謂"式。① 因此配標"即"不能算是一個典型述題標記或對比並列標記，最多也只能是一個弱式標記。

綜上所述，"而""即""則"在上古後期雖然在對比並列複句中功能相同，但仍沒有形成鼎足而三的態勢。"則"不僅數量上占優，在表現"話題—述題"性方面還更為典型，它作為對比並列標記可以位於各分句的主謂之間，或者說名詞話題之後，上古時期"而""即"在這一點上沒有"則"表現得那麼突出。

趙元任(1979：41—45)認為漢語的主語和謂語可以分別當作話題和說明看待，整句是由主語和謂語兩部分零句構成。主謂之間經常可以加進停頓助詞，如"啊、吶、嚜、吧"等，若把主語當成話題，這些就是話題與述題之間的提頓詞；若把主謂語當成問答句，這些就是疑問助詞。徐烈炯、劉丹青(2007：213)認為"話題標記、條件句標記和疑問標記"具有同一性。上古漢語"則"的用法恰好反映了這種同一性，它可以在條件/假設句中作為條件標記，可以在對待並列句中作為述題標記，同時還可以是疑問語氣詞，常與語氣詞"何"構成"何則"這樣的凝固結構。如：

① 上古其他文獻中有一些為數不多的例子，如：《墨子·節用下》："而言即相非，行即相反。"

(95) 雖有不恃隱栝而有自直之箭、自圜之木，良工弗貴也。何則？乘者非一人，射者非一發也。（《韓非子·顯學》）

(96) 堅車良馬不知貴也，刻鏤文采不知喜也，何則？（《墨子·辭過》）

(97) 三尺之岸而虛車不能登也，百仞之山任負車登焉，何則？（《荀子·宥坐》）

因此上古漢語的“則”在突顯“話題—述題”性上具有典型特徵，這也是它在對待並列複句中功能更為完善的原因之一。

**參考文獻**


陳永正．西周春秋銅器銘文中的聯結詞//古文字研究：第15輯．北京：中華書局，1986.

董秀芳．話題標記來源補議．古漢語研究，2012（3）.

傅書靈．古漢語作偏句的“名則動”結構．南京師範大學文學院學報，2012（1）.

龔波．上古漢語假設句研究．北京：商務印書館，2017.

管燮初．西周金文語法研究．北京：商務印書館，1981.

洪波．論平行虛化//漢語史研究集刊：第二輯．成都：巴蜀書社，2000.

劉丹青．話題標記從何而來？——語法化中的共性與個性//石鋒、沈鐘偉編．樂在其中——王士元教授70華誕慶祝文集．天津：南開大學出版社，2004.

李傑群．連詞“則”的起源和發展．中國語文，2001（6）.

李小軍，劉利．語氣詞“者”的形成及其語氣義．南京師範大學文學院學報，2008（4）.

呂叔湘．中國文法要略．商務印書館，1982.

（清）馬建忠．馬氏文通．北京：商務印書館，2009.

王春輝．漢語條件句小句間的語序類型．世界漢語教學，2010（4）.

王力主編．古代漢語（校訂重排本）．北京：中華書局，1999.

（清）王引之．經傳釋詞．長沙：嶽麓書社，1984.

武振玉．兩周金文中連詞“則”的用法研究．古籍整理研究學刊，2007（2）.

徐烈炯，劉丹青．話題的結構與功能（增訂本）．上海：上海教育出版社，2007.

楊樹達．詞詮．北京：中華書局，1978.

朱德熙．自指和轉指——漢語名詞化標記“的、者、所、之”的語法功能和語義功能．方言，1983（1）.

周建成，馮汝雙．“則”表示並列關係質疑．贛南師範學院學報，1994（1）.

張玉金．甲骨文虛詞詞典．北京：中華書局，1994.

趙元任，呂叔湘譯．漢語口語語法．北京：商務印書館，1979.

Dik，Simon C. *The Theory of Functional Grammar*. Part 1：The Structure of the Clause. Kees Hengeveld，ed. Second，revised version. Berlin & New York：Mouton de Gruyter，1997.

Haiman，John. Conditionals are Topics. *Language* 54，1978.

Li, Charles N. & Thompson, Sandra A. Subject and Topic: A New Typology of Language. In Charles N. Li (ed.), *Subject and Topic*. New York: Academic Press, 1976.

# The Conjunction Marker "*Ze*" (則) in Coordinate Complex Sentence in Ancient Chinese

## —Based on the Investigation of *Zuo Zhuan* and *Shi Ji*

Yang Dan

**Abstract**: "*ze*" (則) has a contrastive function in the coordinate complex sentence in ancient Chinese. It is employed as a comment marker to present the contrastivity of the topic and comment between the front and back sub-sentences. Meanwhile, "*ze*" (則) can be regarded as a coordinate marker, which can reveal the contrastive coordination relationship in complex sentence. By comparison with *Zuo Zhuan* and *Shi Ji*, the development and evolution of "*ze*" (則) in the middle and late period of ancient Chinese can be found. Its progress can be generally classified through several features, for instance, the centralization of types, the constructionalization of markers and the diversification of composition. The approach of grammaticalization of "*ze*" (則) can be summarized as the verb to the successive conjunction marker. The extension of the conjunctions "*ze*" (則) in the function of marker is shown as follows: from the successive conjunction marker to the conditional conjunction marker and to the contrastive coordinate marker or comment marker. The first two are grammatical markers and the third is pragmatic marker. Under the effect of analogy mechanism, "*er*" (而) and "*Ji*" (即) sometimes have the similar syntactic functions with "*ze*" (則) in the contrastive coordinate complex sentences. However, the function of those two are not as typical as "*ze*" (則) to indicate the topic and comment.

**Keywords**: *ze* (則); function; development; topic

（楊丹，北京聯合大學師範學院中文系）

# 漢語鐘點類時間詞的更替及語體對立的形成*

劉　曼

**提　要**：本文考察清末以來漢語鐘點類時點詞“點鐘$_1$、點$_1$、時$_1$”等和時段詞“點鐘$_2$、鐘頭、小時”等的消長更替情況，著重關注不同語體中更替進程的差異，並對更替原因加以分析。指出時點詞和時段詞從合用一詞到分用兩組詞，經歷了“第一次分類”的變化；口語、書面語從合用一詞到分用二詞，從語體不分到語體對立；新時期，時段詞的語體對立趨於消失。

**關鍵詞**：鐘點類時間詞；更替；“第一次分類”；語體對立

漢語鐘點類時間詞是明清以來隨着西方鐘錶和二十四小時制東傳產生的新詞，包括：“點鐘$_1$、點$_1$、鐘$_1$、時$_1$、下鐘$_1$、句鐘$_1$”等時點詞和“時$_2$、小時、點鐘$_2$、點$_2$、鐘$_2$、下鐘$_2$、句鐘$_2$、鐘頭、鐘點”等時段詞。其來源詳見劉曼（2019）；其更替情況，李娜（2013）、周瓊（2017）、車淑婭、周瓊（2018）等有所涉及，前者談到時段詞“點鐘$_2$、小時、鐘頭”在民國時期並用，“點鐘$_2$”建國後被淘汰，未考察建國後“鐘頭”“小時”使用情況的進一步變化，更未涉及時點詞的演變；後二者考察新加坡華文報紙《叻報》（1887—1932 年）中“點鐘$_1$/點$_1$—時$_1$”“點鐘$_2$/點$_2$—小時”的更替，未涵蓋其餘時點詞和時段詞；且限於書面語語料，口語中的情況不得而知；也未提及同時期中國本土報刊中的情況。有鑑於此，本文將完整考察清末以來漢語鐘點類時點詞和時段詞在口語和書面語中的使用和更替情況，重點關注不同語體中更替進程的差異，並試圖揭示漢語共同語、標準語中這兩組詞語體對立的形成及變化。

---

* 本研究為教育部社科基金青年項目“晚清民國常用詞興替與漢民族共同語詞彙的形成”（16XJC740006）和陝西省社科基金項目“晚清民國時期漢語常用詞更替研究”（2016K025）的階段性成果。本文修改過程中承蒙譚代龍教授提出寶貴意見，謹致謝忱！文中訛誤概由作者負責。

## 一、鐘點類時點詞的消長、更替

下文先簡述鐘點類時點詞“點鐘$_1$、點$_1$、鐘$_1$、時$_1$”等的來源，再分別考察其在口語和書面語中的消長更替過程。

### （一）鐘點類時點詞的來源

明末，天主教從歐洲傳入東南亞，也帶來了鐘錶和小時制，“點鐘$_1$”即由歐洲傳教士輸入漢語，見於在菲律賓的西班牙多明我會士的漢語著述中：

（1）綿挨氏十二點鐘時，被人釘在居律上，至三點鐘時魂乃離身死矣。（高母羡 Juan Cobo，1546—1592 年，《天主要理》，引自張西平 2014：（38）150）

“點鐘$_1$”及其簡省形式“點$_1$”，後為東南亞菲律賓、印尼、馬來西亞等地的福建移民和中國僑民所用，如：

（2）巴禮者，番僧也。以濂水為令，將晝作夜，院各擊鐘以定時，子午為中天初點，未亥各十二點鐘。（黄可垂《吕宋紀略》）

（3）禮拜寺樓極高。鐘聲四處皆聞，日夜敲打，子午為一點鐘，至十二點而止，午後為二點鐘，則家家閉戶而臥，路無行人，是一日如兩日，一世如兩世矣。（王大海《海島逸志・三寶壟》，成書於 1791 年）

“三寶壟”即印尼中爪哇省首府。18 世紀中期已傳入澳門，見於地方誌書《澳門志略》；後播及中國東南沿海其他地方，19 世紀初，已見於廣州的西方傳教士筆下，如（英）馬禮遜（Robert Morisson，1782—1834）《英華字典》（1822）、（美）裨治文（Elijah Coleman Bridgman，1801—1861）《美理哥合省國志略》（1838）等，應習自當地中國人。鴉片戰爭以後，通商口岸的開放促進了鐘錶和小時制的擴散（參見湛曉白 2013：203、215），涉外、通西學、任職或籍在廣東、福建的中國官員和知識分子也開始使用，如：任職福建的徐繼畬、魏源、參與第二次鴉片戰爭的官員僧格林沁、恒福、兩廣總督兼通商大臣黄宗漢、福建作家魏秀仁等。19 世紀後半期，“點鐘$_{1,2}$”由南向北、由沿海向內地傳播擴散，最終進入了漢語共同語，域外南北官話教材多見，如（英）艾約瑟（Joseph Edkins，1823—1905）《漢語口語漸進教程》、（英）威妥瑪（Thomas Wade，1818—1895）《語言自邇集》、（日）福島九成《參訂漢語問答篇國字解》、（日）吳啟太、鄭永邦《官話指南》、（美）狄考文（Calvin Wilson Mateer，1836—1908）《官話類編》等；清末白話小說頻見，如《海上花列傳》、“四大譴責小説”、《小額》等，口語性強。

“鐘$_1$”也是“點鐘$_1$”的簡省形式，19 世紀末見於中國本土，如：

(4) 西人於廿二至念四日連日馳馬角勝負，定于十二鐘馳三次，停一點鐘，稍為休息再馳，至夜方散。(《申報》，1872 年 4 月 31 日)

"時$_1$"是中國人給西人輸入的、表示小時的"時$_2$"後增的新用法，19 世紀末出現，如：

(5) 驗時球每日十一點三刻升起半杆，十一時五十五分升至杆頂。(《申報》，1885 年 1 月 28 日)

此外，清末還出現了從福建興起的"下鐘$_1$"和吴語詞"句鐘$_1$"，二者在口語和書面語中均未能與"點鐘$_1$""時$_1$"等形成競爭，不予詳察。

（二）鐘點類時點詞在口語中的消長

1. **晚清民國時期**

如上節所述，"點$_1$"晚於"點鐘$_1$"出現，晚清民國時期，用例少於後者。

"點$_1$"19 世紀初已見於廣東，如：

(6) 晚上六點鐘至九點不等，所食者與早餐略同。(《美理哥合省國志略》卷 26)

此後北上傳播，速度和範圍均不如"點鐘$_1$"。20 世紀初，江浙地區四部小説中"點$_1$"只有少量用例，遠不及"點鐘$_1$"，二者數量之比為 30：235（據表 1）；19 世紀末才見於北方，用例罕見，《語言自邇集》（1886）中有 1 例；《津門雜記》（1884）中有"點鐘$_1$"和"點$_2$"，"點$_1$"早於"點$_2$"產生，可推測天津當時已用"點$_1$"；其他域外北方官話教材《官話指南》《官話類編》《談論新篇》《燕京婦語》等和北京話小説《小額》中均未見。

民國時期，"點$_1$"用例增加，二者差距縮小，數量之比為 118：518（據表 1）；同一作家前後期作品的數據對比顯見，如表 1 茅盾短篇小説和《子夜》、老舍《二馬》和《駱駝祥子》、曹禺《雷雨》和《北京人》。民國後期，南方作家作品中"點$_1$"多不及"點鐘$_1$"，北方作家作品中多與之相當或過之，如《北京人》《駱駝祥子》；可見，南方作家筆下"點鐘$_1$"的優勢更為穩固，北方作家筆下"點$_1$"上升更快。

**表 1　晚清民國時期鐘點類時點詞使用情況**[①]

| | 花月痕 | 二十年目睹之怪現狀 | 官場現形記 | 老殘遊記 | 文明小史 | 小額 | 玉梨魂 | 春阿氏 | 留東外史 |
|---|---|---|---|---|---|---|---|---|---|
| 點鐘$_1$ | 1 | 69 | 106 | 12 | 48 | 18 | 0 | 7 | 362 |

① 表中《小額》及以前各書為晚清時期作品，以後各書為民國時期作品。表 3 同。

**續表 1**

| | 花月痕 | 二十年目睹之怪現狀 | 官場現形記 | 老殘遊記 | 文明小史 | 小額 | 玉梨魂 | 春阿氏 | 留東外史 |
|---|---|---|---|---|---|---|---|---|---|
| 點$_1$ | 0 | 8 | 17 | 0 | 5 | 0 | 0 | 2 | 14 |
| 時$_1$ | 0 | 0 | 0 | 0 | 0 | 0 | 3 | 0 | 19 |

| | 茅盾短篇小説 | 二馬 | 子夜 | 邊城 | 雷雨 | 駱駝祥子 | 北京人 | 傾城之戀 | 圍城 | 暴風驟雨 |
|---|---|---|---|---|---|---|---|---|---|---|
| 點鐘$_1$ | 11 | 23 | 44 | 1 | 8 | 17 | 7 | 3 | 35 | 0 |
| 點$_1$ | 1 | 16 | 30 | 0 | 5 | 25 | 7 | 2 | 15 | 1 |
| 時$_1$ | 0 | 0 | 5 | 0 | 1 | 0 | 0 | 0 | 3 | 1 |

注：“茅盾短篇小説”指《林家鋪子》《春蠶》《秋收》《殘冬》，下同。

### 2. 建國以後

建國初，“點$_1$”總量已超過“點鐘$_1$”，二者數量之比為 190：130（據表 2）。多數作家筆下，“點$_1$”多於“點鐘$_1$”；兩位陝西作家作品《保衛延安》和《創業史》除外，可能是西北地方保守所致，“點$_1$”應晚於“點鐘$_1$”傳至陝西。從周立波建國前作品《暴風驟雨》和建國後作品《山鄉巨變》的資料可以看出（見表 1、表 2），“點$_1$”優勢擴大。

**表 2　建國後鐘點類時點詞使用情況**①

| | 紅旗譜 | 林海雪原 | 保衛延安 | 紅岩 | 上海的早晨 | 青春之歌 | 山鄉巨變 | 創業史 | 我是你爸爸 | 你以為你是誰 | 穆斯林的葬禮 |
|---|---|---|---|---|---|---|---|---|---|---|---|
| 點鐘$_1$ | 2 | 5 | 18 | 14 | 62 | 22 | 3 | 4 | 0 | 2 | 12 |
| 點$_1$ | 7 | 48 | 3 | 16 | 83 | 24 | 8 | 1 | 3 | 5 | 10 |
| 時$_1$ | 2 | 2 | 3 | 5 | 0 | 2 | 1 | 0 | 1 | 1 | 2 |

新時期，“點$_1$”的優勢繼續保持，“點鐘$_1$”仍沿用，二者數量之比為18∶14；仍偶有並用例，更替尚未完成。如：

（7）宜欣姐，吃梨吃梨。吃了梨我送你到碼頭。八點鐘了，八點半是最後一班輪渡。（《你以為你是誰》11）

使用情況與小説故事時代有關，《我是你爸爸》《你以為你是誰》“點$_1$”遠多於“點鐘$_1$”，兩部作品均描寫新時期生活，用詞亦反映新時期語言特點；《穆斯林的葬禮》中“點鐘$_1$”略多於“點$_1$”，故事情節主要發生在民國至建國初，用詞可能受到影響，未反映新時期語言使用新情況；二詞絕大多數用於建國初情節中，“點鐘$_1$”還有 1 例用於民國時期情節，體現了二者的時代先後。所調查其餘幾部新時期作品，

① 表中《創業史》及以前各書為建國初作品，以後各書為新時期作品。表 4 同。

如《妻妾成群》《活着》《故鄉天下黄花》，未見任何時點詞，故表 2 不列。

3. **“點$_1$”勝於“點鐘$_1$”的原因**

從“點鐘”到“點”，是中國人對外國人輸入漢語的新詞進行的改造，省略了一個音節，符合語言的經濟原則。再者，“點鐘”是量詞，不能獨立使用，與數詞結合後方可。但“一至十＋點鐘”這種單雙式偏正結構，一般不為漢語接受；而“一至十＋點”則因是雙音節，能實現音步，構成韻律詞，這種縮略形成的韻律詞在漢語裡極普遍（參見馮勝利 1997：14，10，6）。“點鐘”出現另一簡省形式“鐘”也是同理。但“鐘”由於書面語性強，使用範圍不廣，未參與競爭。此外，外國人輸入漢語的“禮拜＋數詞”也因不符合漢語複合詞以雙音節為主的特點而被中國人省略成“拜幾”“禮幾”，如：

(8) 十九日己丑，晴，禮二。七點起，收拾定。（祁兆熙《游美洲日記》，1874 年，轉引自《近現代漢語新詞詞源詞典》155 頁）

中國人從“禮拜幾”類推而來的“星期幾”，也可省略成“星幾”，如周而復《上海的早晨》“星二（四）聚餐會”。其中，僅“拜幾”今仍沿用（劉曼 2019）。“禮拜幾”“星期幾”之所以未受縮略形式威脅留存至今，是因為其韻律結構是雙單式，在漢語中是合法的，構成超音步韻律詞（參見馮勝利 1997：16—17）。

（三）鐘點類時點詞在書面語中的更替

19 世紀中葉以後，鐘錶的流通更為廣泛，二十四小時制影響日隆（參見湛曉白 2013：203，215），促進了鐘點類時間詞的使用。“點鐘$_1$”漸趨流行，由於是 19 世紀中葉以前產生的唯一的時點詞，口語、書面語均用，後者如《籌辦夷務始末》中的外交文書、海關章程、官員奏摺、清廷法律文件，報刊（《申報》《新聞報》等）文章、日本漢語教材《北京紀聞》的文言部分等；19 世紀末，書面語性強的“鐘$_1$”“時$_1$”出現，語體與之互補，逐漸成為“點鐘$_1$”在書面語中的替代，“時$_1$”用例尤多。

清末，“時$_1$”不見於白話小説，域外官話教材中只見于《北京紀聞》的文言部分，與“點鐘$_1$”形成文白對立，如：

(9a) 午後二時，乃宣讀日本祭文，聲音激楚，至足感人。（《北京紀聞》第百九十六）

(9b) 趕到兩點鐘，開讀日本祭文，聲音激楚，足可以感動人心。

此外，多見於文言的報刊文章、日記等。如：

(10) 重遊商品陳列所，返寓約四時左右。（徐志摩《府中日記》，1911 年 2 月 20 日）

民國初期文言小説《玉梨魂》只用“時$_1$”；大致同時，在有些報刊中，“時$_1$”已明顯超過“點鐘$_1$、點$_1$”，如上海《新聞報》，1916 年 8 月 1 日正文中，時點詞主要用“時$_1$”，近 20 例；“點$_1$”“鐘$_1$”各僅 1 例，“點鐘$_1$”未見；之後“時$_1$”持續保持絕對優勢。民國時期，“時$_1$”進入白話小説，但只在特殊場合使用，如書信、佈告、請柬、計劃、通知、文告、命令等，具有明顯的書面語和莊典色彩。如：

(11) 本月十六日午後六時，敬備菲酌，候光。韓鳳岐謹訂。(《暴風驟雨》第 5 節)

故侵入了中國傳統表達“十二地支＋時”的殘存領域，如生卒、喪葬時間：

(12) 大殮是明天下午二時，決不能改動的了。(《子夜》之一)

“鐘$_1$”白話小説中僅《小額》1 例；此外，還見於《北京紀聞》的文言部分，也與“點鐘$_1$”形成文白對比：

(13a) 聞至崇文門已六鐘矣。(《北京紀聞》第八十八)

(13b) 聽見説到了哈達門，已經六點鐘了。

晚清報刊除《申報》外（例 4），還見於《國粹學報》《廣益叢報》等。民國時期小説中未見，南北報刊續有沿用，如上海《中國革命記》《新聞報》、北京《北京大學日刊》《四存月刊》、成都《希望月刊》、重慶《新世界》、漢口《聚星》、天津《新天津畫報》等①。建國後小説中未見使用，應未留存。

## 二、鐘點類時段詞的更替

下文先簡述鐘點類時段詞的來源，再分別考察其在口語和書面語中的更替過程。

### (一) 鐘點類時段詞的來源

上節提到的時點詞“時$_1$、點鐘$_1$、點$_1$、鐘$_1$、下鐘$_1$、句鐘$_1$”等，均可兼作時段詞，且時段用法多發展自時點用法，“時”反之；體現了二者的密切聯繫及説漢語者初使用鐘點類時間詞時“第一次分類”的特點（蔣紹愚 1989），即一詞二用，時點義和時段義多由一個詞位表達。最終，為了表義明晰，時段義由專任時段詞表達，分擔了兼任的鐘點類時間詞的一半功能，後者只保留表時點的功能，一個詞義對應一個詞位。

明末鐘錶和小時制傳入中國後，西學著作中開始用“時$_2$”表示小時，如：

① 據“晚清、民國期刊全文資料庫”，http://www.cnbksy.com。本文所調查報刊語料，若非特殊説明，來源均同此。

(14) 右圖且以四刻為一時，以便推算。每時共六十分，每刻得一十五分，而以一分為六十秒，一秒為六十忽。（利瑪竇（Matteo Ricci，1552—1610）口授、李之藻筆述《渾蓋通憲圖説》，1607 年，轉引自黄河清 2010：673）

19 世紀以後，“點鐘、點”可表時段，如：

(15) 火車火船，若速行，每點餘鐘可行五六十里，慢行每點可行三四十里。（裨治文《美理哥合省國志略》卷 26，1838 年）

“鐘$_2$、下鐘$_2$、句鐘$_2$”用例極少，不予詳察。

此外，清代至民國時期還産生了三個專任時段詞“小時、鐘頭、鐘點”。“小時”清初出現，先為歐洲耶穌會士所用，如（比）南懷仁（Ferdinand Verbiest，1623—1688）、（意）利類思（Louis Buglio，1606—1682）等：

(16) 側面刻有二十四小時，以初正兩字別之，每小時均分四刻，二十四小時共九十六刻。（南懷仁主編《新制靈台儀象志》卷 1，1674 年）

20 世紀初，中國人自創的“鐘頭”在口語中興起，晚清南方白話小説中用例不少，如：

(17) 雪漁道：“要動起手來，三個鐘頭就完了事了。”（《二十年目睹之怪現狀》第 37 回）

作為名詞，其前必加量詞“個”，區別於此前的兼任時段詞以及“小時”，民國以後對“小時”“鐘點”産生了類推影響（如下例 18）。

民國後期，口語中出現了“鐘點”，先見於南方作家作品，如：

(18) 別忙，密司張，還差半個鐘點哪！（《子夜》之九）

### （二）鐘點類時段詞在口語中的更替

#### 1. 晚清民國時期

20 世紀以前，以上時段詞除“點鐘$_2$”外用例不多，前述域外官話教材只用該詞；表 3 清末作品中，“時$_2$、點$_2$、鐘$_2$、句鐘$_2$”均未見，僅“下鐘$_2$”有個別用例，不贅。20 世紀初，南方白話小説中“鐘頭”較多見，總量（36 例）不及“點鐘$_2$”（44 例），但個別作品中超過後者，如《官場現形記》；“小時”剛從文言進入白話，僅見 1 例，用於敘述：

(19) 約有半小時，黄龍舉起磐擊子來，在磐上鏗鏗鏘鏘的亂擊，協律諧聲，乘虛蹈隙。（《老殘遊記》第 10 回）

“點鐘$_2$”“鐘頭”則分別有逾四成、近三成用於人物語言，表現出較強的口語性，與“小時”形成語體對立。

**表 3　晚清民國時期鐘點類時段詞使用情況**

| | 花月痕 | 二十年目睹之怪現狀 | 官場現形記 | 老殘遊記 | 文明小史 | 小額 | 玉梨魂 | 留東外史 | 阿 Q 正傳 |
|---|---|---|---|---|---|---|---|---|---|
| 點鐘$_2$ | 0 | 10 | 13 | 4 | 17 | 0 | 0 | 61 | 2 |
| 鐘頭 | 0 | 3 | 24 | 3 | 6 | 0 | 0 | 18 | 0 |
| 小時 | 0 | 0 | 0 | 1 | 0 | 0 | 7 | 2 | 0 |
| | 二馬 | 茅盾短篇小說 | 子夜 | 雷雨 | 駱駝祥子 | 北京人 | 傾城之戀 | 圍城 | 暴風驟雨 |
| 點鐘$_2$ | 17 | 2 | 2 | 2 | 4 | 0 | 0 | 4 | 2 |
| 鐘頭 | 0 | 0 | 5 | 2 | 0 | 1 | 1 | 7 | 2 |
| 小時 | 0 | 0 | 10 | 0 | 2 | 0 | 1 | 1 | 0 |

民國時期，“鐘頭”“小時”的使用範圍均有所擴大，進入了共同語，民初已漸為江浙以外的南方作家所用，如湖南作家向愷然《留東外史》；民國後期也見於北方作家曹禺、老舍筆下。但“點鐘$_2$”仍獨佔鰲頭（96 例）；“鐘頭”次之（36 例），民國後期部分作品中超過“點鐘$_2$”或與之齊平，如《子夜》《傾城之戀》《北京人》和《雷雨》《暴風驟雨》等；“小時”較多進入白話作品，個別作品中甚至超過“點鐘$_2$、鐘頭”，如《子夜》，且其中有 2 例用於對話，但屬開會決定的管理規則，近於書面語；其餘作品中均用於敘述，可見口語中使用不多；可加量詞“個”，用例僅占七分之一，比不加時表現出更強的口語性，書面語中未見。

“鐘點”南方話色彩鮮明，僅《子夜》和《圍城》使用，在後者中甚至三倍於“點鐘$_2$”；兩位作者都是江浙地區人士。

**2. 建國初期**

建國初，“鐘頭、小時”使用範圍進一步擴大，在南北方作家筆下均得到使用；且二者總量（83 例、76 例）均超過了“點鐘$_2$”（32 例），“鐘頭”最多，“小時”緊隨其後，但前者使用範圍更廣，農村題材的《山鄉巨變》《創業史》中見該詞不見“小時”；後者在口語中的使用頻率大為增加，二者用於對話的總用例數相等（32 例），語體對立已不明顯，屢見混用，如：

(20) 戴俊傑精神抖擻地説，“在前方一宿也睡不上六小時，昨天我整整睡了十個鐘頭。”（《上海的早晨》40）

還有一些場合“小時”仍表現出較強的書面語性，如給上級的信、國民黨特務打官腔轉告命令以及固定短語“八小時工作制”“二十四小時”等：

(21) 二〇一！二〇二！匪徒四小時以前逃竄，我已撲空。我正在進行追

蹤偵察，在此待命。請速決定下一步的行動。（《林海雪原》第一回）

前加量詞“個”的比例仍低，僅六分之一。

1956年，國務院發佈了《關於推廣普通話的指示》；其時，作為標準語的普通話尚未形成（胡明揚1986）。因此，南北作家並用三詞，反映的是當時共同語的用詞情況，標準語尚未在其間作出選擇。同時期，已有作家產生了使用標準語的規範意識，葉聖陶1958年出版《文集》時對其民國時期作品《倪煥之》進行了徹底修改，其中就有將方言詞語改為普通話詞語的（金宏宇2002）。該書1958年版中只見“鐘頭”“點鐘$_2$”，不見“小時”，可見當時前二者仍可被普通話接受。

“鐘點”使用範圍擴大，也少量見於北方作家筆下，杜鵬程《保衛延安》、楊沫《青春之歌》各2例，應是受書面媒介影響所致，民國後期該詞用於上海、南京等地報刊，如《良友》《世界畫報》等；江浙作家筆下仍多見，周而復《上海的早晨》有13例；其餘作品未見。

**表4　1949年後鐘點類時段詞使用情況**

| | 紅旗譜 | 林海雪原 | 保衛延安 | 紅岩 | 上海的早晨 | 青春之歌 | 山鄉巨變 |
|---|---|---|---|---|---|---|---|
| 點鐘$_2$ | 2 | 14 | 1 | 2 | 3 | 5 | 4 |
| 鐘頭 | 0 | 12 | 9 | 19 | 23 | 15 | 1 |
| 小時 | 0 | 19 | 7 | 19 | 25 | 6 | 0 |
| | 創業史 | 我是你爸爸 | 你以為你是誰 | 妻妾成群 | 活着 | 故鄉天下黄花 | 穆斯林的葬禮 |
| 點鐘$_2$ | 1 | 0 | 0 | 0 | 0 | 0 | 0 |
| 鐘頭 | 4 | 0 | 0 | 1 | 0 | 2 | 0 |
| 小時 | 0 | 8 | 9 | 0 | 3 | 2 | 6 |

### 3. 新時期

“小時”遠超“鐘頭”（28：3，據表4），對話中用例也多於後者；口語性增強，帶量詞“個”的比例升至二分之一。“小時”在多數作品中主要用於敘述，但《我是你爸爸》中四分之三都用於對話，使用者包括少年、年輕警員和中等文化水平的中年書店營業員；其餘作品中使用者還有縣城肉鋪老闆、武漢女研究生。除肉鋪老闆是建國初人物、年齡不明外，使用者均是新時期的人物，且比較年輕，反映了該時期“小時”作為新興成分在口語中地位上升的趨勢。“鐘頭”只見於民國時期人物之口及對該時期故事的敘述，如《妻妾成群》《故鄉天下黄花》中的用例。此外，小說敘述語言均只用“小時”，體現了新時期作家在書面語言中對“小時”的明顯偏好。

普通話“實際上是規範的現代漢語書面語的口語形式”，中華人民共和國成立後推廣普通話以來，其新語彙主要來自書面語（胡明揚 1986），"小時"即是從書面語進入普通話（口語）；再借"推普"運動之東風，在口語中進一步擴大使用，成為標準語規範用詞，新時期戰勝了另一規範用詞"鐘頭"，在語言偏正式、書面語性強的科普、報刊政論中多見，文學作品中亦多，生活口語中少用（《現代漢語頻率詞典》，396 頁），新世紀進入現代漢語最常用的一千詞①；"鐘頭"在報刊政論中不見使用，科普語體中亦少，文學作品和生活口語中用得多（《現代漢語頻率詞典》，470 頁），《現代漢語詞典》標為口語詞，使用頻序已跌出 8000 詞之外，意味着標準語的鐘點類時段詞口語和書面語用詞基本合一，語體對立趨於消失。

"點鐘$_2$"和"鐘點"未進入普通話，受到標準語規範用詞"鐘頭、小時"的排斥，未見使用。

**4. "點鐘$_2$—鐘頭/小時—小時"的更替原因**

時段詞"點鐘$_2$—鐘頭/小時"和"鐘頭/小時—小時"兩組更替的原因有所不同。前者主要受表義明晰性影響，由於"點鐘$_2$"身兼二職，不夠明晰，後由"鐘頭""小時"分擔其表時段的功能。後者則受二者語體特點和"推普"運動影響，"鐘頭"口語性強，書面語少用，民國後期雖開始見於書面語，但數量遠不及"小時"；建國後，書面語言中雖多見，但始終難脱口語性；新時期，"小時"借助"推普"運動的力量在口語中進一步傳播，基本替代了"鐘頭"。

### （三）鐘點類時段詞在書面語中的更替

時段詞中，"時$_2$、小時、鐘$_2$"書面語性較強。"鐘$_2$"在本文所調查作品中未見使用，不贅。"時$_2$、小時"明末由歐洲傳教士輸入漢語後，為清廷所接受，用於御定數學著作或官修史書等，如：

> (22) 又有日十二時，（又為二十四小時），時八刻，又以小時為四刻，刻十五分，分以下與前同。（康熙御定、梅瑴成等編纂《數理精蘊》下編卷 1，轉引自湛曉白 2013：213—214）
>
> (23) 日周分一千四百四十，時二十四（每時六十分），刻九十六（每刻十五分）。（《明史》卷 37，定稿於 1739 年）

後為中國知識階層所沿襲，偶有使用，如文人錢大昕《十駕齋養新錄・二十四時》、地方誌書《續纂江寧府志》等，通行範圍極其有限。

19 世紀中葉開始，"點鐘$_2$"不僅用於中國人的口語，也進入了漢語書面語，如官員奏議、官方文件、官報（《四川學報》）等：

> (24) 所造火輪車行駛如飛，一點鐘可數百里。（《籌辦夷務始末》咸豐九

---

① 《現代漢語常用詞表》(582、648 頁) 中"小時、鐘頭"頻序分別為：619、8248。

年八月初二日，黄宗漢奏上年八月後廣東洋務情形摺）

（25）第六條 今擬星期三，星期六兩日功課以三點鐘為限封印。（《大清光緒新法令》，1906 年）

比“時$_2$、小時”多見；但始終保有較強的口語色彩。

19 世紀末 20 世紀初，鐘錶和二十四小時制擴散開來後，鐘點類時間詞使用日漸頻繁。“時$_2$、小時”逐漸開始與“點鐘$_2$、鐘頭”形成文白對立。書面語中“時$_2$、小時”用例增加，如文言日記、小説、報刊文章（如《新聞報》）、學部教材等，被有意識地用來替代口語詞“點鐘$_2$、鐘頭”：

（26）上圖又後於前一圖半小時，在晨間十時半所攝也。（《世界》1907 年第 1 期，48 頁）

（27）請其每日散學後在揭石館中會談一小時。（《澄齋日記》，光緒卅二年四月十七日）

（28）少頃，同學多人來，逗留約一時許。（《府中日記》，1911 年 3 月 2 日）

（29）伏案奏刀，二時始就。（《玉梨魂》第二章）

惲毓鼎《澄齋日記》（1882—1917）中“小時”24 例，“時$_2$”亦不少，相比同時期白話作品明顯多見；晚清白話小説和域外官話教材中，“時$_2$”未見，“小時”僅 1 例；《玉梨魂》中只用“小時”和“時$_2$”，後者在白話小説中未見，故表 3、表 4 不列。

20 世紀初，“小時”開始見於白話；民國時期，與“點鐘$_2$”“鐘頭”並用於白話書面語言，語體對立減弱；五四以後，文白興替，漢語書面語變成白話，縮小了與口語之間的距離，三者在書面語言中繼續並用，語體距離有所縮小；但“小時”書面語性仍強，除宣佈或重申會議決定的管理規則外，未見於人物語言；“點鐘$_2$”“鐘頭”則分别有三分之一、二分之一用於人物語言（據表 3）。民國後期“鐘頭”也少量進入書面語，如用於地方政府刊物中：

（30）民國四年五月七日，日本政府，用“哀的美敦書”限令袁氏偽政府，於四十八個鐘頭内，承認此條件。（《江蘇省政府公報》，1930 年第 433 期，14—15 頁）

也用於文章標題、政治/軍事/科學/海事/航空新聞等書面語性較強的語境。“晚清、民國期刊全文資料庫”中，“鐘頭”1920 年以後才見使用，至 1949 年共僅數十例，同期“小時”則多達數千例。以《新聞報》為例，1916 年 8 月 1 日正文中，時段詞僅“小時”1 例；1926 年 8 月 1 日正文中，以“小時”為主，共 7 例；也有 1 例

"時$_2$"。可見，民國中期開始，"小時"已成為書面語中使用頻率最高的時段詞。《毛澤東選集》(1948)中即多用"小時"(8例)，"鐘頭"僅1例。

建國初，"點鐘$_2$"基本被取代，"小時"更多進入口語，與"鐘頭"的語體距離進一步縮小，對立微弱；此後"小時"在口語中不斷擴大使用，侵佔了"鐘頭"的使用範圍，時段詞的語體對立繼續減弱到趨於消失。

"時$_1$、小時"於"五四"前後在書面語中崛起，適應了當時文白興替、漢語新書面語形成的需要(馮勝利2013)，分別取代了口語性強、不適合書面語的"點鐘$_1$"和"點鐘$_2$"。新興白話正式語體在形成過程中，其詞彙也是逐漸形成的，來源之一就是吸收一部分文言詞彙，既有承繼自上古漢語的"之、其、以、所"等，又有"時$_1$、小時"這樣的清代新詞。

中國本土的書面語詞語替換"點鐘$_1$—時$_1$""點鐘$_2$—小時"影響了東南亞漢語。中國本土共同語作為上層語言，主要影響東南亞漢語共同語——華語及其書面語，尤其是在五四運動以後。新加坡《叻報》中，1920年代以後，"時$_1$"取代"點鐘$_1$、點$_1$"(車淑婭、周瓊2018)；大致同時，"小時"取代"點鐘$_2$、點$_2$"(周瓊2017)。邱克威(2014)即指出："五四新文化運動的衝擊對新馬華人詞彙由方言到華語的轉換影響是很關鍵的。"

## 三、結語

漢語鐘點類時間詞的消長、更替可概括如下：

(31a) 口語中：

點鐘$_1$< 點$_1$(建國後)

點鐘$_2$——鐘頭、小時(建國初)——小時(新時期)

(31 b) 書面語中：

點鐘$_1$——時$_1$(民國初期)

點鐘$_2$——小時(民國中期)

其間，既包括"第一次分類"的變化，即表時點和表時段共用"點鐘"到分別用"點鐘$_1$、點$_1$"和"鐘頭、小時"；也包括語體的變化。"點鐘"興起後，從文白兼用，到與"時$_1$""小時"形成文白對立；在文白興替完成後，"點鐘$_1$、點$_1$""點鐘$_2$、鐘頭"又分別與"時$_1$""小時"形成口語詞和書面語詞的對立。其中，"點鐘$_2$"建國後被淘汰；新時期，"鐘頭"基本被"小時"取代，時段詞的語體對立趨於消失。

口語中，時點詞"點$_1$"勝於"點鐘$_1$"的原因有兩點：一是語言的經濟原則，二是韻律因素的作用。時段詞"點鐘$_2$—鐘頭/小時"主要受表義明晰性影響；"鐘頭/小時—小時”則是受語體特點和“推普”運動影響。“時$_{1}$、小時”於“五四”前後在書面語中崛起，得到文白興替、漢語新書面語形成大趨勢的助力。

新詞來源和替換反映了明清以來東南亞漢語和中國本土漢語之間的互動。前者中產生的口語新詞“點鐘、點”傳至中國本土，影響了共同語；後者書面語中的“點鐘$_{1}$—時$_{1}$”“點鐘$_{2}$—小時”替換又影響了東南亞華語及其書面語。

**參考文獻**

北京語言學院語言教學研究所．現代漢語頻率詞典．北京：北京語言學院出版社，1986.

車淑婭，周瓊．語言接觸視角下的清末民初新加坡華文報章時點時間詞研究．中國語文，2018（4）.

馮勝利．漢語的韻律、詞法與句法．北京：北京大學出版社，1997.

馮勝利．百年來漢語正式語體的滅亡與再生．馮勝利主編．漢語書面語的歷史與現狀，北京：北京大學出版社，2013.

胡明揚．普通話和北京話（上）．語文建設，1986（3）.

黃河清．近現代辭源．上海：上海辭書出版社，2010.

蔣紹愚．兩次分類——再談詞彙系統及其變化．中國語文，1999（5）.

金宏宇．《倪煥之》的版本變遷．武漢大學學報（人文科學版），2002（6）.

《近現代漢語新詞詞源詞典》編輯委員會編．近現代漢語新詞詞源詞典．上海：漢語大詞典出版社，2001.

李娜．談民國時期詞語的過渡狀態——由“點鐘”的時間義説起．綏化學院學報，2013（5）.

劉曼．“禮拜”和“星期”流傳、替換考．澳門理工學報（人文社會科學版），2019（3）.

劉曼．漢語鐘點類時間詞來源研究．待刊.

邱克威．《叻報》的詞語特點及其詞彙學價值管窺．語言研究，2014（4）.

《現代漢語常用詞表》課題組．現代漢語常用詞表（草案）．北京：商務印書館，2008.

湛曉白．時間的社會文化史：近代中國時間制度與觀念變遷研究．北京：社科文獻出版社，2013.

張西平主編．梵蒂岡圖書館藏明清中西文化交流史文獻叢刊（第1輯）．鄭州：大象出版社，2014.

周瓊．新加坡《叻報》時間詞研究．南京師範大學碩士學位論文，2017.

晚清、民國期刊全文資料庫，http：//www.cnbksy.com.

# 《漢語史研究集刊》稿約

一、本集刊提倡扎實語料基礎，在拓寬傳世典籍語料研究領域的同時，重視出土文獻與活的語言資料，并汲取相關學科的研究成果；提倡微觀與宏觀相結合，在繼承傳統文獻的同時吸收現代語言學的理論和方法，探求語言現象產生的原因和演變規律。

二、來稿請用繁體字書寫。全文一般不超過12000字，包括100字左右的内容提要、3—5個關鍵詞。特別提示：請在文末附上文章題目、内容提要以及關鍵詞的英文翻譯。來稿半年後未得到答復，作者可自行處理。因人力限制，來稿恕不退還。

三、本集刊採用匿名審稿，來稿請寫上論文題目、作者姓名、工作單位、通訊地址以及學術簡歷。正文另起一頁，不署名。

四、參考文獻衹列出本文直接引用者，並據内容採用以下順序：

1. 論文集類：作者、文章標題、文集名稱、編者、出版社、文集出版年份；

2. 期刊類：作者、文章標題、期刊名稱、期數、頁碼；

3. 專著類：作者、書名、出版社、出版年份。

五、爲便於閱讀，正文中的注釋使用脚注形式。這種注釋應該是對正文内容的附加解釋或補充説明，因此參考文獻或者引用文獻的出處最好不以脚注形式出現。

六、投稿方式：請將稿件 Word 和 PDF 版發送至編輯委員會電子郵箱 hanyus98@163.com。

# The Replacement of Chinese Hourly Time Words and the Formation of Their Stylistic Opposition

Liu Man

**Abstract**: This article examines the replacement of Chinese hourly time-point words "*dianzhong*$_1$, *dian*$_1$, *shi*$_1$" and time-period words "*dianzhong*$_2$, *zhongtou*, *xiaoshi*" since the Late Qing Dynasty. It focuses on differences in replacement processes in different styles and analyzes the reasons for the replacement. It points out that the time-point words and time-period words have undergone the "first classification" change from using one word to using two groups of words. Spoken and written language changed from using one word to using two words, as the styles of these words have changed from unitary to opposite. In the new period, the stylistic opposition of the time-period words nearly disappear.

**Keywords**: Chinese hourly time words; replacement; "first classification"; stylistic opposition

（劉曼，西安外國語大學中國語言文學學院）

# 《笠翁傳奇十種》特殊語法現象考察*

崔山佳

**提　要：** 李漁的《笠翁傳奇十種》有不少語法現象比較特殊，很有價值，如動詞重疊“VP 一 VP”式、人稱代詞帶修飾語、副詞＋地/的、“和”連接非名詞性詞語、介詞並列刪除、做……不著、“是 X，Y”。

**關鍵詞：** 李漁；《笠翁傳奇十種》；特殊語法現象

## 一、“VP—VP”“VP—OVP”“VPOVP”動詞重疊

關於雙音節動詞的重疊形式“VP—VP”，有學者認為在近代漢語時期使用時間不長就消失了，如趙克誠（1987：28）、劉堅（1992：92）、邢福義等（2004：30）等。其實，“VP—VP”有頑強的生命力，現代漢語早期仍有不少用例，單是從吳語區作家的作品看，郁達夫、柔石、巴人等作品中就有“VP—VP”式重疊［參見崔山佳（2018）］，又如錢乃榮（2003：284）說：“雙音節詞在 30 年代也能用‘V—V’，如：‘現在有交關人家用奶罐罐前頭，先到醫生搭去檢查一檢查。’（布 251 頁）現今不能用。”其實，漢語方言如江蘇蘇州、山西五台現在仍然運用。［參見劉丹青（2012），崔麗珍（2010）］

李漁的戲曲中也有不少用例。如：

（1）還要仗老堂翁扶持一扶持。（《憐香伴》第 13 齣）①

（2）二位相公不棄，幾時到敝寓來，光顧一光顧何如？（《風箏誤》第 2 齣）

（3）不消分付，你若不放心，今晚權當了他，待我操演一操演就是了。

* 本文為國家社會科學基金項目《明清白話文獻與吳語語法專題比較研究》（18BYY047）的階段性成果。審稿專家提出了寶貴的修改意見，謹此表示謝意。

① 本文所有李漁戲曲作品例句都來自王學奇等（2009）。

(《風箏誤》第 24 齣)——另《蜃中樓》第 11 齣、《奈何天》第 2 齣也有“操演一操演”。

(4) 只要畫得有幾分相似，就不十分到家，我和你指點一指點，改正一改正，就可以充得去了。(《意中緣》第 2 齣)

(5) 為甚麼不畫些葉子，點綴一點綴?(《意中緣》第 14 齣)

(6) 我是院子裡面許校書的平頭，要見你家相公，煩你引進一引進。(《凰求鳳》第 2 齣)

(7) 只把殺之事，比並一比並就知道了。(《凰求鳳》第 10 齣)

(8) 只是一件，小人一路行來，看見一壑之中，盡填餓莩，閭閻之內，總是饑民，求老爺把散軍之外剩下的餘糧，拿來賑濟一賑濟，使軍民一齊受福，也是老爺的天恩。(《奈何天》第 25 齣)

(9) 須要差個的當的人，上去偵探一偵探，然後用兵才好。(《奈何天》第 26 齣)

(10) 倒不如趁下官在此，等山間的盜賊舉動一舉動，待我把生平謀略展布一番，替地方除了大害，然後掛冠而去，才叫得身世兩全。(《比目魚》第 5 齣)

(11) 劉大娘，把箱子裡面的東西查點一查點，我們要轉去了。(《比目魚》第 14 齣)

(12) 取些出來賞勞一賞勞。(《比目魚》第 17 齣)

(13) 求你保佑一保佑!(《比目魚》第 32 齣)

(14) 何不拚幾日工夫，出去巡幸一巡幸?(《玉搔頭》第 2 齣)

(15) 兩邊委決不下，所以請公婆上來決斷一決斷。(《巧團圓》第 32 齣)

(16) 如今做老年伯不著，看令郎面上，替小侄調停一調停，官箴所系，不是當耍的。(《慎鸞交》第 35 齣)

上面例子，單是看動詞就有 17 個：扶持、光顧、操演、指點、改正、點綴、引進、比並、賑濟、偵探、舉動、查點、賞勞、保佑、巡幸、決斷、調停。除“操演”一詞外，其餘都不重複。例 (4) 連用兩個“VP 一 VP”。

也有“VPO 一 VP”重疊式，即“VP 一 VP”重疊中間插入賓語，是人稱代詞賓語，例如：

(17) 走來，等我替了主人，賞勞你一賞勞。(《凰求鳳》第 2 齣)

在“VPO 一 VP”重疊式的基礎上脫落數詞“一”，就是“VPOVP”重疊式，例如：

(18) 你當初說，我做了夫人，須要帶挈你帶挈。(《風箏誤》第 30 齣)

(19) 其餘只説沒有缺出，待下次點，刁頓他刁頓便了。(《蜃中樓》第 16 齣)

(20) 還求你開個方便法門，扶救我扶救才是。(《意中緣》第 6 齣)

(21) 我如今千恨萬恨，只恨那妒婦不過，拐了他的新郎，還不叫做暢快，須要再生一法，羞辱他羞辱才好。(《凰求鳳》第 14 齣)

相比現代漢語普通話的動詞重疊形式來看，近代漢語的動詞重疊形式更多樣。

## 二、人稱代詞帶修飾語

關於人稱代詞帶修飾語的問題，學術界有不同的看法。陳景元（2011：75）認為有 5 種説法：1. 漢語固有説；2. 歐化或日化説；3. 外語影響説；4. 修辭説；5. 綜合説。崔山佳（2004，2008a、b、c，2009，2011，2012a、b、c、d，2013，2015 a、b）都堅持“漢語固有説”，可以説是該説的主要代表。

李漁的戲曲中也有一些用例，如：

(1) 除故吾，换新吾，才許建雄圖。(《巧團圓》第 2 齣)

(2) 命合孤窮，將鰥換獨，不若安其故我。(《巧團圓》第 23 齣)

(3) [園林好] 你露才華把良緣預圖，顯節操是私情不顧；倘若是含葩先吐，今日相見呵，也辨不出誰故我孰今吾？誰故我孰今吾！(《巧團圓》第 26 齣)

(4) 一任他凝注秋波，料應認不出今時我。(《意中緣》第 6 齣)

(5) 新娘不消問得，你是今日的我，我是前日的你，三個合來湊成一個品字，大家不言而喻罷了。伊為新至我，我是舊來伊。(《奈何天》第 21 齣)

例 (1) 一例 (3) 都是雙音節，有人認為是詞組詞（刁晏斌，2001：162)，但也可見，“吾”“我”前面有修飾成分“故”“新”“今”，哪怕是合成詞，就其結構關係來看，也是偏正關係。“故吾”等出現時間很早，例如：

(6) 雖忘乎故吾，吾有不忘者存。(《莊子·田子方》)

(7) 雖忘故吾而新吾已至，未始非我，我何患焉？(晉·郭象《莊子注》)

(8) 雲何名我，誰是我耶？何緣故我，我時即為比丘説言。(《大藏經》卷 80)

例 (4)、例 (5) 人稱代詞前有真正的修飾語，如“今時”“今日”“前日”“新至”“舊來”。前三個詞是時間名詞，“今日”“前日”還有定語標記“的”，例 (5) 後面的“新至”與“舊來”是動詞性短語，這更特殊，更少見。

從李漁戲曲的例子來看，人稱代詞帶修飾語應該是漢語固有的，而非歐化語法現象。

最近看到一博士學位論文，明確認為人稱代詞帶修飾語應是“日化”現象，並以魯迅譯文為例。（陳彪，2017：172－183）我們以為，這同樣是不符合漢語事實的。陳彪（2017：174）引用了刁晏斌（2007）、魏志成（2007）的看法。崔山佳（2008）專門針對魏志成（2007）進行過商榷，而刁晏斌的看法有所改變，刁晏斌（2006：6）説：“對現代漢語某些源頭的探尋有時可以糾正一些‘成説’，從而達到新的認識。比如人稱代詞帶定語（如‘同桌的你’、‘夢中的他’）現象，從王力先生開始都認為不是中國的傳統用法，而是‘五四’以後新產生的一種歐化的形式，但是有人注意到早在近代漢語中，就已經出現過這樣的用例。最近更是有人通過現代漢語以前不同時期相當多的用例，證明了這一形式‘實實在在是典型的漢語傳統的句法’，還是相當有説服力的。”從“還是相當有説服力的”的話來看，刁先生是承認“定語＋人稱代詞”“實實在在是典型的漢語傳統的句法”了。而“最近更是有人”是指崔山佳（2004）。雖然從表面上看，刁晏斌（2006）比刁晏斌（2007）時間上還要早一些，但刁晏斌（2007）是“修訂本”，可能是刁先生未注意到，未能及時修改原有的看法。[①] 同時，陳彪（2017）作為博士論文，參考文獻數量太少，我們上面已經列出了崔山佳關於“歐化”語法的一些成果，而陳彪（2017）只把崔山佳的《近代漢語語法歷史考察》（2004），《〈也説“人稱代詞受修飾”現象〉質疑》（2012b）作為參考文獻，而未參考比較重要的其他成果，如《也談“定語＋人稱代詞”結構的來源》（2008b），《漢語歐化語法現象專題研究》（2013），《“定語＋人稱代詞”宋代已經成熟》（2015b）。

## 三、“副詞＋地/的”

Kubler（1985：59－60）説，副詞是專門用來作狀語的詞，“地”作為狀語的標記，按理本不必再疊床架屋地加在副詞之上，因此這也屬歐化現象，並將其視為惡性的歐化，拉丁語這種用法既不必要，又十分拙劣。余光中（2007：40）也持相似觀點。賀陽（2008）不同意上述觀點，認為在五四前的舊白話小説中是普遍存在的，是很常見的。崔山佳（2013）所舉例子更多，時間跨度更長，不但白話小説，其他體裁的作品也有，如李漁的戲曲，有兩種形式：一是“AA＋的”，二是“X忽＋地”。

### （一）“AA＋的”

（1）待我慢慢的勸夫人，許他便了。（《蜃中樓》第9出）——另《蜃中

① 刁晏斌先生曾當面對筆者説過看來結論要改的話。

樓》第 14 齣（3 處）、《意中緣》第 15 齣、《凰求鳳》第 7 齣、《比目魚》第 18 齣、《玉搔頭》第 6 齣、《慎鸞交》第 8 齣也有“慢慢的”。

(2) 我兒，爹爹和叔叔替你許下人家了，不久就要於歸，勤勤的學些婦道。(《蜃中樓》第 12 齣)

(3) 若不使他受些磨障，好好的成就姻緣，倒不是罰他去受苦，反是賞他去行樂了。(《蜃中樓》第 15 齣) ——另《蜃中樓》第 21 齣與第 27 齣、《意中緣》第 2 齣與第 16 齣、《奈何天》第 20 齣與第 23 齣也有“好好的”。

(4) 這一向不知甚麼原故，漸漸的瘦了。(《蜃中樓》第 17 齣) ——另《意中緣》第 18 齣、《慎鸞交》第 10 齣與第 14 齣也有“漸漸的”。

(5) 不知甚麼緣故，弄得雷聲不響，電火無光，箭射不前，刀殺不進，活活的把人氣死。(《蜃中樓》第 28 齣) ——另(《比目魚》第 10 齣與第 17 齣（2 處）也有“活活的”。

(6) 往常的天門，一叫就開，偏是今日古怪，緊緊的閉住了，喊了半日，應也沒人應一聲。(《蜃中樓》第 28 齣)

(7) 這等，把艙門關了，走近身來，輕輕的説就是了。(《意中緣》第 14 齣)

(8) 怎麼，白白的騙我賣身？(《意中緣》第 17 齣) ——另《比目魚》第 17 齣、《慎鸞交》第 12 齣（2 處）也有“白白的”。

(9) 故此二位大娘也要親做兩件，好取出來回答他，故此急急的趕。(《凰求鳳》第 29 齣) ——另《奈何天》第 22 齣、《巧團圓》第 16 齣也有“急急的”。

(10) 還虧我預先識竅，瞞了夫人，密密的寫個稟帖，寄與老爺，辨明了心跡，或者自首免罪，也不可知。(《奈何天》第 23 齣)

(11) 不要討我開口，只怕那假命喝詐的罪，比背夫出家的罪，還略略的重些。(《奈何天》第 30 齣)

(12) 萬歲，你是不曾騎慣牲口的，須要緩緩的走。(《玉搔頭》第 6 齣) ——另《玉搔頭》第 28 齣、(《慎鸞交》第 22 齣也有“緩緩的”。

(13) 手呵，他與你有甚相干，不捨得抛撇他，只管牢牢的捏住。(《玉搔頭》第 17 齣)

(14) 快快的隨我下船。(《慎鸞交》第 9 齣)

**(二)“X 忽十地”**

(15) 驀忽地心思忖，悔落了塵囂境。(《憐香伴》第 3 齣)

王學奇等（2009）注釋説：“驀忽地——用作動作副詞，意為忽然、突然。”我們以為此注釋不確。應該是“驀忽”是“忽然、突然”的意思，是副詞，而“地”是助詞。另如：

（16）家室初宜，咆哮方息，猛忽地有人聲沸。（《奈何天》第30齣）

（17）呀，為甚的恁淹留，寫罷關雎，題到河洲，倏忽地停纖手。（《巧團圓》第6齣）——另《慎鸞交》第17齣也有“倏忽地”。

從上面的“猛忽＋地”“倏忽＋地”可更清楚地看出，“驀忽＋地”也是一樣的結構，是副詞＋助詞“地”。

漢語不少教材也説到狀語與“地”的關係，總體上説是，有的不能加“地”，有的一定要加“地”，有的可加可不加，但加不加“地”有一些區別。

## 四、連詞“和”連接非名詞性詞語

有學者認為連詞“和”連接非名詞性詞語是“歐化”語法現象，如王希傑（2000）、刁晏斌（2007），尤其是賀陽（2008）。最近，陳彪（2017：147—149）也認為連詞“和”連接非名詞性詞語是“歐化”語法現象。其實，近代漢語作品中就有，崔山佳（2013）第五章“連詞與歐化語法現象”第二節“‘和’連接非名詞性成分”舉有眾多例子，證明“和”連接非名詞性成分並非歐化語法現象。崔山佳（2017）説，《聊齋俚曲集》有並列連詞“合”“和”連接非名詞性詞語不少例子，也可證“和”連接非名詞性詞語並非歐化語法現象。

李漁戲曲中也有一些例子。

“和”連接區別詞，例如：

（1）男和女，男和女，兩元及第；妻和妾，妻和妾，雙案齊眉。（《憐香伴》第25齣）

（2）女和男青春並韶，衡才挈貌差不遙。（《風箏誤》第21齣）——另《凰求鳳》第26齣也有“女和男”。

“男”和“女”是區別詞，是非名詞性詞語。

“和”連接形容詞，例如：

（3）虛和實，虛和實何計遮藏？（《風箏誤》第15齣）

（4）因此上，不問假和真魂都喪（《蜃中樓》第2齣）——同出還有一處“假和真”。

（5）好教人啞閉黄連口，難問真和假。（《蜃中樓》第12齣）——《玉搔頭》第13齣也有“真和假”。

（6）好和歹，全憑這遭！（《蜃中樓》第17齣）

（7）我和他誓和盟早期人修，我和他苦和甘曾並守。（《比目魚》第14齣）

（8）相逢欲辨是和非。（《玉搔頭》第30齣）——另《玉搔頭》第30齣也有“是和非”。

（9）坐享榮和貴，不愁親父，到他年不享這歡娛。（《巧團圓》第5齣）

“和”連接動詞，例如：

（10）死和生總在天，便祈神也難盡保。（《比目魚》第16齣）

（11）這便是典和型，滄桑歷盡廢和興！（《慎鸞交》第2齣）

（12）苦殺我忙應酬，妨淵明掛冠歸去，有甚麼送和迎？（《慎鸞交》第2齣）

也有“和”連接名詞性成分與非名詞性成分。例如：

（13）把往事暫付東風，恩和怨定相逢。（《憐香伴》第20齣）

（14）被一個狠心人割斷你的恩和愛，他把柳葉兒穿將至，我把銀鍋兒煮出來。（《蜃中樓》第2齣）

上2例的“恩”是名詞，但“怨”與“愛”是動詞。

除了連詞“和”能夠連接非名詞性詞語外，連詞“與”也能，例如：

（15）要知情意真和假，但看容顏笑與悲。（《玉搔頭》第13齣）

（16）格君心慚無厚德，累封疆幾至傾頹，這都是臣上召來顛與危。（《玉搔頭》第30齣）

（17）兒夫抱恙妻代難，愁與悶一齊來。（《凰求鳳》第24齣）

（18）爭與鬧，成何用？（《奈何天》第23齣）

連詞“共”也能連接非名詞性詞語，例如：

（19）空教人把好共歹思量遍！（《慎鸞交》第13齣）

不用說其他近代漢語作品，單是李漁的戲曲就能證明，連詞“和”連接非名詞性詞語是漢語固有的語法現象，而非歐化語法現象。

## 五、介詞並列刪除

呂叔湘（1984）舉有一個特殊的例子——“能一氣管兩個不連在一起的賓語”的介詞“把”字用法，例如：

（1）媽媽可驚了神，把地擦了又擦，桌子抹了又抹。

呂叔湘（1984）認為這個“把”字在很多地方超出了一般介詞的用法。上句一般情況下應該是這樣表述的：

（2）媽媽可驚了神，把地擦了又擦，把桌子抹了又抹。

例（1）把後一個介詞“把”承前省略了，的確是超出了一般介詞的通常用法。董秀芳（2009：26）把這種用法稱作介詞“並列刪除”現象。崔山佳（2008，2010，2015）都有論述，古代漢語、近代漢語、現代漢語共計有26個介詞有“並列刪除”現象。

李漁的戲曲中有不少介詞“並列刪除”用例，如：

（3）忙把襦巾褪，藍衫換了。（《憐香伴》第14齣）

（4）你把賤奴充作尊，破罐冒為整。（《風箏誤》第17齣）

（5）如今定下主意，把大的配與兒子，小的配與韓生。（《風箏誤》第19齣）

（6）不消道得，你們做媒的口角，最善形容，一分好處，就要說做十分；還要把白丁誇做才子，魑魅贊作神仙。（《凰求鳳》第7齣）

（7）送過聘禮之後，我家相公把縉紳一看，履歷一查，看那姓袁的鄉宦，是那一科舉人，那一科進士。（《奈何天》第20齣）

（8）勸你把黛痕展皺，淚點權收，且莫為春消瘦。（《玉搔頭》第11齣）

（9）為甚麼把翁婿變為父子，母女改為姑媳？（《巧團圓》第26齣）

（10）竟把又嬙擬做榜首，蕙娟取在第二。（《慎鸞交》第4齣）

也有“並列刪除”2個介詞的用例，如：

（11）只是黃天監那個狗才，當初我要用著他，所以把酒館與他吃、衣服與他穿、大船與他坐，如今新郎是自己做了，還要他做甚麼？（《意中緣》第17齣）

（12）勸你把疑根杜，親爺早喚，阿母忙呼。（《巧團圓》第33齣）

以上是“把”字。

（13）若把別個，一定將好的盡了自己，剩下的才與別人。（《風箏誤》第19齣）

（14）［醜換飄巾、豔服，作嬌態上］緩步入官艙，先將這話兒溫，態兒妝，膽兒雄，心兒壯也。（《意中緣》第14齣）

上例是“並列刪除”3個介詞。

（15）望眼莫教穿，先將這步兒延，意兒偏，卻更似愛孤眠，憎嬌面也，才不致眼生花，眼生花，混媸妍。（《奈何天》第19齣）

以上是“將”字。

（16）念翩翩龍種，怎共那魚蝦為伴，鯨鯢相靠？（《蜃中樓》第 3 齣）

上例是“共”字。

（17）妹子，我和你終日在畫上看它，枕上繡它，只説為甚麽緣故，再不見分開？（《蜃中樓》第 6 齣）

上例是“在”字。

（18）快替我捶他幾拳，捏他幾下。（《奈何天》第 13 齣）

上例是“替”字。

（19）［旦］一發奇怪，連脚也不蹺，背也不駝了。（《奈何天》第 28 齣）

上例是“連”字。

以上可見，單是戲曲就有 6 個介詞可用於“並列刪除”，李漁的介詞“並列刪除”是比較成熟的用法。

## 六、“做……不著”

關於“做……不著”這個固定格式，有人因不懂而標點錯誤，也有不少人解釋不準確。如劉瑞明（1997，2012）、徐之明（1999a、b、c）、楊會永（1999，2009）、胡飛君（2006）等。崔山佳（2003，2004，2015c，2018）也多次討論過。

李漁戲曲中也有一些例子。如：

（1）做幾日工夫不著，就去試一試，也不差甚麽。（《蜃中樓》第 8 齣）

（2）做我不著，走過去見他。（《蜃中樓》第 28 齣）——另《凰求鳳》第 26 齣（2 處）與第 27 齣、《比目魚》第 13 齣也有“做我不著”。

王學奇等（2009：380）對例（2）的“做我不著”作了注釋：“宋元俗語，謂割出去，拼著一死。今‘浙東尚有類似的俗語’。參見《宋金元明清曲辭通釋・做我不著》。”此注釋不確。“做……不著”是固定格式，其義是“拿某人或某物作犧牲”。説它是“宋元俗語”，也不對，明清用例更多，多為吳語區作家的作品，其他方言區作家作品少見，現在只有吳語尚有運用。《宋金元明清曲辭通釋》把“做我不著”作為詞條也不妥當，因為“做……不著”是一個開放性的格式，詞典不應該單是收“做我不著”，而是要收“做……不著”才是。又如：

（3）我且到門前去立著，若有打發不去的，做我園丁不著，丁他一丁就是了。（《凰求鳳》第 2 齣）

（4）如今做你不著，還要過去調停。（《凰求鳳》第 26 齣）——另（《奈何天》第 20 齣與第 30 齣、《巧團圓》第 30 齣也有“做你不著”。

（5）料想那沒福的東西，受你培植不起，如今還做娘不著，來替了他罷。（《比目魚》第13齣）

（6）做我老爺不著，替你們醫一醫。（《比目魚》第17齣）

（7）做你們不著，去回一回，讓我做個閒人罷。（《比目魚》第23齣）

（8）説不得了，做我老夫妻不著，與他拚命。（《巧團圓》第33齣）

（9）你們招了，做我的銀子不著，替你完贓就是。（《慎鸞交》第25齣）

（10）如今做老年伯不著，看令郎面上，替小侄調停一調停，官箴所系，不是當要的。（《慎鸞交》第35齣）

上面例子中，中間的名詞性成分有的是人稱代詞，有單數，如例（2）中的“我”，例（4）中的“你”等，有複數，如例（7）中的“你們”，有的是稱謂語，如例（5）中的“娘”，還有偏正短語，如例（1）中的“幾日工夫”等。

## 七、“(還) 是 X，Y”

邵敬敏（1994）認為現代漢語選擇問句共有5種基本類型：

1. X（呢）（，/?）Y（呢）?
2. X（呢）（，/?）還是Y（呢）?
3. 是X（呢）（，/?）是Y（呢）?
4. 是X（呢）（，/?）還是Y（呢）?
5. 還是X（呢）（，/?）還是Y（呢）?

但崔山佳（2004）認為，近代漢語選擇問句共有9種基本類型，除上面5種外，還有：

6. 還是X（,）Y?
7. 是X（,）Y?
8. X（,）是Y?
9. 還是X（,）是X?

李漁的戲曲中“還是X（,）Y?”也有不少用例。如：

（1）我且問你，你還是眼見的，耳聞的？（《憐香伴》第25齣）

（2）我且問你，既然兩個並嫁，還是誰做大，誰做小？（《憐香伴》第34齣）——另《凰求鳳》第25齣有“還是誰做大誰做小？”。

（3）稟問大王：還是先演象戰，先演人戰？（《風箏誤》第5齣）

（4）來此已是寓所了，相公還是要用酒，要用飯？（《風箏誤》第16齣）

（5）請問老伯，這“才貌俱全”四個字，還是老伯眼見的，耳聞的？（《風箏誤》第28齣）

（6）還是眼見的，耳聞的呢？（《風箏誤》第28齣）

（7）這等，他約我們八月十五日去討回音，還是去不去？（《蜃中樓》第8齣）

（8）請問相公，那龍宮在海底，不知幾萬丈深，相公還是用索子吊下去？用梯子爬下去？（《蜃中樓》第13齣）

（9）這等，還是要古人的今人的？（《意中緣》第5齣）

（10）如今現有一個媒婆來在門外，還是見他不見他？（《凰求鳳》第7齣）

（11）既然如此，那個女子可有些才貌，與我比並起來，還是他好我好？（《凰求鳳》第20齣）

（12）請問你的意思，還是要做大做小？（《凰求鳳》第20齣）

（13）若還壽數盡了，只好蘇醒轉來，勸人備辦後事；若還陽壽又未盡，災禍又難解，就要查他得病的原故，還是解得來解不來？（《凰求鳳》第24齣）

（14）你這些話，還是當真當假？（《凰求鳳》第26齣）

（15）眼盼盼，待看伊行貌，還是個擲果具，投磚料？（《奈何天》第4齣）

（16）請問小姐，這頭親事，還是許他不許他？（《奈何天》第9齣）

（17）請問，這貞節牌坊，還是朝西？朝東？（《奈何天》第23齣）

（18）王爺，這裡有一座高山，山上列了旗幟，想是他紮營的去處了，還是攻打不攻打？（《奈何天》第26齣）

（19）請問姐姐：你還是讓他不讓他？（《奈何天》第29齣）

（20）稟問千歲：還是先習水戰，先習陸戰？（《玉搔頭》第9齣）

（21）請問萬歲，還是坐朝不坐朝？（《玉搔頭》第13齣）

（22）還是從水從陸？（《玉搔頭》第17齣）

上例很特殊。此後還有這樣的話："先由陸路，後從水路，到黄河東岸驛換船。""從"是介詞，"從水""從陸"是介詞結構，省略了中心語"走"。

（23）聞得有幾個親朋，不由你我情願，都要攜酒備席，把兒子送上門來勸你承繼，你還是收他不收他？（《巧團圓》第5齣）

（24）你說下官這個新郎還是做得過做不過？（《慎鸞交》第26齣）

（25）請問師父，我娘兒兩個到這裡，你還是留與不留？（《慎鸞交》第27齣）

（26）如今把他們兩個比並起來，你說還是鬧熱的好，冷淡的好？（《慎鸞交》第27齣）

（27）稟老爺：賊衆綁了渠魁，送在轅門外納款，還是受與不受？（《慎鸞交》第30齣）

（28）我且問你，侯生書上的話，原叫你別選才郎，你還是嫁與不嫁？（《慎鸞交》第31齣）

“是X（，）Y?”也有一些用例，如：

（29）頭髮是黃的好？黑的好？（《蜃中樓》第11齣）

（30）腳是大的好？小的好？（《蜃中樓》第11齣）——另同出也有“是大的好？小的好？”。

（31）你道這烏紗是銅包、鐵包？（《意中緣》第21齣）

上面都是選擇問句，但標點前後不統一，有的前一分句用問號，有的前一分句用逗號，有的前一分句用頓號。我們以為，要統一用逗號。有的內容相同的例子，一中間用了標點，一未用。我們以為，也要統一起來。至於中間不用標點隔開也可。

前後分句有的用相關的名詞並列，有的用反義詞，有的用肯定、否定形式供選擇，有的中間用連詞“與”。

## 參考文獻


陳　彪．現代漢語“日化”現象研究——以魯迅譯著為例．華東師範大學博士學位論文，2017.

陳景元．關於“定語＋人稱代詞”結構的思考．內江師範學院學報，2011（9）.

崔麗珍．山西五台方言的重疊式研究．山東大學碩士學位論文，2010.

崔山佳．釋“做……著”和“做……不著”．語言研究，2003（增刊）.

崔山佳．近代漢語語法歷史考察．武漢：崇文書局，2004.

崔山佳．“人稱代詞帶定語”一定要用“的”字嗎?．寧波廣播電視大學學報，2008a（2）.

崔山佳．也談“定語＋人稱代詞”結構的來源．中國語文，2008b（4）.

崔山佳．現代漢語“潛顯”現象研究．成都：巴蜀書社，2008c.

崔山佳．《關於“定語＋人稱代詞”》獻疑．修辭學習，2009（1）.

崔山佳．介詞“把”等特殊用法歷時考察．中國語言學報//第十四期．北京：商務印書館，2010.

崔山佳．也説“定語＋的＋人稱代詞”結構的類型．語言與翻譯，2011（3）.

崔山佳．《關於“定語＋人稱代詞”結構的思考》商榷三題．寧波大學學報，2012a（3）.

崔山佳．《也説“人稱代詞受修飾”現象》質疑．語言與翻譯，2012b（2）.

崔山佳．《略論人稱代詞帶修飾語的形式》質疑．［日］中國語學研究・開篇，2012c.

崔山佳．《語體動因對句法的塑造》補説三題．［日］現代中國語研究，2012d.

崔山佳．漢語歐化語法現象專題研究．成都：巴蜀書社，2013.

崔山佳．漢語語法歷時與共時比較研究．北京：語文出版社，2015a.

崔山佳.“定語＋人稱代詞”宋代已經成熟. 漢語史研究集刊//第二十辑，2015b.

崔山佳. 寧波方言“做”字補説.［日］中國語學研究·開篇，2015c.

崔山佳.《聊齋俚曲集》並列連詞“合”“和”連接非名詞性詞語考察. 蒲松齡研究，2017 (1).

崔山佳. 吳語語法共時與歷時研究. 杭州：浙江大學出版社，2018.

刁晏斌. 新時期新語法現象研究. 北京：中國文聯出版社，2001.

刁晏斌. 略論共時語法研究中的歷時觀照. 寧夏大學學報（人文社會科學版）. 2006，(4).

刁晏斌. 初期現代漢語語法研究（修訂本）. 瀋陽：遼海出版社，2007.

董秀芳. 現實化：動詞重新分析為介詞後句法特徵的漸變. 語法化與語法研究（四）. 吳福祥、崔希亮主編. 北京：商務印書館，2009.

賀　陽. 現代漢語歐化語法現象研究. 北京：商務印書館，2008.

胡飛君. 寧波方言中“做”的意義和用法分析. 漢語史研究集刊//第八辑，2006.

劉丹青. 原生重疊和次生重疊：重疊式歷時來源的多樣性. 方言，2012 (1).

劉　堅.《訓世評話》中所見明代前期漢語的一些特點. 中國語文，1992 (4).

劉瑞明.“做……不著”新釋. 古漢語研究，1997 (2).

劉瑞明. 再説“做……不著”確義並梳理“著”的義項. 劉瑞明文史述林. 蘭州：甘肅人民出版社，2012.

呂叔湘.“把”字用法二例. 語文雜記. 上海：上海教育出版社，1984.

錢乃榮. 上海語言發展史. 上海：上海人民出版社，2003.

邵敬敏. 現代漢語選擇問句研究. 語言教學與研究，1994 (2).

王希傑. 修辭學導論. 杭州：浙江教育出版社，2000.

王學奇、霍現俊、吳秀華.《笠翁傳奇十種》校注. 天津：天津古籍出版社，2009.

魏志成. 論“定語＋人稱代詞”結構的來源. 中國語文，2007 (5).

邢福義，劉培玉，曾常年，朱　斌. 漢語句法機制驗察. 北京：生活·讀書·新知三聯書店，2004.

徐之明.《“做……不著”新解》商榷. 古漢語研究. 1999a (1).

徐之明.“做……著”即“做……不著”質疑. 貴州文史叢刊，1999b (2).

徐之明. 古小説戲曲中“做……不著”辨釋. 貴州教育學院學報（社會科學版），1999c (3).

楊會永. 再釋“做……不著”——兼與劉瑞明先生商榷. 徐州師範大學學報（哲學社會科學版），1999 (2).

楊會永.《〈“做……不著”新解〉商榷》獻疑. 古漢語研究，2009 (1).

余光中. 翻譯和創作. 余光中談翻譯. 北京：中國對外翻譯出版公司，2007.

張　斌主編. 現代漢語描寫語法. 北京：商務印書館，2008.

趙克誠. 近代漢語語法. 西安：陝西師範大學出版社，1987.

Kubler, Cornelius C. 1985. A *Study of Europeanized Grammar in Modern Written Chinese*.

Taipei：Student Co. Ltd.

## Study of Special Grammatical Phenomena in *Ten Legends of Li Yu*

Cui Shanjia

**Abstract**：There are quite a few valuable grammatical phenomena in *Ten Legends of Li Yu*. Such as verb reduplication（VP—VP form），personal pronouns with modifier（adverb＋地/的），"he"（和）connecting non-nominal words，preposition coordinate deletion（做……不著，還是 X，Y），etc.

**Keywords**：Li Yu；*Ten Legends of Li Yu*；special grammatical phenomena

（崔山佳，浙江財經大學人文與傳播學院）

# 《清文啟蒙》高頻语法现象的滿語干擾特徵

孫品健

**提　要：** 頻率激增是語言接觸引發語言演變的情形之一。《清文啟蒙》三種高頻語法現象，使役句兼語頻繁缺省，是依照滿語形式進行機械直譯所致；方位短語直接做狀語廣泛存在，是靈活意譯中傾向於跟隨滿語形式所致；連動結構“VP+去/來”頻繁使用，兼有機械直譯和有傾向的意譯兩種因素。機械直譯和有傾向的意譯，實質都是譯者受滿語干擾而將滿語特徵遷移到漢語譯文中；所不同的是，機械直譯屬於有意識“協商”，只存在於翻譯文本，有傾向的意譯屬於無意識“協商”，可能存在於整個雙語社團。

**關鍵詞：** 清文啟蒙；頻率；干擾；直譯；意譯

滿族1644年入關以後逐漸棄用滿語，而將漢語作為日常生活的第一語言（季永海1993、2004、2005，趙志忠2000，祖生利2013）。為促進滿族人積極學習滿語，大量滿語教材應運而生，《清文啟蒙》是其中的代表。

《清文啟蒙》全名《滿漢字清文啟蒙》，作者滿族人舞格，字壽平，首次刊行于雍正八年（1730年），多次再版。全書共四卷，其卷二《兼漢滿洲套話》（又稱“兼漢滿套語”）編有“滿漢合璧”式口語會話五十二則（含序言），每則由若干滿語句子和相應的漢語譯文組成。這些漢語譯文由滿語句子直接翻譯而來（竹越孝2015c），其中多有不合乎漢語而貼近滿語的語法現象，因而備受學界關注（趙志忠2000，祖生利2013，竹越孝2015a、2015b）。

然而，前輩學者主要考察形式或意義不符合漢語常規的語法現象，對使用頻率不符合漢語常規的語法現象缺乏關注。事實上，語言接觸引發的語言演變，有時表現為新形式或新意義的出現，有時也表現為對舊有結構更加頻繁地使用（Heine & Kuteva 2005）。本文關注《清文啟蒙·兼漢滿洲套話》漢語譯文中三種在形式和意義上符合漢語語法，但使用頻率遠超漢語常規的語法現象，探討其背後的滿語干擾特徵。

本文所用《清文啟蒙·兼漢滿洲套話》材料（包括滿文的拉丁字母轉寫），來自竹越孝先生所作《翻字翻譯〈兼滿漢語滿洲套話清文啟蒙〉》①。其書據日本東洋文庫藏乾隆二十六年刊《兼滿漢語滿洲套話清文啟蒙》（係《清文啟蒙》卷二《兼漢滿洲套話》的單行本）整理而成，對滿文進行了拉丁字母轉寫，對文句進行了編號。

## 一、使役句兼語頻繁缺省

漢語使役句“主語＋使役動詞＋兼語＋VP”，兼語通常不缺省。例如，《紅樓夢》（前八十回）有缺省兼語的使役句88例，僅占前八十回使役句總量的17.6%；《儒林外史》有缺省兼語的使役句73例，僅占全書使役句總量的15.5%。

但在《清文啟蒙·兼漢滿洲套話》（後文簡稱《套話》）的漢語譯文中，使役句兼語卻頻繁缺省。《套話》漢語譯文有使役句27例，其中缺省兼語的有9例，占使役句總量的33.3%。這一比例幾乎是同時期的《紅樓夢》（前八十回）和《儒林外史》的兩倍。

《套話》漢語譯文中使役句兼語頻繁缺省，是譯者依照滿語形式機械地進行直譯造成的。《套話》被譯作漢語使役句的滿語原句，可以按照使令意義的表達方式分為四類：

### （一）用動詞使動態表使令意義

這類句子在動詞詞幹和詞尾之間添加中綴-bu-或-mbu-來表達使動態，表示動作行為是主語使他人發出的。使動態動詞可以帶賓語，也可以不帶賓語；賓語通常表示受使者，既是受到主語役使的人/事物，也是動作行為的實際發出者，意義與漢語使役句兼語大致相當。動詞是及物動詞時，賓語還可以表示動作行為的對象；或是帶雙賓語，直接賓語表示对象，間接賓語表示受使者。

這類句子共10例。不出現受使者賓語的有3例，與之對應的漢語使役句都沒有出現兼語。例如：

（1）eici　dasame　simnebure.
或者　重複一並列副動詞　考試一使動態一現在將來時
或是叫從考。（第41話105）

（2）buda　booha　be　inu　hahilame　dagilabu.
飯　菜　賓格　也　加緊一並列副動詞　備辦一使動態
把飯菜也叫快著收拾。（第44話70）

① 《翻字翻譯〈兼滿漢語滿洲套話清文啟蒙〉》，2009至2011年連載於*KOTONOHA*雜誌第82至99號，日本愛知縣立大學古代文字資料館發行。

剩餘7例均出現了受使者賓語，與之對應的漢語使役句也都出現了兼語。例如：

（3）bi damu cembe labdu omiburakū oci uthai wajiha.
我 只是 他們—賓格 多 喝—使動態—否定 如果 就 結束—第一過去時
我只不叫他們多喝就完了。（第44話124）

（4）niyalma be aibide baihanabure.
人 賓格 哪裡—位置格 尋找—方向態—使動態—現在將來時
叫人往哪裡尋去。（第49話13）

可見，這類滿語句子的受使者賓語，跟它所對應的漢語使役句的兼語，在隱現上完全一致。

（二）用動詞直接命令式表使令並以言説動詞表引述

這類句子的基本結構是“（主語）＋命令式動詞語＋言説動詞”。言説動詞由“言説”義動詞 sembi 或 sembi 的其他形式充當，是句子的謂語動詞，也是引述標記；命令式動詞，或由命令式動詞構成的動詞短語，是句子的賓語。命令式動詞以動詞的詞根形式表達直接命令式，表示該動作行為是主語命令他人發出的。命令式動詞可以帶賓語，也可以不帶。賓語通常表示承令者，既是承接命令的人或事物，也是動作行為的實際發出者，意義跟漢語使役句兼語大致相當。動詞是及物動詞時，賓語還可以表示動作行為的对象；或是帶雙賓語，直接賓語表示对象，間接賓語表示承令者。

這類句子共13例。其中，不出現承令者賓語的有6例，相應的漢語使役句都没有出現兼語。例如：

（5）weri cisui baita de daname gene seci.
別人 私人的 事情 方向格 照管—並列副動詞 去—詞根形式 説—假設副動詞
再叫管別人家的私事去。（第5話16）

（6）gejing seme sinde wacihiyame ala seci
不停 説—並列副動詞 你—方向格 完全 告訴—詞根形式 説—假設副動詞
geli ombio.
雖然 可以—疑問語氣
絮絮叨叨的盡情都叫告訴你也使得麼。（第2話19）

剩餘7例均出現了承令者賓語，相應的漢語使役句也都出現了兼語。例如：

(7) mimbe aibe ala sembi.
我一賓格 什麼一賓格 告訴一詞根形式 説
叫我告訴什麼。(第 3 話 8)

(8) we simbe gene sehe.
誰一主格 你一賓格 去一詞根形式 説一第一過去時
誰説叫你去來。(第 7 話 9)

可見，這類句子的承令者賓語，跟它所對應的漢語使役句的兼語，在隱現上完全一致。

(三) 用動詞祈願式表祈使意義

這類句子在動詞詞根後加詞綴-kini 來表達祈願式，表示動作行為是主語祈求他人發出的。祈願式動詞可以帶賓語，也可以不帶賓語；所帶賓語主要是受祈者賓語，既是被祈求的人，也是動作行為的實際發出者，在意義上跟漢語使役句兼語大致相當。動詞為及物動詞時，也可以帶对象賓語；或帶雙賓語，直接賓語為对象賓語，間接賓語為受祈者賓語。

這類句子共 2 例，均出現了受祈者賓語，相應的漢語使役句也都出現了兼語：

(9) bi age be tafulahangge.
我 阿哥 賓格 勸告一第一過去時一動名形式
我勸阿哥的，
simbe sain okini.
你一賓格 好 可以一請願式
是叫你好，
ehe tacirakū sere gūnin.
壞 學習一否定 説一現在將來時 想法
恐怕學壞了的意思。(第 9 話 1—3)

(10) ere age be adame tekini.
這 阿哥 賓格 並排一並列副動詞 坐一請願式
叫這阿哥挨著坐罷。(第 36 話 7)

(四) 將滿語實詞意譯為漢語使役動詞

還有 2 例滿語句子，分別將動詞 seme（本義“言説”，引申為“命令”義，並列副動詞形式）和 unggire（“派遣”義，現在將來時形式）譯為漢語的使役動詞“叫”。句中 seme 和 unggir 都帶有賓語 mimbe（“我”，賓格形式），表示被命令之人或被派遣之人，與之對應的漢語使役句也都出現了兼語。例如：

（11）ineenggidari ekšeme.

白天 急忙一並列副動詞

每日忙，

umai šolo baharakū bade.

竟然 空閒 獲得一現在將來時一否定 處所一給在格

竟不得功夫，

mimbe seme ainara.

我一賓格 説一並列副動詞 做什麼一現在將來時

叫我怎麽樣。（第 42 話 17—19）

（12）untuhusaka simbe unggire kooli akū

虚的空的 你一賓格 派遣一現在將來時 道理 沒有

沒有空空叫你去的規矩。

綜上，滿語原句中的受使賓語（表受使者、承令者、受祈者等），跟漢語譯文中的使役句兼語，在隱現上完全一致。這樣一貫和嚴整的對應，只有譯者有意識地將滿語原文的受使賓語直譯為漢語使役句兼語，才能實現。由於滿語依靠動詞的形態變化表示使役，受使賓語是否缺省並不影響使役的表達，因此受使賓語的隱現比較自由；而漢語使役句通過給兼語添加使役標記來表示使役，因此兼語一般不缺省。所以，譯者依照滿語形式進行直譯，使漢語使役句兼語的隱現取決於滿語受使成分的隱現，便造成了漢語使役句兼語的缺省比一般漢語更加頻繁。

## 二、方位短語直接做狀語廣泛存在

近代漢語的方位短語直接做狀語遠不如“介詞＋方位短語”做狀語常見。《紅樓夢》（前八十回）方位短語直接做狀語約 296 例，“介詞＋方位短語”做狀語約 1057 例，二者數量比為0.28：1；《儒林外史》方位短語直接做狀語約 123 例，“介詞＋方位短語”做狀語約 694 例，二者數量比為0.18：1。

但在《套話》漢語譯文中，方位短語直接做狀語的數量反超“介詞＋方位短語”做狀語，前者有 14 例，後者只有 10 例，二者數量比1.40：1，這一比例遠高於《紅樓夢》（前八十回）和《儒林外史》。

《套話》漢語譯文的方位短語直接做狀語廣泛存在，是譯者在靈活意譯中傾向于將滿語結構譯為與之形式接近的漢語結構所致。滿語常用體詞加位置格助詞 de[①]

① 满语格助词 de 有三种用法：位置格助词（标记动作行为的处所、时间、范围等），方向格助词（标记动作行为的对象），工具格助词（标记动作行为的工具）。参见季永海、刘景宪等：《满语语法》，民族出版社，1986 年。

構成"體詞＋de"形式，置於動詞之前，表示動作行為的處所、時間、範圍等。在《套話》漢語譯文中，方位短語直接做狀語共14例，其中13例是由滿語"體詞＋de"翻譯而來的。例如：

（1）aikabade ere bithede ejehengge getuken akū oci.
設若 這 書一位置格 記住一第一過去時一動名形式 明白 不 如果
倘或這個書上若記的不明白，
gūwai bithede teisulebuhede.
其他一屬格 書一位置格 相遇一第一過去時一位置格
別的書上碰見了，
uthai tengkime same muterakū ombi.
就 深刻一並列副動詞 知道一並列副動詞 能夠一現在將來時一否定 可以
可就不能的確知道。（序4—6）

剩餘1例，是由滿語的方位短語"體詞＋屬格助詞＋方位名詞"翻譯而來。例如：

（2）uthai mini beye ere udu inenggi i dolo.
就 我一屬格 自己 這 雖然 白天 屬格 內裡
就是我的身子這幾日裡頭
inu asuru laliakū.
是 很 爽快一否定
也甚是不爽快。（第33話12—13）

在《套話》漢語譯文中，"介詞＋方位短語"直接做狀語共10例，其中8例由滿語"體詞＋de"翻譯而來。例如：

（3）bi boode suwembe aliyara.
我 家一位置格 你們一賓格 等候一現在將來時
我在家裡等著你們。（第16話3）

還有2例，由滿語"體詞＋ci"結構翻譯而來，這裡ci是表示"所從、所自"的後置詞。例如：

（4）ere jergi gisun gemu sini gūnin ci tucinjihenggeo.
這 類 話 都 你一屬格 心思 後置詞 出來一動名形式一疑問
這些話是從你心裡發出來的啊？（第27話1）

可見，在《套話》漢語譯文中，方位短語直接做狀語和“介詞＋方位短語”做狀語都主要由滿語“體詞＋de”翻譯而來，只是相比之下，譯者更傾向于將“體詞＋de”譯為方位短語直接做狀語，而非“介詞＋方位短語”做狀語。這種傾向性，是造成方位短語直接做狀語的使用頻率遠超“介詞＋方位短語”做狀語的原因。

如何理解這種傾向性呢？可以肯定的是，這種傾向性不是依照滿語形式進行直譯造成的。因為滿語“體詞＋de”並沒有跟漢語的方位短語直接做狀語形成一貫、嚴整的對應，“體詞＋de”至少有“方位短語直接做狀語”“‘介詞＋方位短語’做狀語”和“副詞做狀語”[①] 三種譯法，屬於相對靈活的意譯。在靈活意譯中，譯者傾向于跟隨滿語語法形式，而漢語方位短語的表層形式“體詞＋方位詞”與滿語“體詞＋de”的表層形式最為接近，因此傾向於將“體詞＋de”譯為漢語的方位短語直接做狀語。

## 三、連動結構“VP＋去/來”更加常用

本文“VP＋去/來”指先進行位移後實施VP的連動結構，意思跟“去/來＋VP”無異，如“看你去”（意即“去看你”）、“吃飯來”（意即“來吃飯”）。

歷史上，“VP＋去/來”遠不如“去/來＋VP”常用。《紅樓夢》（前八十回）有“VP＋去”287例，而“去＋VP”有680例；“VP＋來”僅11例，而“來＋VP”多達547例。《儒林外史》有“VP＋去”62例，而“去＋VP”多達487例；沒有“VP＋來”，但有“來＋VP”464例。

但在《套話》漢語譯文中，“VP＋去/來”卻非常常用：“VP＋去”數量反超“去＋VP”，前者11例，後者8例；“VP＋來”相較“來＋VP”而言不再稀少，前者2例，後者6例，二者數量比達到1∶3。

“VP＋去/來”更加常用，兼有機械直譯和有傾向的意譯兩種因素。《套話》譯文中，跟“VP＋去/來”“去/來＋VP”對應的滿語句子可以按照“趨向”意義的表達方式分為四類：

（一）用趨向動詞 genembi（去）、jimbi（來）表趨向

這類句子共10例，是含有滿語趨向動詞 genembi（去）或 jimbi（來）的多動詞結構。按照趨向動詞的主副地位，又可分為兩小類：

一是趨向動詞做主動詞，居後；其他動詞做副動詞（副動詞可以不止一個），居前；構成“副動詞＋趨向動詞”形式。共3例，其中2例譯為漢語“VP＋去/來”結構，例如：

---

① 副词做状语，例如：第2话第6条，满语“doigonde toktobume gisureci”，汉译“预先说定了”，其“doigonde”被译为副词“预先”。

(1) cohome age de yandume baime jihe.
特意 阿哥 賓格 委託一並列副動詞 尋找一並列附動詞 來一第一過去時
特煩求阿哥來了。(第 39 話 2)

(2) emu gucu i boode enenggi metembi seme
一個 朋友 屬格 家一位置格 今天 還願 說一並列副動詞
yali jeme genehe.
肉 吃一並列副動詞 去一第一過去時
一個朋友家今日還願吃肉去了。(第 44 話 62)

1 例譯為漢語"去+VP"結構,例如:

(3) tuttu urgun arame genehekū.
所以 歡喜 做一並列副動詞 去一第一過去時一否定
故此沒有去賀喜。(第 4 話 7)

二是趨向動詞做副動詞,居前;其他動詞做主動詞,居後;構成"趨向動詞+主動詞"形式。共 7 例,全部譯為漢語"去/來+VP"結構,沒有例外。例如:

(4) si uthai beye genefi gisurembi dere.
你 就 自己 去一順序副動詞 說 罷了
你就自己去說罷咧。(第 8 話 8)

(5) hetu niyalma jifi sini yabuha
旁的 人 來一順序副動詞 你的一屬格 行走一第一過去時
baita mujangga sehede.
事項 確實一肯定語氣 說一第一過去時
旁人來說是你行的事。(第 18 話 13)

第一小類,滿語是趨向動詞居後的"副動詞+趨向動詞"形式,主要譯為同樣趨向動詞居後的"VP+去/來"形式,應視為靈活意譯中存在傾向性,即傾向于將滿語結構譯為與之形式接近的漢語結構。第二小類,滿語是趨向動詞居前的"趨向動詞+主動詞"形式,無一例外地譯為趨向動詞居前的"去/來+VP"形式,應視為依照滿語形式進行的机械直譯。

(二)用動詞方向態表趨向

這類句子共 13 例,通過在動詞詞幹的後面添加方向態詞綴來表示動作行為的方向性,詞綴-na-、-ne-、-no-表示方向"去",詞綴-ji-、-nji-表示方向"來"。"去"方向態 9 例,其中 5 例譯為"VP+去",4 例譯為"去+VP"。分別例如:

（6）wede　alanara.
誰－方向格　告訴－方向態－現在將來時
告訴誰去。（第 34 話 12）

（7）suwe　tede　acanafi.
你們　他－方向格　見－方向態－順序副動詞
你們若是去見他。（第 16 話 1）

"來"方向態 4 例，其中 2 例譯為"來＋VP"，1 例譯為"VP＋來"，還有 1 例譯為"VP＋去"。分別例如：

（8）be　simbe　guilenjici　ojorakū　kai.
我們　你－賓格　相會－方向態－假設副動詞　可以－否定　語氣詞
我們來會不得你啊。（第 16 話 6）

（9）tule　emu　niyalma　morin　de　yalufi　age　be
外面　一個　人　馬　方位格　騎－順序副動詞　阿哥　賓格
baime　ai　gisun　alanjiha　sembi
向　什麼　話　告訴－方向態－第一過去時　説
外頭一個人騎在馬上説找阿哥告訴什麼話來了。（第 44 話 6）

（10）bi　hono age　I　jakade　genefi　tacibure　be
donjiki　seme　gūnire　bade.
我　尚且　阿哥　屬格　跟前－給在格　去－順序副動詞　教導－現在將來時
賓格
聽－方向態－請求語氣　説－並列副動詞　想－現在將來時　處所－給在
格
我還想著要往兄長跟前領教去。（第 1 話 9）

例（10）將 donjiki（來聽）譯為"領教去"，可能是譯者感到漢語"來""去"做目的標記時意義相近，可以混用；也可能是為了跟前面的 genefi（去－順序副動詞）呼應；也不排除文獻流傳中文字遭到篡改的可能。不論出於何種原因，"VP＋去"仍屬於趨向動詞居後的形式，這一點跟"VP＋來"是一樣的。

跟滿語"去"方向態對應的漢語譯文，多數都譯為趨向動詞居後的"VP＋去"；跟滿語"來"方向態對應的漢語譯文，有一半譯為趨向動詞居後的形式。可見，譯者在靈活意譯中傾向于將趨向成分居後的滿語"詞根＋方向態詞綴"結構譯為同樣趨向成分居後的漢語"VP＋趨向動詞"結構。

### （三）兼用趨向動詞和動詞方向態表趨向

這類句子共 2 例，都是帶有兩個副動詞和一個主要動詞的多動詞結構，前一個副動詞帶有趨向態詞綴，後一個副動詞是趨向動詞 genembi（去）。相應的 2 例漢語句子跟滿語語序一致，也是趨向動詞居後的"VP＋去"結構，VP 對應的是滿語句中居前的副動詞和主要動詞，"去"對應的是滿語句子中的趨向態詞綴和趨向動詞。這樣的嚴整的對應，應是依照滿語形式進行机械直譯造成的。

（11）urgun i doroi acaname geneci acambihe.

歡喜 屬格 禮節 會見一方向態一並列副動詞 去一假設副動詞 應該一第二過去時

該當賀喜去來著。（第 4 話 5）

（12）weri cisui baita de daname gene seci.

別人 私人的 事情 方向格 照管一方向態一並列副動詞 去一詞根形式 説一假設副動詞

再叫管別人的私事去。（第 5 話 16）

### （四）不含趨向義成分

這類句子共 2 例，滿語句子不含趨向義成分，對應的漢語句子卻出現了趨向動詞"去"，皆是"VP＋去"結構。例如：

（13）jai udu biyai bithe hūlafi.

再 幾個 月 書 念、讀一順序副動詞

再念幾個月的書，

baita de dosici.

事務 方向格 進入一假設副動詞

上差事去。（第 42 話 91—92）

（14）age si dosifi booha be majige hacihiyacina.

阿哥 你 進入一順序副動詞 菜 賓格 一點點 催促一命令式

阿哥你進去催一催菜去。（第 44 話 79）

滿語原文沒有出現趨向成分，但譯者給漢語譯文增加了趨向成分，可見這類句子屬於靈活度很高的意譯。兩例都譯為"VP＋去"而非"去＋VP"（"去上差事""你去進去催一催菜"），説明"VP＋去"是譯者頭腦中的優先選項。滿語作為 SOV 型語言，句子的主要動詞總是居後，譯者有可能是將上述兩例"去"理解成了句子的主要動詞，因此傾向於使用"去"居後的"VP＋去"結構。

綜上，"VP＋去/來"頻繁使用由雙重因素導致——第 1 類的第 2 小類、第 3

類，是依照滿語形式進行机械直譯造成的；第 1 類的第 1 小類、第 2 類、第 4 類，是譯者在靈活意譯中傾向于將滿語結構譯為與之形式接近的漢語結構所致。

## 四、滿語干擾與滿語特徵的遷移

《套話》的譯者依照滿語形式進行機械直譯，或是在靈活意譯中傾向於跟隨滿語形式，表現為一貫或經常性地將某些滿語結構譯為與之形式接近的漢語結構，造成了這些漢語結構的使用頻率激增。這實質是譯者受到滿語影響，將滿語的形式特徵遷移到漢語譯文中，給漢語譯文帶來了不符合漢語常規的語言使用現象。

該如何認識這種滿語影響和特徵遷移呢？翻譯是語言接觸的重要形式，譯者受到原文的影響而使原文的語言特徵遷移到譯文中，其情形與語言轉用中的母語干擾（interference through shift）十分相似。Thomason & Kaufman（1988）、Thomason（2001）指出，語言轉用中的母語干擾，是語言接觸引發的語言演變（contact-induced language change）的重要類型，基本情形是語言使用者在語言轉用中受到母語的干擾而將母語的某些特徵遷移（transfer）到目的語（Target Language，簡稱 TL）中，形成目的語變體（Target Language 2，簡稱 TL2）；干擾形成的重要原因是語言使用者對目的語的“不完善學習”（imperfect learning）；干擾的機制是“協商”（negotiation），即語言使用者改變 A 語言的模式以接近 B 語言的模式；多數情況下，“協商”發生時語言使用者是無意識的。

就《套話》而言，其漢語譯文由滿族譯者從滿語翻譯而來，譯者在滿語（同時也是其母語）的干擾下，一貫或經常性地將某些滿語結構譯為與之形式接近的漢語結構，便使滿語的形式特徵遷移到了漢語譯文之中。遷移的結果，是這些漢語結構的使用頻率激增，這導致譯文所用的漢語演變為一種不同於一般漢語的目的語變體（TL2）。發生這種干擾的重要原因，是滿族譯者沒能完善習得漢語語法在使用頻率上的常規。干擾的重要機制是“協商”，即滿族譯者改變漢語在使用頻率上的常規以接近滿語。

值得注意的是，《套話》漢語譯文所受滿語干擾存在內部差異。有的干擾表現為機械直譯，即譯者一貫地將某種滿語結構譯為與之形式接近的漢語結構。此時作為干擾機制的“協商”，是譯者有意識地實施的，否則無法使特定的滿、漢結構形成嚴整的、一貫的對應。這種干擾造成的語言演變，如使役句兼語頻繁缺省，僅存在於《套話》這一翻譯文本中。有的干擾表現為有傾向的意譯，即譯者在靈活意譯中傾向於將某種滿語結構譯為與之接近的漢語結構。此時作為干擾機制的“協商”，應是譯者無意識地實施的，否則不會僅僅表現為一種傾向性。這種干擾造成的語言演變，如方位短語直接做狀語廣泛存在，很可能不限於翻譯文本，而是擴展到了整個雙語社團（操滿漢雙語的滿族人社團）。考慮到同時期的一般性漢語材料（《紅樓夢》《儒林外史》）並未廣泛出現方位短語直接做狀語現象，可以肯定這一現象沒有擴展到整個目的語社團（漢語社團）。上述内部差异也提示我們，《套話》的漢語譯文，不能完全看作反映清代滿族漢語的自然語料，也不能完全看作機械的直譯語料，使用時應詳加辨别。

## 參考文獻


季永海．滿族轉用漢語的歷程與特點．民族語文，1993（6）．

季永海．從接觸到融合（上）——論滿語文的衰落．滿語研究，2004（1）．

季永海．從接觸到融合（下）——論滿語文的衰落．滿語研究，2005（1）．

張赬．元代語言接觸中的漢語使役句式．民族翻譯，2012（2）．

趙志忠．從《清文啟蒙》看清代前期滿族人的雙語使用．滿語研究，2000（1）．

（日）竹越孝．試論清代滿漢合璧會話教材的漢語性質——以《滿漢字清文啟蒙・兼漢滿洲套話》為例//遠藤光曉、石崎博志主編《現代漢語的歷史研究》．杭州：浙江大學出版社，2015a．

（日）竹越孝．論“直譯”的真正目的——以蒙漢、滿漢對譯文獻為例．歷史語言學研究：第八輯．北京：商務印書館，2015b．

（日）竹越孝．從滿語教材到漢語教材——清代滿漢合璧會話教材的語言及其演變．民族語文，2015c（6）．

祖生利．清代旗人漢語的滿語干擾特徵初探——以《清文啟蒙》等三種兼漢滿語會話教材為研究的中心//歷史語言學研究：第六輯．北京：商務印書館，2013．

Heine & Kuteva. *Language Contact and Grammatical Change*. New York：Cambridge University Press，2005.

Thomason. *Language Contact：An Introduction*. Edinburgh：Edinburgh University Press，2001.

Thomason & Kaufman. *Language Contact，Creolization，and Genetic Linguistics*. Berkeley and Los Angeles：University of California Press，1988.


# Manchu Interference to Highly Frequent Grammatical Phenomena in *Qingwen Qimeng*

Sun Pinjian

**Abstract**：Increasing frequency is one of the situations that language contact causes language change. There are three kinds of highly frequent grammatical phenomena in *Qingwen Qimeng*（《清文啟蒙》）. The absence of causer in causative structures is caused by literal translation；the use of locative phrase as adverbial is caused by the tendency of free translation from Manchu; the use of serial verb constructions "VP+*qu*（去）/*lai*（来）", are caused by literal translation and free translation. Both literal translation and free translation are the phenomenon that the translator transfers Manchu features into Chinese under the interference of Manchu. Literal translation is conscious negotiation and only exists in translated text, while free translation is unconscious and may exist in the entire bilingual community.

**Keywords**: *Qingwen Qimeng*; frequency; interference; literal translation; free translation

（孫品健，中國社會科學院語言研究所）

# 試論“快”之“迅速”義的來源和產生時代*

## ——兼談“駃”與“快”的字際關係

付建榮

**提　要：** 關於“快”表“迅速”義的來源和產生時代，學界的看法頗為分歧。本文討論了以下三個和“快”表“迅速”義密切相關的問題，並得出初步結論：“駃”是“快”的俗字，“快”表“迅速”義是從“通暢”義引申而來的，至遲產生於東漢後期。

**關鍵詞：** 中古漢語；快；駃；“迅速”義；俗字

“快”表“迅速”義是“快”在現代漢語中的常用意義，有關此義在漢語史上的來源和產生時代，學界的看法頗為分歧，很有必要作個案研究。張永言、汪維輝（1995）曾舉出“快”表“迅速”義的早期用例，摘引兩例如下：

（1）何等為十六勝？即自知喘息長，即自知喘息短。……即自知喘息快，即自知喘息不快。即自知喘息止，即自知喘息不止。（東漢安世高譯《大安般守意經》卷上，T15/165a）

（2）思十六事，一其心得禪。何謂十六？喘息長短即自知，……喘息快不快即自知，喘息止走即自知，喘息歡戚即自知。[①]（三國吳康僧會譯《六度集經》卷 7，T3/40c）

關於“快”表“迅速”義的產生時間，張汪兩位先生認為“大約在東漢”。西漢揚雄《方言》卷 2：“逞、苦、了，快也。”蔣紹愚（1985）據錢繹《方言箋疏》“苦為快急之快”一語，認為這個“快”就表示了“快急”之“快”。曹廣順

* 本文受國家社科基金一般項目“‘語義二分法’視角下的唐宋俗成語系統構建與研究”（19BYY156）的資助。

① 汪維輝先生（2017：363）腳注指出，“既然下文有‘歡戚’，則‘快’不該是‘快樂’之‘快’而應是‘快慢’之‘快’可證。”極是。另可比較同書卷 7：“道人自覺喘息長短，遲疾巨細，皆別知之，猶人削物，自知深淺，念息如此，一其心得禪。”（T3/41a）這兩段文字大意相同，“遲疾”對應“快不快”，亦可為證。

（1987）認為，"'快'獲得'迅速'義，可能不遲於魏晉南北朝。"王鳳陽（1993/2011：965）認為"用'快'表'快速'是六朝之後才有的。"汪維輝（2000/2017：362）認為"大約在西漢，'快'除沿用舊義外，開始有了'急速'的意思。"

關於"快"表"迅速"義的來源，曹廣順（1987）認為，"'快'字的'迅速'義可能是從'駃'字來的"，"魏晉以後，'駃'字逐漸被'快'兼併"。江藍生（1988：118）也有相似的觀點，"'快'本義為喜，捷義應是先有'駃'，後借'快'字。"張聯榮（2000：142）認為，"快"的"迅速"義來自於"快"的"豪爽、快直"義。[①] 蔣紹愚（2012：222）認為，"快"的"迅速"義來自於"快"的"暢快、痛快"義。[②]

事實上，段玉裁曾對"快"之"迅速"義的來源以及與"駃"字的關係，做過非常簡潔的説明。《説文・心部》："快，喜也。"段注："快，引申之義為疾速，俗字作駃。"段注可以歸納為兩點：1. "駃"是"快"的俗字；2. "快"的"迅速"義，是其自身詞義引申的結果。以下先以這兩個問題為中心進行討論，然後再對"快"之"迅速"義的産生時代進行考察。各家對"快"表"迅速"義的來源和産生年代的分歧意見，以及對"快"部分用例詞義理解上的偏差和相關語料的辨析，將隨文討論之。不當之處，敬請方家指正。

## 一、"駃"與"快"的字際關係

"駃"最初是為"駃騠"之"駃"造的本字，與本文討論的表"迅速"義的"駃"是同形字。[③] 如果認為"快"之"迅速"義是借自"駃"的話，必然意味着

---

① 張先生所舉的"快"表"豪爽、快直"義的 2 個早期例子，還可商榷。《三國志》"快士"猶言"佳士"，《顔氏家訓》"佳快"乃同義連文，董志翹（2003）有詳辯。另外，考察現有文獻資料來看，"快"之"豪爽、快直"義産生時代也晚於"迅速"義。

② 蔣先生所舉的"快"表"暢快、痛快"義的三組早期例證，也存在可商榷之處。A 組《史記・項羽本紀》"今日固決死，願為諸君快戰"中的"快戰"頗有異文，百衲本、中華書局本作"快戰"，武英殿本作"決戰"，又《漢書・陳勝項籍列傳》《漢紀・高祖皇帝紀》《資治通鑒・太祖皇帝》《太平御覽》卷三八〇、《册府元龜》卷八四七等記述此事，均作"決戰"，故作為語料未必可靠。B 組和 C 組的"快雨"和"快雪"，詞義是指"好雨""好雪"，在王羲之《雜帖》中，"快雨"和"快雪"的下文，或言"方得此雨為佳"，或言"佳"，其義顯豁。在《三國志・魏志・管輅傳》中，"快雨"如期而至，很及時也很大，也是指令人滿意的好雨。又，在王羲之《雜帖》中，還有"雨快"和"晴快"的用法，如卷 25"雨快，想比安和，遲復承問。"卷 26："一昨醒不悉，雨快，君可不？萬石轉差也？"卷 23："晴快，足下各佳不？長素轉佳也？甚耿耿。""雨快"與"晴快"句式相同，"雨快"猶言"雨好"，"晴快"猶言"晴好"。晉人書札中此類"快"，多是先言天氣好或雨雪下得好，後問對方身體好不好，"快"均表"好"義。《齊民要術》卷 2"大小麥"："青稞麥治打時稍難，唯快日用碌碡碾。""快日"，繆啟愉（1998：134）注："'好日'，亦即'好天氣'"，汪維輝（2007：246）釋為"晴好的日子"，均甚確。"晴快""快日"不含動作要素，是不能用"暢快、痛快"義解釋的。

③ 《説文・馬部》："駃，駃騠，馬父贏子也。"又"騠，駃騠也"。《史記・魯仲連鄒陽列傳》："王按劍而怒，食以駃騠。"唐張守節《史記正義》："駃騠，音決蹄，北狄良馬也。"按，"駃"字，表示"駃騠"之"駃"，音 jué。表示"迅速"義，音 kuài。

“駃”先有“迅速”義，然後由於文字假借，“快”字記録了“駃”的“迅速”義。然而語言事實表明，這種推論很難成立。檢東漢及以前的文獻，共見6例“駃”表“迅速”義的疑似用例①，但都有異文，不能算作確鑿不刊的文獻用例。其中有2例見於許理和（1987：225）確定的可靠的東漢譯經《中本起經》中。

（3）垂淚抆眼，而作頌曰：“容顏紫金耀，面滿髮紺青，大人百福德，神妙應相經。方身立丈六，姿好八十章，頂光燭幽昧（宋元明本作‘照幽冥’，當從），何駃（宋元明三本均作“便”）忽無常?”（東漢曇果共康孟詳譯《中本起經》卷上，T4/150b）

（4）佛欲令迦葉必伏，便入泥蘭禪河，其水深駃（明本作“駛”）。（同上，T4/151b）

今按，在《中本起經》中，表“迅速”義用“快”字，見下引例（44），確鑿而無異文。從用字角度講，譯經的筆受者在這裏不大可能再換用“駃”字。從文意看，例（3）作“便”於義為勝。例文是迦葉等眾弟子以為世尊在鬥法時被龍火所害而作，“何便”義同“何就”，意謂怎麽就忽然滅度了呢？反置驚詫之語，正接上文對世尊的讚譽之辭。句式可比較《經律異相》卷34：“本見城完好，中人樂安居。所求未央足，何便忽空虛?”例（4）據汪維輝（2000/2017：374）的考察，“‘駛’多用於‘風、雨、雪、河流’一類的自然現象，着重强調它們流動的急驟猛烈。”“駃”應為“駛”字之訛。在漢譯佛典中，“駛”字常形訛作“駃”，慧琳《一切經音義》辨之者12條，可洪《新集藏經音義隨函録》辨之者8條。如慧琳《一切經音義》卷15“駛河”：“師事反，《韻英》云：‘急速也。’從馬史聲，或作泱，今經文從夬作駃，書經人誤也。”其説甚諦。

在東漢及以前的中土文獻中，共見4例“駃”表“迅速”義的疑似用例，但均與“駛”字構成異文。

（5）黄河龍門，駃流如竹箭。（《漢語大字典》“駃”字條轉引《字彙》列首證《尸子》，p.4545）

（6）先君招賢人，賢人往之，駃疾如晨風之飛入北林。（《詩·秦風·晨風》“鴥彼晨風，郁彼北林”毛傳）

（7）日南多駃牛，日行數百里。（東漢楊孚《異物志》）

① 此外，還有4例出自舊題東漢安世高譯《佛説自誓三昧經》和支婁迦讖譯《佛説無量清淨平等覺經》，均與“駛”字構成異文。《佛説自誓三昧經》：“招來諸佛賢聖大仁，於四駃（宋元明宫本作‘駛’）流為大法船。”（T/15/344c）《佛説無量清淨平等覺經》卷一：“池中水流，亦不遲亦不駃（元本明本作‘駛’）。”（T12/284a）卷二：“是兩菩薩則俱飛行，則到飛行，駃（明本作‘駛’）疾如佛。”（T/12/290a）卷三：“雖求道外若遲緩，内獨駃（明本作‘駛’）急疾。”（T12/293b）據許理和（1987：225）的研究，這兩種疑僞佛經並非可靠的東漢譯經。因此，這4例不計算在内。

例（5）今本《尸子》（清汪繼培輯校本）不載此文，戰國趙人慎到《慎子·外篇》："河之下龍門，其流駛如竹箭，駟馬追，弗能及。"按，上古只稱"河"，不稱"黄河"，上例顯為後人竄改《慎子》語。例（6）阮元《校勘記》曰："小字本作駛，案作駛是也。考此字《説文》在新附中，而《廣雅》已有之，皆作駛，《玉篇》《廣韻》皆作駛。"按，陸德明《經典釋文》注音為"所吏反"，阮説可從。例（7）其書早佚，《天中記》卷55、《佩文韻府》卷26引作"駛牛"。按，"駃牛"中古文獻未見他例，當作"駛牛"，陳臧道顔有《駛牛賦》可證；在中古漢語中雖有"快牛"一詞，但詞義均指"好牛"，參付建榮（2018）。另外1例見下引例（38），並不可靠。根據現有的資料來看，"駃"表"迅速"義較為可靠的用例，要晚在東漢之後①，使用時代晚於"快"字。因此，將這樣一個晚出的字義看作是另一個字借義的來源，是否合於發展的事實還有待更嚴格的證據來檢驗②。

段玉裁認為"駃"是"快"的俗字，此説較勝。古人常依據形義相應的心理習慣造字。"快"本義為"喜"，當"快"産生了"迅速"義後，字形與字義相去甚遠，於是"快"有時便换旁作"駃"。《説文》"駃"下徐鉉云："駃，今俗與快同用。"元好問《乙酉六月十一日雨》詩："今日復何日，駃雨東南來。"自注："駃與快同音。"《字彙·馬部》："駃，苦拜切，音快。"《正字通·馬部》："駃與快同，……快之用駃為俗書。"更為重要的是，"駃"為"快"的俗字還能得到異文的證明。東漢張仲景《金匱要略》卷上："又快藥下利，重亡津液，故得之。"通行本《脉經》卷8引作"駃藥"③。後秦鳩摩羅什譯《大智度論》卷83："待衆生者，如估客、大將雖乘駃馬能疾到所止，故待衆人。菩薩亦如是，乘智慧駃馬，雖能疾入涅槃，亦待衆生故不入。"（T25/641b）文中兩例"駃"，宋元明三本均作"快"。S.6022《搜神記》"段孝直"條："直所乘之馬甚駃，日行五百里。"④蔣禮鴻（1994：188）説："日本中村不折藏敦煌本《搜神記》'駃'作'快'，'駃'即'快'的俗字。"張涌泉、竇懷永（2010：151）注："在迅捷一義上，'駃'為'快'

---

① 東漢之後的六朝時期，在中土文獻和漢譯佛典中都有不少"駃"表"迅速"義的疑似用例，多數例子與"駛"字構成異文，情況非常複雜。但從用字情況來看，用"駃"字記録"迅速"義，應該承認此時已經出現了。如《宋書·五行志》："又白光覆屋，良久而轉駃乃消。"《南齊書·五行志》："酉時風起小駃，至二更雪落，風轉浪津。"這兩例出於正史且無異文，應是相對確定的例子。

② 另外，"駃"何以有"迅速"義，則未見深究意見。《漢語大字典》"駃"條（7/4837）、《漢語大詞典》"駃"條（12/812）首列"快馬"義項，並舉晉崔豹《古今注·雜注》："曹真有駃馬，名為驚帆，言其馳驟如烈風之舉帆疾也"作為例證。若此，"駃馬"則為"快馬馬"了。何況此例還存在異文，《四部叢刊三編》影宋本作"馳馬"，《淵鑒類函》卷433、《佩文韻府》卷30引作"駛馬"。從下文"馳驟"來看，作"馳馬"的可能性更大。今按，文獻中未見"駃"單獨指"快馬"的用例，"駃"自身詞義是無法引申出"迅速"義的。

③ 沈炎南主編：《脉經校注》，人民衛生出版社，第340頁。

④ "駃"字原卷抄作"[illegible]"，即為"駃"的訛俗字，末筆稍異。試比較敦煌寫本中"快"的訛俗字，如"[illegible]""[illegible]""[illegible]""[illegible]""[illegible]""[illegible]"等。摘自黄征《敦煌俗字典》，上海：上海教育出版社，2005年，第226頁。

的俗字。”極是。

## 二、“快”表“迅速”義的來源

“快”表“迅速”義的來源，還應從“快”的本義説起。《説文·心部》：“快，喜也。”“快”的本義指“愉快”，《易·艮卦》：“艮其腓，不拯其隨，其心不快。”在先秦文獻中，“快”經常用於使動。《左傳·襄公二十八年》：“君其往也，送葬而歸，以快楚心。”“快楚心”既可以理解為使楚心愉快，也可以理解為稱楚心、合楚意，由此引申出了“稱心”“滿意”義。《急救篇》卷1：“用日約少誠快意。”王應麟補注：“快，稱心也。”《玉篇·心部》：“快，可也。”心理感覺和對外界事物的感受是密切相關的，讓人感到稱心滿意的事物通常是美好的，“快”由此引申出“好”義。

(8) 如是等菩薩，其所止佛剎，剎極快好，其剎皆各，各自有名。(東漢支婁迦讖譯《佛説兜沙經》，T10/446b)

(9) 省《更生論》，括囊變化，窮尋聚散，思理既佳，又指味辭致亦快，是好論也。(《全晉文》卷63孫盛《與羅君章書》)

“快”表“好”義，張相（1953/1977：577）、董志翹（2003）、王雲路師（2010：16）、付建榮（2018）曾有專門揭示。在漢魏時期，“快”的這一詞義已經用得較為普遍靈活了，推想口語中産生的時間可能更早。董志翹（2003）引早期譯經的用例，將“快”的“好”義上溯至東漢。今按，“快”的“好”義可上推至戰國末年。

(10) 有風颯然而至，王乃披襟而當之，曰：“快哉此風!”(宋玉《風賦》)①

“快”由一般意義的“好”，可專指身體好、舒服無恙，由此又引申為“舒服”義②。此義不晚於西漢已産生，魏晉以來多用在否定形式“不快”中。王雲路、方

① 此例“快”多被理解為“暢快”“痛快”義，也有理解為“舒適”“凉快”義的。《大詞典》(7/485)釋作“舒適，暢快”。今按，這些語境要素固然存在，然恐缺乏通盤考慮，不論是心理上的感受（“暢快”），還是身體上的感受（“凉快”），以“好”釋義則足之。聯繫上揭腳注“快雨”“快雪”“雨快”來看，也應指“好”義。又中古口語中“快哉”表歎好之辭，早期譯經用例甚多，如“快哉斯言”“快哉斯問”“快哉福報”“女言善快哉”“是法快哉無比”等，皆可證成之。

② “快”表“舒服”義的來源，可以和“佳”比證。王雲路、方一新師（1992：58）“佳”條指出，“《説文·人部》：‘佳，善也。’‘佳’由一般的善、好義，引申為專指身體好，無病，又轉指病情減輕、好轉。”無獨有偶，“快”也可以“轉指病情減輕、好轉”，如晉葛洪《肘後備急方》卷5：“如熱痛，即急易之，患當減快得分穩。”“快”與“佳”的這幾個義位存在平行引申軌跡，應有相似的心理認知基礎。張相(1953/1977：578)“快（一）、不快”條：“‘快’猶好也。……由‘不快’之義引申之，則患病亦曰‘不快’，言身體不好也。”其説泥於否定形式。

一新師（1992：58）“不快”條舉例頗多，釋作“身體不舒服；有病”。在古代醫籍中，“快”表“舒服”義用例甚多，而且肯定否定形式兼有，這裏只舉幾例肯定形式。

（11）肌肉堅緊，榮血泣，衛氣去，故曰虛。虛者聶辟，氣不足，按之則氣足以温之，故快然而不痛。（《黃帝内經·素問》[①] 卷17“調經論篇”）

（12）轉筋者，立而取之，可令遂已。痿厥者，張而引之，可令立快矣。（《黃帝内經·靈樞經》卷1“本輸”篇，晉皇甫謐《甲乙經》卷10“八虛受病發拘攣”同）

（13）補則益實，實者，脉大如其故而益堅也；夫如其故而不堅者，適雖言快，病未去也。（同上卷2“終始”篇，晉皇甫謐《甲乙經》卷5“針道終始”同）

（14）咽喉腫痛，輕按之痛，重按之快，食飲如故，曰腑實也。（漢華陀《中藏經》卷上）

例中的“快（然）”，或與“不痛”連用，或與“已”“痛”對舉，“快”表“舒服”義很顯豁。人的身體需要通暢，所謂“九竅百節千脉皆通利矣”（《吕氏春秋·開春》），這樣才能舒服，如遇不暢就會感到不適。“快”由“舒服”義進一步引申，就産生了“通暢”義。此義不晚於西漢已産生，用例甚多，未見專門揭示。

（15）飲食不下，鬲咽不通，食則嘔，腹脹善噫，得後與氣，則快然如衰，身體皆重。（《黃帝内經·素問》卷22“至真要大論篇”）

（16）温病：脉細微而往來不快、胸中閉者死。（東漢華陀《中藏經》卷中）

（17）旦服，便利者，亦可停。若不快，更一服。下後即作酒粥，食二升，次作水餐進之。（晉葛洪《肘後備急方》卷3“治服散卒發動困篤方”）

（18）腰背手足流腫，拘急，屈申不快，以膏傅之日三。（南朝齊龔慶宣《劉涓子鬼遺方》卷5“相癰疽知是非可灸法”）

例（15）既然“身體皆重”，則“快”不再可能是“舒服”義，而是表“通暢”義，與上文“不下”“不通”，文相對舉。例言排泄完大便（“後”）和屎氣（“氣”），就會通暢如衰。例（16）—（18）“不快”均表“不暢”義。正因為“快”有“通

① 《黃帝内經》包括《素問》和《靈樞經》，就成書時代而言，可分為三部分：第一部分，即其主體部分，絶大部分是戰國時期的作品，還有一部分是秦和西漢時期的作品。第二部分，即其“七篇大論”，它們是漢代甚至大都是東漢的作品，是唐王冰“受得先師張公秘本”而補的遺篇。第三部分：《刺法論》和《本病論》，這是宋林億據流傳本補進去的，當是唐宋人所作。參張顯成《先秦兩漢醫學用語研究》，巴蜀書社，2000年，第17－18頁。本文所引例證不在第二、三部分内。

暢”義，故“快利”“宣快”可同義連言。

(19) 孔琳之書，放縱快利，筆道流便，二王後略無其比。(《全齊文》卷8王僧虔《論書》)

(20) 腎與膀胱合，具主水，腎氣通於陰。腎虛而生熱，熱則小便澀，虛則小便數，虛熱相搏，雖數起而不宣快也。(隋巢元方《諸病源候論》卷42“妊娠小便數候”)

有時“快”的“舒服”義和“通暢”義難以截然分開，這是由於二者存在因果聯繫。

(21) 百合病者，……每溺時頭痛者，六十日乃愈；若溺時頭不痛，淅然者，四十日愈；若溺快然，但頭眩者，二十日愈。(東漢張仲景《金匱要略》卷上“百合狐惑陰陽毒病證治”)

何任（1990：26）注：“快然：舒暢貌；溺快然引申為小便通利，無何不適之感。”正説明“快”的這兩個意義聯繫密切。

那麽，“快”的“通暢”義和“迅速”義，是否有聯繫呢？有的，而且有密切的聯繫。事物運行通暢，速度才能快，遇有阻滯速度就會變慢，甚至停止。因此，速度快是事物運行通暢的表現。這不僅僅是一種推理，下面的例子便可證明。

(22) 又陰縮，小便不出，出而不快者，亦死。(東漢華陀《中藏經》卷中)

(23) 膀胱中有厥陰氣，則夢，行不快；滿脹，則小便不下。(同上)

(24) 濕痹之候，其人小便不利，大便反快，但當利其小便。(東漢張仲景《金匱要略》卷上“大承氣湯方”)

(25) 腎主水，水行小腸，入胞為小便。腎虛則小便數，熱結則小便澀，澀則莖内痛，故淋瀝不快也。(隋巢元方《諸病源候論》卷6“解散熱淋候”)

(26) 小便熱則水行澀，澀則小便不快，故令數起也。(同書卷14“小便數候”)

例（22）（23）均指小便不暢，表現出來就是小便速度慢。例（24）“利”“快”對文同義，“大便反快”指大便反而通暢，表現為大便速度快。例（25）“淋瀝不快”義即淋瀝不暢，自然就是緩慢了。例（26）既是阻澀，小便就會不暢，表現出來就是速度慢甚至停止，故需“數起”排尿。這幾例的“快”雖指大小便的“通暢”，但詞義中隱含的“迅速”義已很顯豁，看起來很像是“迅速”義，這是因為大小便的暢與不暢會通過速度的快慢表現出來。所以，“快”的這兩個意義有時就很難分辨，早在西漢已然。

（27）心風之狀，多汗惡風，焦絶善怒嚇，赤色，病甚則言不可快，診在口，其色赤。(《黄帝内經・素問》卷 12“風論篇”)

例（27）“言不可快”指吐言不能流暢，表現為吐言困難、失音等綜合症狀。既是吐言不流暢，當然也就不可能快捷了。但此例還不是“快”表“迅速”義的典型例證，詞義特徵仍偏於“流暢”“通暢”。這可以從中古醫書記載吐言症候常用“蹇澀”“澀滯”“不通利”等搭配詞看出來，如“言語蹇澀”“言語難出”“骨節風，繞腕風，言語澀滯”“口噤失音，言語不通利”等。《類經・風證》引其語，注：“心主舌，病甚則舌本强，故言不可快。”病源為心客邪氣引起舌根僵硬所致，故吐言不能流暢。

上揭諸例，“快”很容易讓人産生歧解，這正可用作“快”在語言運用中發生重新分析，逐漸導致詞義演變的過渡例證。從客觀事理講，“通暢”是事物運行的内在性狀，“迅速”是事物運行的外在表現。二者之間既是内容和形式的内在聯繫，也是原因和結果的客觀聯繫。這就是“快”的詞義從“通暢”演變為“迅速”的理據。試看下面兩組例子。

**1. 快下、快利（痢）**

（28）强人服一錢匕，羸人服半錢，平旦温服之；不下者，明日更加半錢，得快下後，糜粥自養。(東漢張仲景《金匱要略》卷中“十棗湯方”)

（29）大黄、甘草炙、黄芩各二兩，升麻二兩，梔子一百枚，五物以水九升煮取三升半，服得快下數行，便止。不下，則更服。(晉葛洪《肘後備急方》卷 5“大黄方”)

（30）右五味切，以水五升，煮取二升四合，去滓，下消絞調。分温三服，快利為度。(南朝齊龔慶宣《劉涓子鬼遺方》卷 3“大黄湯方”)

（31）高仙芝伐大食，得訶黎勒，長五六寸。初置抹肚中，便覺腹痛，因快痢十餘行。初謂訶黎勒為祟，因欲棄之。以問大食長老，長老云：“此物人帶，一切病消，痢者出惡物耳。”(《太平廣記》卷 414“訶黎勒”條引《廣異記》)

“下”和“利”（後作“痢”）都是“腹瀉”的意思①，這裏的“快”應該承認是“迅速”的意思了，“快下”“快利（痢）”指服藥後快速引起腹瀉。特别是例(28)、例（29）“不下”和“快下”文相對舉，其義顯豁。例 31）“訶黎勒”剛放肚兜裏，“便覺腹痛，因快痢十餘行”，説明“快下”“快痢”都是指快速腹泻的意思。從醫學的角度講，這些藥方都是破積逐水的峻劑，服後會在短時間内引起腹瀉。

① “下”表“腹瀉”義，周一良《魏晉南北朝史札記・晉書札記》(中華書局，1985 年）“王羲之書札”條、方一新《全晉文解詁》(《杭州大學學報》1989 年第 2 期）“吐下”條已發之。

2. **快吐**

(32) 右二味，杵為散，以香豉七合煮取汁，和散一錢匕，温服之。不吐者少加之，以快吐為度而止。(東漢張仲景《金匱要略》卷上“瓜蒂散方”)

(33) 右二味，……分二服，温進一服，得快吐，止後服。(東漢張仲景《金匱玉函經》卷 7“梔子豉湯方”)

(34) 無時節發者，常山二兩，甘草一兩半，豉五合，綿裹，以水六升煮取三升，再服，快吐。(晉葛洪《肘後備急方》卷 3“治寒熱諸瘧方”)

這裏的“快吐”也都是指服藥後快速引起吐泄的行為，是中醫學及時排除體內積食的治病方法。聯繫中古醫書相應的表述，也可以證明對上述兩組詞義的分析。以晉葛洪的《肘後備急方》為例，卷 6：“葛氏方，取少蜜含之，即立下。”卷 7：“又方：鹽一升，淳苦酒和，一服立吐，即愈。”又：“煮取二升，旦分再服，服了少時即吐。”“立下”“立吐”“少時即吐”，皆可比證“快下”“快吐”的確切詞義。中古醫書表“通暢”義的詞還常用到“通”“利”和“宣”，諸如“血氣不通”“小便不利”等表述十分常見，但不見“通下（吐、利）”“利下（吐、利）”“宣下（吐、利）”的表述，可推證“快下”“快吐”的“快”並非“通暢”義。

那麽，是什麽原因引起“快”的詞義發生變化的呢？從句法結構看，上揭兩組例子的“快”不再充當謂語，而是作了狀語，用來修飾行為動詞“利”“下”和“吐”，而“快”表“通暢”義時，都是作謂語。這種整齊的對應規律，似乎揭示着“快”句法功能的變化和詞義的變化存在某種必然的聯繫。試比較下面的例子。

(35) 病者脉伏，其人欲自利，利反快。(東漢張仲景《金匱要略》卷中“茯苓桂枝白朮甘草湯方”，晉王叔和《脉經》卷 8“平肺痿肺癰欬逆上氣淡飲脉證”同)

(36) 右三味，以水六升，先煮大黄取二升，去滓，内芒消，煮一兩沸，内甘遂末，温服一升，得快利，止後服。(東漢張仲景《傷寒論》卷 4“大陷胸湯方”，《金匱玉函經》卷 8 同)

例 (35)“利反快”指腹瀉反而通暢，可比較例 (24)，但理解為腹瀉反而迅速也可以，因為在事實上，腹瀉的過程通暢，其速度也是迅速的。但例 (36) 的“快利”，就只能理解為服藥後快速腹瀉了。從語法功能來看，“快”作謂語是在描述前面主語進行過程的性狀，“快”作狀語是在修飾後面行為動詞被引發過程的性狀，這種變化就會導致“快”無法顯現“通暢”義，因為引發過程（即服藥後的攻瀉過程）是發生在體内的，性狀只能是“迅速”，而不能是“通暢”，這就導致“快”的詞義徹底發生了變化。

## 三、“快”表“迅速”義的産生時代

關於“快（駃）”表“迅速”義的産生時代，前賢所舉西漢的例子中，除了上揭例（27）《黄帝内經·素問》1例之外，尚有如下2例。

（37）揚雄《方言》卷2：“逞、苦、了，快也。自山而東或曰逞，楚曰苦。”清錢繹《方言箋疏》：“案此條有三義：逞為快意之快，苦為快急之快，了為明快之快，而其義又相通。……《廣雅》：‘苦，快也。’李善注《廣絶交論》引《説文》：‘苦，急也。’[①]《莊子·天道篇》：‘斲輪，徐則甘而不固，疾則苦而不入。’《淮南·道應訓》同，高注：‘苦，急意也。甘，緩意也。’是苦為快急之快也。”

（38）雍、冀商羽會，其氣駃烈，（其）人聲捷，其泉咸以辛。（《河圖括地象》）

例（37）錢繹“二義不嫌同條”説，王念孫《廣雅疏證》卷2“苦，快也”條同，其説恐難從。“苦”表“快急”義，未見他例。諸家所舉僅《莊子》（《淮南子》同）例，實為誤解。清王夫之《莊子解》卷13：“疾徐指輻轂相受之枸而言，徐，寬也。疾，緊也。甘，易入，苦，難入也。松則不堅，緊則不受，相争毫忽，規矩所不及也。”是“苦”為“難”義，謂車轂中心的圓孔做得緊了就難以插入軸枸。可見高誘所謂“急意”，也是指“緊”而言的。今按，“苦”乃“快”之聲轉，清人已發之。朱駿聲《説文通訓定聲》“苦”下云：“苦、快一聲之轉，取聲不取義。”吴予天《方言注商》：“楚語謂‘快’為‘苦’，即‘快’之聲轉。”此條乃同義相訓，“逞”“苦”“了”皆取“快”之“愉快”義，華學誠（2006：139）已辨之，惜“苦”字舉例未中肯綮。檢《先秦漢魏南北朝詩》卷4“漢詩”《將進酒》：“將進酒，乘大白。辨加哉，詩審博。放故歌，心所作。同陰氣，詩悉索。使禹良工，觀者苦。”逯欽立（1988：195）輯校：“苦，快也。見揚子《方言》。”“苦”即“快”的方言記音字。

例（38）文獻出處和年代不太確定，且“駃”存在異文“駛”，作為語料不甚可靠。清黄奭輯入《河圖括地象》作“駃烈”，清喬松年輯入《河圖》作“駛烈”。今按，“駃烈”不見連文之例，據上揭汪維輝（2000/2017：374）的考察，亦當作“駛烈”，指其氣流動的急驟猛烈。

根據現有的資料來看，“快”表“迅速”義最早且較為切實的例子出現於東漢

① 清胡紹煐《文選箋證》卷三十一《廣絶交論》云：“紹煐按，注引《説文》‘苦，急也。’今《説文》無之，疑説文二字誤。”檢今本《説文·艸部》：“苦，大苦苓也。”“説文”二字當誤，胡説可從。

後期。除了上揭張仲景所著醫書的4個例子外，在張仲景的《金匱要略》和《金匱玉函經》中還出現了4次，在荷蘭學者許理和（1987：225）確定的可靠的29部東漢譯經中出現了4次，東漢末年的道教文獻《太平經》也出現了1次。其例如下：

（39）又被快藥下利，重亡津液，故得之。（東漢張仲景《金匱要略》卷上“肺痿肺癰欬嗽上氣病脉證治”）

（40）分為二服，温進一服，得快吐，止後服。（《金匱玉函經》卷7“梔子甘草豉湯方”）

（41）分為二服，温進一服，得快吐，止後服。（同上卷7“梔子生薑豉湯方”）

（42）分為三服，温進一服，得快吐，止後服。（同上卷7“梔子乾薑湯方”）

（43）至二息亂為短息，至九息亂為長息，得十息為快息。（東漢安世高譯《大安般守意經》卷上，T/15/165a）

（44）（佛）應念忽至。迦葉大喜：“適念欲相供養，來何快耶？間者那行？今從何來？”（東漢曇果共康孟詳譯《中本起經》卷上，T/4/151b）

（45）三百六十日，大小推算，持之不滿分數，是小月矣。春夏秋冬，各有分理，漏刻上下，水有遲快，參分新故，各令可知，不失分銖。（《太平經》卷56“胞貽陰陽規矩正行消惡圖”）

例（39）何任（1990：70）注：“快藥，指峻下藥。”即迅猛攻瀉的藥物，服下後很快就會引起腹瀉。推想“快藥”的命名理據，當指起到“快利”“快下”作用的藥物，應得義於“快”的“迅速”義。上揭《脉經》卷8引作“駃藥”，異文同義。例（43）可與上揭同書例（1）對比分析。例（44）上言“忽至”，下言“來何快耶”，明“快”為“迅速”義。例（45）“遲快”反義對舉，其義顯豁。眾所周知，安世高於漢桓帝建和初年（147）到達洛陽從事譯經，到漢靈帝建寧中（170左右）結束譯經，《大安般守意經》於此時譯出；《中本起經》據隋費長房《歷代三寶記》卷4引道安説為建安十二年（207）於洛陽譯出；張仲景（約150—219）是東漢後期南陽人。因此，關於“快”表“迅速”義的産生年代，我們較為認同張永言、汪維輝（1995）的“東漢”説。如果作一個比較謹慎的説法，“快”表“迅速”義至遲産生於東漢後期，大約最初就是流行於中原官話區洛陽、南陽一帶。

## 參考文獻

曹廣順. 試説“快”和“就”在宋代的使用以及有關的斷代問題. 中國語文，1987（4）.

董志翹. 中古漢語中的“快”及與其相關的詞語. 古漢語研究，2003（1）.

付建榮. 再談中古漢語中“快”的相關詞語. 漢語史研究集刊，2018（24 辑）.
漢語大字典編委會. 漢語大字典. 2 版. 武漢：崇文書局、成都：四川辭書出版社，2010.
華學誠. 揚雄《方言》校釋匯證. 北京：中華書局，2006.
何任.《金匱要略》校注，北京：人民衛生出版社，1990.
蔣紹愚. 從“反訓”看古漢語詞彙研究. 語文導報，1985（7、8）.
蔣紹愚. 詞義演變三例. 載《漢語詞彙語法史論文續集》，北京：商務印書館，2012.
江藍生. 魏晉南北朝小説詞語匯釋. 北京：語文出版社，1988.
蔣禮鴻. 敦煌文獻語言詞典. 杭州：杭州大學出版社，1994.
逯欽立. 先秦漢魏晉南北朝詩. 北京：中華書局，1988.
羅竹風. 漢語大詞典. 上海：漢語大詞典出版社，1986—1993.
繆啟愉.《齊民要術》校釋. 北京：中國農業出版社，1998.
汪維輝. 東漢——隋常用詞演變研究. 修訂本. 北京：商務印書館，2017.
汪維輝.《齊民要術》詞彙語法研究. 上海：上海教育出版社，2007.
王雲路. 中古漢語詞彙史. 北京：商務印書館，2010.
王雲路，方一新. 中古漢語語詞例釋. 长春：吉林教育出版社，1992.
王鳳陽.《古辭辨》. 增訂本. 北京：中華書局，2011.
許理和著，蔣紹愚譯. 最早的佛經譯文中的東漢口語成分. 語言學論叢，1987（14）.
張涌泉，竇懷永. 敦煌小説合集. 杭州：浙江文藝出版社，2010.
張聯榮. 古漢語詞義論. 北京：北京大學出版社，2000.
張永言，汪維輝. 關於漢語詞彙史研究的一點思考. 中國語文，1995（6）.
張相. 詩詞曲語詞匯釋. 北京：中華書局，1977.

# The Source and Generating Time of “*kuai*”（快）Meaning “Quick”

## —And the Relation between “*kuai*”（快）and “*kuai*”（駃）

Fu Jianrong

**Abstract**：There is no common opinion on the source and generating time of “*kuai*”（快）meaning “quick”. This article discusses the following three closely related issues about “*kuai*”（快），and initially concludes：“*kuai*”（駃）is a popular form of “*kuai*”（快）；The meaning “quick” is expounded from “unobstructed” and has been in use since East Han Dynasty.

**Keywords**：*kuai*（快）；*kuai*（駃）；the meaning “quick”；popular form

（付建榮，内蒙古大學文學與新聞傳播學院）

# 從徐邈宵蕭韻字看“系聯法”與“枚舉歸納推理法”的局限[*]

李　穎　楊　軍

**提　要：** 在音義材料有限的條件下，僅用“系聯法”與“枚舉歸納推理法”不能完全解決聲類與韻類歸納的問題，需要結合“反切結構分析法”，分析每一小韻的聲韻，取其最小公倍數，才能得出更合乎語言規律和當時語音面貌的結果。在整理校勘考證徐邈《經典釋文》中宵、蕭二韻字的基礎上，分析徐音宵、蕭二韻的小韻數與歸字特點，得出與此二韻相配的聲類。再推廣此法至全部聲類韻類，就可以得出以徐邈等為代表的東晉南方經師的音系。此方法可以補充完善“系聯法”與“枚舉歸納推理法”的不足，是研究隨文注音的有效方法之一，具有在同類音義文獻音注研究中推廣使用的價值。

**關鍵詞：** 反切；《經典釋文》；徐邈；歸納音系的方法

“系聯法”與“枚舉歸納推理法”是整理反切、歸納音類的基本方法。“系聯法”是陳澧《切韻考》提供的方法。其“基本條例”規定，凡反切上字與被音字是同用、互用和遞用關系時，切上字和被切字聲同一類；凡切下字與被切字是同用、互用和遞用關係時，切下字與被切字韻同一類。但在整理音義等隨文注音的文獻（非韻書）反切時，由於一組同音字可以有不同的反切上下字，使用陳澧“系聯法”受到很大限制，為彌補“系聯法”的不足，就需要用“枚舉歸納推理法”進行補充。“枚舉歸納推理法”是蔣希文（1992）先生在《整理反切的方法》中提出的，這種方法主要是考察某類音在可知的音韻系統中有無變化，如果某些音切在《釋文》的反切中雖不能系聯，但這些音切在可知的音韻系統（如《切韻》音系）中與某些字同為一類，就可以把《釋文》的這些音切歸為　類。但是“枚舉歸納推理法”是一種不完全歸納法，在研究中同樣需要以《切韻》《廣韻》等韻書作為參照

* 基金項目：國家社科基金重大項目“《经典释文》文献与语言研究”（14ZDB097）。

系幫助判斷。可是，參照系既可以幫助判斷，也會干擾判斷。畢竟我們不能預設研究對象一定同於參照系的結論，如參照系有集合 A（一組同音字的類）和集合 B，研究對象把參照系屬集合 A 的一個或幾個子集歸入了集合 B，往往會讓人認為研究對象的集合 A 與集合 B 已經混同為一類，而事實未必如此。前人在研究反切材料有限的音義文獻時多數是采用二者相結合的方法，但僅此依然不能完全展現音類原貌。如果遇到某些音切在《释文》的反切中既不能系联，而且这些音切在可知的音韵系统（如《切韵》音系）中又不为一类的情況時，為了更為客觀地分析隨文注音的反切，就需要將韻類與聲類相結合，確定某小韻在韻圖的位置，并結合“反切結構分析法”才能得出合乎音韻規律的語音特點，得出更細致準確的聲類與韻類，以此為基礎才能劃分聲韻格局。我們以《經典釋文》中徐邈的宵韻與蕭韻字的反切為樣本，對這種方法的有效性進行驗證。

## 一、徐邈與《廣韻》歸部不同之十字

《經典釋文》徐邈音效攝宵韻與蕭韻有十字的歸部與《廣韻》不同。“瓢，扶堯反；焦，在堯反；蕉，在堯反；嶕，在堯反；綃，桑堯反；縿（綃），音蕭；肖，蘇叫反；燎，力弔反”，此八字徐讀四等蕭韻，《廣韻》讀三等宵韻。“篠，音小；僚，力遙反”，此二字徐讀三等宵韻，《廣韻》為四等蕭韻。那麼徐音與《廣韻》的差異是韻類的差異還是歸字的差異，即小韻的區別還是韻內字“字有多音，眾家別讀”的差別，或者徐音是否已經宵、蕭合並？這些都是需要討論的情況。

我們先來考察此十字在《經典釋文》中的情況。

(1) 為瓢：毗遙反，徐扶堯反。(莊子音義上 1415)

“瓢”屬並母宵 A（重紐四等），《廣韻》符霄切，注：“瓠也。《方言》云：‘蠡或謂之瓢。’《論語》曰：‘一瓢飲。’”《集韻》毗霄切。語出《莊子·逍遙遊》：“剖之以為瓢，則瓠落無所容。”則“瓢”字《廣韻》屬並母宵 A，徐讀並母蕭韻。

(2) 焦夷：如字，徐在堯反。(春秋左氏音義之三 1003)

徐讀“焦”從母蕭韻。“焦”屬《廣韻》宵韻，《釋文》有“焦中，劉似消反”，劉為宵韻自切。《廣韻》即消切，注：“焦，傷火也。又姓，周武王封神農之後於焦，後以國為氏，出南安。”《集韻》慈焦切，注：“焦夷，楚地名。”語出《左傳注疏·卷二十九》：“晉師自鄭以鄬之師侵楚焦夷及陳”。文義與《集韻》義合，與《廣韻》不合。《集韻》為從母宵韻，徐為從母蕭韻。

(3) 若蕉：似遙反。徐在堯反。向云草芥也。崔云芆刈也，其澤如見芆夷，言野無青草。(莊子音義上 1430)

“蕉”屬宵韻，《廣韻》即消切，讀精母宵韻，注：“蕉，芭蕉。”《集韻》有茲消切，注：“蕉，《説文》：‘生枲也。’”和慈焦切，注：“蕉，艸芥也，一曰芟刈。”《説文》：“生枲也，即消切。”段《注》：“枲，麻也。生枲謂未漚治者。今俗以此為芭蕉字。”出自《莊子・人間世》：“輕用民死，死者以國量乎澤若蕉。”《注疏》：“向云：草芥也。崔云：芟刈也，其澤如見芟夷，言野無青草。◎盧文弨曰：蕉亦同樵，故可訓芟夷。◎家世父曰：蕉與焦通。《風俗通》：‘水草交厝，名之為澤。’若焦者，水竭草枯，如火爇然，即《詩》：‘如惔如焚’之意。《左傳・成九年》：‘雖有姬姜，無棄蕉萃’，班固賓戲，朝而榮華，夕而焦瘁。蕉、焦字通。《博雅》：‘蕉，黑也，亦通焦。’陸氏《音義》引向云：‘艸芥也，崔云芟刈也’，並誤。”法偉堂注：“似遙反誤從為邪，徐音是也。”（714 頁）法偉堂以徐音為正，正是按照切下字來定被切字的韻類。

（4）噍：子遙反，徐在堯反，沈子堯反，踧也，謂急也。（禮記音義之三768）

《廣韻》“噍”字屬宵韻，即消切，注：“噍，啁噍，聲。”《集韻》慈焦切，注：“聲急也。《禮》：‘其聲噍以殺。’徐邈讀”。余迺永《新校互注禮部韻略》去聲：“噍，才笑切。註：‘嚼也。才笑切。又子幺、子由二切。’《唐韻》同，《王韻》各本但有‘又子由反’。按幺字入四等蕭韻，而‘噍’字見三等宵韻 A 類即消切，二者音類最近，乃合韻也。《集韻》於蕭、宵二韻亦單音宵韻茲消切，蕭韻子噍切無，可證。又《禮記・樂記》：‘是故其哀心感者，其聲噍以殺’句，《釋文》：‘噍，子遙反，徐在堯反，沈子堯反，踧也，謂急也。’子遙反猶即消切，子堯反猶子幺切，足見陸德明三等 A 類與四等仍分別甚明。”（877 頁）法偉堂注：“子遙、子堯宵、蕭分部。”（383 頁）即余迺永與法偉堂均認為徐讀四等蕭韻，與《廣韻》讀宵 A 不同。

此“焦”“蕉”“噍”三字《廣韻》讀精母宵韻，徐邈從母蕭韻。《集韻》讀從母宵韻，其中“噍”字又特別指出“徐邈讀”，可見在《集韻》時期，“噍”字讀宵、讀蕭似已無別。再如“燋，哉約反。李又粗堯反。一音哉益反。”（周禮音義上482）此條“燋”字李讀從母蕭韻，《廣韻》只音即消切、即略切。《集韻》慈焦切，注：“灼龜木。《周禮》：掌共燋契。李軌讀。”《廣韻》精母宵韻，《集韻》從母宵韻，均與“粗堯反”相異。可見“噍、燋”二字，《集韻》雖標“徐邈讀”“李軌讀”，但只是聲紐同徐李，韻類同《廣韻》，而《集韻》認為此二字徐、李之蕭與宵無別。趙少咸先生亦持此觀點，見下文“繆”字。

（5）綃：音消，徐本又作綝（通志堂本作繍），桑堯反。（禮記音義之一658）

“綃”屬心母宵韻，《廣韻》相邀切，注：“綃，生絲，繒也。”《王三》：“綃”字二讀，屬蕭韻，蘇彫反，注：“生絲絹，又相焦反”。屬宵韻“相焦反”，注：“生絲，又蘇彫反。”《集韻》同《廣韻》。“䌷”字《廣韻》無，《集韻》思邀切。語出《禮記音義・卷六》：“布幕，卫也。縿，幕鲁也。”《禮記・注》：“縿读如绡。”趙少咸：“《校勘記》云：葉本䌷作䌷，非也。《箋》曰：音消在宵，為綃之本讀，同《儀禮・少牢饋食》‘綃衣’音消，是其證。桑堯在蕭，此亦其時蕭、宵不分也。《集韻》思邀切以䌷為綃之或體，殆據本書。臧校䌷作䌷，北館本同，俱從葉本而誤。”（711 頁））趙先生認為“桑堯”與“音消”同，筆者以為徐音與首音不同，否則為重音音切[①]，不合《釋文》及其他音義書之通例。

（6）縿：音綃，徐又音蕭。（禮記音義之一 658）

“縿”為譌字，法偉堂注：“縿，當作繰（按，清母宵韻）。”則是“繰”讀為“綃”。“縿”《廣韻》所銜切，義為：“绛帛。《説文》曰：‘旌旗游也。’”《集韻》有“思邀切，綃，《説文》：‘生絲也，一曰綺屬。’或作縿䌷。”《廣韻》有綃，相邀切，注：“綃，生絲，繒也。”《集韻》同。《説文》：“生絲也。从糸肖聲。相幺切。”《王三》亦有心母蕭韻之音（參上條），讀與徐同。則《廣韻》有可能刪掉“綃”字心母蕭韻之讀法，原因未詳。法偉堂注：“縿，當作繰。綃、蕭二音宵、蕭分部。”（328 頁）趙少咸：“《箋》曰：注云，縿，縑也。縿讀如綃。按音綃即讀縿作綃。《説文》十三：‘綃，生絲也。’鉉音相幺切。此以擬音之字為其讀也。音蕭與綃，蕭、宵不分，以其時音如是，故陸云又也。”（711 頁）法説與趙説異，以法説為正。結合上文“嘸”字余迺永《新校》“足見陸德明三等 A 類與四等仍分別甚明”之説，以及《釋文》首音與又音通常有別之例，可知趙説以後代變化之音律古。

（7）不肖：音笑，徐蘇叫反，似也。（莊子音義上 1431）

徐切下字“叫”屬嘯韻，《釋文》有“叫，徐古弔反”。“肖”屬心母笑韻，《廣韻》私妙切，注：“似也。小也。法也。像也。”《集韻》仙妙切。語出《莊子・人間世》：“若殆為人菑夫！且苟為悅賢而惡不肖，惡用而求有以異。”徐讀去聲蕭韻，與《廣韻》去聲宵韻有別。

（8）庭燎：力妙反，徐力弔反。（禮記音義之二 724）

徐切下字“弔”屬嘯韻，“弔”切嘯韻字徐音 7 次，李音 3 次。“燎”屬來母宵韻，《廣韻》有平上去三音，平聲“力昭切，庭火也。”上聲“力小切，《説文》曰：‘放火也。’《左傳》曰：‘若火之燎于原。’”去聲“力照切，照也。一曰宵田。又放

① 重音音切為不合理音切，詳見楊軍《〈周易音義〉〈尚書音義〉重音音切研究》

火也。又力小切。”《釋文》中另有3次徐為“燎”字注音，皆為首音去聲，徐讀平聲，①“庭燎：力照反，徐又力燒反”（毛詩音義中302）（《毛詩正義·卷十一》：“《庭燎》美宣王也，因以箴之。”）②“燎之：力詔反，徐力燒反”（毛詩音義中310）（《詩·小雅·正月》：“燎之方揚，寧或滅之。”）③“庭燎：力妙反，徐力遙反，一音力弔反。”（春秋左氏音義之四1062）（《左傳·卷二十五》：“諸侯至甸設庭燎。”）本條語出《禮記郊特牲·卷二十五》：“庭燎之百由齊桓公始也。”《疏》：“庭燎之百者，謂於庭中設火以照燎來朝之臣。夜入者因名火為庭燎也，《禮》：‘天子百燎，上公五十，侯伯子男三十，齊。’”除“燎之”用為動詞，其余三例皆為名詞，而徐音有平、去之別。《孝經釋文》另有“夜設庭尞：力台反，本亦作燎，同，一音力弔反，徐力燒反，鄭云在地曰燎，執之曰燭，又云樹之門外曰大燭，於內曰庭燎，皆是照眾為明。（1339）”“尞”字《廣韻》力照切，注：“《説文》曰：‘柴祭天也。’凡從尞者作尞，同。”此例徐讀嘯韻去聲，不同於其他四處平聲宵韻，以《疏》之義用為動詞。

(9) 篠：西了反，徐音小。（禮記音義之二719）

“篠”“小”為韻目字，“篠”屬《廣韻》蕭韻上聲，徐讀為宵韻上聲。法偉堂注：“篠二音筱、小分部。”（359頁）語出《禮記音義·卷二十三》：“其在人也如竹箭之有筠也。”《注》：“箭，篠也。”篠，《廣韻》：“細竹也。先鳥切。”

(10) 市南宜僚：了蕭反，徐力遙反，司馬云熊宜僚也，居市南因為號也。李云姓熊名宜僚。案左傳云市南有熊宜僚，楚人也。（莊子音義中1513）

徐切下字“遙”屬宵韻。被切字“僚”屬《廣韻》蕭韻，落蕭切，注：“僚，同官為僚。又姓，《左傳》晉陽氏大夫僚安。”《集韻》憐蕭切。語出《莊子卷七·達生》：“市南宜僚見魯侯，魯侯有憂色。”徐與《廣韻》有宵、蕭之別。

## 二、徐邈宵、蕭二韻是否合并

在進一步分析之前首先要區分此十例是小韻的差異還是歸字的差異。我們的標準是：

1）先以切下字在《廣韻》中所屬的韻類為依據，如果徐音此小韻只有一條就以此為本小韻的標準，如“飄，扶遙反；瓢，扶堯反”為並母宵韻和並母蕭韻的代表，儘管《廣韻》並母蕭韻無字，仍不可認為“瓢”字為並母宵韻徐邈的特殊讀法，而應該將其定為並母蕭韻瓢小韻；

2）若此小韻徐音不只一字，則以出現次數較多的字或反切為此小韻代表，如來母宵韻徐有“力遙反”“力燒反”，而屬《廣韻》蕭韻之“僚”字則為徐的特殊讀法，並非徐用宵韻切蕭韻，而是“徐力遙反”讀入宵韻，與《廣韻》歸字不同，屬“字有多音，眾家別讀”。

以此原則將徐邈與《廣韻》歸屬不同的字所屬之小韻包含之字列表如下，加下劃線為徐邈與《廣韻》歸屬不同的字，未加下劃線為徐邈與《廣韻》歸屬相同之字。

**表 1　《廣韻》與徐邈對立的小韻**

| | 廣韻 | | | | 徐 | | | |
|---|---|---|---|---|---|---|---|---|
| | 並 | 精 | 心 | 來 | 並 | 從 | 心 | 來 |
| 宵 | 飄<br>瓢 | 焦<br>蕉<br>嶕 | 霄<br>銷<br>綃<br>縿<br>肖 | 燎 | 飄，扶遙反 | | 霄，音消<br>銷，音消<br>篠，音小 | 燎，力遙反<br>燎，力燒反 2<br>尞，力燒反<br>僚，力遙反 |
| 蕭 | | | 篠<br>騷 | 寥<br>漻<br>僚 | 瓢，扶堯反 | 焦，在堯反<br>蕉，在堯反<br>嶕，在堯反 | 綃，桑堯反<br>縿（綃），音蕭<br>騷，音蕭 2<br>肖，蘇叫反 | 寥，力彫反<br>漻，力蕭反<br>燎，力弔反 |

除了“飄、霄、銷、騷、寥、漻、燎（平聲）”七字徐邈與《廣韻》歸韻相同外，其余十字徐與《廣韻》歸類剛好相反。

我們可以先根據“系聯法”與“枚舉歸納推理法”將徐邈的宵韻與蕭韻系聯起來，即暫時認為此四聲母宵、蕭合并。“瓢”為四等切 A 類；從母、心母之字屬精組，陸志韋等學者亦將精組字歸于 A 類；雖有不少學者將來母歸入 B 類，也有學者將來母字歸為 A 類，則可認為宵 A 與蕭合并。因為其他重紐韻中雖有 A 類與四等混切的例子，但重紐舌齒音 C 類與四等混切的例子還是比較少見，僅見山攝“旋（心母仙 C），李信犬（先）反”“擩（日母仙 C），劉而玄（先）反 2”“撋（日母仙 C），劉而玄（先）反”“陧（屑），徐語折（章母薛 C）反”；咸攝“顐（日母鹽 C），郭李而兼（添）反”“臘（來母艷 C），李魯頰（帖）反”“浹（帖），郭音接（精母艷 C）”7 字 8 次。而效攝並母、精組、來母均有宵、蕭互切，范圍相對來說較大。

其他支持的證據還有“焦，劉似消反”可以將徐音心母宵蕭二韻字系聯（徐劉音系多數相同），但不知是劉音“焦”與徐音“焦”讀音相同，僅為用字之異還是二家“焦”音有別。同樣，“剽，郭音瓢”；“薸，郭音瓢”，“剽、薸”《廣韻》同屬宵韻，也可以將徐音並母對立的並母宵韻與並母蕭韻兩類系聯起來。來母對立的兩類也可用歸屬不同的“僚”字系聯。僅從韻類角度看似乎可以講通，但一旦與其他韻類結合起來看，以及與本韻其他聲母小韻聯系起來，放到韻圖當中，這種“系聯法”與“枚舉歸納推理法”相結合的局限性就顯現出來了。

首先徐音重紐A類與四等未合并。徐音宵韻A類有幫母“標，方遙反；杓，必遙反”。滂母“剽，敷遙反；猋（猋）[①]，芳遙反；犥，孚趙反；漂，敷妙反2”。並母“飄，扶遙反；摽，扶妙反”。影母“約，於妙反5；要，於召反”。以母“搖，音遙”。這些字的切下字均為宵韻A類或宵韻以母或宵韻舌齒音C類字，除“瓢，扶堯反”之外無蕭與宵A互切之例。其他攝A類與四等互切的例子也比較少，多數依然為本韻自切。不大可能出現只有效攝宵A與本攝四等蕭韻相混而其他攝A類與四等保持獨立的狀態。

其次徐音有端組字，而端組只拼一四等。端母“雕，音彫；敦，音彫；刁，都堯反”。透母“頫，他彫反；窕，勑堯反；姚，勑弔反”。定母“蜩，音條；儵，音條；挑，徒了反；佻，徒了反；滌，同弔反2；滌，徒嘯反；糴（糶）[②]，徒弔反”。但是這些字有些也可與其他宵韻字系聯。如“熛（宵），李婦堯（蕭）反；螵（宵），劉平堯（蕭）反；梢（宵），劉音蕭；燿（宵），劉李羊肖（宵）反；肖（宵），徐蘇叫（蕭）反；叫（蕭），李居曜（宵）反；挑（蕭），李徒堯（蕭）反；挑（蕭），劉湯姚（宵）反。”那麼是否可以説宵韻字並入蕭韻，三等消失了呢，答案依然是否定的。

因為徐音宵B是獨立的，見母“喬，音驕2；橋，居橋反；喬，紀橋反”。影母“夭，於驕反”。曉母“呺，許憍反；囂，許驕反”。滂母“麃，芳表反”[③]。並母“摽，符表反”。A類與B類未合并，即使宵A并入蕭，宵B依然無處安放。如果宵A與蕭合並，與宵B構成對立的兩類在邏輯上雖也説得通，但重紐舌齒音即C類字一般可以將A類與B類系聯在一起（徐音宵韻A類、B類與C類存字不多，未能系聯），所以A類與四等合並後無法與B類構成對立。而且徐音知組字有知母“朝，音朝旦之朝”，澄母“朓，音肇”。徐音知組與端組對立恰好證明宵、蕭對立。“朝，李除遙反”也是效攝有知組的一個旁證。蔣希文先生《徐邈音切研究》：“在

---

① 趙少咸：“猋風：必遙反，徐芳遙反，本又作飄○《考證》云，案《説文》有‘猋’字無‘猋’字，《校勘記》：於正月至為猋。下云，閩監毛本‘猋’作‘猋’，是也。下‘猋風謂之猋’為‘猋’皆同。《校語錄》云：‘猋盧改猋，是。’阮云岳本十行本作猋，案阮盧並云：《説文》有猋無猋。不知《説文》自有猋部，殆惟求之犬部而不得耳。《箋》曰：本記云，猋風暴雨總至，注云，回風為猋。按《爾雅·釋天》：‘扶搖謂之猋’，郭注云，暴風從下上。《釋文》猋，必遙反，《字林》作飆，音同。《説文·十三》：‘飆，扶搖，風也’，鉉音甫遙切，則《字林》本《説文》，此首音為猋之本讀。段《注》‘猋’下云，古書‘猋’與‘猋’二字多互譌。如曹植《七啟》：‘風厲猋舉’當作‘猋舉’。班固《東都賦》‘猋猋炎炎’當作‘猋猋炎炎’。王逸曰：猋，去疾貌也。法謂《説文》自有‘猋’部是也。考‘猋’之本訓為火華，其音切為以冉，俱與‘猋’異。觀陸所釋則知此‘猋’為‘猋’形譌。然本書已久，陸援引當文故仍舊不改而以正字之音為釋也。盧阮云云俱未審《釋文》條例矣。又按《釋天》‘迴風為飄’，郭注旋風也，《釋文》飄音瓢，此鄭注，蓋本之芳遙，在謗（按滂之誤）與音瓢在並其時讀同，則徐音為注作釋也。陸謂本又作飄者，殆指《爾雅》所用之字歟。”801－802頁

② 法偉堂：“糴，盧改糶，非。詳阮氏《校勘記》。士弔反阮云，北宋本士作土，是也。”494頁

③ 法偉堂：“普表與芳表同，以《內饔釋文》證之，則二讀必有一誤。《廣韻》三十“小”引房表切，則芳當作房，普表《內饔》作孚趙，同。”368頁

三等韻里，上古的端组字徐音正處于一種演變的階段。正由舌尖塞音向舌面塞音演變。其中澄母字已基本上完成了這一演變。”（蔣希文 1999：12）我們可以説，至少在效攝，端知二組是分化的，否則“朝”“䩚”讀入蕭韻，則其他宵韻字亦可讀入蕭韻了，那麼效攝重紐 A 類與 B 類無法區分。而且章組字（含日母）“昭，之紹反；怊，尺遙反；綤，尺遙反；少，式照反；茗，音韶；擾，音饒 3；撓，而小反”並無與蕭韻相混之例（劉昌宗、李軌、郭璞亦無），則章組宵韻讀入蕭韻理由不充分。

那麼另外一個方向四等並入三等更不成立，雖有透徹混切“窕，勑堯反；姚，勑弔反”之例，但此處應按四等下字所拼讀透母。若讀徹母則下字應為三等，若將效攝四等下字全部並入三等，則端知二組界限不明，且只能認為有知無端，這不符合聲母演變的規律。另一方面，有重紐的四等可以講並入同攝重紐四等，無重紐韻的攝里四等如何安放，因此不考慮四等並入三等的情況。

## 三、徐邈與《廣韻》效攝小韻之比較

徐音效攝與《廣韻》的格局大體相同（舉平以賅上去），下表徐音前一字為被音字，後二字為反切上下字，若為一字則為直音字。加粗為徐邈特有的小韻，加下劃線為徐與《廣韻》歸字不同。用“,”隔開為同音字，用“;”隔開為同聲同韻異調之字。《廣韻》則為反切，前一字為被切字，空格後為反切。可以看出徐比《廣韻》多三小韻，即並母蕭韻平聲，從母蕭韻平聲，精母蕭韻去聲（《廣韻》只有上聲）。

**表 2—1　徐邈與《廣韻》宵、蕭二韻小韻表**

| | | 幫 | 滂 | 並 | 明 |
|---|---|---|---|---|---|
| 徐 | 宵 B | | 麃芳表 | 摽符表 | |
| | 宵 A | 標方遙，杓必遙 | 剽敷遙，猋（猋）芳遙；犥孚趙；漂敷妙 2 | 飄扶遙；摽扶妙 | |
| | 蕭 | | | **瓢扶堯** | |
| 廣韻 | 宵 B | 鑣　甫嬌<br>表　陂矯<br>裱　方廟 | 麃　滂表 | 藨　平表 | 苗　武瀌<br>廟　眉召 |
| | 宵 A | 飆　甫遙<br>標　方小 | 㥧　撫招<br>縹　敷沼<br>剽　匹妙 | 瓢　符霄<br>摽　符少<br>驃　毗召 | 蜱　彌遙<br>眇　亡沼<br>妙　彌笑 |
| | 蕭 | | | | |

**表 2—2**

| | | 見 | 溪 | 群 | 疑 |
|---|---|---|---|---|---|
| 徐 | 宵 B | 喬驕 2，槔居橋，喬紀橋 | 橋丘遙 | | |
| | 宵 A | | | | |
| | 蕭 | 僥古了；叫古弔 | 竅苦弔 | | |
| 廣韻 | 宵 B | 驕　舉喬<br>矯　居夭 | 趫　起囂<br>趬　丘召 | 喬　巨嬌<br>驕　巨夭<br>嶠　渠廟 | 鴁　牛召 |
| | 宵 A | | 蹻　去遙 | 翹　渠遙<br>翹　巨要 | |
| | 蕭 | 驍　古堯<br>皎　古了<br>叫　古弔 | 鄡　苦幺<br>磽　苦皎<br>竅　苦弔 | | 堯　五聊<br>顤　五弔 |

**表 2—3**

| | | 影 | 曉 | 匣 | 喻 |
|---|---|---|---|---|---|
| 徐 | 宵 B | 夭於驕 | 呺許橋，囂許驕 | | |
| | 宵 A | 約於妙 5，要於召 | | | 搖遙 |
| | 蕭 | 宎於堯；宎烏了，窅烏了 | 髐許堯 | | |
| 廣韻 | 宵 B | 妖　於喬<br>夭　於兆 | 囂　許嬌 | | 鴞　于嬌 |
| | 宵 A | 要　於霄<br>闄　於小<br>要　於笑 | | | 遙　餘昭<br>鷕　以沼<br>燿　弋照 |
| | 蕭 | 幺　於堯<br>杳　烏皎<br>窔　烏叫 | 膮　許幺<br>鐃　馨晶<br>歊　火弔 | 皛　胡了 | |

**表 2—4**

| | | 端（知） | 透（徹） | 定（澄） | 泥（娘） |
|---|---|---|---|---|---|
| 徐 | 宵 | 朝朝旦之朝 | | 駣肇 | |
| | 蕭 | 雕彫，敦彫，刁都堯① | 頫他彫，窕㓞堯；姚㓞弔 | 蜩條，儵條②；挑徒了，佻徒了；滌同弔③ 2，滌徒嘯，糴（糶）徒弔 | |
| 廣韻 | 宵 | 朝　陟遙 | 超　敕宵<br>巐　丑小<br>朓　丑召 | 鼂　直遙<br>肇　治小<br>召　直照 | |
| | 蕭 | 貂　都聊<br>鳥　都了<br>弔　多嘯 | 祧　吐彫<br>朓　土了<br>糶　他弔 | 迢　徒聊<br>窕　徒了<br>藋　徒弔 | 嬲　奴鳥<br>尿　奴弔 |

① 刁刁，法偉堂：“盧改刀刀。”708 頁

② 法偉堂：“儵，盧云當作儵，此書多混用。”750 頁

③ 滌蕩：音狄，徐又同弟（通志堂本作弔）反。（禮記音義之二 728）黃焯《彙校》：“宋本弔作弟，反字下有同字。132 頁”

表 2—5

| | | 精 | 清 | 從 | 心 | 邪 |
|---|---|---|---|---|---|---|
| 徐 | 宵 | 湫椒；勦子小① | | | 霄消，銷消；篠小 | |
| | 蕭 | 湫子鳥 2；<br>椒子料 | | 焦在堯，蕉在堯，<br>嶕在堯 | 繃桑堯，縿蕭，騷<br>蕭 2；肖蘇叫 | |
| 廣韻 | 宵 | 焦　即消<br>剿　子小<br>醮　子肖 | 鍫　七遙<br>悄　親小<br>陗　七肖 | 樵　昨焦<br>嶕　才笑 | 宵　相邀<br>小　私兆<br>笑　私妙 | |
| | 蕭 | 湫　子了 | | | 蕭　蘇彫<br>篠　先鳥<br>嘯　蘇弔 | |

表 2—6

| | | 章 | 昌 | 船 | 書 | 常 |
|---|---|---|---|---|---|---|
| 徐 | 宵 | 昭之紹 | 怊尺遙，紹尺遙 | | 少式照② | 苕韶 |
| | 蕭 | | | | | |
| 廣韻 | 宵 | 昭　止遙<br>沼　之少<br>照　之少 | 怊　尺招<br>麨　尺沼 | | 燒　式招<br>少　失照 | 韶　市昭<br>紹　市沼<br>邵　寔照 |
| | 蕭 | | | | | |

表 2—7

| | | 日 | 來 |
|---|---|---|---|
| 徐 | 宵 | 擾饒 3；撓而小 | 燎力遙，燎力燒 2，寮力燒，僚力遙 |
| | 蕭 | | 寥力彫，漻力蕭；燎力弔 |
| 廣韻 | 宵 | 饒 如招；擾 而沼；饒 人要 | 燎　力昭；繚力小；寮力照 |
| | 蕭 | | 聊　落蕭；了　盧鳥；顤　力弔 |

徐音效攝三、四等比《廣韻》多出的三個小韻，是徐邈音系的特別之處，而徐音比《廣韻》少的小韻多因材料有限而漏收，未必是音韻格局的差異。

由此得出，徐邈效攝有三等宵韻 A 類、宵韻 B 類、四等蕭韻 3 個韻母。聲母則有幫、滂、並、見、溪、影、曉、以、端、透、定、知、澄、精、清、從、心、章、昌、書、常、日、來 23 個。小韻有不計聲調 33 個，計聲調 47 個。以此推而廣之，將每一攝每一聲類都按此法操作，聲韻相結合，再以“反切結構分析法”分

① 而勦：初交反，勞也，徐又于小反。（春秋左氏音義之三 970）法偉堂：“于，盧本作子小，是，阮校北宋本同。”484 頁

② 趙少咸：“少牢：徐式照反，凡少牢皆同○《考證》云，舊武照反，誤。今從撫本，毛本、官本並同。《校勘記》云，葉本作式，撫本同，此本式誤武，十行本亦本式照。《校語錄》云，武盧依撫本改式，是。箋曰：式、少俱在審紐，武當式形近譌，今依正之。”667 頁

析每一小韻的合理性，就可以得出更合乎音韻規則的徐音音系。

正如蔣希文（1992）先生在《整理反切的方法》中提到：

> （比证《广韵》）这个方法比较简便，乐为一般人采用。尤其在材料比较少的情况下无法进行系联，只能比照《广韵》来获得一个大致的信息，但是利用不当，会有牵合材料以就《广韵》之嫌，比方说，《颜氏家训·音辞篇》“《韵集》以成，仍、宏、登合成两韵，为、奇、益、石分作四章。”如果我们用比证《广韵》的方怯，只能说：《广韵》的清韵、蒸韵在《韵集》里只是一个韵。耕韵、登韵在《韵集》也只是一个韵；《广韵》的支韵字《韵集》分为两韵。《广韵》的昔韵字《韵集》也分两韵，也就只能如此。因此，从《切韵》的标准来说，颜之推就批评他“不可依信”。但是这就抹杀了如下的事实：上古蒸部、耕部字在吕静的语音系统里合流了；上古歌部字一等开口和三等合口在吕静系统里是有区别的，上古铎部的昔韵字和上古锡部的昔韵字在吕静的系统里还没有合流。这样，吕静方言的特点就比较明显了。

這樣看來，只是孤立地系聯聲類和韻類并不能完整展現經師的聲韻格局，只有將聲與韻相結合，組成小韻，才能得出更合理恰當的聲韻格局，從而更接近東晉時期的語音面貌。

## 參考文獻

（清）法偉堂．法偉堂經典釋文校記遺稿．上海：華東師範大學出版社，2010.

蔣希文．整理反切的方法．貴州大学学报（社会科学版），1992（02）：53—57.

蔣希文．徐邈音切研究．貴陽：貴州教育出版社，1999.

楊軍．安徽大學漢語言文字研究叢書—楊軍卷．合肥：北京師範大學出版集團，2013.

趙少咸．經典釋文集説附箋殘卷．北京：中華書局，2016.

# The Limits of Connection and Enumeration-Induction in the Case of “*xiao*”（宵）and “*xiao*”（蕭）Rhyme by Xu Miao

Li Ying, Yang Jun

**Abstract**: We cannot only use methods of connection and enumeration-induction to induce the initial consonant and thyme of a character if the *fanqie* materials is not sufficient. So that we should combine them with the *fanqie* to analyze every little thyme to get the concise conclusion. This paper uses *fanqie* materials of “*xiao*”（宵）rhyme and “*xiao*”（蕭）rhyme by Xu Miao and analyzes their distinctive characteristics. It is believed that if this method is extended to every initial consonant and rhyme, we can conclude the sound system used by masters in the south, with Xu Miao as representative, in East Jin Dynasty.

**Keywords**: *fanqie*; *Jingdian Shiwen*; Xu Miao; the method to conclude sound system

（李穎、楊軍，安徽大學文學院）

# 《王三》支脂之韻系的分與混*

趙　庸

**提　要**：中古支、脂、之韻與上古支、脂、之部轄字有相當比例的重合，存在一定的演變關係。《王三》支、脂、之韻主體由上古韻部據語音條件和音變規律變入，三分格局儼然，韻系相混佔比很小。相混部分在韻系關係上表現為支、脂韻相近，與之韻相對疏遠。在混韻方向上，則為之韻向支、脂韻趨近，與前中古期元音前化的音系變動大勢相合。支、脂、之韻的分、混情況支持《切韻》"單一音系"説和以"洛陽音"為主體基礎方言的認識。

**關鍵詞**：支脂之韻；《王三》；《切韻》；"單一音系"説；基礎方言

## 一、支脂之部至支脂之韻系的分混流變

上古韻部支、脂、之三分説始立於段玉裁（1767），後王念孫、江有誥、牟應震各自獨立發明，有共同認識。此説經戴震考覆，認為確論。清儒之説運用歸納排比之法，在類上離析本原。今漢語方言和親屬語調查則利用實際語言為三分説提供支持（鄭張尚芳 2003：162）。今諸家上古韻部均支①、脂、之部三分，如董同龢（1948：72）、李方桂（1980：36，63，67）、鄭張尚芳（2012）、王力（1985：34）、斯塔羅斯金（Starostin1989/2010：228，245－246，251－253）、白一平（Baxter 1992）、潘悟雲（2000：219、233）。也有少數學者持不同意見，如黃綺（1980）主張不分為宜，史存直（1981：97－104）認為支部不是獨立的韻部。對此，楊劍橋（2012：155－159）指出如果僅限於可靠例證，排除學界意見分歧處，客觀考慮

* 本文為國家社科基金重大項目（18ZDA296）、華東師範大學人文社科跨學科創新團隊項目（2018ECNU－QKT007）的階段性成果。感謝《漢語史研究集刊》編輯部和匿名審稿專家提出寶貴的修改意見。文中謬誤概由作者負責。

① 董同龢（1948）、李方桂（1980）將支部稱為佳部。

《説文》讀若、《詩經》異文的合韻比例，以及時地遷移和字音更革，三分説依然證據充分。要之，三分説立論基礎堅實，有廣泛共識。

不過，支、脂、之部的混例出現得很早。段玉裁提出“一聲可諧萬字，萬字而必同部，同聲必同部”，但在具體操作上又有“古諧聲偏旁分部互用”的情況。如段氏《六書音均表》分古韻為十七部，其中十五部包含脂部，十六部為支部，《説文解字注》中“此”聲字摇擺，“柴泚貲”注“十五部”，“柴婜鮆疵骴鴜呰棐齜嗎”注“十六部”，“雌眦鴜鑑訾啙觜欪鸖犨越批”注“十五十六部”，“紫”注“十五部亦十六部”，又有描述歸部變動者，“此”注“十五部，漢人入十六部”，“茈”注“古音在十五部，轉入十六部”，“玼”注“十五部，古此聲之字多轉入十六部”，“柴”注“十五部，凡此聲亦多轉入十六部”。段玉裁的考證立足小學，於諧聲、《詩經》押韻等皆有根據。可見，至遲在漢代，支、脂部就已雖大限可辨，但難説絶對的涇渭分明。邊田鋼、黄笑山（2018）認為支、脂、之三部春秋、戰國時期已開始合併趨勢。

中古支、脂、之韻[①]與上古支、脂、之部實質不完全對等。如單説陰聲韻部的演變方向，支、脂、之部短元音相應地變入支、脂、之韻，支韻還有歌部[②]短元音來源，脂韻還有微部短元音來源。不過，支、脂、之部與支、脂、之韻轄字依然有相當比例的重合。中古前期可以看到不少支、脂、之韻相混的例子，其中多數為上古支、脂、之部字。

文獻材料可以反映六世紀末七世紀初的這一情況。陸法言《切韻・序》有言“又支支脂脂魚虞共為一韻”，《顏氏家訓・音辭》辨謬失輕微者，言北人“以紫紙為姊旨”，均反映北方存在支、脂相混現象。《顏氏家訓・書證》談及東宫舊事，“吴人呼祠祀為鴟祀，故以祠之代鴟脂字”，説明吴地脂、之有混，《篆隸萬象名義》“脂脂，諸時反之”“止止，之視反旨”，如果二反確是抄承自顧野王，也可據以作同樣的推測。戴震《聲韻考》卷二《考定〈廣韻〉獨用同用四聲表》，考定唐初功令之“同用”“獨用”，支脂之同用、紙旨止同用、寘至志同用，説明唐初支、脂、之韻讀很近，提示混韻的實際語音基礎。

一、二等重韻混併是中唐、五代以後的趨勢，三等重韻支、脂、之韻相混源流時間更早（黄笑山 1995：175－176，183）。梳理上古至《切韻》周邊時期，不少材料表明，支、脂、之部演變至支、脂、之韻，韻類之間的相混長期存在，且甚於他韻。不過，通常認為《切韻》系韻書支、脂、之韻仍是三韻分立，如有相混，表

---

① 如無特殊説明，本文舉平以賅上去。

② 嚴格地説，諧聲時代歌部、微部收 l 尾，l 不是元音韻尾，不能涵蓋在傳統的陰聲韻部下。不過，歌部、微部的 l 尾至漢代轉化為 j（鄭張尚芳 2003：165、潘悟雲 2007），後期進一步弱化、脱落，變為陰聲韻部，和其他陰聲韻部有同樣的音韻行為，因此本文將歌部、微部置於陰聲韻部下合併討論。

現和他韻無二致，主要是置韻錯誤，或被切字和反切下字屬韻不協，相混程度則未見提及或判定。上述兩方面的認識似乎不能完全密合。所以，多大程度上去理解支、脂、之韻的相混，相混是韻系之混，還是偶然為之，混韻的方向是多項隨意，還是有章可循，諸如此類，頗耐人尋味。

《切韻》反映六世紀文學語言的語音系統，可以代表六世紀的語音（周祖謨1966），對其音系實質的正確理解於漢語音史研究有重要意義。《切韻》原本已逸，今可見最接近《切韻》原貌的完本韻書為宋跋本王仁昫《刊謬補缺切韻》（下簡稱"《王三》"），《王三》也是今可見支、脂、之韻系俱全的《切韻》最早的傳本。本文選取《王三》作一考察。《王三》支韻系共666字①，上古見554字，脂韻系共576字，上古見484字，之韻系共345字，上古見297字。因涉及上古來源，且上古見字在全部收字中佔多數，分別為支韻83.18％=554/666、脂韻84.03％=484/576、之韻86.09％=297/345，所以本文討論祇限於《王三》的上古見字。

## 二、《王三》支脂之韻系主流來源顯示的"分"

上古到中古，漢語通語語音發展有很強的規律性，主流是根據語音條件發生條件音變。因此，考察支、脂、之韻的界限問題，需立足中古回溯上古音來源。

支、脂、之韻主流來源②的音變途徑一致，據上古陰聲韻部、陽聲韻部、入聲韻部有所不同。陰聲韻部或直接、或元音異部通變變入支、脂、之韻。陽聲韻部異尾通變變入支、脂、之韻。入聲韻部或異尾通變、或加後置尾s、或元音異部通變且加後置尾s變入支、脂、之韻，加後置尾s的變入去聲。另有陰、陽、入聲韻部間元音異部通變且異尾通變變入支、脂、之韻③。

### （一）支韻系

《王三》支韻系屬主流音變的上古韻部來源有：魚部a④、歌$_1$部al、元$_1$部an、月$_1$部ad、鐸部ag、微$_2$部ul、支部e、歌$_2$部el、元$_2$部en、盍$_2$部eb、月$_2$部ed、錫部eg、歌$_3$部ol、元$_3$部on、月$_3$部od、微$_1$部ɯl，共527字，可分五類，下18小類。

第一類，陰聲韻部直接變入支韻，共486字。

① 字數指字的出現次數，若有字頭多收，則計作多字。本文所説字數均同此。

② 本文所説的主流來源主要是就上古至中古的音變規律而言的，涉字多少不是最重要的因素。

③ 並非每個韻系的上古音變來源都涉及全部途徑。

④ 本文上古音系據潘悟雲（2000：218－219，233，234－248），中古音系據黃笑山（2002）。

（1）魚部 a[①]，2 字。巇，虍聲，許羈反 q$^{hr}$ǎ[②]；㡾，且聲，此豉反 sk$^{h}$ǎs。（2）歌$_1$部 al，165 字（例三字，餘不贅）。䩻，皮聲，敷羈反 p$^{hr}$ǎl；葹，也聲，式支反 l̥ǎl；檥，魚倚反 ŋǎl。（3）支部 e，193 字（例三字，餘不贅）。脾，卑聲，苻支反 bě；雌，此聲，七移反 s$^{h}$ě；疻，只聲，諸氏反 k$^{j}$ěʔ。（4）歌$_2$部 el，58 字（例三字，餘不贅）。蘢，罷聲，彼為反 p$^{r}$ěl；醨，离聲，吕移反 b•rěl；鬹，規聲，居隨反 k$^{w}$ěl。（5）歌$_3$部 ol，68 字（例三字，餘不贅）。甀，垂聲，直垂反 dǒl；桅，危聲，居委反 k$^{r}$ǒlʔ；矮，委聲，於偽反 q$^{r}$ǒls。

第二類，陰聲韻部元音異部通變變入支韻，共 8 字。

（6）微$_2$部 ul 歌$_3$部 ol 元音異部通變，7 字。縋，𠂤聲[③]，池累反 dǒls；槌，𠂤聲，池累反 dǒls；膇，𠂤聲，池累反 dǒls；累，畾聲，力委反 rǒlʔ；樏，畾聲，力委反 rǒlʔ；累，畾聲，羸偽反 rǒls；衰，衰聲，楚危反 s$^{h}$rǒl。（7）微$_1$部 ɯl 歌$_1$部 al 元音異部通變，1 字。禕，韋聲，於離反 qǎl。

第三類，陽聲韻部異尾通變變入支韻，共 10 字。

（8）元$_1$部 an 歌$_1$部 al 異尾通變，1 字。觶，單聲，支義反 t$^{j}$ǎls。（9）元$_2$部 en 歌$_2$部 el 異尾通變，2 字。媊，前聲，即移反 sěl；䲜，鮮聲，息移反 s$^{l}$ěl。（10）元$_3$部 on 歌$_3$部 ol 異尾通變，7 字。揣，耑聲，初委反 sk$^{h}$rǒlʔ；腨，耑聲，之累反 t$^{j}$ǒlʔ；惴，耑聲，之睡反 k$^{lj}$ǒls；篅，耑聲，是為反 g$^{lj}$ǒl；瑞，耑聲，是偽反 g$^{lj}$ǒls；骫，丸聲，於詭反 q$^{r}$ǒlʔ；蒷，員聲，為委反 ɢ$^{r}$ǒlʔ。

第四類，入聲韻部異尾通變變入支韻，共 5 字。

（11）月$_1$部 ad 歌$_1$部 al 異尾通變，1 字。瀻，帶聲，尺尔反 t$^{hj}$ǎlʔ。（12）鐸部 ag 歌$_1$部 al 異尾通變，1 字。靃，霍聲，息委反 sq$^{hw}$ǎlʔ。（13）月$_2$部 ed 歌$_2$部 el 異尾通變，1 字。峛，列聲，力氏反 rělʔ。（14）錫部 eg 支部 e 異尾通變，1 字。菥，析聲，息移反 s$^{l}$ě。（15）月$_3$部 od 歌$_3$部 ol 異尾通變，1 字。莌，兑聲，人[④]垂反 -ǒl。

第五類，入聲韻部加後置尾 s 變入寘韻，共 18 字。

（16）盍$_2$部 eb 加後置尾 s，2 字。荔，劦聲，力智反 g•rěbs；珕，劦聲，力智反 g•rěbs。（17）月$_2$部 ed 加後置尾 s，1 字。觖，夬聲，窺瑞反 k$^{hw}$ěds。（18）錫部 eg 加後置尾 s，15 字。臂，辟聲，卑義反 pěgs；譬，辟聲，匹義反 p$^{h}$ěgs；躃，

① 魚部本當參與元音後高化鏈移（趙庸 2017），但上古既有一些魚部字混入歌部（潘悟雲 2000：193），遂從歌部進行音變。

② 反切後為與反切對應的上古擬音，下同。

③ “𠂤”聲本屬微$_2$部，“縋”字通變讀入歌$_3$部。下出字例凡涉通變者示意同此。

④ “人”，日母字，蓋誤。兑聲，以透定清章書以母為諧聲類型，中古不當與日母發生關係。《切三》《切二》《廣韻》人垂反/切下無此字，《王二》無人垂反。

辟聲，匹義反 pʰĕgs；避，辟聲，婢義反 bĕgs；朿，朿聲，此豉反 sʰĕgs；刺，朿聲，此豉反 sʰĕgs；莿，朿聲，此豉反 sʰĕgs；誎，朿聲，此豉反 sʰĕgs；積，朿聲，紫智反 sĕgs；漬，朿聲，在智反 zĕgs；羵，朿聲，在智反 zĕgs；啻，帝聲，施智反 l̥ʲĕgs；賜，易聲，斯義反 l̥ʲĕgs；易，易聲，以豉反 lĕgs；縊，益聲，於賜反 qĕgs。

（二）脂韻系

《王三》脂韻系屬主流音變的上古韻部來源有：歌部 al、脂$_{2}$部 i、脂$_{1}$部 il、真$_{1}$部 in、緝$_{2}$部 ib、質$_{1}$部 id、質$_{2}$部 ig、幽部 u、微$_{2}$部 ul、文$_{2}$部 un、緝$_{3}$部 ub、物$_{2}$部 ud、月$_{2}$部 ed、歌$_{3}$部 ol、月$_{3}$部 od、之部 ɯ、微$_{1}$部 ɯl、幽$_{2}$部 ɯw、文$_{1}$部 ɯn、緝$_{1}$部 ɯb、物$_{1}$部 ɯd、職部 ɯg，共 459 字，可分七類，下 24 小類。

第一類，陰聲韻部直接變入脂韻，共 305 字。

（1）脂$_{2}$部 i，114 字（例三字，餘不贅）。庀，比聲，必至反 pĭs；荑，夷聲，以脂反 lĭ；鰭，旨聲，渠脂反 gʳĭ。（2）脂$_{1}$部 il，73 字（例三字，餘不贅）。屼，几聲，居履反 kĭlʔ；湄，眉聲，武悲反 mʳĭl；齌，齊聲，即夷反 sĭl。（3）微$_{2}$部 ul，73 字（例三字，餘不贅）。追，𠂤聲，陟隹反 tŭl；愧，鬼聲，軌位反 kʳŭls；綏，委聲，儒隹反 mglʲŭl。（4）之部 ɯ，29 字（例三字，餘不贅）。秠，不聲，敷悲反 pʰʳɯ̆；龜，龜聲，居追反 kʷʳɯ̆；洧，又聲，榮美反 ɢʷʳɯ̆ʔ。（5）微$_{1}$部 ɯl，16 字（例三字，餘不贅）。悲，非聲，府眉反 pʳɯ̆l；驥，異聲，几利反 kpʳɯ̆ls；絺，希聲，丑脂反 kʰlɯ̆l。

第二類，陰聲韻部元音異部通變變入脂韻，共 5 字。

（6）歌$_{1}$部 al 微$_{1}$部 ɯl 元音異部通變，1 字。茬，𠂇聲，即夷反 sɯ̆l。（7）幽部 u 之部 ɯ 元音異部通變，3 字。殍，孚聲，符鄙反 bʳɯ̆ʔ；晷，咎聲，居洧反 kʷʳɯ̆ʔ；厬，咎聲，居洧反 kʷʳɯ̆ʔ。（8）歌$_{3}$部 ol 微$_{2}$部 ul 元音異部通變，1 字。桵，妥聲，儒隹反 nʲŭl。

第三類，陽聲韻部異尾通變變入脂韻，共 9 字。

（9）真$_{1}$部 in 脂$_{1}$部 il 異尾通變，6 字。胂①，申聲，以脂反 lĭl；欭，因聲，乙利反 qʳĭls；寅，寅聲，以脂反 lĭl；伊，尹聲，於脂反 qĭl；咿，尹聲，於脂反 qĭl；蛜，尹聲，於脂反 qĭl。（10）文$_{2}$部 un 微$_{2}$部 ul 異尾通變，1 字。葰，允聲，息遺反 sqʰŭl。（11）文$_{1}$部 ɯn 微$_{1}$部 ɯl 異尾通變，2 字。豩，豩聲，許偽②反 qpʰʳɯ̆l；䐜，辰聲，丑脂反 pʰlɯ̆l。

---

① 《王三》形誤作"胰"，《切二》《切三》是。
② "偽"寘韻字，《王二》《廣韻》作"位"，至韻字，是。

第四類，入聲韻部異尾通變變入脂韻，共 3 字。

（12）質₂部 ig 脂₂部 i 異尾通變，2 字。荎，至聲，直尼反 glǐ；胵，至聲，處脂反 kʰˡʲǐ。（13）物₂部 ud 微₂部 ul 異尾通變，1 字。滜，卒聲，遵誄反 sǔlʔ。

第五類，入聲韻部加後置尾 s 變入至韻，共 132 字。

（14）緝₂部 ib 加後置尾 s，6 字。摯，執聲，脂利反 kˡʲibs；鷙，執聲，脂利反 kˡʲibs；鷙，執聲，脂利反 kˡʲibs；贄，執聲，脂利反 kˡʲibs；鞏，執聲，執利反 klibs；鷙，執聲，執利反 klibs。（15）質₁部 id 加後置尾 s，39 字（例三字，餘不贅）。濞，畀聲，匹備反 pʰʳids；悸，季聲，其季反 gʷids；躓，質聲，陟利反 tids。（16）質₂部 ig 加後置尾 s，26 字（例三字，餘不贅）。秘，必聲，鄙媚反 pʳigs；緻，至聲，直利反 gligs；撎，壹聲，乙利反 qʳigs。（17）緝₃部 ub 加後置尾 s，2 字。轛，對聲，追額反 tǔbs；懟，對聲，直類反 dǔbs。（18）物₂部 ud 加後置尾 s，38 字（例三字，餘不贅）。類，类聲，力遂反 rǔds；粹，卒聲，雖遂反 sˡǔds；墜，㒸聲，直類反 glǔds。（19）緝₁部 ɯb 加後置尾 s，3 字。蒞，立聲，力至反 rɯ̆bs；泣，立聲，力至反 rɯ̆bs；位，立聲，洧冀反 ɢʷʳɯ̆bs。（20）物₁部 ɯd 加後置尾 s，14 字。鄪，弗聲，鄙媚反 pʳɯ̆ds；穊，旡₁聲，几利反 kʳɯ̆ds；曁，旡₁聲，其器反 kɯ̆ds；鱀，旡₁聲，其器反 gʳɯ̆ds；隷，隶聲，力遂反 rɯ̆ds；肆，隶聲，息利反 l̥ʲɯ̆ds；蕼，隶聲，息利反 l̥ʲɯ̆ds；殔，隶聲，息利反 l̥ʲɯ̆ds；齂，隶聲，許器反 m̥ʰɯ̆ds；殔，隶聲，羊至反 lɯ̆ds；隶，隶聲，羊至反 lɯ̆ds；轡，轡聲，鄙媚反 pʳɯ̆ds；器，器聲，去冀反 kʰʳɯ̆ds；魅，未聲，美秘反 mʳɯ̆ds。（21）職部 ɯg 加後置尾 s，4 字。備，葡聲，平祕反 bʳɯ̆gs；糒，葡聲，平祕反 bʳɯ̆gs；犕，葡聲，平祕反 bʳɯ̆gs；構，葡聲，平祕反 bʳɯ̆gs。

第六類，入聲韻部元音異部通變且加後置尾 s 變入至韻，共 4 字。

（22）月₂部 ed 質₁部 id 元音異部通變且加後置尾 s，3 字。彗，彗聲，雖遂反 sqʰʷids；彗，彗聲，徐醉反 sɢʷids；劓，臬聲，魚器反 ŋʳids。（23）物₁部 ɯd 質₁部 id 元音異部通變且加後置尾 s，1 字。寐，未聲，蜜二反 mids。

第七類，入聲韻部元音異部通變又與陰聲韻部異尾通變變入脂韻，共 1 字。

（24）月₃部 od 物₂部 ud 微₂部 ul 元音異部通變又異尾通變，1 字。娺，叕聲，陟隹反 tǔl。

（三）之韻系

《王三》之韻系屬主流音變的上古韻部來源有：脂₂部 i、質₂部 ig、之部 ɯ、蒸部 ɯŋ、緝₁部 ɯb、物₁部 ɯd、職部 ɯg，共 293 字，可分六類，下 9 小類。

第一類，陰聲韻部直接變入之韻，共 266 字。

（1）之部 ɯ，266 字[①]（例三字，餘不贅）。洱，耳聲，而止反 ml$^{j}$ ɯ̆ʔ；思，囟聲，息兹反 s$^{l}$ɯ̆；飴，台聲，与之反 ɢlɯ̆。（2）幽$_{2}$部 ɯw[②]，5 字。軌[③]，九聲，居洧反 k$^{wr}$ɯ̆wʔ；宄，九聲，居洧反 k$^{wr}$ɯ̆wʔ；匭，九聲，居洧反 k$^{wr}$ɯ̆wʔ；氿，九聲，居洧反 k$^{wr}$ɯ̆wʔ；逵，逵聲，渠追反 g$^{wr}$ɯ̆w。

第二類，陰聲韻部元音異部通變變入之韻，共 6 字。

（3）脂$_{2}$部 i 之部 ɯ 元音異部通變，6 字。醫，医聲，於其反 qɯ̆；瘢，医聲，於其反 qɯ̆；㭊，㭊聲，即里反 skɯ̆ʔ；第，㭊聲，側李反 srɯ̆ʔ；胏，㭊聲，側李反 srɯ̆ʔ；柹，㭊聲，鋤里反 zrɯ̆ʔ。

第三類，陽聲韻部異尾通變變入之韻，共 1 字。

（4）蒸部 ɯŋ 之部 ɯ 異尾通變，1 字。徵，徵聲，陟里反 tɯ̆ʔ。

第四類，入聲韻部異尾通變變入之韻，共 6 字。

（5）緝$_{1}$部 ɯb 之部 ɯ 異尾通變，1 字。䶣，䶣聲，魚紀反ŋ$^{l}$ɯ̆ʔ。（6）物$_{1}$部 ɯd 之部 ɯ 異尾通變，1 字。鱀，旡$_{1}$聲，渠記反 gɯ̆s。（7）職部 ɯg 之部 ɯ 異尾通變，4 字。㔻，異聲，胥里反 sp$^{l}$ɯ̆ʔ；萁，異聲，焉記反 b•lɯ̆s；噫，意聲，於其反 qɯ̆；醷，意聲，於擬反 qɯ̆ʔ。

第五類，入聲韻部加後置尾 s 變入志韻，共 13 字。

（8）職部 ɯg 加後置尾 s，13 字。亟，茍聲，去吏反 k$^{h}$ɯ̆gs；飤，食聲，辝吏反 sɢ$^{l}$ɯ̆gs；試，弋聲，式吏反 l̥ɯ̆gs；異，異聲，餘吏反 b•lɯ̆gs；意，意聲，於記反 qɯ̆gs；鷾，意聲，於記反 qɯ̆gs；廁，則聲，初吏反 sk$^{h}$rɯ̆gs；置，直聲，陟吏反 tɯ̆gs；值，直聲，直吏反 dɯ̆gs；植，直聲，直吏反 dɯ̆gs；熾，戠聲，尺志反 k$^{hlj}$ɯ̆gs；幟，戠聲，尺志反 k$^{hlj}$ɯ̆gs；幟，戠聲，式吏反 q$^{hlj}$ɯ̆gs。

第六類，入聲韻部元音異部通變且加後置尾 s 變入志韻，共 1 字。

（9）質$_{2}$部 ig 職部 ɯg 元音異部通變且加後置尾 s，1 字。魅，失聲，丑吏反 k$^{h}$lɯ̆gs。

**（四）小結**

統計《王三》上古見字，支、脂、之韻由上古韻部經主流音變途徑變入的佔絕

---

① 含“厎”字。“氐”聲上古入脂$_{1}$部，中古入脂韻，“厎”字《廣韻》正有職雉切旨。“厎”上古另入之部，t$^{j}$ ɯʔ，為變音（鄭張尚芳 2003：303），變自脂$_{1}$部 t$^{j}$ilʔ，此據收。

② 幽$_{2}$部 ɯw 漢代時韻尾 w 因異化脫落，遂變入之部 ɯ（鄭張尚芳 2003：191）。

③ 《王三》作俗形“軌”。

大多數，比例分別為 95.13％=527/554、94.83％=459/484、98.63％=293/297。所以，《王三》支、脂、之韻主體不混，三分格局儼然。段玉裁以支、脂、之“三部自唐以前分別最嚴”《六書音均表》，誠為信言。

## 三、《王三》支脂之韻系非主流來源顯示的“混”

非主流來源的中古音，指不符合上古到中古主流來源音變邏輯的中古韻讀。支、脂、之韻具体表現為支韻雜入脂、之韻字，脂韻雜入支、之韻字，之韻雜入支、脂韻字，即通常所說的“混韻”。

### （一）支韻系

《王三》支韻系屬非主流來源的上古韻部來源有：脂$_2$部 i、脂$_1$部 il、真$_1$部 in、質$_2$部 ig、微$_2$部 ul、之部 ɯ、文$_1$部 ɯn、職部 ɯg，共 27 字，可分四類，下 8 小類。第一、二、三類為脂韻混入支韻，21 字，第四類為之韻混入支韻，6 字。

第一類，陰聲韻部當變入脂韻，而實入支韻，共 17 字。

（1）脂$_2$部 i，9 字。比，比聲，婢義反；弭，耳聲，弥婢反；渳，耳聲，弥婢反；葞，耳聲，弥婢反；䉾，米聲，文彼反；蘼，米聲，武移反；冞，米聲，武移反；㳇，水聲，之累反；榰，旨聲，章移反。（2）脂$_1$部 il，7 字。庀，匕聲，匹婢反；疕，匕聲，匹婢反；𦽒，氏聲，章移反；狔，尼聲，女氏反；柅，尼聲，女氏反；旎，尼聲，女氏反；劑，齊聲，觜隨反。（3）微$_2$部 ul，1 字。睢，隹聲，許隨反。

第二類，陽聲韻部異尾通變當變入脂韻，而實入支韻，共 2 字。

（4）真$_1$部 in 脂$_1$部 il 異尾通變，1 字。芛，尹聲，羊捶反。（5）文$_1$部 ɯn 微$_1$部 ɯl 異尾通變，1 字。賁，奔聲，彼義反。

第三類，入聲韻部異尾通變當變入脂韻，而實入支韻，共 2 字。

（6）質$_2$部 ig 脂$_2$部 i 異尾通變，1 字。摰，至聲，陟侈反。（7）職部 ɯg 之部 ɯ 異尾通變，1 字。備，葡聲，皮義反。

第四類，陰聲韻部當變入之韻，而實入支韻，共 6 字。

（8）之部 ɯ，6 字。䳚，才聲，此豉反；誺，來聲，丑知反；漦，𠩺聲，吕移反；嫠，𠩺聲，吕移反；㑊，囟聲，雌氏反；芷，止聲，諸氏反。

### （二）脂韻系

《王三》脂韻系屬非主流來源的上古韻部來源有：歌$_1$部 al、鐸部 ag、支部 e、歌$_2$部 el、歌$_3$部 ol、之部 ɯ，共 25 字，可分四類，下 7 小類。第一、二、三類為支韻混入脂韻，18 字，第四類為之韻混入脂韻，7 字。

第一類，陰聲韻部當變入支韻，而實入脂韻，共 15 字。

（1）歌₁部 al，2 字。羍，ナ聲，取私反；羍，ナ聲，疾脂反。（2）支部 e，7 字。髀，卑聲，卑履反；痺，卑聲，必至反；眭，圭聲，許維反；欈，巂聲，將遂反；孈，巂聲，以水反；胑，只聲，旨夷反；疻，只聲，旨夷反。（3）歌₂部 el，4 字。地，地聲，徒四反；瞡，規聲，癸悸反；嫢①，規聲，葵癸反；覼，麗聲，力至反。（4）歌₃部 ol，2 字。鰖，陏聲，以水反；𨚔，危聲，暨軌反。

第二類，陰聲韻部元音異部通變當變入支韻，而實入脂韻，共 2 字。

（5）歌₁部 al 歌₂部 el 元音異部通變，2 字。貤，也聲，神至反；貤，也聲，羊至反。

第三類，入聲韻部元音異部通變又與陰聲韻部異尾通變當變入支韻，而實入脂韻，共 1 字。

（6）鐸部 ag 錫部 eg 支部 e 元音異部通變又異尾通變，1 字。硋，灸聲，居履反。

第四類，陰聲韻部當變入之韻，而實入脂韻，共 7 字。

（7）之部 ɯ，7 字。誺，來聲，丑利反；嫠，𠩺聲，力脂反；嫠，𠩺聲，力脂反；𪐴，止聲，胝几反；治，之聲，直利反；𣢾，之聲，於几反；洔，止聲，直几反。

（三）之韻系

《王三》之韻系屬非主流來源的上古韻部來源有：真₁部 in、質₂部 ig，共 4 字，可分兩類，下 2 小類。兩類均為脂韻混入之韻。

第一類，陽聲韻部異尾通變當變入脂韻，而實入之韻，共 1 字。

（1）真₁部 in 脂₁部 il 異尾通變，1 字。鏔，寅聲，与之反。

第二類，入聲韻部異尾通變當變入脂韻，而實入之韻，共 3 字。

（2）質₂部 ig 脂₂部 i 異尾通變，3 字。𠞞，桼聲，初紀反；㦤，壹聲，於記反；咥，至聲，虛記反。

（四）小結

統計《王三》上古見字，支、脂、之韻由上古韻部經非主流音變途徑變入的佔比相當小，比例分別為 4.87%=27/554、5.17%=25/484、1.35%=4/297。所以，《王三》支、脂、之韻的相混在統計意義上實可忽略不計。即便考慮到上文統計所據為上古見字，上古未見字也可能發生混韻，但由於支、脂、之韻上古見字佔總收字數的比例均在 85%左右（參本文第一章），未見字佔比不多，因此，充分考慮上古未見字發生混韻的可能，仍然不影響支、脂、之韻相混為少發事件的總體判斷。

---

① 《王三》作俗形"嫢"。

## 四、對《王三》支脂之韻系相混的分析和對《切韻》音系性質及基礎方言的認識

### （一）支脂之韻相混反映的韻系關係、混韻方向及其成因

對《王三》上古見字於支、脂、之韻的相混，在方向上做字數的梳理，“→”表示混入方向，脂→支 21 字，之→支 6 字，支→脂 18 字，之→脂 7 字，支→之 0 字，脂→之 4 字。將混韻字還原其應屬韻系，①支韻應轄字＝支韻現收字＋混入他韻字－他韻混入字＝554＋(18＋0)－(21＋6)＝545 字，②脂韻應轄字＝脂韻現收字＋混入他韻字－他韻混入字＝484＋(21＋4)－(18＋7)＝484 字，③之韻應轄字＝之韻現收字＋混入他韻字－他韻混入字＝297＋(6＋7)－(0＋4)＝306 字。以此為基礎，在方向上計算支、脂、之韻的混韻比例，①a 支韻混入脂韻，佔支韻字比 18/545＝3.30％，①b 支韻混入之韻，佔支韻字比 0/545＝0％，②a 脂韻混入支韻，佔脂韻字比 21/484＝4.34％，②b 脂韻混入之韻，佔脂韻字比 4/484＝0.83％，③a 之韻混入支韻，佔之韻字比 6/306＝1.96％，③b 之韻混入脂韻，佔之韻字 7/306＝2.29％。

可見，從韻系關係上説，支、脂韻互混相對較多，支、脂韻與之韻相混相對較少，説明支、脂韻近，與之韻相對疏遠。從混韻方向上説，支、脂韻混入之韻比較不容易發生，支韻不混入之韻，脂韻基本不混入之韻，而之韻混入支、脂韻相較容易出現，之韻混入支、脂韻的概率差不多。

至於成因，先看韻系關係。《切韻》支韻(r)ie①、脂韻（r)ii②、之韻（r)iə，韻母（final）結構相同，差異僅在核音（nucleus)。支、脂韻的核音元音 e、i 都是前舌位非低不圓唇元音，在音系中共有［－low］［－round］［－back］特徵③，且音位緊鄰，音近混讀自然比較容易。之韻的核音元音 ə 是非前舌位非低不圓唇元音，音系中與 e、i 共享［－low］［－round］特徵，［＋back］特徵與 e、i 不同。之韻與支、脂韻核音的音系特徵不盡相同，因此，之韻與支、脂韻的韻系關係會遠一點，之韻與支、脂韻相混的實現會較支、脂韻相混概率小一些。

再看混韻方向。支、脂、之韻的相混顯示了之韻向支、脂韻的趨近，而非反過來。這和前中古期漢語通語元音音系變動大勢有關。上古晚期到《切韻》時代，漢語通語元音以高化④、前化為總趨勢（趙庸 2017)。前化於［＋high］［＋back］特徵元音韻部有清晰表現，以陰聲韻部為例，如微$_1$部 ɯl、微$_2$部 ul、之部 ɯ 之變入

---

① 僅舉開口音，合口需在介音 i 前增加 w 介音。脂韻同。

② (r)ii 是在音系中出於音位形式統一的考慮做的擬音，實際音值經刪重規則調整為（r)i。

③ 《切韻》音系的區別特徵分析見黃笑山（2006、2012)。

④ 前舌位元音的中古三等韻衹體現於上古［＋low］特徵元音韻部來源的韻。

脂韻 ii，之部 ɯ 之變入之韻 iə[①]。之韻之混入支、脂韻為元音由［＋back］特徵轉為［－back］特徵，即前化。支、脂韻元音本為［－back］特徵，若要轉入［＋back］特徵的之韻，則與前化趨勢牴牾。所以，《切韻》之韻混入支、脂韻比支、脂韻混入之韻更具傾向性。

### （二）支脂之韻分混情況反映的《切韻》音系性質和基礎方言

關於《切韻》音系性質及其基礎方言，討論由來已久。音系性質大致可分“單一音系”和“綜合音系”兩説，基礎方言又有主張南音、北音或兼顧南北的不同。二十世紀五六十年代和八十年代，學界有過集中討論，後來也有陸續闡發，意見雖未完全一致，但《切韻》音系具有系統性和代表性的認識被普遍接受。至於基礎方言，到底是南音還是北音，是金陵音還是洛陽音[②]，權重孰輕孰重，也有眾多討論。所謂“獨金陵與洛下”《顔氏家訓·音辭》，如黄淬伯（1957）：“《切韻》音系既是當時南北方音的複雜組合，又經過蕭該、顏之推的規劃，顏之推所指的金陵與洛下的音系一定蘊藏在《切韻》之中，假若全面地研究六朝韻語或其他相關材料，我想當時全民語的基礎方言即金陵與洛下的音系是可以從《切韻》中發現的。”丁邦新（1995）：“把切韻音系分成鄴下[③]切韻和金陵切韻兩大方言來擬測。”不少意見主張洛陽音的基礎方言地位，如趙振鐸（1962）：“以洛陽為中心的中原一帶方言是有資格作為這個基礎的。”唐作藩（1991：98）：“以當時洛陽音作基礎，同時又吸收了南北方音的一些特點。”在此基礎之上不少學者還肯定了金陵音的漸染、吸收。如王顯（1961）：“《切韻》音系是以當時洛陽話為基礎的，也適當地吸收了魏晉時代和當時河北區其他方言的個別音類以及當時金陵話的一部分音類。”邵榮芬（1961）：“當時洛陽一帶的語音是它的基礎，金陵一帶的語音是它主要的參考對象。”黄笑山（1995：5）：“可能是以洛陽皇室舊音為基礎，浸染金陵的某些語音而形成的。”也有學者主張金陵音的基礎地位，如麥耘（2009：207）：“《切韻》是以金陵音為基礎，部分綜合了洛陽語音而成的。”

討論《切韻》音系性質及其基礎方言，從音系本身來搜尋證據、尋求答案，無疑是有説服力的方法，學者也多有這方面的努力。如從《切韻》音系反映的語音現象出發，楊劍橋（2004）據輕唇十韻系、重紐、《切韻》及原本《玉篇》《一切經音義》的反切系統立論，如從《切韻》音類、音系格局和現代漢語方言的關係出發，曾曉渝、劉春陶（2010）考察《切韻》知、莊、章母與現代漢語方言的複雜對應，《切韻》音系聲韻調格局與現代漢語方言的差異，《切韻》小韻數與現代漢語方言音

---

① 之韻擬作 iə 屬音位化構擬，音值擬音為 ɨ，見黄笑山（1995：97）。

② 早期還有長安音説，後漸被不取。

③ 鄴下其實就等於洛陽，見何大安（1981：335）。

節數的差異等，這些研究都是檢驗前述問題的有益實踐。《王三》支、脂、之韻的分、混現象也可以在這一思路上為判斷提供依據。

上古後期，一定語音條件下，北方地區支、脂部相通，與之部關係疏遠，南方地區脂、之部相通，與支部不相往來，呈現出方言地理類型差異（邊田鋼、黃笑山2018）。這一分合類型差別發展到《切韻》時代，在標準語的南北方變體中，於支、脂、之韻的分合呈現出相應差異，北方支脂∶之對立，南方脂之∶支對立（黃笑山1995：183）。王仁昫《刊謬補缺切韻》卷首韻目小注有相關信息，《王一》《王三》韻目“旨”下注：“夏侯与止為疑，呂、陽、李、杜別，今依呂、陽、李、杜。”韻目“至”下注：“夏侯与志同，陽、李、杜別，今依陽、李、杜。”夏侯詠里籍無確考，陽休之北齊右北平無終《北齊書·陽休之傳》，今河北薊縣北人，李季節南朝宋趙郡平棘《北史·李靈傳》，今河北趙縣人，杜臺卿北齊博陵曲陽《隋書·杜臺卿傳》，今河北定縣人，脂之韻系上聲旨止去聲至志北人陽、李、杜均別，陸法言從之，可見《王三》支、脂、之韻的相混應是北方型。

這一現象並非形成於《切韻》一時一書，而有長期的歷史積累。上古到《切韻》前的一段時期，漢語標準語的基礎方言幾經更變，夏、商、周的伊洛方言，秦、西漢的秦晉方言，東漢、三國的洛陽方言，西晉、北魏（孝文帝以後）的河洛之音，東晉、宋、齊、梁、陳的河洛舊音（黃笑山1995：2—5），地有遷移，但都在北方。標準語的形成和基礎方言關係密切，《切韻》支、脂、之韻相混的北方型特徵正是這一音史流變的餘緒。

所以，從這一角度講，《切韻》音系和標準語的北方變體關係更為密切，主體的基礎方言不會是金陵音，而當是某種北方語音，如果説是洛陽音，是可以接受的。另外，支、脂、之韻的“分”可以在來源上尋繹到極其清晰的音變脈絡和規律，“綜合音系”説似乎很難對其進行解釋，“單一音系”説和《切韻》的音變行為和音系表現更為切近。

## 參考文獻

邊田鋼，黃笑山. 上古後期支、脂、之三部關係方言地理類型研究. 浙江大學學報（人文社會科學版），2018（4）.

丁邦新. 重建漢語中古音系的一些想法. 中國語文，1995（6）.

董同龢. 上古音韻表稿. 上海：商務印書館，1948.

段玉裁. 説文解字注. 杭州：浙江古籍出版社，1998.

何大安. 南北朝韻部演變研究. 台灣大學博士學位論文，1981.

黃淬伯. 論《切韻》音系並批判高本漢的論點. 南京大學學報，1957（2）.

黃綺. 論古韻分部及支、脂、之是否應分為三. 河北大學學報（哲學社會科學版），1980

(2).

黃笑山.《切韻》和中唐五代音位系統. 台北：文津出版社，1995.

黃笑山. 中古二等韻介音和《切韻》元音數量. 浙江大學學報（人文社會科學版），2002 (1).

黃笑山.《切韻》元音分韻的假設和音位化構擬. 古漢語研究，2002 (3).

黃笑山. 中古－r－介音消失所引起的連鎖變化//山高水長：丁邦新先生七秩壽慶論文集. 台北：中研院語言學研究所，2006.

黃笑山.《切韻》三等韻 ABC——三等韻分類及其聲、介、韻分佈和區別特徵擬測//中文學術前沿：第五輯. 杭州：浙江大學出版社，2012.

李方桂. 上古音研究. 北京：商務印書館，1980.

李榮. 切韻音系. 北京：科學出版社，1956.

麥耘. 音韻學概論. 南京：江蘇教育出版社，2009.

潘悟雲. 漢語歷史音韻學. 上海：上海教育出版社，2000.

潘悟雲. 上古漢語的韻尾＊－l與＊－r. 民族語文，2007 (1).

邵榮芬.《切韻》音系的性質和它在漢語語音史上的地位. 中國語文，1961 (4).

史存直. 漢語語音史綱要. 北京：商務印書館，1981.

唐作藩. 音韻學教程. 北京：北京大學出版社，1991.

王力. 漢語語音史. 北京：中國社會科學出版社，1985.

王顯.《切韻》的命名和《切韻》的性質. 中國語文，1961 (4).

楊劍橋.《切韻》的性質和古音研究——答潘文國先生. 古漢語研究，2004 (2).

楊劍橋. 漢語現代音韻學. 上海：復旦大學出版社，2012.

曾曉渝，劉春陶.《切韻》音系的綜合性質再探討. 古漢語研究，2010 (1).

趙庸. 漢語首次長元音高化鏈移和引起的元音音系重組. 語言科學，2017 (待刊).

趙振鐸. 從《切韻・序》論《切韻》. 中國語文，1962 (10).

鄭張尚芳. 上古音系. 上海：上海教育出版社，2003.

鄭張尚芳. 漢語上古音系表解//鄭張尚芳語言學論文集. 北京：中華書局，2012.

周祖謨. 切韻的性質和它的音系基礎//問學集. 北京：中華書局，1966.

周祖謨. 唐五代韻書集存. 北京：中華書局，1983.

Baxter, William H. *A Handbook of Old Chinese Phonology*. Berlin & New York: Mouton de Gruyter, 1992.

Starostin, Sergei A. *Rekonstrukeija Drevnekitajskoj Fonologicheskoj Sistemy*. Moscow: Nauka, 1989. 古代漢語音系的構擬. 林海鷹、王衝譯，鄭張尚芳、馮蒸審校. 上海：上海教育出版社，2010.

# The Distinction and Confusion of the Rhymes "*Zhi*"（支）、"*Zhi*"（脂）and "*Zhi*"（之）in *Wangsan*（《王三》）

Zhao Yong

**Abstract**: The rhymes "*zhi*"（支）、"*zhi*"（脂）and "*zhi*"（之）in the Middle Chinese inherited many characters of the rhyme groups "*zhi*"（支）、"*zhi*"（脂）and "*zhi*"（之）in the Old Chinese, which reflected the relationship of sound change. According to the sound conditions and sound change rules, the main body of the rhymes "*zhi*"（支）、"*zhi*"（脂）and "*zhi*"（之）in *Wangsan*（《王三》）had been changed from the rhyme groups. The three rhymes were separated strictly, with only a little confusion. The confusion showed that the relationship between the rhymes "*zhi*"（支）and "*zhi*"（脂）was closer than what with the rhyme "*zhi*"（之）. In the direction of the confusion, the rhyme "*zhi*"（之）was moved to the rhymes "*zhi*"（支）and "*zhi*"（脂）, which was the result of the tendency of vowel fronting in the Early Middle Ancient. The distinction and confusion of the rhymes "*zhi*"（支）、"*zhi*"（脂）and "*zhi*"（之）supported the single phonology hypothesis of *Qieyun*（《切韻》）and the guess that the main basic dialect of *Qieyun*（《切韻》）was Luoyang（洛陽）dialect.

**Keywords**: rhymes "*zhi*"（支）、"*zhi*"（脂）and "*zhi*"（之）; *Wangsan*（《王三》）; *Qieyun*（《切韻》）; single phonology hypothesis; basic dialect

（趙庸，華東師範大學中文系語言認知與演化實驗室）

# 精組合口字在近現代魯西南方言中的音變考尋*

亓文婧　林珈亦

**提　要：**文章從山東西南部45個中原官話方言點的實際讀音出發，結合古代文獻材料的記錄，討論近現代精組合口字的演變方式，得出以下結論：(1) i介音脱落和精組聲母齶化的競爭與對抗，是支配精組合口字演變方向的關鍵，二者的相互作用，使山東西南部方言衍生出4種讀音類型；(2) 韻書中記錄的精組合口字分合主流，是合口三等向合口一等合并，山東西南部方言中則有3類：精合一與精合三不混、精合三并入精合一、精合一并入精合三；(3) 方言材料中出現了新的齶化規則，這條音變只發生於合口一等字中，與合口三等的齶化機制、時間都不同，它是一種相對晚近的層次；(4) 方言中尖團分立的點，體現出精組合口字更古老的讀音形式。

**關鍵詞：**精組合口字；魯西南方言；齶化；i介音丢失

## 一、緣起

在近代官話的演變過程中，聲母和韻母的同化作用，是影響漢語音變的一個重要因素。從普通話的發展歷史看，精組聲母的分化多以韻母的洪細為條件：中古合口一等字多為洪音，精組在這類韻母前一般不發生齶化，但山東西南部的少數方言點卻存在齶化現象，如滕州方言“坐果合一”tɕyəꜘ、“酸山合一”꜀ɕyā；中古蟹、止攝合口三等字，在近代官話方言裏，多與蟹攝合口一等字合流，讀為ui或uei，韻母為洪音，所以精組在這類韻母前一般不齶化，但山東的部分方言點卻齶化了，如滕州

* 本文得到了國家重大社會科學基金項目“中國古代方言學文獻集成（16ZDA202）”和山東大學人文社會科學青年學者專案（IFYT17006）的支持。文章初稿曾在第七届音韻與方言青年學者論壇（南京師範大學文學院主辦，2019年3月29日—31日）上宣讀，後期又做了較大幅度的修改和調整，山東大學張樹錚教授、王新華教授提出了諸多寶貴意見，謹致謝忱！

方言"嘴止合三"ᶜtɕyei、"歲蟹合三"ɕyeiᵓ；中古合口三等字多為細音，所以精組在合口三等字前發生齶化，山東西南部個別方言點卻未發生齶化音變，如菏澤牡丹區方言"絶山合三"꜀tsuə，"旋山合三"꜀suÃ。

為解釋上述語音的變化，文章以時間為序排列韻書，考察精組合口字的演變。這一研究方法能讓我們得到斷面式的語音資訊，將這些資訊與方言讀關聯起來，雖然不一定能得知精組合口字演變的全部細節，卻可以幫助我們梳理其演變大勢。

## 二、近代韻書記錄中精組合口字的演變軌跡

本文首先從文獻材料入手，選取了 6 部反映官話整體演變的韻書①：《中原音韻》《韻略易通》《西儒耳目資》《韻略匯通》《五方元音》《李氏音鑒》，分別梳理精組合口字的讀音情情況，以期從中總結出這類字的演變方向和途徑。

茲將《廣韻》精組合口韻字②和上述韻書精組合口字的洪細情況③，總結如下：

| | 洪音 | 細音 |
|---|---|---|
| **通合一** | | |
| 《中原音韻》 | 東鍾韻，如"宗葱" | |
| 《韻略易通》 | 東洪韻，如"鬆" | |
| 《西儒耳目資》 | 第二十六攝 um，如"宗葱送" | |
| 《韻略匯通》 | 東洪韻 | |
| 《五方元音》 | 龍韻 | |
| 《李氏音鑒》 | 在"醉""翠""鬆" 3 個洪音聲母下 | |
| **通合三** | | |
| 《中原音韻》 | | 東鍾韻，如"嵩" |
| 《韻略易通》 | 東洪韻，絶大部分字 | 東洪韻，極個別字，如"嵩" |
| 《西儒耳目資》 | 非入聲字在第二十六攝 um，入聲字在第四攝。 | |
| 《韻略匯通》 | 東洪韻 | |
| 《五方元音》 | 龍韻 | |
| 《李氏音鑒》 | 在"醉""翠""鬆" 3 個洪音聲母下 | |

① 這六部韻書在性質上雖存在一定差異，但它們都是主要反映官話音特點的這一點是没有問題的，所以對於本文論題的研究没有影響。

② 表中僅列出能與精組聲母相拼的合口呼韻類（除果攝外），即通、臻、山、蟹四攝的合口一三等及止合三、果合一、果開一。

③ 指中古音的洪細，《廣韻》中一二等為洪音，三四等為細音。另，韻書以時間為序排列。

| | 洪音 | 細音 |
|---|---|---|
| **臻合一** | | |
| 《中原音韻》 | 真文韻，如“尊村” | |
| 《韻略易通》 | 真文韻 | |
| 《西儒耳目資》 | 第二十七攝 un | |
| 《韻略匯通》 | 真尋韻 | |
| 《五方元音》 | 人韻，如“尊樽” | |
| 《李氏音鑒》 | 在“醉”“翠”“鬆”3 個洪音聲母下 | |
| **臻合三** | | |
| 《中原音韻》 | | 真文韻，如“旬卒” |
| 《韻略易通》 | 真文韻，個別字，如“遵俊卒猝” | 真文韻，絕大部分字 |
| 《西儒耳目資》 | 第二十七攝 un，少數字，如“遵焌跧僎”；入聲字在第四攝。 | 第三十七攝 iun，多數字，如“俊旬筍” |
| 《韻略匯通》 | 真尋韻，少數字，如“遵” | 真尋韻，絕大部分字，如“旬” |
| 《五方元音》 | 人韻，少數字（如“俊”） | 人韻，多數字 |
| 《李氏音鑒》 | 個別字在“醉”“翠”“鬆”3 個洪音聲母下（如“卒猝”） | 絕大多數字在“酒”“清”“仙”3 個細音聲母下 |
| **山合一** | | |
| 《中原音韻》 | 桓歡韻（如“酸”） | |
| 《韻略易通》 | 端桓韻 | |
| 《西儒耳目資》 | 第四十九攝 uon | |
| 《韻略匯通》 | 山寒韻① | |
| 《五方元音》 | 天韻 | |
| 《李氏音鑒》 | 在“醉”“翠”“鬆”3 個洪音聲母下（如“攢酸”） | |
| **山合三** | | |
| 《中原音韻》 | | 先天韻②（如“全宣”） |
| 《韻略易通》 | | 先全韻 |
| 《西儒耳目資》 | | 屬第五十攝 iuen，入聲字歸入第三十五攝 iue（如“絶雪薛”） |
| 《韻略匯通》 | | 先全韻 |

① 它與三等的區別不僅表現在洪細的對立上，還表現為主要元音的區別。
② 它與一等的區別不僅表現在洪細的對立上，還表現為主要元音的區別。

| | 洪音 | 細音 |
|---|---|---|
| 《五方元音》 | 天韻少部分字（如“全泉”） | 天韻絶大部分字 |
| 《李氏音鑒》 | | 在“酒”“清”“仙”3個細音聲母下（如“宣全”） |
| **蟹合三、止合三、蟹合一** | | |
| 《中原音韻》 | 齊微韻（如“歲蟹合三碎蟹合一”） | |
| 《韻略易通》 | 西微韻 | |
| 《西儒耳目資》 | 第二十三攝（如“崔蟹合一雖止合三最蟹合一”） | |
| 《韻略匯通》 | 灰微韻 | |
| 《五方元音》 | 地韻 | |
| 《李氏音鑒》 | 在“醉”“翠”“鬆”3個洪音聲母下 | |
| **遇合一** | | |
| 《中原音韻》 | 魚模韻（如“租醋”） | |
| 《韻略易通》 | 呼模韻 | |
| 《西儒耳目資》 | 屬第四攝。① | |
| 《韻略匯通》 | 呼模韻 | |
| 《五方元音》 | 虎韻 | |
| 《李氏音鑒》 | 在“醉”“翠”“鬆”3個洪音聲母下（如“租醋蘇”） | |
| **遇合三** | | |
| 《中原音韻》 | | 魚模韻 |
| 《韻略易通》 | | 居魚韻 |
| 《西儒耳目資》 | | 屬第十六攝 iu |
| 《韻略匯通》 | | 居魚韻 |
| 《五方元音》 | | 地韻 |
| 《李氏音鑒》 | | 在“酒”“清”“仙”3個細音聲母下（如“取絮”） |
| **果合一、果開一** | | |
| 《中原音韻》 | 歌戈韻②（如“鎖左”） | |
| 《韻略易通》 | 戈何韻 | |
| 《西儒耳目資》 | 第四攝。③ | |

① 與通合三、通合一、臻合一、臻合三的入聲字同音。

② 趙蔭棠認為果合一、果開一尚存在開合的對立；而楊耐思、寧忌浮、李新魁、薛鳳生四位則認為果開一已與果合一合流，讀為合口呼。

③ 與遇合一同音。

| | 洪音 | 細音 |
|---|---|---|
| 《韻略匯通》 | 戈何韻 | |
| 《五方元音》 | | |
| 《李氏音鑒》 | 在“醉”“翠”“鬆”3個洪音聲母下（如“坐左”） | |

自《廣韻》之後，精組合口字經歷着由細音向洪音轉化的音變，即部分精組合口三等字混入合口一等字中，而它的實現途徑便是 i 介音的脱落：

（1）蟹合三、止合三在 14 世紀初的《中原音韻》裏，已經完成與蟹合一的合流；

（2）通合三在 15 世紀中葉的《韻略易通》中，初步顯現 i 介音失落的趨勢，到 17 世紀中葉的《韻略匯通》中，精組通合三的字已經全部與通合一的字合流；

（3）臻合三的變化也始於《韻略易通》，其 i 介音脱落的速度慢於通合三，因為在《韻略匯通》時期，精組通合三的字已經完全丢失 i 介音了，但臻合三仍有絶大部分字保留細音讀法；

（4）在山攝合口三等字中，i 介音脱落的時間較晚，首次記錄是出現在 17 世紀中葉的《五方元音》中。

本文討論的 45 個方言點，位於山東西南部地區，屬於中原官話①。因此，我們梳理了與魯西南地區相關的、且具有中原官話特點的兩部韻書：《文韻考衷六聲會編》（以下簡稱《文韻考衷》）和《交泰韻》②。

中古通攝合口三等在《文韻考衷》③ 的“東部”中，大部分字讀為撮口呼，如“蹤足促從縱嵩松訟頌俗粟”，屬於次重科商音；極個別字讀為合口呼，如“縱”還有一讀在重科商音，和“宋送”等通攝合口一等字同音。臻攝合口三等在“真部”，讀音也並不是那麼整齊。“焌”屬於重科商音，與合口一等“損遜”同音；“皴駿筍鐏”等字屬於次重科商音，為撮口呼。

山攝和遇攝合口三等，分别在“元部”和“魚部”的次重科商音中，讀音比較整齊，為撮口呼；合口一等在“元部”和“模部”的重科商音中，為合口呼。止攝合口三等字和蟹攝合口三等字，如“嘴醉翠隨遂綏粹歲”等，隸屬於“灰部”，為重科商音，與合口一等的“崔碎最”等字同音。在《文韻考衷》裏，絶大部分的精組合口三等陽聲韻字（含入聲字），並没有受 i 介音脱落規則影響并入合口呼，仍

① 對於中原官話分區的討論，請參看：賀巍：《中原官話分區（稿）》，《方言》，2005 年第 2 期。

② 關於《文韻考衷》和《交泰韻》性質的討論，請分别參看：耿振生：《〈青郊雜著〉音系簡析》，《中國語文》，1991 年第 1 期；張偉娥：《交泰韻音系研究》，山東師範大學碩士論文，2002 年。

③ 《文韻考衷》精組字列於商音（精清心）之下，韻母分四科，有重科、次重科、輕科、極輕科，分别對應合口呼、撮口呼、開口呼、齊齒呼。

然保留着撮口呼的讀音形式。

中古通攝合口三等在《交泰韻》的“東韻”中，個别字丟失 i 介音，并入合口一等字中，如“從”；臻攝合口三等屬於“先韻”，山攝合口三等屬於“文韻”，其精組字均讀為細音，保留 i 介音。

蟹、止合三屬於“灰韻”，i 介音已丟失，并入洪音，但尚未與蟹合一合併，二者音值略存差異。

綜上所述，我們得到 3 條有效資訊：第一，合口三等字向合口一等字轉變，它是通過 i 介音脱落這種手段實現的；

第二，i 介音的失落存在一個先後順序：蟹合三、止合三＞通合三、臻合三＞山合三，再將失落速度考慮在内，這一序列便可調整為：蟹合三、止合三＞通合三＞臻合三＞山合三；

第三，帶有方音特點的韻書，精組合口三等字 i 介音失落的速度，要慢於同時期代表官話音的韻書。以通攝合口三等為例，《交泰韻》中只有極個别字 i 介音丟失，如“從”，與合口一等合并，而《韻略匯通》的合口三等字已全部并入合口一等字中。

在歷史演變中，没有丟失 i 介音的精組合口三等字，通過聲母齶化的方式，進一步發生音變。齶化規則是指，來源於古三四等的精清從心邪和見溪群曉匣十母的聲母，受 i y 介音影響而舌面化的音變。這一音變至晚發生於 18 世紀中期，刊於 1743 年的《圓音正考》序言首次記錄尖團之别。只有精組細音字發生齶化以後，才會出現尖團分立的現象。如果某些三等字未發生齶化，就説明在齶化之前，這一部分字的 i 介音已經丟失，與其他洪音字合流了。

也就是説，精合一與精合三的分混，是受 i 介音脱落和齶化兩條規則支配的：合口三等字的 i 介音脱落，就會混入合口一等字中；合口三等執行齶化規則，精組聲母讀音齶化為舌面音，並以 tɕy-：tsu-的音節形式，與合口一等形成對立，共存於現今的方言中。普通話精組臻攝合口三等字讀音參差不齊的情況説明，這兩條規則可以在一段時間内共同起作用，爭奪同一語素群體，受 i 介音脱落影響的精組臻攝合口三等字，躲避了齶化規則的波及，如“遵皴筍”；尚未脱落 i 介音的，則執行了齶化規則，如“俊旬”。

## 三、從現代方音看精組合口字的演變類型

精組合口字的讀音，在山東西南部的方言中[①]，大致可分為 4 類：

① 文中所用材料涉及山東西南部中原官話方言點 45 個，45 點方言材料均為筆者 2014 年至 2017 年實地調查所得。其中，縣城方言點有 32 個，鄉鎮方言點 13 個。發音人以 60 歲以上且未有外出經歷的老年男性為主，縣城的點另要求發音人的父母及配偶均為城關人。

Ⅰ型：精組合口呼的讀音與普通話基本相同，這一類包括 19 個方言點，分別為蘭山、郯城、蘭陵、南橋蘭陵、汪溝費縣、探沂費縣、費縣、梁邱費縣、棗莊市中、曲阜、兗州、馬坡微山、任城、東明、嘉祥、金鄉、魚臺、陽谷、韓垓梁山。其中個別字，如“筍遵誦鬆”，在普通話中讀為合口呼的，在任城、兗州、曲阜、嘉祥、金鄉、魚臺、費縣、蘭山、臨沭 9 個方言點中，讀為 tɕy- tɕʰy- ɕy-的形式，如任城區“筍臻合三”ᶜɕyē。

Ⅱ型：精組合口字讀 tɕy- tɕʰy- ɕy-。除精組合口三等字外，合口一等字也發生了齶化。這一類包括 13 個方言點，分別為滕州、山亭、微山、留莊微山、平邑、鄒城、泗水、寧陽、華豐寧陽、汶上、東平、梁山、壽張梁山。

**表 1　Ⅱ型精組合口字的讀音**

| | 坐果合一 | 做遇合一 | 最蟹合一 | 歲蟹合三 | 嘴止合三 | 蒜山合一 | 全山合三 | 絶山合三 |
|---|---|---|---|---|---|---|---|---|
| 滕州 | tɕyə | tɕyə | tɕyei | ɕyei | tɕyei | ɕyā | tɕʰyā | tɕyə |
| 山亭 | tɕyə | tɕyə | tɕyei | ɕyei | tɕyei | ɕyā | tɕʰyā | tɕyə |
| 微山 | tɕyə | tsuə | tɕyei | ɕyei | tɕyei | ɕyᴀ | tɕʰyᴀ | tɕyə |
| 留莊 | tɕyə | tɕyə | tɕyei | ɕyei | tɕyei | ɕyā | tɕʰyā | tɕyə |
| 平邑 | tɕyə | tsuə | tsuei | suei | tɕyei | ɕyā | tɕʰyā | tɕyə |
| 鄒城 | tsuə | tsuə | tsuei | suei | tsuei | ɕyā | tɕʰyā | tsuə |
| 泗水 | tɕyə | tɕyə | tɕyei | ɕyei | tɕyei | ɕyā | tɕʰyā | tɕyə |
| 寧陽 | tɕyə | tɕyə | tsuei | suei | tɕyei | ɕyā | tɕʰyā | tɕyə |
| 華豐 | tɕyə | tɕyə | tsuei | suei | tɕyei | ɕyā | tɕʰyā | tɕyə |
| 汶上 | tsuə | tsuə | tsuei | suei | tsuei | suā | tɕʰyā | tɕyə |
| 東平 | tsuə | tsuə | tɕyei | ɕyei | tɕyei | suā | tɕʰyā | tɕyə |
| 梁山 | tɕyə | tɕyə | tɕyei | ɕyei | tɕyei | ɕyā | tɕʰyā | tɕyə |
| 壽張 | tɕyə | tɕyə | tɕyei | ɕyei | tɕyei | ɕyᴀ | tɕʰyᴀ | tɕyə |
| | 村臻合一 | 遵臻合一 | 俊臻合三 | 卒臻合三 | 鬆通合一 | 族通合一 | 誦通合三 | 俗通合三 |
| 滕州 | tɕʰyē | tɕyē | tɕyē | tsu | ɕiuŋ | pfu① | ɕiuŋ | ɕy |
| 山亭 | tɕʰyē | tɕyē | tɕyē | tɕy | ɕiuŋ | tsu | ɕiuŋ | ɕy |
| 微山 | tɕʰyē | tɕyē | tɕyē | tsu | ɕioŋ | tsu | ɕioŋ | ɕy |
| 留莊 | tɕʰyē | tɕyē | tɕyē | tsu | ɕioŋ | tɕy | ɕioŋ | ɕy |
| 平邑 | tɕʰyē | tɕyē | tɕyē | tsu | ɕiõm | tsu | ɕiõm | ɕy |
| 鄒城 | tɕʰyē | tɕyē | tɕyē | tsu | ɕiõm | tsu | ɕiõm | ɕy |
| 泗水 | tɕʰyē | tɕyē | tɕyē | tɕy | ɕioŋ | tɕy | ɕioŋ | ɕy |

① 滕州部分精組字在合口前讀 pf pfʰ f 這一形式，是知莊章在合口呼前讀 pf pfʰ f 的類推、擴散，詳見下節討論。

續表 1

| | 村臻合一 | 遵臻合一 | 俊臻合三 | 卒臻合三 | 鬆通合一 | 族通合一 | 誦通合三 | 俗通合三 |
|---|---|---|---|---|---|---|---|---|
| 寧陽 | tɕʰyẽ | tɕyẽ | tɕyẽ | tsu | ɕiõm | tsu | ɕiõm | ɕy |
| 華豐 | tɕʰyẽ | tɕyẽ | tɕyẽ | tsu | ɕiõm | tsu | ɕiõm | ɕy |
| 汶上 | tɕʰyẽ | tɕyẽ | tɕyẽ | tsu | ɕiõm | tsu | ɕiõm | ɕy |
| 東平 | tɕʰyẽ | tɕyẽ | tɕyẽ | tsu | ɕioŋ | tɕy | ɕioŋ | ɕy |
| 梁山 | tɕʰyẽ | tɕyẽ | tɕyẽ | tɕy | ɕioŋ | tɕy | ɕioŋ | ɕy |
| 壽張 | tɕʰyẽ | tɕyẽ | tɕyẽ | tɕy | ɕioŋ | tɕy | ɕioŋ | ɕy |

Ⅱ型精組合口字的讀音也存在差异，主要表現在兩處，一是不同韻攝齶化程度不同，二是齶化現象擴展至知莊章組。在魯西南地區，部分方言點知莊章精讀音相同，所以在精組發生的 tɕy-讀現象，也過渡類推至知莊章組的合口字中。這種音變屬於類推趨同，它用一種規則化的結構模式，去削平多樣化的讀音，以期建立整齊劃一的規則，本質在於人們對簡明規則的追求。這一現象在泗水、鄒城、留莊微山均有發現，因為類推是逐漸擴散的，且常常不能完全推平，所以不同的方言點的類推程度不同：泗水、鄒城類推後，產生了新的韻母 yɑŋ；留莊微山類推的韻攝較多，但没有產生新的韻母。以泗水為例：

豬遇合三꜀tɕy　吹止合三꜀tɕʰyei　傳山合三꜁tɕʰyã　春臻合三꜀tɕʰyẽ　床宕開三꜁tɕʰyɑŋ

窗江開二꜀tɕʰyɑŋ　中通合三꜀tɕiõm

Ⅲ型：精組合口三等陽聲韻字（含少數宕攝開口三等入聲字）讀 tsu- tsʰu- su-，這一類包括 12 個方言點，分别為高樓微山、西平微山、馬廟金鄉、單縣、成武、曹縣、定陶、牡丹區、雙河集牡丹區、巨野、鄆城、鄄城。

**表 2　Ⅲ型精組合口字的讀音**①

| | 全 | 宣 | 選 | 絶 | 俊 | 遵 | 筍 | 旬 | 松 | 促 | 粟 | 雀 | 削 |
|---|---|---|---|---|---|---|---|---|---|---|---|---|---|
| | 山合三 | | | | 臻合三 | | | | 通合三 | | | 宕開三入 | |
| 高樓 | tsʰuã | suã | suã | tsuə | tsuẽ | tsuẽ | suẽ | suẽ | soŋ | tsʰu | su | tsʰuə | suə |
| 西平 | tsʰuã | suã | suã | tsuə | tsuẽ | tsuẽ | suẽ | suẽ | soŋ | tsʰu | su | tsʰuə | suə |
| 馬廟 | tsʰuã | suã | suã | tsuə | tsuẽ | tsuẽ | suẽ | suẽ | soŋ | tsʰu | su | tɕʰyə | suə |
| 單縣 | tsʰuã | suã | suã | tsuə | tɕyẽ | tsuẽ | suẽ | ɕyẽ | soŋ | tsʰu | su | tɕʰyə | suə |
| 成武 | tsʰuᴀ̃ | ɕyᴀ̃ | suᴀ̃ | tsuə | tɕyẽ | tsuẽ | suẽ | ɕyẽ | soŋ | tsʰu | su | tɕʰyə | suə |
| 曹縣 | tsʰuᴀ̃ | suᴀ̃ | suᴀ̃ | tsuə | tsuẽ | tsuẽ | suẽ | suẽ | soŋ | tsʰu | su | tsʰuə | suə |

① 精組通攝合口三等入聲字讀成 tɕy- tɕʰy- ɕy-的現象較為複雜，囿於篇幅限制，其演變情況筆者擬另文再述。

**續表** 2

| | 全 | 宣 | 選 | 絶 | 俊 | 遵 | 筍 | 旬 | 松 | 促 | 粟 | 雀 | 削 |
|---|---|---|---|---|---|---|---|---|---|---|---|---|---|
| | 山合三 | | | | 臻合三 | | | | 通合三 | | | 宕開三入 | |
| 定陶 | $ts^h$uā | suā | suā | tsuə | tsuē | tsuē | suē | suē | soŋ | $ts^h$u | su | $ts^h$uə | suə |
| 牡丹 | $ts^h$uA | suA | suA | tsuə | tsuē | tsuē | suē | suē | soŋ | $ts^h$u | su | $ts^h$uə | suə |
| 雙河集 | $ts^h$uA | ɕyA | ɕyA | tɕyə | tɕyē | tɕyē | ɕyē | ɕyē | soŋ | $ts^h$u | su | $ts^h$uə | suə |
| 巨野 | $ts^h$uA | suA | suA | tsuə | tsuē | tsuē | suē | suē | soŋ | $ts^h$u | su | $ts^h$uə | suə |
| 鄆城 | $ts^h$uA | suA | suA | tsuə | tsuē | tsuē | suē | suē | soŋ | $ts^h$u | sy | $ts^h$uə | suə |
| 鄄城 | $ts^h$uA | ɕyA | suA | tsuə | tsuē | tsuē | suē | suē | soŋ | $ts^h$u | su | $ts^h$uə | suə |

Ⅳ型：僅有臨沭一點，臨沭尖團分立，合口三等保留了聲母 ts $ts^h$ s，與細音韻母相拼的形式[①]，如：坐果合一 tθuə꜄　做遇合一 tθuə꜄　最蟹合一 tθuei꜄　歲蟹合三 θuei꜄　嘴止合三꜀tθuei　蒜山合一 θuā꜄　全山合三꜁$ts^h$yā　絶山合三꜁tsyə　村臻合一꜀$t\theta^h$uē　遵臻合一꜀tθuē　俊臻合三 tsyē꜄　卒臻合三꜁tsy　松通合一꜀θoŋ　族通合一꜁tθu　誦通合三 syŋ꜄　俗通合三꜁sy

依據上述讀音，山東西南部方言的精組合口字讀音，可產生如下分布序列：

| | i 介音失落 | 齶化 |
|---|---|---|
| Ⅰ型 | 通合三、臻合三（少數）、蟹合三、止合三 | 山合三、臻合三（多數）、遇合三 |
| Ⅱ型 | | 通合三、臻合三、山合三、遇合三、通合一、臻合一、山合一、遇合一、蟹合三、止合三、蟹合一、果合一、果開一 |
| Ⅲ型 | 通合三、山合三、臻合三、蟹合三、止合三 | 遇合三 |
| Ⅳ型 | × | × |

這一序列清晰地表明，方言讀音中精組合口字的分混情況，遠比韻書複雜：Ⅰ型與韻書所記錄的情況相差不大，精組通合三和部分臻合三的字，流入合口一等；Ⅲ型是Ⅰ型的進一步發展，精組合口三等陽聲韻（含少數宕開三入聲字）字，全部并入了合口一等中。總地來説，這兩型的分混方向相對單純，除去個別例外情況，都是合口三等向一等變化，二者的區別僅在於分混程度的深淺。

Ⅱ型則不然，出現了一種與韻書記錄相反的音變方向：精合一并入精合三，讀成 tɕy-$tɕ^h$y-ɕy-的形式。精組合口一等字的齶化，是韻書中沒有記錄的新現象，它與三等字的齶化機制和時間都存在差異，我們以齶化規則①和齶化規則②，分別代表

① 巨野、鄆城、鄄城也有尖團分立的情況，但是這 3 點的精組合口三等陽聲韻字，變為了 ts 拼合口韻的形式，考慮這一特殊音變，我們將巨野、鄆城、鄄城歸入Ⅲ型。

精組合口三等和一等的齶化過程。Ⅳ型不參與任何一條音變，始終保持着精合一：精合三＝tsu-：tsy-的格局，即精合一與精合三不混。因此，本區的精組合口字有如下分合路徑：

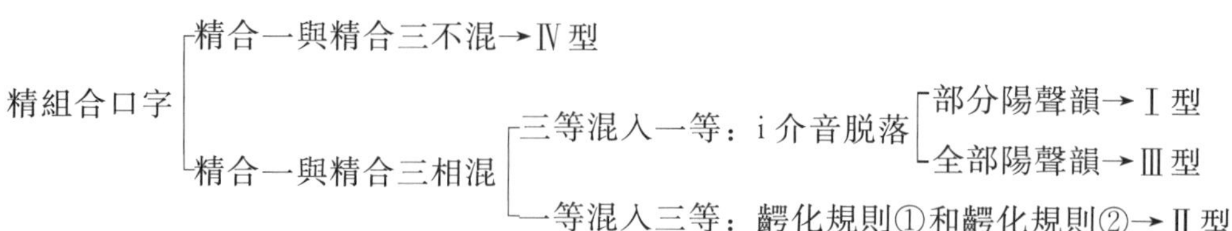


總地來説，魯西南精組合口字的分合，是受i介音失落、齶化①和齶化②3條規則影響的。音變規則的競爭與對抗，具體到方言中，體現為程度的差異：Ⅳ型不發生音變，它與《中原音韻》中精組合口字的分合情況基本相同，因此Ⅳ型保留了更古更早的形式；Ⅰ型與普通話的讀音相近，i介音失落和齶化規則在各韻中呈現勢均力敵之態；與韻書記錄的情況相比，Ⅲ型除遇合三外，精組合口三等i介音失落的程度顯然更高；Ⅱ型則表現出與Ⅲ型截然相反的面貌，齶化規則不論等呼都是演變主流。在幾條規則的交叉影響下，形成了本區今精組合口字的類型格局。

## 四、山東西南部方言精組合口一等字的齶化

從韻書記音和方言讀音的對應關係看，山東境内中原官話基本沿襲了韻書中精組合口字的變化形式，除去不參與任何音變的Ⅳ型，在不同音變規則的作用下，形成了本區的Ⅰ型、Ⅱ型和Ⅲ型。對於這一地區精組合口一等字的齶化問題，我們還有如下思考：

### （一）精組合口一等字齶化的音理

據表1可知，Ⅱ型中精組合口一等字和合口三等字都齶化了，但二者的音變機制和時間都存在差異：齶化規則①是聲母ts ts$^h$ s受i y介音影響而產生的舌面化，主要發生於合口三等中；齶化規則②則發生於合口一等韻中，是受協同發音影響而產生的後起變化。齶化規則②在早期的韻書中未有記錄，最早的文字記錄出現於1946年出版的《Phonetics of North-China Dialects A study of their Diffusion》中，本書主要記錄了20世紀中葉魯西南方言的讀音情況。作者Franz Gtet指出，當u與摩擦較為明顯的s或ʃ拼時，u會變為ʉ或y，帶有塞擦音性質的ts tʃ和ts$^h$ tʃ$^h$也具有同樣的變化趨勢①。

① Before the final [u] one generally notices the strongly fricative [q] (＝s or ɕ), with [u] changing to [ʉ] or [y]. In the same way the affricatives [ts tʃ] and [ts$^h$ tʃ$^h$] are slightly labialized：e. g. 書 qʉ or ɕy. 此外，要得出上述結論，首先要討論Franz Gtet是否有記音不准的可能性，而我們有充足的理由排除這一因素的影響：其一，Franz Gtet在序言及正文中，不止一次提及他在魯西南有三年左右的生活經歷。也就是説，他並不是在對當地方言一無所知的情況下進行調查。其二，Franz Gtet在指出，農民在ʂ拼u讀f的音變中較為突出。這一點可以説明他不僅注意到音變本身，還注意到社會因素造成的人際差異。其三，Franz Gtet在調查中還能注意到ts ts$^h$ s和tθ tθ$^h$ θ、tʂ tʂ$^h$ ʂ和tʃ tʃ$^h$ ʃ、ŋ和ŋ$^g$等類的音值差異，比如魯西南記為ŋ，晉中為ŋ$^g$。綜上所述，我們認為Franz Gtet的材料具有一定的真實性。

精組合口一等讀舌面音拼撮口呼，有 2 個條件：第一，韻母為 u；第二，介音為 u 且主要母音都是前、央元音，如臻攝的主要元音是 e，山攝的主要元音是 a 或 ᴀ，果攝主要元音是 ə。ts tsʰ s 發音以舌尖抵住上齒背，發介音 u 時，舌根向軟齶靠近，發主要元音時舌位又相對靠前。舌位經歷了由前至後再向前的過程，這種發音動作處理起來極為不易。為解決這種“不易”，介音在聲母與主要元音的夾擊下發生前移，聲母又受齶化規則的影響，變為舌面音 tɕ tɕʰ ɕ。

另有一點需要我們討論，普通話中部分精組深、臻、通攝的合口三等字丢失了 i 介音，讀作 tsu-tsʰu-su-，如“遵皴筍誦”，這類字在本區Ⅱ型中卻齶化了，使得部分合口一等和三等同音了，如“村臻合一”＝“皴臻合三”。這就需要討論“遵皴筍誦”這類字，在這一區域内的演變路徑究竟是哪種：

甲：“遵皴筍誦”等字的韻母未經歷 i 介音失落，聲母直接執行齶化規則①。

乙：“遵皴筍誦”等字的韻母先經歷了 i 介音失落，并入一等；受音理影響，合并了的一三等字再次執行齶化規則②。

不論從文獻材料、還是從實際方音出發，我們都更傾向於路徑甲。精組合口三等字 i 介音失落速度較慢，其實這一特點具有區域性，它廣泛分布於山東各地，主要體現在通合三和臻合三上：

**表 3　山東境内部分方言點精組合口三等陽聲韻字的讀音情況**

| 方言點 | 臻合三 | | | 通合三 | | | | | | | | |
|---|---|---|---|---|---|---|---|---|---|---|---|---|
| | 皴 | 筍 | 榫 | 嵩 | 縱橫 | 從容 | 跟從 | 松樹 | 誦 | 訟 | 頌 | 放縱 |
| 臨清 | tsʰuẽ | ○ | ɕyẽ | ○ | ○ | tɕʰyŋ | tɕʰyŋ | suŋ | ○ | ○ | ○ | tsuŋ |
| 濟南 | tɕʰyẽ | ɕyẽ | ɕyẽ | ɕyŋ | tɕyŋ | tɕʰyŋ | tɕʰyŋ | ɕyŋ | ɕyŋ | ɕyŋ | ɕyŋ | tɕyŋ |
| 德州 | tsʰuẽ | ɕyẽ | ɕyẽ | suŋ | tsuŋ | tsʰuŋ | tsʰuŋ | suŋ | suŋ | suŋ | suŋ | tsuŋ |
| 博山 | tɕyẽ | ○ | ○ | ɕyŋ | tɕyŋ | tɕʰyŋ | tɕʰyŋ | ɕyŋ | suŋ | suŋ | suŋ | tɕyŋ |
| 淄川 | tɕʰyẽ | ɕyẽ | ɕyẽ | ɕyŋ | tɕyŋ | tɕʰyŋ | tɕʰyŋ | ɕyŋ | suŋ | suŋ | suŋ | tɕyŋ |
| 無棣 | tɕʰyẽ | ɕyẽ | suẽ | suŋ | tsuŋ | tɕʰyəŋ | tɕʰyəŋ | ɕyəŋ | suŋ | suŋ | suŋ | tsuŋ |
| 莒縣 | tsʰyn | syn | syn | syŋ | tsuŋ | tsʰyŋ | tsʰyŋ | syŋ | syŋ | syŋ | syŋ | tsuŋ |
| 萊州 | tsʰyẽ | syẽ | ○ | syŋ | tsuŋ | tsʰuŋ | tsʰuŋ | syŋ | syŋ | syŋ | syŋ | tsuŋ |

上述 8 點中，臻、通合口三等字的韻母都不同程度地讀為撮口呼，其區别在於莒縣、萊州聲母尚未齶化，仍保留尖團之别。從清代山東系韻書來看，精組合口三等陽聲韻（含入聲韻）的大多數字還保留着細音讀法：

古通攝合口三等字在《增補萬韻新書》（以下簡稱《萬韻書》）的“宫韻”中，精組塞擦音聲母和擦音聲母後接韻母讀音不同，塞擦音聲母字讀為洪音，“蹤縱”

與“宗粽總”等字同音，音 uəŋ。擦音中絶大多數字，如“松頌誦嵩”等，與“凶胸熊”韻母讀音相同，音 yəŋ，與“鬆送宋”對立；部分字讀為洪音，如“聳竦”等字，與“鬆送宋”同小韻，音 uəŋ。古臻攝合口三等字在“金韻”，如“皴”字，屬“俊”小韻，與“俊駿竣”同音；“筍，筍也”，與“栒旬”同音，音 yən。“筍損”同韻，置於“孫”韻之後，音 uən。從“筍”“笋”兩字同字異形[1]不同音的情況來看，古臻攝合口三等字在《萬韻書》時代有 uən 和 yən 兩讀。而精組止攝合口三等字和精組蟹攝合口三等字，則已丢失 i 介音與蟹攝合口一等合并，在“國韻”中，如“碎$_{蟹合一}$歲$_{蟹合三}$穗$_{止合三}$”同音。

《等韻便讀》中“蹤樅從淞松”在“京”韻撮口呼，音 yəŋ。該書較為整齊地讀成了細音，與今壽光方言[2]相對一致。

《等韻簡明指掌圖》中“蹤樅從松頌”在“庚”攝副口韻，韻母讀細音 yəŋ。該書中没有通攝三等精組字讀洪音的例字，説明這類字在該書中較為整齊地讀為了細音。

此外，現代方言中的讀音現狀，也能説明路徑甲的合理性。以Ⅱ型汶上、東平為例，這兩點的精組合口一等字齶化程度不高，山攝仍以等為條件分化，合口三等齶化（全 tɕʰyã），而一等則無（蒜 suã）。如果Ⅱ型的合口三等字早先與合口一等字全部合流了，那麼精合三就失去了與精合一對立的條件，也就失去了在分化出來的可能。從這個角度看，如果是路徑乙的發展方式，那汶上、東平等點的讀音現狀就無法得到合理解釋。

因此，Ⅱ型中雖有“村$_{臻合一}$”＝“皴$_{臻合三}$”的語言事實，但二者產生的時間層次是不同的，三等的齶化讀音顯然早於一等，這一結論也為上文齶化規則①產生早於最早齶化規則②的觀點提供了的論據。

（二）“ts＋u”組合的演變

這一類字涉及普通話中聲母 ts tsʰs 拼韻母 u 的演變情況，其韻母主要來源於遇攝合口一等字、臻攝合口一等入聲字、通攝合口入聲字。在調查過程中發現，這一組合的讀音並不穩定。在精組合口一等字有齶化現象、且知系合口字讀為 pf pfʰ f 的方言中，這類字不僅存在 tsu tsʰu su 和 tɕy tɕʰy ɕy 的變讀，還存在 tsu tsʰu su、tɕy tɕʰy ɕy 和 pfu pfʰu fu 的變讀，且這幾種讀音形式互為自由變體，没有既定規律可循。方言點滕州涵蓋了上述兩種變讀情況，所以我們以滕州方言為例進行分析：

---

① “筍”《説文》解釋為：“竹胎也，從竹旬聲”。段注：“今字作笋”。《新華字典》把“筍”標為“笋”的異體寫法。其關係可能屬於同字異形。

② 壽光語料出自筆者 2017 年 7 月實地方言調查所得。

**表 4　普通話 tsu ts$^{h}$u su 在滕州方言中的讀音**

| 音韻地位 | 例字 | 老男 | | | 青男 | |
|---|---|---|---|---|---|---|
| | | 陳鐵生 | 韓學志 1 錄 | 韓學志 2 錄 | 馮宜野 | 王立星 |
| 遇合一 | 租 | tɕy | pfu | tsu | tɕy | tsu |
| | 粗 | ts$^{h}$u | tɕ$^{h}$y | tɕ$^{h}$y | tɕ$^{h}$y | ts$^{h}$u |
| | 醋 | tɕ$^{h}$y | tɕ$^{h}$y | tɕ$^{h}$y | tɕ$^{h}$y | ts$^{h}$u |
| | 蘇 | su | fu | su | fu | su |
| 臻合一入 | 卒 | tsu | tsu | pfu | tɕy | tsu |
| 通合一入 | 族 | pfu | pfu | pfu | tɕy | tsu |
| 通合三入 | 宿 | ɕy | ɕy | ɕy | ɕy | ɕy |
| | 足 | tɕy | pfu | tɕy | tɕy/pfu | tsu |
| | 俗 | ɕy | ɕy | ɕy | fu/ɕy | ɕy/su |

青男王立星的语音系统中是 tsu ts$^{h}$u su 和 tɕy tɕ$^{h}$y ɕy 的自由變讀，老男陳鐵生、韓學志和青男馮宜野的语音系统中是 tsu ts$^{h}$u su、tɕy tɕ$^{h}$y ɕy 和 pfu pf$^{h}$u fu 三組的自由變讀。這些變讀在任何條件下都可能發生變化，但是這種變化不會改變該方言中音位數量。它不僅體現在人際差異中，如“租”，陳鐵生讀為꜀tɕy，韓學志第一遍和第二遍分别讀為꜀pfu ꜀tsu；也體現為同一發音人前後讀音的不同，如“足”，韓學志第一遍讀音為꜀pfu，第二遍讀音為꜀tɕy。普通話中非入聲來源的 tsu ts$^{h}$u su 在滕州讀為 pfu pf$^{h}$u fu 或受知莊章的影響，滕州方言知莊章與開口呼相拼，聲母為 ts ts$^{h}$s；與合口呼韻母相拼，聲母為唇齒音 pf pf$^{h}$f，精組聲母與韻母 u 相拼有 pfu pf$^{h}$u fu 的讀音形式，是知莊章拼合口呼形式在精組中類推的結果。

從内部來看，知莊章組 tʂu→pfu，精組 tsu→tɕy，兩者對立並不相混。兩者變化不同，説明在發生上述變化時兩者不同音：精組讀 ts 是自古皆然的讀音，知莊章組當時應該讀 tʂ。知莊章組在開口呼前讀為 ts，從而與精組的開口呼混同，應該是後起的變化。因而在没有其他因素影响的前提下，pf 與 ts、tɕ 秩然不紊，理论上不會發生混讀。

| | | 初始狀態 | 階段一 | 階段二 | 現狀 |
|---|---|---|---|---|---|
| 精 組 | 開口呼 | ts- | ts- | ts- | ts- |
| | 合口呼 | tsu | →tɕy | tɕy | tɕy |
| 知莊章組 | 合口呼 | tʂu | →pfu | pfu | pfu |
| | 開口呼 | tʂ- | tʂ- | →ts- | ts- |

但從外部方言來看，滕州周圍的方言（如曲阜、濟寧）的知莊章組聲母不論開

合口均讀 ts 組，因此他們之間的對應就呈現出如下參差的狀況：

| | | 滕州 | | 濟寧 |
|---|---|---|---|---|
| 開口呼前 | 精組 | ts- | → | ts- |
| | 知莊章組 | | | |
| 合口呼前 | 精組 | tɕy | → | tsu |
| | 知莊章組 | pfu | → | |

把上面的對應關係的方向反過來，就是：

| 濟寧 | | 滕州 |
|---|---|---|
| ts- | → | ts- |
| tsu- | → | tɕy |
| | → | pfu |

這樣一來，tsu-～tɕy-～pfu-就產生了糾纏。因為本地方言中已經沒有了 tsu 的音，如果説話人想要把外地（如濟寧）讀 tsu 的字對應成本地的方言讀音，那麼就有可能產生錯誤的類推，把本方言中應該念 tɕy 的對應成了 pfu。

在没有确切证据的情况下，我们也不排除这种现象是自发音变的可能。Kenneth，N，Stevens（1972）認為，口腔裹發音的聲學參數與發音位置並非是綫性對應的。口腔裹的音是分層的，一是穩定區域，即使發音位置稍微改變，聲音的聲學參數也變化不大；二是過渡區域，發音位置稍微改變，聲音的聲學參數變化很大①。其中雙唇音、硬齶音、軟齶音、喉音是穩定區域，代表的元音是元音系統的三個角 i u ɑ，u 是雙收緊點元音，尤為穩定，從這個角度上也解釋了為什麼三元音系統是世界語言裹元音最少的一種形式。

Stevens 的這個理論可以分析很多音變現象，比如説某些選擇性音變。如果前後兩個音段會發生協同發音，若是穩定段與非穩定段的音放在一起，肯定是穩定段的音影響非穩定段的音，使非穩定段的音產生音變。如何區分穩定段和非穩定段的音？同樣一個發音位置，發音時收得緊的是不穩定段的音，收得比較鬆的是穩定段的音。舉個例子來説——齶化音變：這種音變在世界語言中是比較常見的，漢語精組字遇 i y 會發生齶化，由 ts 變為 tɕ。從這種音變中不難發現，當 ts 遇見高元音時，都是輔音發生變化，而元音保持不變，没有 ts 影響 i，只有 i 影響 ts，其他語

① Kenneth，N，Stevens，The quantal nature of speech：Evidence from articulatory-acoustic data. In P. B Denes E. E. David Jr.（eds.）Human communications：A unified view. New York：McGraw Hill，pp. 51—66.

言亦同。這是有一定聲學道理的，是收緊點鬆緊的問題。同理，精組遇攝合口三等字的讀音由 tsu 變 pfu，也是這種選擇性音變的結果。ts 發音時舌尖無限貼近上齶，收音較緊，凡是收緊點比較緊的就不穩定，容易受到影響。再者，元音 u 雙收緊點的特性，使其本身就具有極高的穩定性，所以一定是穩定的 u 影響不穩定的 ts，使其產生音變；由于音系中本来就存在 pf 音位，在类推作用的影响下，tsu 变成了 pfu 而非其他塞擦音与 u 相拼的形式，体现了人们对于简明音系的追求。

文章結合韻書材料和山東方言語音材料，考訂出古精組合口一三等字的分混情況，總結了方言中精組合口字今音的 4 種類型，並對其演變機制進行了思考。與此同時，我們並不否定其他韻書或方言中尚未發現的讀音情況，這些可能存在的音變方式，及其產生的音變結果，仍待來日研究。

**參考文獻**


（清）樊騰鳳．五方元音．德義堂，1840.

（法）金尼閣．西儒耳目資．北京：文字改革出版社，1957.

李清桓．《五方元音》音系研究．武漢：武漢大學出版社，2008.

（清）李汝珍．李氏音鑒．上海：上海掃葉山房，1888.

李新魁．中原音韻音系研究．河南：中州書畫社，1983.

（明）呂坤．交泰韻．上海：上海古籍出版社，1996.

寧繼福．中原音韻表稿．長春：吉林文史出版社，1985.

寧忌浮．漢語韻書史．上海：上海人民出版社，2016.

（明）桑绍良．青郊杂著．《四库存目丛书》第 208 册，济南：齐鲁书社，1995.

薛鳳生著，魯國堯、侍建國譯．中原音韻音位系統．北京：北京語言學院出版社，1990.

葉寶奎．明清官話音系．厦門：厦門大學出版社，2001.

張玉來．韻略匯通音系研究．濟南：山東教育出版社，1995.

張玉來．韻略易通研究．天津：天津古籍出版社，1999.

趙蔭棠．中原音韻研究．北京：商務印書館，1936.

張樹錚．清代山東方言語音研究．濟南：山東大學出版社，2005.

朱曉農．音韻研究．北京：商務印書館，2006.

Franz Giet. Phonetics of North-China Dialects A Study of their Diffusion，*Monumenta Serica*，Vol. 11（1946）．London：Taylor & Francis Ltd.，1946.

# The Evolution of the Characters of Tsing's Lip-rounding in Modern Dialect of Southwest Shandong

Qi Wenjing, Lin Jiayi

**Abstract**: This paper discusses the evolution of the modern Tsing's Lip-round basing on the actual pronounciation of 45 dialectical laction in *zhongyuan* and referring to ancient documents. It comes to the following conclusions: (1) The competition of and confrontation "i" 's missing and the palatation of Tsing set is the key of Tsing's lip-rounding evolution, the interaction of the two bronght about four types of pronunciation; (2) Dictionary records of Tsing's lip-rounding in southwest Shandong were divided into three types, that is, is the third class into the first class, while the first class and the third class did not mix, the third class into the first class, the first class into the third class; (3) A new rule of palatation appears in dialect materials. This change of tone occurs only in the first grade of "close mouth", which is different from the palatation mechanism. (4) The division of the sharp and the round reflects a more ancient pronunciation of Tsing's lip-rounding.

**Keywords**: characters of Tsing's lip-rounding; dialect of southwest shandong; palate; i missing

（亓文婧，山東師範大學文學院；林珈亦，山東大學文學院）

# 19 世紀西方漢學中北京官話注音方案的歷史演進*

## ——以羅伯聃和密迪樂為中心

方環海　李長浩

**提　要：**文章提出羅伯聃（Robert Thom）是第一位研究北京官話語音的西方漢學家，其注音方案的語音性質具有混合性，既繼承了馬禮遜注音方案的南方官話注音傳統，也在逐漸向北京官話語音靠近；密迪樂（Thomas Taylor Meadows）方案則在羅伯聃方案的基礎上進行了改進，標示出北京官話舌面前音、取消入聲韻、取消四合母音韻母、以數字標示聲調等，但密迪樂方案也存在以開合二呼劃分聲母、舌根鼻音認識不明確、漢語母音界線模糊等不足；威妥瑪方案則對密迪樂方案給予了改進和完善，翟理斯方案雖對威氏方案無較大改動，但至此 19 世紀西人漢語羅馬字注音達到高峰。通過考察西方漢學的漢語注音系統從馬禮遜經過羅伯聃與密迪樂再到威妥瑪和翟理斯的過程研究，可以揭示 19 世紀西人北京官話語音方案的發展變化情況及注音特徵，為北京音的歷史研究提供一定的借鑒。

**關鍵詞：**北京官話；羅馬字注音；羅伯聃；密迪樂；西方漢學

## 一、引言

北京話在現代漢語普通話發展過程中具有自己的特殊地位，不僅作為官話的通用語四處傳播，更被用於明清時期諸多白話文學作品的寫作。早在 18 世紀前，北京話在整個中國社會中就已處於比較重要的地位，進入 19 世紀後，以北京話為代表的北方官話逐漸超過南方官話開始佔據漢語官話的主導地位，其影響力也由北向

* 基金項目：國家社會科學基金項目"19 世紀稀見英文期刊與漢語域外傳播研究"（15BYY052）、教育部人文社會科學規劃項目"17－19 世紀歐洲漢學視野中的漢語類型特徵研究"（13YJAZH021）的階段性成果。特別感謝匿名審稿專家提出的極具建設性的修改意見，論文在修改和完善的過程中，增加了近一半的篇幅，同時本文先後在北京外國语大學和上海大學的有關學術會議上宣讀過，討論中得到日本京都聖母院女子大學朱鳳教授、法國巴黎東方語言文化學院白樂桑教授、澳門大學侍建國教授、湖北大學周賽華教授、南通大學周遠富教授等的指教，謹此一併致謝。

南不斷增強。同期，大量西方人湧入中國，包括旅行家、傳教士、外交官、商人等，其中出現了許多西方漢學家，基於各種目的，他們利用西方羅馬字母對漢語語音進行標注，鑒於當時北京話地位的逐漸提高，一些漢學家也開始關注北京話發音並為其創制羅馬字注音方案。

目前學界公認威妥瑪（Thomas Francis Wade，1818－1895）注音方案與北京話注音方案關係最為直接，研究成果較多。張衛東（1998）較早關注到《語言自邇集》（*Yü Yen Tzŭ ĕrh Chi*：*A Progressive Course Designed to Assist the Student of Colloquial Chinese*，1867，以下簡稱《自邇集》）中的北京口語語音系統，從聲、韻、調和音節結構等方面分析了威氏注音體現的19世紀中期北京音系的特點；高曉虹、劉淑學（2006）討論了《自邇集》入聲字讀音的情況，認為該教材反映的是口語和書面語並用的注音系統；孫偉傑（2009）則較全面分析了威妥瑪注音，涉及其源流、聲韻調、語流音變、歷史地位、教學影響等諸方面。此前也曾有西方漢學家以羅馬字母標注北京話語音，威妥瑪在《自邇集》中指出，最早講北京官話的著名漢學家是羅伯聃（Robert Thom，1807－1846）；之後密迪樂[①]（Thomas Taylor Meadows，1815－1868）根據羅伯聃的建議研究北京話，在1847年出版的《隨筆》（*Desultory Notes on the Government and people of China*，*and on the Chinese Language*；*Illustrated with a Sketch of the Province of Kwang-Tûng*，*Shewing its Division into Departments and Districts*）中提出了"第一個公開出版的北京話表音方案（the first published scheme of Pekingese orthography）"。關於羅伯聃的漢語注音方案，王為民（2009）曾有提及，但他主要關注密迪樂方案對威妥瑪方案的影響，後來王為民等（2019）又對羅伯聃《正音撮要》一書的內容和體例、性質、地位和價值等做了分析和研究，認為羅伯聃課本的性質屬於北京口語，但採用了馬禮遜的南方官話注音，在語音上存在許多問題；張天皓（2019）則研究了羅伯聃注音體系對馬禮遜注音的選擇情況、注音特點並對教材記錄北京官話語音提出質疑；曹春靜（2014）將密迪樂的音標系統與威妥瑪做了對比，揭示出密迪樂注音在北京音系認識上的創見以及對威妥瑪方案的影響。到19世紀後期，翟理斯（Herbert Allen Giles，1845－1935）利用《華英字典》（*A Chinese-English Dictionary*，1892）對威妥瑪注音略加改進，達到西人漢語羅馬字注音的高峰。

由此可見，西方漢學中對北京話的羅馬字注音並非一蹴而就，而是經歷了一個從初創、改進到逐漸完善的發展過程，其間漢語注音方案存在著承繼與改進的關係，而目前學界研究主要集中於某一專門注音系統，對承繼與改進的過程研究關注

① 學界一般將其英文名譯為"密迪樂"，王為民（2009）譯為"米道斯"。本文採用了通用的"密迪樂"的譯名。

較少，對羅伯聃繼承與改進馬禮遜方案的情況以及威妥瑪之後的翟理斯方案也缺少較充分的研究。我們不禁要問，從馬禮遜經羅伯聃和密迪樂，再到威妥瑪和翟理斯方案，北京話注音方案又經歷了怎樣歷時性的變化？本文立足於西方漢學的視角，擬以羅伯聃、密迪樂注音方案為中心，試圖從歷時角度分析研究 19 世紀西方漢學家對北京官話注音的承繼與改進，以探究這一時期北京官話注音方案的發展變化，揭示西人漢語注音系統的歷時演進過程。

## 二、最早的北京話羅馬字注音“羅伯聃方案”

1846 年，羅伯聃通過寧波長老會出版了一部教授西方人學習北京話的書，名為《正音撮要》（*The Chinese Speaker*，以下簡稱《撮要》[①]），又名“*Extracts from works written in the Mandarin Language，as spoken at Peking*”。該書將漢語、英譯文、羅馬字注音相互對照，其中前頁為漢語原文，後頁則採取羅馬字注音與英文翻譯上下行排列的格局，以便於學習者對照漢語並參考英文翻譯理解句意、掌握漢語發音。該書在主封面以外，還有第二封面，正文前包括三部分，一是“TO ONE”，向男爵 Henry Pottinger 致敬；二是“TO THE READER”（致讀者），主要是對讀者如何利用該書學習漢語的建議；三是“Table of Contents”（目錄），列有 20 個章節的標題。正文也分三部分，第一部分為主體，是對清代高靜亭成書於 1810 年的《正音撮要》“習話定式”二十段、“見面常談”和部分“問答”內容的摘錄、羅馬字注音及英譯；剩餘兩部分體例與前文一致，內容分別為《紅樓夢》第六回和《家寶全集》“和夫順妻”。

威妥瑪《自邇集》第一版序言中曾提及，羅伯聃是“唯一一位講北京官話的有名望的漢學家”，羅伯聃在“致讀者”中也說，找一個聰明的北京本地人讀漢語，而後依照對應的英文跟讀，就像教士跟隨牧師閱讀一樣。對學習北京話來說，一位北京老師是最好的選擇，沒有人能像北京本地人那樣發音。[②] 關於其羅馬字注音，“致讀者”中也有明確說明，“We have adhered to Dr. Morrison's system of orthography (with a few trifling exceptions) as that which we believe best suited for English reader.”可見，他是採用了馬禮遜的注音系統，同時進行一些修訂，他相信這樣最適合英語讀者，因此羅伯聃是打算給學習者教北京話的，不過他利用了馬禮遜注音方案來標注北京話語音，並對此作出改進。

---

① 從此處起，以下正文中羅伯聃《正音撮要》均簡稱為《撮要》，未使用簡稱且非特別指出的，即為高敬亭的原作。

② 此處原文如下：“Try to get an intelligent native of Peking to read the Chinese, and do you follow him on the English side of the page, as a clerk follows the parson in church. A Peking teacher for the Peking language is always the best; no other person can pronounce it like a *bonâ-fide* Peking man.”

### （一）羅伯聃方案與馬禮遜方案關係

馬禮遜的注音方案主要集中在《通用漢言之法》（*A Grammar of Chinese Language*，1815，以下簡稱《漢法》）和《華英字典》（A Dictionary of Chinese Language，1815—1823，以下簡稱《字典》）這兩部著作中。《漢法》正文以英語方式注音，但是馬禮遜在“漢語音節表”（A Table of Syllables Contained in the Chinese Language）每個漢字左側標注了三種注音，分別為英語官話注音、葡萄牙語官話注音和粵方言注音；《字典》中對當時南京官話音進行了英式注音。根據岳嵐（2015：71—72）研究，兩部作品的注音方案有所差異，《漢法》寫於馬禮遜入華之初，因完成時間較早[①]，對漢語語音的認識還不充分，存在同一韻母的標記形式不同、聲母未區分送氣音等缺點；後來《字典》則減少了相同韻母的符號數量，聲母增加了送氣符號，調整了注音系統的內部不一致，這反映了隨著漢語學習活動逐漸展開與深入，馬禮遜對漢語語音的認識也越來越充分，注音系統也不斷調整變化和改進，從而能夠更準確地拼寫漢語官話發音。

羅伯聃採用了馬禮遜的注音方案，但並未指出是哪一套系統，因此我們擬分別從聲、韻母兩方面將本文歸納的羅伯聃注音方案與岳嵐（2015）整理的馬禮遜注音表進行對照，以考察羅伯聃與馬禮遜注音系統的關係和羅伯聃的選擇情況。

**表 1　羅伯聃與馬禮遜聲母系統對照表**

| 發音部位 | 漢語拼音方案 | 《漢法》聲母 | | | 《字典》聲母 | 羅伯聃聲母 | 羅伯聃例字 |
|---|---|---|---|---|---|---|---|
| | | 粵式 | 葡式 | 英式 | | | |
| 唇音 | b | p | p | p | p | p | 把 pa、 |
| | p | p | p | p | p‘ | p‘ | 盤 p‘an |
| | m | m | m | m | m | m；m‘ | 冒 maou；滿 m‘an |
| | f | f | f | f | f | f | 分 fun |
| 舌尖中音 | d | t | t | t | t | t；tw | 都 too；段 twan |
| | t | t | t | t | t‘ | t；t‘ | 頭 tow；推 t‘uy |
| | n | n | n | n | n | n | 耐 nai |
| | l | l | l | l | l | l；ll | 來 lai；留 llew |
| 舌尖前音 | z | ts | ç | ts | tsz；ts | tsz；ts | 子 tsze；才 tsai |
| | c | ts | ç | ts | tsz；ts | tsz；ts；ts‘ | 秋 ts‘ew |
| | s | s | s | s | sz；s | sz；s | 掃 saou |

① 馬禮遜 1807 年入華，1812 年完成該語法書的寫作，但直至 1815 年才得以付梓。

**續表 1**

| 發音部位 | 漢語拼音方案 | 《漢法》聲母 | | | 《字典》聲母 | 羅伯聃聲母 | 羅伯聃例字 |
|---|---|---|---|---|---|---|---|
| | | 粵式 | 葡式 | 英式 | | | |
| 舌尖後音 | zh | ch | ch | ch | ch | ch | 住 choo |
| | ch | ch；s | ch；ç | ch；ts | ch‘ | ch；tch | 茶 cha；吹 tchuy |
| | sh | sh | x | sh | sh | sh；sh‘；shw | 書 shoo；説 sh‘uy；水 shwuy |
| | r | y | j | j | j | j；y | 人 jin；榮 yung |
| 舌面音 | j | — | — | — | — | — | — |
| | q | — | — | — | — | — | — |
| | x | — | — | — | — | — | — |
| 舌根音 | g | k | k | k | k | k；kh；kw | 高 kaou；豈 khee；褂 kwa |
| | k | k | k | k | k‘ | k‘；kh‘ | 磕 k‘o；看 kh‘an |
| | h | h；f；w | h | h | j | h；h‘；hw；hw‘ | 好 haou；混 h‘un；回 hwuy；會 hw‘uy |
| — | ng | ng | g | — | — | ng/’ng/g/’g/’ | 臥 ngō；訛’ngō；傲 gaou；俄’gō；安’an |
| | y | y；u | y | y | y | y；y‘ | 鷹 ying；由 y‘ew |
| | w | m | v | w | w | w | 五 woo |

**表 2　羅伯聃與馬禮遜韻母系統對照表**

| 中文拼音方案 | 《漢法》韻母 | | | 《字典》韻母 | 羅伯聃韻母 | 羅伯聃例字 |
|---|---|---|---|---|---|---|
| | 粵式 | 葡式 | 英式 | | | |
| a | a | a | a | a；ă | a；ă；aa；ah | 茶 cha；雜 tsă；大 taa；阿 ah |
| o | o；ăt；ok | o；ŏ’ | o；ŏ | o | o；ō | 我 wo；破 pō |
| e | o；ok；ak | o；ŏ；ĕ；ö | o；ŏ；e；ĕ；ih | ĕ；ih；ŏ | ay；ĕ；e；o；ih；ĭh | 這 chay；呢 nĕ；設 she；可 ko；特 tih；色 s ĭh |
| ê | ay | e | ay | ay | āy | 也 yā |
| i | e；ei；ap | y；l；iĕ | e；ĕë | e；ëĭh | e；eĭh；ee；ĭh | 第 te；必 peĭh；地 tee；一 y ĭh |
| u | u；ok | u；ŏ | u；ŏ；oo | oo；ŭh；ŏ；wŭh | u；ŭh；oo；w ŭh | 出 chu；不 p ŭh；書 shoo；骨 kw ŭh |
| ü | e；eu | u；iu | u；eu；eü | eu；euh | ü；eu；e ŭh | 與 yü；句 keu；局 ke ŭh |
| -i（前） | e；ee； | ĕ；u | e；ee；ĕ | e | e | 子 tsze |
| -i（後） | e；ik | i | e；ih | e/ĭh | e；ê；ih；ĭh | 是 she；詩 shê；日 jih；吃 ch ĭh |

續表 2

| 中文拼音方案 | 《漢法》韻母 | | | 《字典》韻母 | 羅伯聃韻母 | 羅伯聃例字 |
|---|---|---|---|---|---|---|
| | 粵式 | 葡式 | 英式 | | | |
| er | e；uge | ul；urh | urh | urh | urh；ūrh | 二 urh；耳ūrh |
| ai | ae；oe | ai | ae；i | ae；eae | ai；ih；ĭh | 來 lai；百 pih/p ĭh |
| ei | e；ei；uy | i；y；ui | e；ei；uy；ŭy | e；ei | ei；ee | 楣 mei；備 bee |
| ao | ow | ao | aou | aou | aou | 早 tsaou |
| ou | ow；aou | eu | ow；ew | ow | ow；oo；ew | 候 how；都 too；有 yew |
| ia | a | ia | ea | ea；eă | ea；ia | 家 kea；下 hia |
| ie | ay | e；ie | eae；eay；ay；ëë | eae；ëë；eay | eae；eĕ；eay；iae；eai；iai | 街 keae；節 tseĕ；寫 seay；誡 kiae；解 keai/kiai |
| ua | a；ak | oa；eĕ | wa；wă | wa；wă | wa；wā；waa | 話 hwa；猾 hwā；花 hwaa |
| uo | o；ok；oot；ŭt | o；ŏ；wŏ；ŭe | o；ŏ；wo；wŏ；ŭe | wo；ŏ；uĕ；o | wo；wō；o；ō；üē | 過 kwo；活 hwō；作 tso；錯 tsō；拙 chüē |
| üe | oak；eut；ut | iŏ；iuĕ；uĕ | eŏ；euĕ；uĕ | euĕ；eŏ | eo；eō；uĕ；iüe | 覺 keo；角 keō 越 yuĕ；血 hiüè |
| iao | ew | iao | eaou | eaou | eaou；iaou | 了 leaou；叫 kiaou |
| iu（iou） | ăou | ieu | ew | ew | ew | 九 kew |
| uai | ae | oai | ae | wae | wai | 拐 kwai |
| ui（uei） | uy；ooy | ui；aei | uy；wei；ŭy；wăy | uy；wuy | uy；wuy；wei | 嘴 tsuy；水 shwuy；規 kwei |
| an | oan；een | an；en；ien | an；en；ien | an；en；wan | an；ān；aan；ĕn；wan | 碗 wan；慢 mān；懶 laan；善 shĕn；盤 pwan |
| ian | een | en | en；euen；ëen | ëen | een；éen；ēen | 墊 teen；臉 léen；箭 tsēen |
| uan | uen；wan | uen；oan | uen；an | wan；uen | wan；uen；oan | 段 twan；椽 chuen；算 soan |
| üan | une | uen | euen | euen | euen；iuan；uen | 全 tseuen；眩 hiuan；遠 yuen |
| en | an；un；ăn；oon | in；en | in；un；ăn；ŭn | in；un；ăn | in；un；ūn；ĕn | 人 jin；分 fun；們 m ūn；文 wĕn |
| in | um | in | in | in | in；ĭn | 品 pi；筋 k ĭn |
| un（uen） | un | un | uen；wăn | un；wăn | un；w ūn；ün | 頓 tun；棍 kw ūn；准 chün |
| ün | un；ăn | un；iun | un；eun | eun | eün；ün | 循 seün；運 yün |
| ang | ang；aong | ang | ang | ang | ang；áng | 上 shang；當 táng |
| iang | aong | iang | eang | eang | eang；iang | 兩 leang；講 kiang |

續表 2

| 中文拼音方案 | 《漢法》韻母 | | | 《字典》韻母 | 羅伯聃韻母 | 羅伯聃例字 |
|---|---|---|---|---|---|---|
| | 粵式 | 葡式 | 英式 | | | |
| uang | oang | öang | wang | wang | wang；wāng；oang | 雙 shwang；謊 hwāng；窗 choang |
| eng | ing；ung；ăng | ing；ung；eng | ing；ung；ăng | ing；ung；ăng | ing；ung；āng；ēng | 承 ching；風 fung 冷 lāng；能 nēng |
| ing | ing | ing；eng | ing；ang；ăng | ing；ăng | ing | 清 tsing |
| ueng | ung | ung | ung | ung | —① | — |
| ong | ăng | eng | ung；ăng | ung；wăng | ung；ūng | 同 tung；弓 k ūng |
| iong | ung | iung；ung | eung；ung | eung | eung；iung | 兄 heung；窮 kiung |

通過表 1、表 2 的對照，我們可以看出《撮要》注音系統並非直接採用了馬禮遜的前後某一種方案，而是基本表現為《漢法》英式注音與《字典》注音系統的混合，相比於聲母系統，韻母系統在承繼性上更明顯地反映了這一點。其中存在許多與馬禮遜系統不一致之處，這應該如他本人所説，是對馬禮遜系統的修改。關於羅伯聃系統對馬禮遜系統的具體繼承和修訂，下文將詳細分析，同時也進一步考察羅伯聃注音系統的特點。

### （二）羅伯聃注音系統的特點

#### 1. 羅伯聃《正音撮要》的語音性質

該書“致讀者”部分已指出羅伯聃要教授北京話。作為教材，該書由對《正音撮要》《紅樓夢》《家寶全集》的摘錄組成，關於這三部作品，羅伯聃早在《意拾喻言》（*Espo's Fables*，1840，即《伊索寓言》）中就有介紹，可從《紅樓夢》（24 卷）、《金瓶梅》（20 卷）、《正音撮要》（4 卷）和《聖諭》（2 卷）中找到最佳的北京方言語料。[②] 由此可見，羅伯聃選取了自認為記錄當時北京官話的本土漢語作品來編寫教材。

據黃薇（2014）研究，高敬亭《正音撮要》反映了清代中後期北京官話口語音，用於當時粵方言區的人學習北京官話，正是羅伯聃教材的主體內容，而《紅樓

① 對於現代漢語韻母 ueng，我們在羅伯聃讀本中並未發現例字及注音，因此以“—”作為缺失標記出現。從馬禮遜的注音可知，該音注為 ung，與後面韻母 ong 的注音 ung 一致，南京官話今天這兩個音也是不分的，所以羅伯聃索性將馬禮遜的 ueng 注音合到 ong 一起，不再獨立，其實，馬禮遜對該注音的分立並無多大意義。

② “The best specimens of the Peking idiom are to be found in the 紅樓夢 *Hung Lou mung*—24 vols, the 金瓶梅 *Kin, Ping, Mei*—20vols, the 正音撮要 Chíng-yin tsŏ yaou—4vols, and the paraphrase of the 聖喻 Shíng yü—2vols.”，參見 *Espo's Fables*, Introduction, p. VII.

夢》第六回、《家寶全集》“和夫順妻”是輔助，表現了教材編寫由淺入深、循序漸進的原則，所有入選内容都用純白話寫成，更加清楚地反映了北京話。① 因此，從選材和文本内容看，《撮要》是一部反映當時北京官話的教科書。

關於漢語官話的問題，羅伯聃也有著清晰的認識與分辨。他分官話為“北官話”和“南官話”，其中“北官話”也被稱為“京話”或“京腔”，簡言之就是北京城語言，這種帶有大量俚俗語的方言在首都還是南京時，被認為非常低俗，就像如今的廣東話一樣②，但是現在北京話變得非常流行。而“南官話”（*Nan Kwan-hwa*）又稱“正音”（true pronunciation）或“通行的話”（the language of universal circulation），就是南京城語言。③ 我們以為，正因為羅伯聃認識到漢語官話有南北之別，而北京官話發展勢頭強烈，所以才打算描寫北京官話的，並選取了以上三本漢語官話作品，但實際情況是當時已有的西人所編官話課本中沒有一套符合要求的注音系統；對外國人而言，有一套能夠準確地標注漢語或北京話發音的注音系統對漢語學習者而言至關重要，為了迎合廣大英語母語者的學習需要，他只能採用當時流行的馬禮遜系統，並進行改動以標注文本中的北京話詞句。然而，我們從表 1 和表 2 的聲、韻母對照情況就可以發現，羅伯聃系統與馬禮遜系統整體上非常相似，還保留著南方音許多特點，因此其注音系統並非一套完善、準確的北京話表音方案，很大程度上屬於權宜之計，既有南方音系基礎，同時又在向北京音靠近。就其語音性質而言，可以説《撮要》反映了一個以南京官話音為基礎，逐漸向北京音靠近，雜合南北官話音系特點的注音系統。

正如上文所述，羅伯聃方案是對馬禮遜不同方案的借鑒和改進，那麼羅伯聃承繼了馬禮遜系統的哪些部分，或者説有哪些相同、相近之處？他又做了哪些改進，注音特點如何？關於這些問題，我們將從聲、韻、調等方面進行分析。

2. **羅伯聃方案的聲母系統**

由表 1 可知，羅伯聃方案的聲母標注與《字典》方案更接近，主要表現在一些聲母增加了送氣符號，舌尖前音［ts］、［$ts^h$］、［s］也標注為 tsz、ts、sz、s，這都是對馬禮遜系統的承繼。此外，羅伯聃還將本無送氣與否之別的 m、sh、h 等分為送氣與不送氣音，顯然也受到了馬禮遜方案影響，其中“m‘”只有“滿 m‘an”一個例字；實際上，我們從表格的例字也可以看出，是否添加送氣符號對該類聲母發

① 參見王為民、吳靜：《西方最早的北京話口語漢英對照課本及其編纂方式》，《中國語言文學研究》，2019 年第 2 期，第 219 頁。

② 此處原文如下：“The 北官話 *p ìh Kwan-hwa*, otherwise called the 京話 *King-hwa*, or the 京腔 King-keang: Being in short the language of Peking City. This idiom abounds with low slang, —and when the court was formerly held at Nanking—was considered as much a vulgar patoi, as the Language of Canton City is at this present day.”

③ *Espo's Fables*, Introduction, p. VII.

音幾乎沒有影響。相比於對馬禮遜聲母系統的承繼，羅伯聃對聲母的改動更大。

我們注意到，羅伯聃聲母標注在塞音和塞擦音送氣與否的符號使用上非常不系統，如聲母［tʂ$^h$］的標注未加送氣符號。雖然我們已在表1中歸納了送氣塞音、塞擦音，但是正文注音中，羅伯聃很少區分音節中聲母是否送氣，同一個標注形式，如p、t、ts、ch、k等既表示不送氣音又表示送氣音；甚至有少數使用送氣符號表示不送氣音的情況，如“半p‘an”“就ts‘ew”“跟k‘ŭn”等。

從聲母數量來看，羅伯聃方案比《漢法》和《字典》系統更多，“一音多號”現象比較普遍，僅聲母［p］、［p$^h$］、［f］、［n］是一音一號；也存在“一號多音”情況，但主要集中於塞擦音聲母，如tsz、ts都標注［ts］和［ts$^h$］，ch標注［tʂ］和［tʂ$^h$］。與馬禮遜注音明顯不同的是，羅伯聃在t、sh、k、h標注基礎上形成了tw、shw、kw、hw、hw‘，這也是數量偏多的原因之一。張天皓（2019）將這類組合中w歸入韻頭，但是本文將其看作聲介組合型“聲母”。我們之所以如此歸納，一是因為讀本中有這樣的相關音節，且送氣符號標於w右上角，從而可以明確屬於聲介合母；二是與密迪樂方案聲母對照後發現，後者聲母帶w的組合很多，而密迪樂又是在羅伯聃注音基礎上對北京音進行標注的，所以可以反推羅伯聃方案存在該類形式，這類形式也影響了密迪樂的注音。另外，馬儒翰（John Robert Morrison，1814—1843）的漢語注音中也有hw的現象，類似英文的“wh”，首音後有合口音，南京方言裏有鼻化音現象，使得介音有所上移而歸屬於聲母，成為合成音，這也算是輔助證明。

羅伯聃與馬禮遜在舌根鼻音標注上也存在差異。馬禮遜僅採用一個字母［g］，據王仲男（2015：24）觀點，從19世紀初疑母字變化情況來看，［g］音段已經有零聲母化趨向，但處於［ŋ］＞［g］＞［］＞［Ø］演變中，因此馬禮遜捨棄與字母［n］組合並單以［g］表示該音，可標記為［ʔ］。羅伯聃則採用了五個標注符號“ng、’ng、g、’g、’”，雖形式各異，但均後跟今天開口呼零聲母音節。從數量看，正文很少出現“ng、’ng、g”，以“’g”“’”占多數，可見羅伯聃同樣注意到漢語舌根鼻音有演變傾向；而“’”的標注則說明，羅伯聃在標注北京話語音時已對當時舌根鼻音消失現象有所認識，該符號可能是提醒讀者原聲母在北京音中已經消失。王為民（2009：81）以為該符號可能是印刷錯誤，然而無論“’”存在與否，當時北京音中舌根鼻音聲母確已經消失了。在“ng、’ng、g、’g、’”一系列標注中，既保留ng聲母，又存在接近零聲母標記的“’”，這種南北聲母音標注形式的混合狀態也許正反映了羅伯聃注音系統雜合南北官話音的語音性質。

同時從發音部位看，羅伯聃聲母不存在舌面前音，與其承繼馬禮遜南京官話注音有關，相較於北官話，南官話精、見曉組聲母齶化過程非常緩慢，當時還未出現明顯的尖團音合流現象，《漢法》和《字典》就仍採用合流前的標注形式，k/ts、 k/ts、s 和 k/ts、k'/ts'、h/s，受此影響，羅伯聃方案保持了尖團分離，這也是其北京音標注的一大缺點。

總體而言，羅伯聃方案聲母標注因其混合性，還未明確體現出北京話的語音特點，其中南北官話音之間最關鍵的區別特徵“尖團音變化”，仍處於精、見曉組分離狀態，未合流為舌面前音。羅伯聃標注舌根鼻音的變化表現了向北京音靠近的趨勢，但也造成聲母數量過多。另外，馬禮遜《字典》聲母系統已基本做到“一音一號”，而羅伯聃方案不僅如表 1 所示有明顯的“一音多號”“一號多音”現象，還增加了一些不必要的符號，如“留 llew、榮 yung、由 y'ew、豈 khee、看 kh'an”等，雖為少數，但這些常用漢字注音也容易帶來誤解，部分標注形式是否為印刷錯誤仍然存疑。

3. **羅伯聃方案的韻母系統**

表 2 中，按照單韻母、複韻母和鼻韻母順序對照了羅伯聃和馬禮遜的韻母系統。由表 2 可知，羅伯聃韻母系統與《漢法》英式注音、《字典》注音存在直接關係，許多韻母標注是對馬禮遜兩套系統的整合，其中較為明顯的如，標注韻母［u］的 u、ūh、oo、w ūh，整合了《漢言》的 u、ŏ、oo 和《字典》的 ŭh、ŏ、oo、wŭh，並在改進中剔除了 ŏ 且 ŭ 變為ū，類似還有韻母［uei］、［yn］等，不過絕大多數韻母標注受《字典》注音影響更為明顯，可以説，羅伯聃正是在《字典》注音的基礎上根據英語發音情況增添了新的標注形式。除韻母整體標注上的繼承以外，在一些細節方面羅伯聃的注音系統也體現了馬禮遜系統的特點，分述如下：

首先，羅伯聃保留了當時北京話語音中已經消失的入聲韻①，體現了南方音特點，如ĭh、ūh 等，這是受馬禮遜南京官話注音的影響，但是我們也注意到，他做了一些改動，如“出 chu”字，已去掉入聲韻尾；

其次，受馬禮遜注音影響，他採用半母音 w、y 表示韻尾［u］、［i］，如標注韻母［ou］的 ew、［uei ］的 uy 和 wuy 等；

再次，羅伯聃方案母音組合也比較複雜，除單元音、雙母音、三合母音外，還出現四合母音，如標注韻母［iɑu］的 eaou、iaou 等，不難發現馬禮遜也採用了四合母音 eaou，但數量都很少，他們顯然發現了四合母音過於複雜而不適用於漢語發音。

最後，從韻母標注符號數量看，羅伯聃韻母數量偏多。如果説《字典》韻母系統對《漢法》改進後，已經更接近“一音一號”，那麼羅伯聃韻母系統反而在“一

---

① *Espo's Fables*, Note. p. XXI, “the Peking people have not got the 入聲 *jŭh shing* or short abrupt tone in their dialect...Thus, the character 白 *pĭh*, they pronounce *pai*, and *pei*”. 由此可見，羅伯聃認識到了北京話中已無入聲，且韻尾－h 是表示入聲的標記。

音多號”和“一號多音”道路上越走越遠了。一方面，我們看到羅伯聃方案中的多數韻母在字母上方添加了符號“～”，以區別於馬禮遜標注，該符號大多出現於主母音上，如 ā、ō、ē、ī、ū，具體作用尚未可知，根據注音情況，我們推測可能帶有發音短促或鼻音的色彩；另一方面，羅伯聃有些韻母也繼承了馬禮遜方案的英語發音傳統，在此基礎上，採用一些與漢語韻母發音相近的標注形式，如對韻母［iɛ］的標注，羅伯聃多出了 eai、iae iai 三個符號。在英語發音中，字母 e 可以表示［i］和［e］，與漢語母音 i、e 發音類似，所以上述三個標注形式發音比較接近，但符號數量就會因此而增加，此類標注在系統中還有很多；同時，以字母 w 表介音［u］，也是韻母數量偏多的原因，如表 2 對韻母［an］、［uan］、［uən］的標注有 wan、w ūn 形式。此外，受馬禮遜的影響，他也未明確區分漢語母音 a 和 e，致使標注［uan］、［yan］、［əŋ］等韻母時，出現標注符號過多，如 āng、ēng 都可以表示［əŋ］。從二語學習者角度來看，對希望借此學習北京官話的西方讀者而言，羅伯聃方案中的韻母數量過多，標記符號也比較複雜，無疑會增加認知上的記憶負擔，不利於漢語學習順利進行。

從韻母發音來看，相比於馬禮遜注音，羅伯聃韻母系統一定程度上還是體現出北京話發音特點。首先，羅伯聃方案中的兒化音很多，這一點固然跟底本是《正音撮要》等本土北京話作品有關，但在注音上與北京音多兒化的特點也比較相符，一些“兒”字音節還有併入前一音節的趨勢，如“幾個錢兒 kee-ko tseen-’rh”“盤腿兒 p‘an-tuy-’rh”等；其次，某些韻母標注也與其向北京音靠近有關，如對韻母［u］、［y］、［iʌ］、［əŋ］的標記，除保留與馬禮遜相似的符號外，羅伯聃還採用了 u、ü、ia、ēng 形式，這與後來威妥瑪的北京話韻母注音基本一致，對其後密迪樂方案韻母標注也產生了明顯影響。因此，在表現北京話韻母發音上，羅伯聃一定程度上突破了南京官話注音的局限，逐漸向北京音靠近。對此，薩默斯（James Summers，1828—1891）的評價很有意思，他認為《撮要》“非常適合學生在啟蒙階段的漢語學習……然而作者並未曾聽人講過北京話，不得已，他只好遵循他所翻譯的一本用來教外省人官話的書，這在讀音上未免就產生了一些錯誤”①。薩默斯批評羅伯聃沒有聽過北京話，以為他依據的《正音撮要》不屬於北京官話，所以產生許多語音問題。但是，前文已有論述《正音撮要》確實反映了北京官話，薩默斯將讀音錯誤歸於底本發音是一種誤解，真正原因還是受馬禮遜系統的影響，而羅伯聃無疑是瞭解北京話的。整體來說，在諸多韻母符號中，羅伯聃方案已經包含了許多貼近北京話發音的標注，對隨後密迪樂創制北京話注音方案發揮了重要作用，同

---

① 參見薩默斯《漢語手冊》，方環海、于海闊譯注，廈門：廈門大學出版社，2013 年，“前言”第 5 頁。

時也有較大啟發性。

4. **對羅伯聃注音系統的不足**

關於《撮要》注音系統的聲調情況，我們未在正文中發現明確標注為聲調的形式，也即羅伯聃省去了聲調。同時，正如上文所述，羅伯聃注音系統的聲、韻母存在“一音多號”和“一號多音”情況，韻母系統更為明顯；送氣符號標注也非常不系統。相對《字典》系統基本做到“一音一號”、對漢字標記聲調、系統地區分送氣音而言，羅伯聃系統明顯缺乏規整性，貌似是注音的退步，但事實是否真的如此，我們試圖從以下幾個方面解釋一下其注音系統出現不足和羅伯聃如此做法的原因。

首先，馬禮遜漢語觀的影響。《撮要》自稱採用了馬禮遜注音系統，那麼羅伯聃必然閱讀過馬禮遜的漢學著作，至少包括《漢法》和《字典》。據錢萛香等(2016)研究，這兩部作品反映了馬禮遜“重漢字形義，略漢字讀音”的漢語觀，概括而言，輕視漢字讀音，尤其不看重聲調和送氣符號的作用，認為羅馬字注音及各類標記符號只能作為幫助學習者回憶讀音的不完善的輔助工具，而關鍵在於學習、模仿老師的發音。正如“致讀者”所言：

不要被平、上、去入四聲所迷惑，試著模仿老師發音，如果能跟隨其口音，就要像老師一樣讀，不要擔心學不會説漢語，即使一生中，你可能都難以科學地區分聲調。①

另外，《意拾喻言》中也有關於聲調的表述：

竊以為，在每個字上標注 1、2、3、4 以表示平、上、去、入四聲，這種做法是在浪費時間精力，還會導致眼睛疲勞，使學生感到困惑。我們不建議初學者掌握四聲，因為這就好比要求一個初學拉丁語的孩子掌握韻律和詩歌技巧一樣，令學習者感到窒息。②

因此，其注音不帶聲調標記應該受到了馬禮遜上述漢語觀的影響，羅伯聃也是不看重聲調的；而送氣標記不系統也可能與馬禮遜正文常常忽略送氣符號有關。至於“一音多號”和“一號多音”情況，我們以為與馬禮遜注音的英語發音規則有較大關係，許多發音近似的英文字母被用於標注同一韻母。

其次，當時漢語語言狀況和學習環境的影響。羅伯聃在《意拾喻言》中指出，當時漢語官話分南京話和北京話，前者作為正音是通行的話；後者因統治者支持而日漸流行。羅伯聃最早在廣東學習漢語，其老師多為南方人，受粵方言、南京官話影響較大；同時，他又閱讀過《正音撮要》，因此在學習漢語過程中也自然接觸或

---

① *The Chinese Speaker*. To the Reader.

② *Espo's Fables*. Remarks, p. XIX.

學習過北京官話。這種南北官話共存的語言現象和漢語學習的複雜語言環境，使羅伯聃以羅馬字標注漢語發音時難以真正做到記錄準確的官話發音，許多標注受到南北官話音甚至方音的多重影響，導致注音系統混合了南北發音，缺少統一標準，從而也使“一音多號”“一號多音”現象非常突出，這也是其雜合注音系統的反映。

最後，《撮要》所選底本的文化意味。《正音撮要》以正音為目的，但羅伯聃選所內容多為日常對話和應答；《家寶全集》“和夫順妻”講述傳統家庭構建良好夫妻關係；他翻譯了《紅樓夢》第六回“劉姥姥一進榮國府”，但刪去“賈寶玉初試雲雨情”，在給讀者提供文學材料時，避開了與傳統倫理抵牾的內容。因此，就底本而言，《撮要》的重點在於幫助學習者掌握漢語日常對話，瞭解俚俗諺語和詞句的文化意味，對注音並不看重，所以標音上不如馬禮遜系統。

總之，我們發現羅伯聃系統在“一音一號”和“一音多號”及送氣標注上遠不如馬禮遜系統規整，但是這並非一種注音的退步或破壞，是主客觀影響的結果。《撮要》雖然聲明記錄北京官話，但主觀上對注音系統的規整性並不重視，他也沒要求學習者根據自己的注音系統發音，正文注音只起到標注讀者所知漢字發音的作用，漢字的北京話發音應按照北京老師的發音來讀①；客觀上複雜的語言學習環境也不可忽視。

## 三、北京官話注音系統的改進

威妥瑪認為，馬禮遜（Robert Mission，1872—1834）《字典》記錄的是南方官話，而據柯蔚南（W. South Coblin，2003），馬禮遜描寫的是當時南京官話。作為第一位入華的新教傳教士，《字典》及其注音方案對後來西方漢學家產生了深遠影響。《自邇集》出版前，來華西方漢學家在編寫漢語教材時，主要以馬禮遜注音方案為參照，儘管羅伯聃向學習者教授的也是北京話，但現實情況使他只能採用標注南京官話的馬禮遜方案，在表現當時北京話發音方面自然不會十分準確，與密迪樂、威妥瑪等人注音方案相比存在一定差距。不過我們也看到，如前文所述，羅伯聃並非完全照搬馬禮遜方案，而是在繼承基礎上有所改動，兩者有異有同，所以上文根據《撮要》歸納出羅伯聃注音方案，並與馬禮遜方案對照，揭示了羅伯聃北京話注音方案的承繼性、特徵和啟發性。

正如我們在引言指出的，在北京官話語音的標注方面，從羅伯聃至密迪樂，再到威妥瑪和翟理斯方案，他們注音系統之間存在一定的承繼性與發展性。從羅伯聃最早以馬禮遜的南京官話注音系統為基礎標注北京音開始，至翟理斯完善威妥瑪北京話注音以達到西人漢語羅馬字注音的高峰，這期間經歷了北京官話注音方案的變

① 參見王為民，吳靜（2019）。

化與改進。如果説，羅伯聃是在馬禮遜南京官話注音基礎上制定了北京官話注音的初步方案，那麼密迪樂就是方案的完成者，而威妥瑪和翟理斯就是方案的完善者。因此，為了揭示這一時期西人北京官話注音方案的發展變化情況，有必要對以上四人的注音方案進行比較。

## （一）聲母系統的比較

通過查閱密迪樂、威妥瑪、翟理斯三人的相關論著，可以從中歸納出各自的聲母系統，我們據聲母的發音部位進行了分類並加以對照。

**表 3 羅伯聃、密迪樂、威妥瑪、翟理斯聲母系統對照表**

<table>
<tr><th>發音部位</th><th colspan="4">羅伯聃</th><th>密迪樂①</th><th>威妥瑪</th><th>翟理斯</th></tr>
<tr><td>唇音</td><td colspan="4">p、p‘、m/m‘、f</td><td>p、p‘、m、f</td><td>p、p‘、m、f</td><td>p、p‘、m、f</td></tr>
<tr><td rowspan="2">舌尖中音</td><td>t</td><td colspan="3" rowspan="2">t‘、n、l/ll</td><td>t、t‘、n、l</td><td rowspan="2">t、t‘、n、l</td><td rowspan="2">t、t‘、n、l</td></tr>
<tr><td>tw</td><td>tw、tw‘、nw、lw</td></tr>
<tr><td rowspan="2">舌尖前音</td><td colspan="4" rowspan="2">tsz/ts、tsz/ts/ts‘、sz/s</td><td>ts、ts‘、s</td><td>ts、ts‘、s</td><td>ts、ts‘、s</td></tr>
<tr><td>tsw、tsw‘、sw</td><td>tz、tz‘、ss</td><td>tz、tz‘、ss</td></tr>
<tr><td rowspan="2">舌尖後音</td><td colspan="2" rowspan="2">ch、ch/tch</td><td>sh/sh‘</td><td rowspan="2">j/y</td><td>ch、ch‘、sh、ǰ</td><td rowspan="2">ch、ch‘、sh、j</td><td rowspan="2">ch、ch‘、sh、j</td></tr>
<tr><td>shw</td><td>chw、chw‘、shw、ǰw</td></tr>
<tr><td>舌面前音</td><td colspan="4">—</td><td>ch、ch‘、ȟs</td><td>ch、ch‘、hs</td><td>ch、ch‘、hs</td></tr>
<tr><td rowspan="2">舌根音</td><td>k/kh</td><td rowspan="2">k‘/kh‘</td><td>h/h‘（‘h）</td><td rowspan="2">ng/’ng/g/’g/’</td><td>k、k‘、gh、ğ</td><td rowspan="2">k、k‘、h、ng</td><td rowspan="2">k、k‘、h</td></tr>
<tr><td>kw</td><td>hw/hw‘</td><td>kw、kw‘、ghw</td></tr>
<tr><td rowspan="2">—</td><td colspan="4">w、y/y‘</td><td>w、y</td><td>w、y</td><td>w、y</td></tr>
<tr><td colspan="4">—</td><td>ř</td><td>—</td><td>—</td></tr>
</table>

密迪樂在《隨筆》中指出，“I soon found the already existing orthographies altogether unsuitable to express it, I was obliged to frame a new one.”但是通過比較，我們發現，密迪樂與羅伯聃聲母系統存在很多相似之處，可以説密迪樂是在羅伯聃方案的基礎上創制出一套新的北京官話注音方案。這也證明了威妥瑪的説法，依照羅伯聃的建議，“妥馬斯·米道斯②先生（Mr. Thomas Dictionary）對北京話做了研究，並取得偉大成功”③。王為民（2009）也曾指出，密迪樂北京話注音方

① 密迪樂聲母系統的發音解釋及例字可參見，Meadows. Desultory Notes on the Government and people of China. London：Wm. H. Allen and Co. 1847，pp. 56—58.

② 即密迪樂，下文中威妥瑪所提及的米道斯都為密迪樂。

③ 參見威妥瑪《語言自邇集——19世紀中期的北京話》，張衛東譯，北京：北京大學出版社，2002年，第14頁。

案是在羅伯聃，同時也是在馬禮遜南京官話注音方案的基礎上修訂而來的，雖然修改得並不徹底，但在一些方面開創了北京話語音標注之先河。從表 3 不難發現，密迪樂在羅伯聃方案基礎上，區分出了送氣和不送氣音，但密迪樂聲母系統在表示送氣塞音、塞擦音方面比羅伯聃更系統，不存在對非塞音、塞擦音區分送氣與否的情況，由此帶來最為明顯的進步之一是聲母符號更加規整、簡潔，便於學習者規律記憶。不過，在《隨筆》正文中我們也發現，存在使用非送氣音表示送氣音的個別情況，如“唐 tang”等，可能是注音時的疏忽。

同時，受羅伯聃方案影響，密迪樂將與韻頭為 u 的韻母相拼的舌尖前、中、後音以及舌根音［k］、［k‘］、［x］單獨劃為一類聲母，從而形成了開合二呼互補的兩組聲母，造成聲母數量過多。然而，密迪樂的分組顯然比羅伯聃方案更清晰，對這四類聲母中羅伯聃不曾區分的個別聲母，他也將其劃分出了開合二呼。密迪樂如此做法的原因，一是可能為韻頭為 u 的韻母而專門設置的，以表現這一“特殊音色”，而在韻腹為 u 時，就只運用單字母形式的聲母；二是可能將半母音 w 當做了輔音對待，進而帶入其他聲母中。上述四類聲母的分組標注應該是密迪樂與威妥瑪聲母系統的最大區別，我們可以看到，威妥瑪聲母系統中並不存在以 w 充當聲母成分的情況。相對於密迪樂方案來説，威氏方案不僅減少了聲母數量，還説明了北京話語音中聲母與介音為 u 的韻母相拼並不會改變音色。

密迪樂方案作為“第一個公開出版的北京話表音方案”，聲母系統設置了標注漢語舌面前音的符號 ch、ch‘、ȟ s，這最能體現北京官話語音特點，也是對當時北京官話語音情況的真實反映。同時，不同於羅伯聃注音所依託的南京官話音，精、見曉組聲母未有明顯齶化現象，當時北京官話音中精、見曉組聲母已經合流，原來搭配齊撮二呼的聲母最終融合為了舌面前音［tɕ］、［tɕʰ］、［ɕ］。對北京話語音中這套聲母的標注，在隨後威妥瑪、翟理斯聲母系統中得到了繼承，但不同之處在於，密迪樂在表示聲母［ɕ］的字母上方增加了符號“˘”① （the half-circle），據密迪樂所言，該符號主要標於母音之上，以區別與之相近的符號，而為何也在輔音上使用，他並未説明。如上表所示，除ȟ s外，還有一些輔音也標記了“˘”；威妥瑪、翟理斯注音則完全去掉了該符號，他們的標注形式更為簡潔。

此外，對於羅伯聃將舌根鼻音標注為“ng、’ng、g、’g、’”，密迪樂則採用了ğ表示，比羅伯聃更簡明，其解釋為“Resembling the g in the gun; but in forming the sound, the tongue must not be pressed against the palate”，舉例為“恩”。密迪樂認為其發音為［g］，這頗令人費解，與當時北京音中舌根鼻音零聲母化的實際情

---

① 王為民（2009）、曹春靜（2014）都將其標為“ˇ”，可是“ˇ”顯然不是密迪樂所説的半圓形符號。因此，文中出現該符號的注音標注，均取自密迪樂《隨筆》原文。

況不符，也許他受到了羅伯聃方案標注符號眾多的影響，對其時北京音的認識不充分。之後，威妥瑪採用了符號 ng 表示，張衛東（1998：137）指出“後鼻音聲母 ng 實際上是開口韻零聲母的自由變體”，正如《語言自邇集》字樣下的小注所言“a，ai，an，ang，ao，ê，ên，êng，o，ou，其發音經常是$^{ng}$a，$^{ng}$ai，$^{ng}$an，等等”①，並未出現如“nga”類形式的音節。再結合當時北京官話的實際發音可知，ng 聲母已經零聲母化了，而威妥瑪之所以還將 ng 列入輔音②，大概是發現北京話因為受到周邊方言的影響，而保留了一部分 ng 聲母。（張世方，2010：85）不過，翟理斯與威妥瑪聲母系統唯一的不同在於去掉了該聲母，一方面説明翟理斯對北京音的認識更準確，另一方面也可以説明 19 世紀末北京話語音與當代北京音已經較為一致。

在表示舌根擦音［x］時，密迪樂採用 gh、ghw，相比於羅伯聃淩亂的標注，明顯進步了很多。密迪樂對 gh 和 ghw 的解釋分别為“ch in the Scotch loch Lomond; ch in Chemie and in sprechen”，“The preceding guttural sound immediately followed by English wh, as heard in when”，並各自列舉了“河、海”和“會、黄”為例字。我們看到，密迪樂對 gh 的描述反而與聲母［$tʂ^h$］的發音接近，對 ghw 的描述則較為接近實際發音，但解釋的内容卻不全面。隨後，威、翟注音都將其標注為 h，區别不僅是取消了 g 與 h 的搭配，而且將對應的開合二呼聲母合為一個聲母，使學習者一目了然。

與密迪樂聲母系統相比，威妥瑪、翟理斯系統中唯一分為兩組的一類聲母是舌尖前音，通過分析威氏注音，我們發現它們分别被用於搭配舌面母音［i］和舌尖前母音［ɿ］，按照威妥瑪的説法，後一組聲母是為了標明［ɿ］母音的特殊音色而設置。這一劃分便於學習者在聲韻搭配上區分包含上述兩類母音的音節。而密迪樂只是從開合二呼的角度劃分出了兩組聲母，相比於羅伯聃方案來説，並非是一種進步。

與前後漢學家相比，密迪樂方案在聲母標注上還有一個特殊輔音，即將“耳、二”代表的捲舌音標為r̃，並將其歸入輔音。如今，我們將其歸入單元音一類，作為一個特殊母音不能出現在任何聲母之後，只能單獨構成音節。羅伯聃採用 urh/ūrh 表示該類音；威妥瑪、翟理斯以 êrh 標注。除密迪樂外，其他人都將該捲舌音看作以零聲母開頭的獨立音節。相較之下，密迪樂的單字母標注不太符合北京音的實際，而威、翟注音方案的標注比前人方案的發音顯得更為精確。

儘管他們的聲母注音系統存在諸多差異，但整體而言仍然屬於前後承繼與發展

① 參見威妥瑪《語言自邇集——19 世紀中期的北京話》，張衛東譯，北京：北京大學出版社，2002 年，第 31 頁。

② 參見威妥瑪《語言自邇集——19 世紀中期的北京話》，張衛東譯，北京：北京大學出版社，2002 年，第 27 頁。

的關係，除去聲母標注差異較大的羅伯聃方案，若把密迪樂聲母注音中分為開合二呼的聲母合為一組，那麼密迪樂與威、翟聲母系統就基本一致了。從二語學習者角度而言，密迪樂方案聲母分組是沒有必要的，反而增加了學習者負擔。

（二）韻母系統的比較

雖然密迪樂並未給出北京官話注音的音節表，只是列舉了各類母音[①]及對應例字，但是我們以《隨筆》元、輔音表為主體，結合正文例字以及語音標注情況，歸納出了大多數韻母的標注符號，並與羅伯聃、威妥瑪、翟理斯等人韻母系統對照。具體如下表：

**表4　羅伯聃、密迪樂、威妥瑪、翟理斯韻母系統對照表**

| 現漢 | 羅伯聃 | 密迪樂 | 威妥瑪 | 翟理斯 |
|---|---|---|---|---|
| a | a/ă/aa/ah | a | a | a |
| o | o/õ | o/ô | o | o |
| e | ay/ĕ/e/o/ih/ĩh | ĕ/ŏ | ê/o/ei | ê/o/ei |
| ê | ãy | e/ê | eh | eh |
| i | e/eĭh/ee/ĩh | i | i | i |
| u | u/ũh/oo/w ũh | u | u | u |
| ü | ü/eu/e ũh | ŭ | ü | ü |
| －i（前） | ze | ĭ | ŭ | ŭ |
| －i（後） | e/ê/ih/ĩh | ĭ | ih | ih |
| er | urh/ũrh | — | êrh | êrh |
| ai | ai/ih/ĩh | ae/ai | ai/iai | ai/iai |
| ci | ei/ee | ei/êi/ŏi | ei/êi/ê | ei |
| ao | aou | au | ao | ao |
| ou | ow/oo/ew | ôu | ou | ou |
| ia | ea/ia | ea/ia | ia | ia |
| ie | eae/eĕ/eay/iae/eai/iai | ie/iê/eĕ | ieh | ieh |
| ua | wa/wã/waa | — | ua | ua |
| uo | wo/wõ/o/õ/üẽ | wo/ô | o/uo | o/uo |
| üe | eo/eõ/uĕ/iüe | eô/iô/uê | üeh/üo/io | üeh/üo/io |
| iao | eaou/iaou | eau/iau | iao/io | iao/io |
| iou（iu） | ew | ew/ieu | iu | iu |
| uai | wai | wai | uai | uai |

① 密迪樂方案母音的發音解釋及例字可參見，Meadows. *Desultory Notes on the Government and people of China*. London：Wm. H. Allen and Co. 1847，pp. 54－55.

**續表** 4

| 現漢 | 羅伯聃 | 密迪樂 | 威妥瑪 | 翟理斯 |
|---|---|---|---|---|
| uei（ui） | uy/wuy/wei | wûi/wui | ui/uei | ui/uei |
| an | an/ān/aan/ĕn/wan | ên/an/ân | an | an |
| ian | een/éen/ēen | eên/iên | ien | ien |
| uan | wan/uen/oan | wan | uan | uan |
| üan | euen/iuan/uen | ŭên/uên | üan/üen | üan |
| en | in/un/ūn/ĕn | ĕn/un | ên | ên |
| in | in/ĭn | în | in | in |
| uen（un） | un/w ūn/ün | ûn | un/uên | un |
| ün | eün/ün | ŭn | ün | ün |
| ang | ang/ǻng | ang | ang | ang |
| iang | eang/iang | eang/iang | iang | iang |
| uang | wang/wāng/oang | wang | uang | uang |
| eng | ing/ung/āng/ēng | âng/ĕng/ûng | êng | êng |
| ing | ing | îng/ing | ing | ing |
| ueng | — | — | weng | weng |
| ong | ung/ūng | ung/ûng | ung | ung |
| iong | eung/iung | eung/iûng | iung | iung |

密迪樂論著中的漢語注音數量有限，雖然上表的歸納也並不完善，但仍然可以看出彼此間的關係。由上表可知，在部分韻母標注上，密迪樂韻母系統還保留著羅伯聃方案的特點，不過相對於羅伯聃的韻母系統，密迪樂已經作了較大改進。具體表現為：

第一，韻母系統標注符號數量大幅縮減，尤其對單元音的標注，除了［o］、［ɤ］、［ɛ］外，其餘均表現為"一音一號"的形式，複合韻母標注符號數量也得以縮減，這表明密迪樂對北京話發音的把握比羅伯聃更準確；

第二，捨棄了羅伯聃方案以 y、w 分別表示［i］、［u］並充當韻尾的標注形式，對漢語母音 i、u 有了清楚認識，根據當時北京話語音實際發音取消了入聲韻，如韻母［i］、［u］分別被標以 i 和 u，不再有入聲韻尾－h，這是對羅伯聃方案的一大改進；

第三，密迪樂方案在韻母組合上基本接近北京音，針對某一韻母的標注，最多採用三個字母符號，未像羅伯聃方案一樣出現四合母音，但受到羅伯聃方案影響，還存在以非高母音作韻母介音的情況，如使用字母 e 表示介音［i］；

第四，對漢語母音 e 和 i 之間界限的認識更清楚，擺脫了英語母語發音帶來的影響，這也是其韻母數量得以減少的原因之一，但尚未完全脱離羅伯聃方案的影響，一些韻母標注界限仍然較為模糊，如表示韻母［iɛn］的 eên、iên 等。

此外，密迪樂方案並未如羅伯聃方案一樣區分舌尖前、後母音，都以符號 ĭ 表示，相比於羅伯聃和威妥瑪方案來説，無疑是一個缺漏，不利於學習者區分兩種不同母音；同時，受羅伯聃影響，密迪樂沒有正確區分出中母音 e 和高母音 a，如“能”和“等”皆以母音 â 表示，同時還保留了合口呼韻母形式，如 ung。但總體而言，個別標注影響有限，密迪樂方案韻母系統在很大程度上是符合北京話韻母發音實際的。

針對密迪樂方案韻母系統的一些缺點，威妥瑪注音方案對其做了改進和完善，對北京音韻母的分析與認識也變得更加清晰和準確。

首先，在審音方面，威妥瑪非常精細，對漢語語音的描寫接近嚴式音標（張衛東，1998：138），因此威氏方案對漢語韻母 e、ei、ui、üe、un、uan 等的標注形式會出現不同，且發音不易區分。然而，與密迪樂方案相比，威妥瑪韻母注音已非常接近當時北京音了，韻母數量減少、形式更為簡潔，且大致符合“一音一號”的原則；

其次，威妥瑪韻母注音改變了密迪樂方案內高、中、低母音界限混淆的現象，“明確了只有高母音才可以作韻頭”（王為民，2009：80）；

再次，相比於密迪樂方案，威妥瑪已經認識到了漢語母音 e、i 的界限，韻母標注中也未出現彼此混淆的情況。同時，威妥瑪還將密迪樂方案中未區分的舌尖前、後母音分別標以不同的符號，以區別於舌面母音［i］，並認為 ih 表示一種發音非常短促的音而已；

最後，正如威妥瑪自己所説，“ên，êng 兩個韻母是被用來代替聲母 f，m，p 音節中的 un，ung 的”，“這種演變已被北京人完全認可了”①。如表中所示，在表示漢語韻母 en、eng 時，威、翟方案就已經完全採用了 ên 和 êng 的形式，即由合口韻變為了開口韻，同時威妥瑪也正確區分了漢語母音 e、a 的界限。

當然，這也説明，在羅伯聃、密迪樂時代的北京人尤其是滿人中，很可能還存在-un/-en、-ung/-eng 發音並存的情況。（張衛東，2014：118）與威妥瑪相比，翟理斯方案韻母注音基本沒有大改動，僅在表示韻母 ai、üan、un 時，各自都採用一個符號進行了標注，與現代漢語普通話韻母系統更為接近。

### （三）聲調系統的比較

在“TO THE READER”中，羅伯聃指出漢語聲調分平、上、去、入四聲，

---

① 參見威妥瑪《語言自邇集——19 世紀中期的北京話》，張衛東譯，北京：北京大學出版社，2002 年，第 28 頁。

但是否與馬禮遜的標注符號“ˋ ˏ ˆ”一致，讀本體現得並不明顯，我們不得而知。不過，羅伯聃以為掌握聲調的關鍵是模仿老師的讀音，跟著老師口音閱讀。對此，薩默斯專門有過評價，“羅伯聃完全忽略了聲調，也沒有做任何聲調的標記來指導學生的漢語學習”[①]，可見羅伯聃是主張學習者在老師指導下學習發音，而非囿於聲調標記的限制。

密迪樂方案在此基礎上則有所改進，採用了數字形式標注聲調，儘管正文中很少運用，但他仍然歸納出以下聲調表：

**表 5　在官方發音中使用的聲或漢語聲調表**[②]

| 聲 Shĕng, or Introduction | Description | Examples | Marked in this Book by | Marks used by Morrison |
|---|---|---|---|---|
| 上平 shang ping, first even | Commences at a high note, and keep high and even | 章青非灰鄉姑 | 1 | ʻ |
| 下平 hsia ping, second even | Commences at a high note, and rises still higher | 常情肥回祥骨 | 2 | ˆ |
| 上 shang, rising | Commences at a low note, and rises to a higher one | 掌請匪毀享鼓 | 3 | ˋ |
| 去 chŭ, departing | Commences at a low note, and sinks still lower | 帳廢費會向顧 | 4 | ˏ |

密迪樂指出，只有在極少數詞語中，北京本地人才會突然縮短發音，這或者是入聲，但一般來説它們只是例外，需要單獨記憶。可見，入聲應該只在當地土語中保留了一些，當時北京官話已無入聲調，只有表 5 四類聲調，這與現代北京音聲調相同。密迪樂採用數字標記，使聲調標注更加簡明，有利於避免符號相近導致標調錯誤。威妥瑪曾説，“依照米道斯先生的建議，用數碼區別北京話的四聲，是最簡易不過的”[③]；威氏還指出，北京話裏已經沒有入聲了，公認的北京話聲調是上平、下平、上、去聲。其後，翟理斯繼承了威妥瑪的聲調符號。我們也看到，雖然威妥瑪繼承了密迪樂的聲調標注形式，但標記位置卻不同，密迪樂主要將數碼置於韻腹或韻尾正上方，如 $\overset{1}{\text{tu}}$、$\overset{1}{\text{shau}}$、$\overset{3}{\text{leau}}$、$\overset{3}{\text{chung}}$、$\overset{3}{\text{chûn}}$等，這種位置不穩定的標注易使

---

① 參見薩默斯《漢語手冊》，方環海、于海闊譯注，廈門：廈門大學出版社，2013 年，前言，第 5 頁。

② 參見 Meadows. *Desultory Notes on the Government and People of China*. London: Wm. H. Allen and Co. 1847, p. 63.

③ 參見威妥瑪《語言自邇集——19 世紀中期的北京話》，張衛東譯，北京：北京大學出版社，2002 年，第 29 頁。

學習者記憶混亂；而威妥瑪統一標在音節末尾右上角，位置更加統一，如"$pa^1$、$pa^2$、$pa^3$、$pa^4$"等。

## 四、結　語

綜上所述，我們以為，羅伯聃方案在很多方面承繼了馬禮遜注音方案的傳統，保留著南京官話音的特點，如保留入聲韻、未設置舌面前音、遵循英語發音規則、將非塞音和塞擦音區分為送氣與不送氣音等，但一如上文所言，羅伯聃方案在聲韻母的數量、舌根鼻音和入聲韻的標記等方面與馬禮遜方案存在一些差異，前者還有明顯向北京話語音靠近的趨勢，語音性質雖然具有混合性，但是也對密迪樂方案具有啟發作用。

關於密迪樂方案，它不僅很大程度上擺脫了南京官話音的束縛，而且在聲韻母數量、標示北京話舌面前音、簡略舌根鼻音、取消入聲韻、簡化複合元音、以數字標記聲調等方面有很大進步。正如王為民（2009：81）所言，密迪樂雖然一定程度上借鑒了羅伯聃方案，但實際仍以當時的北京官話語音為依託，在聲、韻、調方面對後來威妥瑪方案產生了極大影響。由此可見，密迪樂方案的影響並不像威妥瑪所説的，"除了輔音 hs 之外，我想不出從他的系統中採納了什麼"①，這種影響也絕不只是帶領威妥瑪走上拼寫北京音的正確道路那麼簡單。

至於後來翟理斯方案，雖並未對威氏注音方案作多少改進，但其注音方案的問世標誌著當時北京官話語音的發展已經趨於穩定，該方案也達到了 16 至 19 世紀以來西人漢語羅馬字注音的巔峰。

**參考文獻**

曹春靜. 第一套北京話音標系統及其聲調——密迪樂《隨筆》標記的北京音系//張西平，柳若梅. 國際漢語教育史研究叢書. 北京：商務印書館，2014.

（英）薩默斯著，方環海，于海闊譯. 漢語手冊. 廈門：廈門大學出版社，2013.

高曉虹，劉淑學.《語言自邇集》中的入聲字讀音. 語言教學與研究，2006（06）.

黃薇.《正音撮要》研究. 福建師範大學碩士學位論文，2014.

錢奠香. 馬禮遜"重漢字形義，略漢字讀音"漢語觀分析. 國際漢語學報，2016（01）.

孫偉傑. "威妥瑪式"拼音研究. 吉林大學碩士學位論文，2009.

王紹祥. 西方漢學界的"公敵"——英國漢學家翟理斯（1845—1935）研究. 福建師範大學博士學位論文，2004.

（英）威妥瑪著，張衛東譯. 語言自邇集——19 世紀中期的北京話. 北京：北京大學出版

① 參見威妥瑪《語言自邇集——19 世紀中期的北京話》，張衛東譯，北京：北京大學出版社，2002 年。

社，2002.

王為民. 米道斯拼音方案對威妥瑪拼音方案的影響. 語言教學與研究，2009（02）.

王為民，吳靜. 西方最早的北京話口語漢英對照課本及其編纂方式. 中國語言文學研究，2019（02）.

王仲男. 《華英字典》注音系統研究——以《五車韻府》為例. 廈門大學碩士學位論文，2015.

岳嵐. 晚清時期西方人所編漢語教材研究. 北京外國語大學博士學位論文，2015.

張世方. 北京官話語音研究. 北京：北京語言大學出版社，2010.

張天皓. 羅伯聃《正音撮要》研究. 北京外國語大學碩士學位論文，2019.

張衛東. 威妥瑪氏《語言自邇集》所記的北京音系. 北京大學學報（哲學社會科學版），1998（04）.

張衛東. 再論威妥瑪《語言自邇集》：現代漢語史之起始標誌//張西平，柳若梅. 國際漢語教育史研究叢書. 北京：商務印書館，2014.

周有光. 馬禮遜的《中文字典》和官話拼音方案. 中國語文，1960（01）.

Coblin, W. S. Robert Morrison and the Phonology of Mid-Qing Mandarin. *Journal of the Royal Asiatic Society of Great Britain & Ireland*, 2003. 13 (3).

Giles, H. A. A Chinese-English Dictionary. London: Kelly and Welsh, 1892.

Meadows, Thomas Taylor. *Desultory Notes on the Government and people of China, and on the Chinese Language; Illustrated with a Sketch of the Province of Kwang-Tûng, Shewing its Division into Departments and Districts*. London: Wm. H. Allen and Co., 1847.

Morrison, Robert. *A Dictionary of the Chinese Language*. 鄭州：大象出版社，2008.

Thom, Robert. *Espo's Fables*. Canton: The Canton Press Office, 1840.

Thom, Robert. *The Chinese Speaker*. Ningpo: Presbyretian Mission Press, 1846.

# The Inheritance and Improvement of the Beijing Mandarin Phonetic Scheme in the 19th Century Western Sinology

## —Centered on Robert Thom and Thomas Taylor Meadows

Fang Huanhai, Li Changhao

**Abstract**: The paper points out that Robert Thom was the first Western sinologist to research the Beijing Mandarin pronunciation. He inherited the tradition of the Nanjing Mandarin pronunciation of Morrison's phonetic scheme, but was gradually approaching the Beijing Mandarin. Thomas Taylor Meadows improved Thom's Phonetic scheme, for example, setting up a class of alveolo-palatal sound, cancelling entering tone, describing first even, second even, rising, cancelling combined finals of four vowels, and departing tone with the number 1, 2, 3 and 4. However, Meadows' phonetic scheme had shortcomings, for instance, dividing initials by finals with the beginning of *a*, *e*, *o* and *u*, being unclear about velar nasal sound, lacking clear understanding of some Chinese vowels, and so on. Thomas Francis Wade's phonetic scheme improved Meadow's, and finally formed a set of Orthographic system that was accord with the Beijing Mandarin pronunciation in the 19th century. Herbert Allen Giles don't change Wade's phonetic scheme obviously, but pushed the Phonetic Scheme of Roman Alphabets to its height in the 19th century. Through the research on the Chinese phonetic scheme from Morrison to Thomas and Meadows, to Wade and Giles, it is possible to reveal the development and phonetic features of the Beijing Mandarin phonetic scheme, and provide reference for the research of historical Beijing Mandarin pronunciation.

**Keywords**: the Beijing Mandarin; the Phonetic Scheme of Roman Alphabets; Robert Thom; Thomas Taylor Meadows; Western Sinology

（方環海，廈門大學海外教育學院；李長浩，廈門大學海外教育學院）

# 南京話中的一種晚起的舌尖後元音

柯蔚南 W. South Coblin　余柯君 譯

**提　要：** 現代漢語南京話中有兩套舌尖元音，[ɿ] 和 [ʅ]。本文討論現代南京話中的這兩套舌尖元音是怎樣從明清時期演變而來的，並認為：現代南京話中的 [ɿ] 至遲產生於明代，而 [ʅ] 則是 19 世紀以後產生的，它由早期的 [i] 發展而來。

**關鍵詞：** 南京話；舌尖元音；明清語音

## 一、引　言

現代南京話中有兩套舌尖元音（趙元任 1929，江蘇省和上海市方言調查指導組 1960，劉丹青 1994）。第一套是 [ɿ]，它出現的語音環境是舌尖前塞擦音 [ʦ] [ʦʻ] 以及擦音 [s] 之後的開音節。第二套是 [ʅ]，它出現在捲舌音（*retroflexes*）[ʈʂ]、[ʈʂʻ]、[ʂ] 和 [ʐ] 之後，既可以出現開音節中，也可以出現在閉音節中。本文關注這二組舌尖元音的早期來源，並特別關注後一套舌尖元音及其相配的捲舌音輔音出現的最早的證據。我們認為，南京話中的舌尖後元音是在 19 世紀中期或晚期才產生的，其產生的時間比北京話中舌尖後元音要晚得多。

## 二、文獻材料及研究方法

一般認為，明清時期漢語官話的基礎方音是南京音（魯國堯 1985，楊福綿 1989，柯蔚南 1997）。至明代晚期，南京音仍然是拼讀漢語的標準音。直到 18 世紀中期，它在全國標準音的地位才被北京音所取代。從那以後，南京話只是南京城自己的方音，這一直延續到了現在。因此，我們以現代語言學角度去描寫南京話是可行的。作為通語的南京音和南京城自己的方音，或許它們在音系上從來都不是完全相同的，這就像普通話之於北京話一樣。但是，這兩種南京話的變體之間卻又是相當接近的，時至今日，在學者們所撰寫的相關論文當中，此二者似乎仍被認為是遵循著同種歷史發展路徑演變而來的。

現在，我們簡要梳理一下我們所使用的文獻材料的中衆多不同歷史時期的南京音。

（一）作為通語的南京音（The Nanking Koine）

1. **明代晚期**

這一時期的代表文獻有兩種。其一，是利瑪竇（Matteo Ricci 1552－1610）在他生命的最後十年，寓居北京時所撰寫的一系列漢語劄記。在這些劄記中，每個漢字之後，都附著以羅馬字母轉寫的，相當複雜的音注。這些音注有很强的內部一致性，並且它們在聲調上的標注也是相當完整的。這些劄記在當時的中國具有一定的影響力，其中的四篇還被集結成《西字奇跡》一書而保存至今。其二，是由金尼閣（Niklaas Trigault 1557－1628，其中的 Niklaas 亦作 Nicola、Nicolas 等）撰寫，出版於 1626 年的《西儒耳目資》。此書用拼音文字的形式記錄了大量的官話語料。

2. **清代早期**

（1）弗朗西斯科・瓦羅（Francisco Varo），又譯作“萬濟國”。他的《華語官話語法》（*Arte de La lengua Madarina*）在 1684 年成書于福州，1703 年出版于廣州。該書記錄了清代早期官話的語法。我們的所用的本子，是這部書即將出版的英文譯本（柯蔚南、烈維 Coblin and Levi 譯）。書中記載的“語法形式”（Arte forms）是萬濟國稍晚時在一些官話文本中發現的，它們對其早期作品——《官話詞典》（*Vocabulario de la lengua Mandarina*）有重要的補充作用，後者今藏于柏林德國國家圖書館。在本文中，凡出此書的例子皆以“(Voc)”的形式加以表示。

（2）馬若瑟（Joseph Prémare）的《漢文啟蒙》（*Notitia Linguae Sinicae*）。該書是一部漢語官話語法書，大約成書於 1730 年。本文主要採用此書 1893 年的印本，而出版於 1831 年的早期本子我們也加以參考。

3. **清代中期**

（1）羅伯特・馬禮遜（Robert Morrison）《華英字典》（*Dictionary of Chinese Language in three parts*）中的第二部分《五車韻府》（*Chinese and English Arranged Alphabetically*）的第二卷。《華英字典》全書分三部分，它們在 1815—1822 年期間分別於倫敦、澳門二地出版。其中《五車韻府》部分出版於 1820 年，它是一部南京官話的字典。

（2）衛三畏（S. Wells Williams）《英華韻府曆階》（*English and Chinese Vocabulary in the Court Dialect*），此書在 1844 年出版於澳門，是一份南京官話的音節表。

### （二）作為南京城方音的南京音（The Nanking City Dialect）

#### 1. 晚清南京音

（1）瞿乃德（Franz Kühnert）《南京土白音節表》（*Syllabar des Nankingdialektes oder der correkten Aussprache sammt Vocabular*）。該書在 1898 年出版於維也納，是一份南京城方音的音節表。為了解釋瞿乃德的注音，我們還引用了一篇瞿乃德早期的論文（*Kühnert* 1894）。在這篇論文中，前書中涉及面極廣、相當複雜的音注，都已被簡化和規範化了。

（2）赫美玲（K. Hemeling）《南京官話》（*Die Nanking Kuanhua*）。該書在 1907 年出版于哥廷根。它表面上是南京官話的的研究和音節表，但事實上卻不僅僅討論了作為全國通語的南京音，也涉及到了南京音的變體——南京城的方音。赫美玲還提到了他所記錄的南京話的變體和瞿乃德研究的是有所不同的（1907 v-vi）。

#### 2. 现代南京音

取自《江蘇省和上海市方言概況》（1960）。

我們在後文中，先討論現代南京話中的舌尖元音 [ɿ] 是怎樣演變而來的，後討論 [ʅ]。在討論舌尖元音 [ʅ] 時，先討論開音節，後討論閉音節。

## 三、元音 [ɿ]

舌尖元音 [ɿ] 似乎至遲在明朝晚期就已存在于南京話中了，它在我們所有的注音材料中的表現十分突出。通過以下的例子，我們就可以看出這一現象。在每個例字的旁邊，我們附上了高本漢（Karlgren）對《切韻》音系擬音（以下簡稱為 *QYS*，即 *Qieyun System* 的縮寫），以備參考。

zǐ 子　QYS　tsï：

明晚期：利瑪竇 çù；金尼閣 çù

清早期：萬濟國 çhù；馬若瑟 tseè

清中期：馬禮遜 tszè；衛三畏 tsz‘$^{3}$

清晚期南京音：瞿乃德 dsý；赫美玲 tzǔ$^{3}$

現代南京音：江蘇省 [tsɿ$^{22\text{上}}$]

cí 辭 QYS zï

明晚期：利瑪竇 ç‘û；　金尼閣'çuû，suû

清早期：萬濟國 çh‘uû；　馬若瑟 ts‘eê

清中期：馬禮遜 tszē；衛三畏 ts‘z‘$^{2}$

清晚期南京音：瞿乃德 tsyê；赫美玲 tz'ǔ$^{2}$

現代南京音：江蘇省［ts‘ɿ13陽平］

sī 思 QYS sï

明晚期：利瑪竇 sū；金尼閣 sū

清早期：萬濟國 çū；馬若瑟 ssēe

清中期：馬禮遜 szē；衛三畏 sz‘[1]

清晚期南京音：瞿乃德sȳ；赫美玲 ssŭ[1]

現代南京音：江蘇省［s‘ɿ31陰平］

在利瑪竇、金尼閣和萬濟國的拼寫中，我們所討論的舌尖元音是用字母 u 上加點的形式來表示的。萬濟國還對此元音的發音方法做過一個很有趣的描寫："張開嘴唇至可見牙齒的程度，舌頭用一定程度的力抵住牙齒，使得發出的聲音帶著嗡嗡聲。"（p. 16）馬若瑟用 *e* 或 *ee* 的形式來描寫這一元音，馬禮遜則採用了 *-ze* 的形式，衛三畏作 *-z*‘，瞿乃德以字母 *y* 來表示，赫美玲使用威妥瑪拼音法中的 ŭ 來記錄。我們使用的現代漢語南京話採用現行的國際音標來記錄。以上每種材料都使用了特殊的標記來表示這一元音，可見至少在這一點上，所有材料是很一致的。

近來有學者認為（尉遲治平 1990：18）朝鮮漢學家申叔舟所撰的所謂"正音"（以下簡稱 *SR* 即 *Standard Reading* 的縮寫）中的記錄，反映了 15 世紀時以南京音為標準音的官話音。有趣的是，我們前面提到過的那些例子，朝鮮語在轉寫它們的時候都帶著一個特別的元音二合字母（這一符號我們用 ɨ 表示）。一般認為，這一符號是用來表示漢語中的舌尖元音的（金光洙 1991，以下所使用的所有朝鮮語轉寫都取自此文）例如："子" SR 作 "tsɨ（上）"；"辭" SR 作 "zɨ（平）"；"思" SR 作 "sɨ（平）"。如果尉遲治平的觀點是正確的，那麼，南京話中的元音 ɨ［ɿ］的來源至遲能夠追溯到明代早期。

## 四、在開音節中的元音［ʅ］

現代南京話中帶［ʅ］元音的開音節如下：

zhī 之 QYS tśï

明晚期：利瑪竇 chȳ；金尼閣 chī

清早期：萬濟國 chī；馬若瑟 tchī

清中期：馬禮遜 chè；衛三畏 chí[1]

清晚期南京音：瞿乃德 dshī，dshȳ；赫美玲 chih[1]

現代南京音：江蘇省［tʂʅ31陰平］

zhī 知 QYS ṭje

明晚期：利瑪竇——；金尼閣 chī
清早期：萬濟國 chī；馬若瑟 tchī，tchē
清中期：馬禮遜 che；衛三畏 chí[1]
清晚期南京音：瞿乃德 dshī，dshȳ；赫美玲 chih[1]
現代南京音：江蘇省［tʂʅ$^{31陰平}$］

zhǐ 指 QYS tśi：
明晚期：利瑪竇 chì；金尼閣 chì
清早期：萬濟國 chỳ（Voc.）［tʂi］；馬若瑟 tchì
清中期：馬禮遜 chè；衛三畏 chí[3]
清晚期南京音：瞿乃德 dshí，dshý；赫美玲 chih[3]
現代南京音：江蘇省［tʂʅ$^{22上}$］

chí 持 QYSḍï
明晚期：利瑪竇---；金尼閣 c'hî
清早期：萬濟國 chŷ'（Voc.）［tʂ'i］；馬若瑟 tch'î
清中期：馬禮遜 chē；衛三畏---
清晚期南京音：瞿乃德 tshî（tshŷ）；赫美玲 ch'ih[2]
現代南京音：江蘇省---

chǐ 齒 QYS tśhï：
明晚期：利瑪竇---；金尼閣 c'hì
清早期：萬濟國 ch'ì；馬若瑟 t'chì，tch'ì
清中期：馬禮遜 che；衛三畏 ch'í[3]
清晚期南京音：瞿乃德 tshí（tshý）；赫美玲 ch'ih[3]
現代南京音：江蘇省［tʂ'ʅ$^{22上}$］

shí 時 QYS źï
明晚期：利瑪竇 xî；金尼閣 xî
清早期：萬濟國 xî；馬若瑟 chê，chî
清中期：馬禮遜 shē；衛三畏 shí[2]
清晚期南京音：瞿乃德 shî；赫美玲 shih[2]
現代南京音：江蘇省［ʂʅ$^{13陽平}$］

shì 是 QYS źje：
明晚期：利瑪竇 xý，x ý；金尼閣 xì，xí
清早期：萬濟國 xí；馬若瑟 ché，chí

清中期：馬禮遜 shè；衛三畏 shí[6]

清晚期南京音：瞿乃德 shì；赫美玲 shih[4]

現代南京音：江蘇省［ʂʅ⁴⁴去］

如前所述，我們所討論的舌尖後元音只出現在現代漢語的捲舌音聲母之後。劉丹青（1994）在南京話的捲舌音聲母的音色方面没有特别的描寫，但在趙元任（1929：1008）看來，在他那個年代，南京話中的這套捲舌音聲母在舌位在較之北京話中的捲舌音要靠前一些。在萬濟國的年代裏，這套聲母無疑已經捲舌音化了。因為，他在字母 x—（即［ʂ］）的發音上做過如下的説明：此音在發音時“舌尖或舌頭上的某個點應當加倍用力，直到它翹起來”（p. 18）。

這種類型音節的元音，利瑪竇以 *y* 或 *i* 記之，萬濟國記作 *i*，偶然也記作 *y*，金尼閣只記成 *i*。學者們對這一元音的轉寫和他們對舌面前高元音［i］的轉寫幾乎是相匹配的。萬濟國的轉寫在這一方面的表現特别突出，在他的系統中，諸如“知”chī 這種音節，其元音和他所轉寫的，别的-*i*（或-*y*）並不構成音位對立關係，例如：“地”也轉寫作 *tí*，“禮”也轉寫作*lỳ*。在另一方面，金尼閣則意識到了某些不同點，他在用羅馬體轉寫該元音時，對自己的轉寫進行了一些討論，而在元音字母 *i* 下他做了如下的評論（I. 53b—54a）：

> 元母之三，衣 i，用不用未詳，蓋風氣不同。有為甚，亦有為次，如“知”“紙”之類，但忒細易亂。故從便尋之用，一甚之中俱包之，未敢細别，余心未安故耳。

“我不確定在給這些字注音時，該不該在第三號元音 i（文中的“衣”）上加點（即在金尼閣的拼寫系統中用於細分元音的上加點和下加點）。總得來看，它們之間是有細微差别的。一些字在音值上是‘甚’（即不加點），還有一些字的音值是‘次’（即下加點），例如：‘知［chi］’和‘紙［chì］’，但是這種差别太細微了，以至容易混淆。我不敢對這些音做更細緻的區分，我因此感到不安。”

金尼閣在這裏指出，諸如“知”“紙”這類字，它們的元音和“衣”字的元音是有些不同的，但他本人無法將它們很好地區别開來。值得注意的是，金尼閣並没有試圖將這一存疑的元音和舌尖前元音［ɿ］聯繫在一起。正如我們所見，他把舌尖前元音寫成了 *ŭ*。我們再看馬若瑟，他原本將我們所討論的這個元音記作 *i*，但後來他又記作了 *e*，這也是它記錄舌尖前元音［ɿ］的方式之一。可見在這些例子中他的“*e*”通常就是“*i*”的拼法的一個變體，後者更加常見罷了。但重要的是，馬若瑟在他的記音中從來没有將舌面前音［i］記成 *e*。

馬禮遜的轉寫是以英語為基礎的，因此他也用字母 *e* 來表示［i］，例如“地”他就記作 *te*。我們所討論的這一元音也是用這個字母表示的，且不帶任何添附符號。通讀他所著的字典，我們看到在他的拼寫規則簡要解釋中有兩條解例跟我們的討論相關。第一條，在第 32 頁，這條和馬禮遜的音節 che（例如“知”和“指”等字）相關。他説：“*E* 和 *Me* 接近相同（nearly as the same）”（這裏的 Me 是馬禮遜對諸如的“米”字讀音的轉寫）。在這裏需要特別指出的是馬禮遜此處的措辭是“接近”（nearly），可見馬禮遜認為“知”字的元音和“米”字的元音雖然很接近，卻不是完全相同的。第二條需要引起我們重視的解釋則跟音節 *She*（例如“尸”“始”和“世”等字的音節）相關。馬禮遜在其著作的第 733 頁中説：“嚴格地説，北方音中音節 She 中的元音不是 *E* 的開放音（open sound），它在發音上需做一些調整：舌頭抵著上顎，延長發 *i* 的聲音。在音節 *Sze* 和 *Tsze* 中，*E* 的發音方法也是一樣的。”（如前所述，馬禮遜的音節 sez 和 tsze 相對應於例如“思”和“子”等字）。這條解釋相當重要，首先，它反映了馬禮遜對當時的北音相當熟悉，並且他還對北音做過仔細的觀察。其次，在馬禮遜看來，北音中像“尸”和“始”這類字中的舌尖後元音跟“思”和“子”所帶的舌尖前元音關係密切。最後，也是對我們最重要的一點，這證明了就馬禮遜字典中的所記的南京官話而言，肯定還没有出現舌尖後元音。相反，舌尖後音是一個南京話中没有的，且帶有濃重北方音色彩的元音。

衛三畏將我們所討論的這一元音轉寫作 í（即帶著尖頭的 i），這個符號也可以表示舌面元音［i］。他也没有對出現在捲舌音後的 í 做任何的説明。

瞿乃德的注音是個新的類型。在諸如“知”和“指”等字的注音上，他换了一種形式，記作 *dshi* 和 *dshy*，前者的記法比較普遍，後者則比較少見。字母 *i* 通常對應著國際音標中的［i］，而 *y* 則對應［ʅ］。這似乎可以説明他聽到的這些音節在發音上產生了改變，一種發成前高元音，而另一種則發作舌尖元音。而像“尸”和“始”這類聲母屬擦音的字，瞿乃德卻從不用舌尖元音去記錄。有意思的是，在瞿氏的記錄之後不久，赫美玲在記錄這些音的時候，只採用威妥瑪系統的-ih。顯然，他聽到了一個純粹的舌尖元音。

此外，我們還可以從上述材料中得出這樣一個結論：現代南京話開音節中的［ʅ］，其歷史來源比［ɿ］更為複雜。從明代晚期至 18 世紀中葉，現代南京話中［ʅ］元音的記錄方式往往與舌面前高元音［i］相同。從金尼閣和馬若瑟的對這個音的描寫上看，它的讀音在音色上是比較特殊的，但是直到馬禮遜的時代，它的讀音和北音中的舌尖元音［ʅ］還不完全相同。而在一個世紀以後，在赫美玲聽來這個音已然是個舌尖元音了。並且，在稍早一些時候，瞿乃德的證據也表明，這一音值的改變，實際是從他那個時代開始的，舌尖元音在彼時是與正常讀音相競爭的一個變體。

我們還可以將以上這些例子再和朝鮮語材料做一些比較：

之 SR tʂi（平）；PR tʂɨ；LR tʂɨ

知 SR tʂi（平）；PR---；LR---

指 SR tʂi（上）；PR tʂɨ；LR tʂɨ

持 SR dʐi（平）；PR---；LR---

齒 SR tʂʻi（上）；PR tʂʻɨ；LR tʂʻɨ

時 SR ʐi（平）；PR ʐɨ；LR ʐɨ

是 SR ʐi（上）；PR ʐɨ；LR---

在我們所增加的例子中，除了有正音（SR）的形式外，還增加了另外兩個形式——俗音（PR 即 *Popular Readings* 的縮寫）和左音（LR 即 *Left Readings* 的縮寫）。尉遲治平認為，這兩種形式的音和當時的漢語"正音"有所不同，它們可能源於北音。值得注意的是，這些例子中的"正音"都帶著元音 i，而俗音、左音則讀作舌尖元音。所有材料都表明，在明代早期的官話中，這類音節中的元音可能還是非舌尖元音。

## 五、在闭音节中的元音［ʅ］

現代南京話中帶［ʅ］元音的閉音節如下：

zhí 值 QYS（ḍjək）ḍï-

明晚期：利瑪竇 chiĕ；金尼閣 chĕ

清早期：萬濟國 chí；chĕ（Voc.）馬若瑟---

清中期：馬禮遜 che，chĭh；衛三畏 chih[8]

清晚期南京音：瞿乃德 dshiʻ，dshyʻ；赫美玲 chih[5]

現代南京音：江蘇省［tʂʅʔ[5入]］

zhí 直 QYSḍjək

明晚期：利瑪竇---；金尼閣 chĕ

清早期：萬濟國 chĕ；馬若瑟 tchĭ，tchĕ

清中期：馬禮遜 chĭh；衛三畏 chih[8]

清晚期南京音：瞿乃德 dshiʻ，dshyʻ；赫美玲 chih[5]

現代南京音：江蘇省［tʂʅʔ[5入]］

chī 吃，喫 QYS（khjət），khiek

明晚期：利瑪竇---金尼閣 kiĕ，ʻkiĕ，

清早期：萬濟國 chʻĕ　馬若瑟 kʻĭ，tchʻĕ

清中期：馬禮遜 chĭh 衛三畏 kʻih[8]

清晚期南京音：瞿乃德 tshiʻ（tshyʻ），kjiʻ；赫美玲 chʻih[5]

現代南京音：江蘇省［tʂʻʅʔ⁵入］

（此條實際上包含了兩個詞源，這兩個詞源都與“吃”這個字相關。但只有聲母是捲舌音，表示“吃飯”義的那個，是和討論相關的）

shí 十 QYS źjəp

明晚期：利瑪竇 xĕ，xæ；金尼閣 xĕ̇

清早期：萬濟國 xeĕ；馬若瑟 chĕ

清中期：馬禮遜 shĭh；衛三畏 shih[8]

清晚期南京音：瞿乃德 shiʻ；赫美玲 shih[8]

現代南京音：江蘇省［ʂʅʔ⁵入］

shí 石 QYS źjäk

明晚期：利瑪竇 xiĕ，xieĕ；金尼閣 xeĕ

清早期：萬濟國 xeĕ；馬若瑟 chĕ，chĕe

清中期：馬禮遜 shĭh；衛三畏 shih[7]

清晚期南京音：瞿乃德 shiʻ；赫美玲 shih[5]

現代南京音：江蘇省［ʂʅʔ⁵入］

shí 實 QYS d źjət

明晚期：利瑪竇 xiĕ；金尼閣 xeĕ

清早期：萬濟國 xeĕ；馬若瑟 chĕ，chĭ

清中期：馬禮遜 shĭh；衛三畏 shih[8]

清晚期南京音：瞿乃德 shiʻ；赫美玲 shih[5]

現代南京音：江蘇省［ʂʅʔ⁵入］

shí 日 QYS ń źjət

明晚期：利瑪竇 gĭ；金尼閣 jĕ

清早期：萬濟國 jĕ；馬若瑟 gĕ

清中期：馬禮遜 jĭh；衛三畏 jih[8]

清晚期南京音：瞿乃德 ʎjyʻ～ʎjiʻ；赫美玲 jih[5]

現代南京音：江蘇省［ʐʅʔ⁵入］

在這種類型音節元音的選擇上，利瑪竇通常在舌面元音 *e* 和雙元音 *ie* 之間搖擺，另有一次他選擇了 *i*。金尼閣自始至終都以上面帶點的 *ė* 來表示，它和一般的舌面前半高元音 *e* 有所不同。萬濟國和金尼閣一樣，也用元音 *e*，但他又對這個元音做過一些説明：“它既不是 *e* 也不是 *i*”。換句話説，其實際的音色或介於二者之間。馬若瑟通常記作 *e*，但在某些變體中也偶記作 *i*。在馬禮遜的拼寫系統中，這類音通常以字母組合 *ih* 表示，他認為這等同于英文單詞 *with* 中的元音部分，而在赫美玲的年代，該元音在標準英式英語中恐怕該發作［ɩ］（普林斯 *Prins* 1974：150)。衛三畏認為，這個音的音值等同於 *i*（這與他記音系統中的 í［i］是不同的)。瞿乃德換了一種拼寫方法，在輔音［tʂ］，［tʂʻ］和［ʐ］之後的元音，他用 -*i*ʻ和-*y*ʻ的方式拼寫，而［ʂ］之後的音則只寫作-*i*ʻ。赫美玲記作-*ih*，對應於威妥瑪拼音法中的［ʅ］。此元音在閉音節中的拼寫法和在開音節中的寫法，各家的轉寫幾乎相同，在閉音節中的此元音也是從非舌尖元音發展而來的（至少，在萬濟國的時代它的音值可能是［ɩ］)。而瞿乃德的材料展現了一個非舌尖元音和舌尖元音相互競爭的過程，這說明語音在彼時正發生著轉變，並且從那之後舌尖元音也取得了壓倒性的優勢。

在朝鮮語的轉寫中，只有“正音”的形式是規則的，在“正音”中，此元音寫作 *i*，不作 ɨ。

## 六、结论

我們從傳統材料中可看出現代南京話中的舌尖元音［ʅ］源於早期的兩個非舌尖元音。開音節中的［ʅ］源於［i］，閉音節中的［ʅ］源於［ɩ］，而元音的舌尖化的趨勢可能發生於 19 世紀後半葉。在 19 世紀 80 年代瞿乃德所記錄的南京話中，舌尖化的趨勢仍在進行中，而到了 20 世紀初，在赫美玲的材料中，舌尖化的進程已經完成了。我們可以很清晰地在瞿乃德的轉寫中看到此元音舌尖化的轉變過程：同一個字的讀音同時存在著非舌尖元音和舌尖元音的兩種相互競爭的語音變體。馬禮遜的材料表明，大約在 1815 年的時候，至少在北京話的開音節中，這套元音已經是舌尖元音了，艾約瑟的描述（*Edkins* 1864）也證實了這一觀點。事實上，南京話在這個點上的發展趨勢恰是變得跟北京話相同，這也表明南京話的演變的大方向就是趨同於北京話。

如果我們在南京話的歷史方言研究方面所得出結論是正確的話，那麼這種方言實際上曾有過捲舌音聲母後可直接跟前高元音［i］和［ɩ］的階段。但這種組合關係在漢語中卻是天然相互排斥的。可現在我們至少找了一個反例，有一種現代漢語方言存在這種聲韻組合。正如江蘇省和上海市方調指導組（1960）及丁邦新（1966）的研究，在江蘇如皋方言中就存在這種組合。具體例子如下：

| | 江蘇省（1960） | 丁邦新（1966） |
|---|---|---|
| 然 | ʐiĩ | rĩ |
| 日 | ʐiɪʔ | rɪʔ |

丁邦新（1966：576）認為，如皋話中的元音［ɪ］比嚴式國際音標［ɪ］的位

置要稍靠後一些。丁教授的母語就是如皋話，他本人實際在發這類音的時候，也加入了一個非常輕微的唇勢，使得這個音有點像個弱化的半元音。我們在私下交流的時候，他就認為這種現象是一種異讀或是自由變體。而這些例子中的聲母［r］，其舌位顯然没有它在其他語音環境下時那麼靠後。

我對一個語言現象很好奇，可以在此稍提一句：在京劇的傳統發音中，［i］是可以出現在捲舌音之後的（羅常培 1963：170－176）。有的學者考慮這是否是早期漢語口語中的舊音，它通過京劇演員的口耳相傳，保留了下來。

總而言之，在早期南京話的内部，的確存在過捲舌音聲母和前高元音相配的情況。但到了 19 世紀晚期，隨著新的元音［ʅ］的出現，這種組合也就消失了。這使得南京話的輔音、元音配合分佈模式變得與更遠的北方方言的模式相一致。這一語音現象也許是諸多漢語方言的發展的總趨勢或大方向的一個代表，而這種趨勢或方向導致了各種漢語方言的趨同。我們認為，正是因為這種趨同，使得現在的人們產生了一種先入為主的觀念：那就是在漢語中，捲舌音聲母和前高元音二者是根本不相容的。

**參考文獻**

（美）柯蔚南. 關於明代晚期官話語音系統的幾點體會（Notes on the Sound System of Late Ming Time Guanhua）//華裔學志（*Monumenta Serica*），第四十五輯，1997.

（美）柯蔚南、（美）約瑟夫. A. 烈維. 華語官話語法（*Grammar of the Mandarin Language*）（此為萬濟國《華語官話語法》*Arte de La lengua Madarina* 之英譯本），待刊.

趙元任. 南京音系//科學，第十三輯，1929 .

（英）艾約瑟. 官話口語語法（*A Grammar of the Chinese Colloquial Language Commonly Called the Mandarin Dialect*）. 上海：美華書館，1864.

（德）赫美玲. 南京官話（*Die Nanking Kuanhua*）. 哥廷根，1907.

江蘇省和上海市方言調查指導組. 江蘇省和上海市方言概況. 南京：江蘇教育出版社，1960.

（韓）金光洙. 中古漢語語音研究——以 15 世紀中葉至 16 世紀初的朝鮮語材料為中心（*A phonological study of Middle Mandarin: reflected in Korean sources of the mid-15th and early 16th centuries*. 華盛頓大學博士論文，1991.

（奥）瞿乃德. 漢語南京話（*Die Chinesische Sprache zu Nanking*）. 皇家科學學會哲學一歷史部會議報告（*Sitzungsberichte der Philosophisch-Historischen Classe der Kaiserlichen Akademie der Wissenschaften*）. 第 131 次會議. 維也納.

（奥）瞿乃德. 南京土白音節表（*Syllabar des Nankingdialektes oder der correkten Aussprache sammt Vocabular*）. 維也納，1898.

劉丹青.《南京方言詞典》引論. 方言，1994（2）.

羅常培. 京劇中的幾個問題//羅常培語言學論文選集. 北京：中華書局，1963.

魯國堯. 明代官話及其基礎方言問題. 南京大學學報，1985 (4).

（英）馬禮遜. 華英字典（*Dictionary of Chinese Language in three parts*）. 澳門、倫敦，1815—1822.

（法）馬若瑟. 漢文啟蒙（*Notitia Linguae Sinicae*）. 首次發行本為手寫本，後分別於麻六甲（1831）和香港（1893）出版【此二本皆為目前通行本】.

（英）普林斯. A. 英語音素史（*A History of English Phonemes*），萊頓，1974.

丁邦新. 如皋方言的音韻//"中央"研究院史語所集刊，第三十六輯.

（法）金尼閣. 西儒耳目資. 北京：文奎堂，1933 年.

（意）利瑪竇. 明末羅馬字注音文章. 北京：文字改革出版社，1957.

（美）衛三畏. 英華韻府曆階（*English and Chinese Vocabulary in the Court Dialect*）. 澳門，1844.

楊福綿. 利瑪竇的《葡漢辭典》：一個歷史和語言學的介紹》（The Portuguese-Chinese Dictionary of Matteo Ricci：A Historical and Linguistic Introduction）. 第二屆漢學國際會議論文集·語言文字組（*Proceeding of the Second International Conference on Sinology Section on Linguistics and Paleography*）.

尉遲治平. 老乞大、朴通事諺解漢字音的語音基礎. 語言研究，1990 (1).

## Late Apicalization in Nankingese

W. South Coblin，Translated by Yu Kejun

**Abstract**：The Nanking dialect has two apical vowels [ɿ] and [ʅ]. The present paper traces the history of these vowels from Ming and Qing to the present. It is concluded that the vowel [ɿ] has existed in Nankingese since at least Ming Dynasty，while [ʅ] developed from earlier [i] in the nineteenth century.

**Keywords**：Nankingese；apicalization；Ming and Qing Dynasties

（柯蔚南，愛荷華大學；譯者余柯君，復旦大學歷史學系）

# 商周金文名物詞釐析*

劉興均　周文德　龔　韶

**提　要：** 以吴鎮烽編著《商周青銅器銘文暨圖像集成》和《商周青銅器銘文暨圖像集成續編》所收 17885 件器物上的銘文即金文為語料，梳理鑒别出 3239 條反映具體而特定之物的名物詞，並對其進行物類類别的分析歸納，形成《商周金文名物詞物類分類統計表》，對商周金文名物詞同詞異形現象作了初步描寫和分析。

**關鍵詞：** 商周；金文；名物詞

## 一、引言

名物訓詁一直是訓詁學的重要研究内容。對名物詞成詞理據的探求，學界已取得很多重要成果。清代乾嘉時代的戴、段、王、朱在這方面都有卓越的建樹，近現代的章太炎、劉師培、黄侃、沈兼士、楊樹達等國學大師及國外漢學家高本漢、藤堂明保等對名物詞的理據探求有著傑出的理論貢獻和實踐。令人遺憾的是當前的漢語名物詞研究，忽視了上古漢語詞彙史研究的極為重要的語料——商周青銅器中的銘文即金文。儘管從上個世紀三十年代起就有一些具有現代語言學視角的金文詞彙研究論文出現，如徐中舒《金文嘏辭釋例》（1936），沈兼士《𣪊、殺、祭同源考》（1939），鄧飛《甲骨文、金文“追”、“逐”用法淺析》（2002），趙平安《銘文中值得注意的幾種用詞現象》（1988），趙誠《金文的“友”》（1996），《金文詞義探索》（1997），《金文詞義探索三則》（1998），郭加健《金文反義詞的運用》（1996）等，但對金文名物詞進行研究的論文僅有洪莉的碩士論文《殷周金文名物詞研究》（華東師範大學，2007），該文利用資料平臺分析了 499 個名物詞，且僅研究記錄人為之器的名物詞。由此可見，對商周金文名物詞的研究是比較薄弱的。名物詞是反映

* 本文為國家社科基金項目“商周金文名物詞研究”（項目編號：19BYY157）的階段性成果。

具體而特定之物的詞，商周銅器中的器名均屬於這類詞，但商周銅器銘文中的名物詞絕不僅限於器名。

商周金文語料涉及商代中期到秦亡整個一千多年的社會政治經濟文化制度，其中具有大量反映具體而特定之物的名物詞，特別是有關器物、動物、植物的稱謂折射出上古民人的思維方式和文化習俗，因此極具研究價值。在當前學術界對商周金文中的名物詞研究關注不夠的情況下，我們選定這個課題，以期彌補商周金文詞彙研究中名物詞研究之不足，將出土文獻與傳世文獻的語料交相證明，尋求名物詞研究的新途徑和新方法，以此推動名物詞研究向縱深方向發展。

## 二、商周金文所見名物詞概貌

我們據吳鎮烽編著《商周青銅器銘文暨圖像集成》（共 35 卷，上海古籍出版社，2012）和《商周青銅器銘文暨圖像集成續編》（共四卷，上海古籍出版社，2016，為與中國社科院考古所編《殷周金文集成》相區別，以下簡稱“吳氏《集成》”）所著錄的 17885 件器物（吳氏《集成》正編有 16703 件器物，其中有 208 件非銅器，而是屬於漆器和別的材質，因此排除在外。續編有 1509 件器物，其中亦有 119 件非銅質器物，亦應排除在外，故兩編實有銅器 17885 件）銘文資料對商周金文中名物詞進行爬梳甄別，確定商周金文名物詞的總量。選擇該著錄書為商周銅器銘文名物詞的研究對象是基於其著錄最全，圖像清晰、釋文完整的考慮。加之，輔以《金文資料通鑒》（電子檢索系統，亦為吳氏研發），可解決金文錄入困難。以下分三個方面就商周金文名物詞的概貌作一概述。

### （一）商周金文所見名物詞判定的依據

商周青銅器的金文語料由於時間跨度和空間跨度都很大，因此，給名物詞的判定帶來不少困難，我們在對商周金文名物詞爬梳整理時，感覺到遇到的障礙比傳世文獻要多得多。首先是人名與器名、動植物名僅根據金文語言環境不易辨別，要借助有關金文的字詞典才可確定。其次，是同詞異形現象普遍，據吳氏《集成》中的“釋文”尚可判定一些，但不能窮盡。再次，是文字通假現象比傳世文獻更為常見，造成名物詞判定迷霧重重。根據以上情況，我們在判定商周金文名物詞時，既要堅持依據文本即每篇金文的上下文。同時也要參考吳氏《集成》所附釋文，輔以吳大澂《說文古籀補》、容庚《金文編》、孫淩安、金國泰、馬如森、張世超等編著《金文形義通解》、陳初生編著《金文常用字典》、王文耀編著《簡明金文詞典》、周法高主編《金文詁林》等工具書。同時，酌情與傳世文獻特別是儒家經典中的“三禮”（即《周禮》《儀禮》和《禮記》）中的名物詞進行比較。這樣，方可保證絕大多數名物詞的判定無誤。

在鑒别商周金文名物詞時，應當堅持以下語義標準：

1. 必須與物類相關，非物類的名詞不能看作名物詞。有的詞看起來不像名詞，可它在商周金文辭例中是用來指稱具體的物，就應確定為名物詞，例如“霸”一般是指霸主，是指人名詞，非物名，可它在商周金文文本中指稱的是月光，常出現在“既生霸”“既死霸”的詞語中，是記錄的再具體不過的物了，就應該看成是名物詞。“監”現為動詞，但商周金文文本用作“鑒”，指可以洗漱也可以照影子的器皿，屬名物詞無疑。

2. 必須能表明是一種具體而特定的物，而不是空泛的抽象的觀念性的東西。我們所説具體而特定都是相對而言的。例如，“弓”相對於各種弓的具體名稱以及弓的部件名稱，它就是一個所指較寬的詞。而“弓”與“矢”放到一起，相對於“兵”（軍械），“弓”的所指又是具體的了。在這種情況下，可把“弓”看作名物詞。

3. 所指必須有類屬的區别性特徵。同屬於一個物類的名物詞應該具有或在形狀（包括顏色）上，或在質料上，或在性能上，或因時令，或因產地等方面的差異，並因此而易於從類中區分出來。例如：同為竹木類的椶（棕）和㮚（栗），我們可以從形狀和性能的角度把它們區分為兩類：一是喬木類：“椶（棕）”，二是果木類：“㮚（栗）”。

（二）商周金文名物詞的總量

經過窮盡性地梳理吳氏《集成》所載 17885 件器物上的語料，我們確定商周金文名物詞的總量為 3239 條，其中能確切判定為名物詞的有 3207 條，還有 32 條是在後續研究中需要進一步確認的，所佔比例僅為 0.99%，這一部分詞如果有考釋上的突破，將會推動金文詞彙的釋讀研究。就 3207 條這一總量已超出任何一部先秦傳世典籍的名物詞總量。

因此，從詞量來看，足以支撐商周金文名物詞研究這一課題的研究。

（二）商周金文名物詞的音節結構和語義特徵

從音節結構上看，在 3239 條商周金文名物詞中，單音節詞有 848 條，雙音節詞有 2044 條，多音節（三音節及以上）有 347 條，各佔比例分别為：26.2%∶63.1%∶10.7%，可見，商周金文名物詞以雙音節詞為主，單音節詞次之，多音詞節最少。這一情況與“三禮”名物詞比較接近，“三禮”4595 個名物詞中，其中單音節名物詞有 1659 個，佔總數的 36.10%. 雙音節名物詞有 2869 個，佔總數的 62.44%. 多音節（僅限於三音節）名物詞有 67 個，僅佔總數的 1.46%①。傳世文

① 劉興均、黄曉冬：《“三禮”名物詞研究》，北京：商務印書館，2016 年，第 41 頁。

獻“三禮”也是以雙音節名物詞居多，單音節次之，不同的是，多音節名物詞數量遠遠低於商周金文多音節名物詞的比例（商周金文多音節名物詞是“三禮”的5倍還多）。且商周金文名物詞還有四音節的，如：元龢䚄（錫）鏷（鐘）、寶大𣪘（林）鐘、玄翏（鏐）玄戈、寶旅（旅）障（尊）彝等。由此看出，先秦文獻語言是以單音節詞為主的結論還可討論。

“名物”體現了先民對現實世界的感知領悟以及對萬物的類別屬性的把握。一般具有以下語義特徵：

1. 它是以名稱的形式直接反映對象的。在某一特定的時代和地域所指一般是單一的。但在語言的發展過程中也不排除一個名稱兼指兩種對象的可能。例如：“陰”，既可以指地氣之陰氣，也可指稱器物的內裡即陰面。由於中國上古寫意類比思維模式的影響，“名物”存在這種同名異指（實）的現象是合乎情理的。但是在特定的語言環境中，“名物”所指應是單一的，這是不容置疑的。

2. 它反映的對象是具體而實在的。名物所指稱的對象都應是具體的，抽象的名稱不能看作名物。而且也是實在的，都是現實生活中人們看得見，摸得著的。即便是像鬼神這類現實中並不存在的，也是古人時時處處感覺或意識得到的。因此，在人事類中，我們列有神祇和人鬼兩類。

3. 用什麼樣的名來指稱什麼樣的物帶著人們主觀意向的選擇性。學界以往過多地強調製名的社會因素，而忽略了制名的主觀心理因素，對“物有同狀”而予之一名的上古語言現象無法作出合理的解釋。我們認為最初命名時存在著主觀心理因素的趣向，後世之名以前世之名為憑依作出定稱時也需要有心理的憑藉。就商周金文名物詞來看，也是如此，例如商周金文將死者穿的衣服稱為“襲”（見《㺇簋》），《說文·衣部》：“襲，左衽袍。”左衽袍與常服有別，因華夏民族一般是右衽，只有死後才穿衣襟向左掩合之服，隱藏在“左衽袍”這一使用義下深層的詞義特點是“不合常理”。由“襲”的引申義亦可看出這一詞義特點，例如《左傳·莊公二十九年》：“凡師，有鐘鼓曰伐，無曰侵，輕曰襲。”這裡的襲是指乘其不備，偷襲敵方的行為，這種行為是不按常規出牌的，因此以“襲”為稱。金文詞例可為《說文》訓釋佐證。

## 三、商周金文名物詞的物類類別

商周金文名物詞的物類是呈系統樣態的。商周金文名物詞多達3239條，吳氏《集成》對器物作了一個分類，其類別分別是：

（一）食器：鼎、鬲、甗、簋之類；

（二）酒器：爵、角、觚、觶（鍴）之類；

（三）水器：盤、盉（鎣）、匜、鑒（鎬）之類；

（三）樂器：鐘、鎛、鐃、鈴（鐸）之類；

（四）兵器：戈、戟、矛、殳之類；

（五）用器：農具、工具、度量衡、車馬器、符節之類。

如果商周金文名物詞僅限於器物類名物詞，這個分類是可以參考的，但商周金文名物詞多達 3239 條，包涵的物類十分豐富。我們參照“三禮”名物詞的類別劃分，以天、地、人“三才”統率商周金文名物詞的類別劃分，將 3239 條名物詞首先劃分為天文、地理和人事類。根據該類名物詞的數量以及所涉的具體事類再作下位劃分。天指天文類，地指與大地有關的自然物，人指人事類。日月、星辰、風雨、冰雪等是對天文類所做的下位劃分；山陵、江水、湖泊和動物、植物是對地理類所作的下位劃分。人體自身、器用、服飾、飲食、宮室、舟車、土田、祭祀、疾創、喪葬、符節等是對人事類進行的下位劃分。如此分類，每一個名物詞都有其類別歸屬，而且都能從物類類別上把它與別的同類名物詞聯繫起來，也能把它與其他名物詞從物類的角度區別開來。通過這樣的歸納，商周金文名物詞物類系統表現為如網如絡、層次分明的聚合體。具體分類及各類詞條、頻率等資料見文末所附《商周金文名物詞物類分類表》。這裡有幾點需要説明：

一是這個分類表考慮到便於音節結構數的統計，因此將單音節詞、雙音節詞和多音節詞分別分類列表統計，不像“三禮“名物詞的物類系統那樣不管音節結構統一分類。

二是根據商周金文名物詞同詞異形現象較為普遍的情況，在分類表中我們對每類名物詞的同詞異形作了統計。

三是這個分類表只是階段性的。隨著後續研究的深入，我們可能會根據情況做出調整，最終會提供一個經得起歷史檢驗的商周金文名物詞物類類別表，以饗讀者。

## 四、商周金文名物詞的詞形特點

基於商周金文名物詞同詞異形現象較為普遍的情況，我們在整理語料、爬梳詞條時特別注重對一詞有多種書寫形式的情況進行搜集，在對物類類別進行劃分的同時也有意識地進行了分析歸納。這裡重點談一下商周金文名物詞的同詞異形這一特點。

商周金文 3239 條名物詞就有 1240 條同詞異形，與傳世文獻大異，值得總結歸納。

從音節結構看，雙音節名物詞中同詞異形較為普遍，有 707 條，佔總數的 57.02%；單音節詞次之，有 448 條，佔總數的 36.13%；多音節詞較少，有 85 條，僅佔總數的 6.85%。

從物類類別看，器物類的名物詞同詞異形最多，所有器物類名物詞共有 594 條同詞異形，幾乎佔了總數的一半。其中像“寶簋”一詞，就有以下九個異形詞：寳毁/寚毁/寚毁/匋毁/保毁/寶㲃/寶毁/寶飤/寶盤等。作為兵器類名物詞的“造戟”一詞的異形詞多達 11 個：造鍼/造戜/告戜/郜鈛/造𢧢/造戟/造鈛/散戜/棗戟/棗戜/嚳𢧢等。“造戈”的異形詞更是多達 13 個：告戈/告鈛/寤戈/郜鈛/戠戈/散戈/散戈/艁戈/賠戈/造戈/鋯戈/寶戈/實戈等。與器物相關的器材，有“玄鏞”一詞，其異形詞也有九個：幺夫/幺翏/幺膚/幺鏐/夫鋁/玄鏐/鉉鏐/玄翏/玄膚等。簋是商周時盛飯食以供群食的器皿，戈、戟是征戰常用的武器，因此使用頻率高，越是高頻詞越容易出現文字異形。

從出現的時代看，春秋戰國时期的異形字較多，在春秋至戰國的器物中，一个“尊”字，就有陾/䆀/隮/隮等異形；一個“鐓”字，就有鐓/錞/𦎧/𦎧等異形；一個“府”字，就有昏/㕟/㕟/府等異形；一个“梁”字，就有粆/㮣/䊮（梁）等異形；一個“劍”字，就有僉/劊/鐱/鐱等異形；甚至還有像“戟”字，其異形字多達 9 個：戜/㦸/鍼/鈛/丯/戟/戟/𢧢/𢧢等，更有“匜”字，其異形字就有：盘/鉈/盘/錢/盤/㭉/鍦/曳/也/鉇/鉈/匜/池/臾（匜）等 14 個。值得注意的是，西周就產生了通行於現在的“匜”字，西周中期後段的《弭伯匜》和晚期的《叔元父盨》《孟皇父匜》《姞𨚕母匜》等器銘即出現通行字“匜”，可春秋戰國時的器銘反而不用這一通行字，而用了五花八門的異體字和通假字，由文字異形可以印證當時諸侯不統于王，各行其是的局面。

商周金文名物詞同詞異形的表現形式，大致可以分為以下幾種：

一是結構不同而異形。齒：𦥒記錄的都是齒這一名物詞，前者是形聲構字（《說文・齒部》：“象口齒之形，止聲。”，後者則是襯體象形構字（即在象口齒之形的基礎上加上人體四肢之形作為陪襯。）𠂤/帥記錄的都是軍中帳篷這一名物詞，前者是以指事的方式構字的，“𠂤”是軍隊的記錄符號，“一”是指事符號，指明軍隊駐紮之處，即《左傳・莊公三年》“凡師一宿為舍，再宿為信，過信為次”[①]之“次”。後者則是從𠂤，𠂒聲，以形聲的方式構字，其義仍是軍中駐紮的帳蓬。亩/㐭/𢿱記錄的都是倉廩之義，亩象上有頂蓋，下有圍屯之形，是以象形構字的方式造字的，㐭亦為象形造字，只不過在亩的基礎增加了一口字，這個口可以看成第二重圍屯的象形。𢿱從米、從攴，亩聲，卻是以形聲的方式造字的。

二是繁簡異形。城：𨛍記錄的都是城池之城，後一字改換形符土為𩫏，構成繁體的城。或/𢦏/國記錄的都是邦國之國，“或”為“國”之本字，為了與或的另一借用義區別，逐漸增加筆劃，形成從囗、或聲的國。此同詞異形也帶有結構異形的

① （清）阮元校刻：《十三經注疏》，北京：中華書局，1980 年，第 1763 頁。

特點。缶/□/寶也是繁簡異形。值得注意的是，有的圖形文字也有筆劃多少的差異，也可視為繁簡異形，例如記錄大盾義的櫓，有□/□二形；表示天帝之天有□/□/□三形。

三是線條文字與圖畫文字異形。商周金文名物詞有不少圖形文字，有的圖形文字的象形意味濃厚，看起來就像簡筆劃。例如，車輪之輪作□，有輪輮、輻條和車轂的形象，且輪沒有線條文字。有的既有圖形文字，也有線條文字，因此形成兩種文字形式的同詞異形：尺/□、冊/□、羊/□/□、叀（規）/□/□、戉/□等即是。

四是通借異形。商周金文名物詞的書寫符號中有大量的通借字，例如借多少之少記錄"筲"這一用具，少、筲同為宵部字，屬疊韻，少為書紐字，筲為生紐字，舌齒鄰紐，故音近相借。借株幹之朱為廚，朱為侯部章紐字，廚為侯部定紐字，為疊韻關係，聲為舌齒鄰紐，故音近相借。借手為首，手、首古音相同，均為幽部書紐字，為同音相借。借卜問之貞記錄鼎，貞、鼎均為耕部端紐字，亦為同音相借。借寺廟之寺記錄戟義，寺為之部邪紐字，戟為鐸部見紐字，韻有旁對轉關係，惟聲紐相差太遠，當是一特例。

五是虛實異形。這是就圖形文字而言的。例如：同是記錄"鉞"這一名物詞，圖形文字有□/□/□三形，二虛一實；同是記錄"鈴"這一名物詞，圖形文字有□/□/□三形，二虛一實；同是記錄"鏃"這一名物詞，圖形文字有□/□二形，一實一虛，即屬此類。

除上述五種形式外，還有書寫樣式、結構佈局、定中倒序等造成的同詞異形，限於篇幅，不再贅述。

## 五、餘論

商周金文名物詞研究屬於上古漢語詞彙史研究的範疇，研究上古漢語詞彙系統是研究中古、近代漢語詞彙史的基礎，有助於研究現代漢語詞彙。從商代中期至秦末，距今已有數千年，有人認為"名號各殊，策勳受賞，名物多異，其中成語，更難尋根"①，此話有一定道理，商周銅器銘文刻辭多屬於受到殷周各代帝王的封賞而作器銘文，記錄的是受到封賞的原因、賜品和作器使用的材質、器物的用處等內容，很多詞彙已成歷史詞，甚至是絕緣無佐證之辭。但我們也應該看到，就商周金文名物詞來看，銅器銘文中也有大量的常用詞，且有的屬於現代漢語仍在使用的漢語核心詞，像日月星辰、天地山川、風雨冰雪、牛羊犬馬、草木蟲魚、稻粱黍稷等常用詞彙都已大量存在，這一現象尤其能證明漢語詞彙源遠流長、傳承久遠的特點。

---

① 戴家祥：《簡明金文詞典》，上海：上海辭書出版社，1998年，第1頁。

商周金文名物詞的物類極為豐富，可以和“三禮”名物詞的物類互為補充。商周金文名物詞涵蓋了天文、地理和人事等多個方面的物類，但由於文體的限制，商周金文名物詞在草木類、食材類與“三禮”比較，顯得相對薄弱，有的類別如貢賦類、卜筮類還缺失，但就祭器類來看，商周金文名物詞比“三禮”名物詞更為繁夥，還有“三禮”所無的器材類，亦可補“三禮”之缺。

我們在對商周金文名物詞進行爬梳、鑒別時，還遇到一個問題，就是商代和周代都存在一字銘文的器物，這一字又正好看似記錄的具體而特定之物的詞，例如，商代的《鱉鼎》：鱉、《目爵（䀠爵）》：目；周代《戈鼎》：（戈）、《光鼎》(00151)：（光）等，這類銘文缺乏上下語境，無從判定它是物名、還是作器者人名、氏名，抑或器主所在的方國名、族徽等。因此，對這類金文的屬性判定需要多方考察，並望得到方家指導。

**附表：商周金文名物詞物類分類統計表**

| 音節數 | 物類1 | 物類2 | 詞條數 | 小計 | 合計 | 百分比 | 同詞異形 | 小計 | 合計 | 百分比 | 出現頻次 | 小計 | 合計 |
|---|---|---|---|---|---|---|---|---|---|---|---|---|---|
| 單音節 | 天文 | 日月 | 4 | 22 | 848 | 26.2 | 4 | 6 | 448 | **36.1** | 178 | 256 | 6447 |
| | | 星辰 | 6 | | | | 0 | | | | 6 | | |
| | | 雲彩 | 3 | | | | 0 | | | | 48 | | |
| | | 冰雪 | 1 | | | | 0 | | | | 1 | | |
| | | 風雨 | 6 | | | | 0 | | | | 20 | | |
| | | 雷電 | 2 | | | | 2 | | | | 3 | | |
| | 地理 | 地氣 | 3 | 58 | | | 2 | 17 | | | 100 | 326 | |
| | | 江河 | 23 | | | | 2 | | | | 136 | | |
| | | 湖泊 | 1 | | | | 0 | | | | 1 | | |
| | | 水源 | 1 | | | | 0 | | | | 2 | | |
| | | 淵潭 | 1 | | | | 4 | | | | 6 | | |
| | | 山陵 | 6 | | | | 0 | | | | 22 | | |
| | | 地勢 | 10 | | | | 4 | | | | 20 | | |
| | | 園囿 | 1 | | | | 0 | | | | 1 | | |
| | | 礦藏 | 4 | | | | 2 | | | | 17 | | |
| | | 光影 | 3 | | | | 3 | | | | 13 | | |
| | | 煙火 | 5 | | | | 0 | | | | 8 | | |
| | | 植物 | 37 | 37 | | | 8 | 8 | | | 136 | 136 | |
| | | 動物 | 88 | 88 | | | 20 | 20 | | | 554 | 554 | |

| | | | | | | | | | | | | | |
|---|---|---|---|---|---|---|---|---|---|---|---|---|---|
| | 人事 | 祭祀 | 42 | 42 | | | 41 | 41 | | | 588 | 588 | |
| | | 器物 | 167 | 240 | | | 114 | 180 | | | 1153 | 2262 | |
| | | 兵器 | 47 | | | | 46 | | | | 475 | | |
| | | 樂器 | 21 | | | | 17 | | | | 552 | | |
| | | 存疑 | 5 | | | | 3 | | | | 82 | | |
| | | 劑量 | 19 | 27 | | | 15 | 18 | | | 461 | 560 | |
| | | 度量 | 8 | | | | 3 | | | | 99 | | |
| | | 區劃 | 61 | 61 | | | 26 | 26 | | | 370 | 370 | |
| | | 冕服 | 38 | 49 | | | 19 | 21 | | | 136 | 204 | |
| | | 彩帛 | 11 | | | | 2 | | | | 68 | | |
| | | 飲食 | 20 | 20 | | | 16 | 16 | | | 85 | 85 | |
| | | 建築 | 95 | 100 | | | 54 | 54 | | | 443 | 449 | |
| | | 建築類存疑 | 5 | | | | 0 | | | | 6 | | |
| | | 舟車 | 31 | 31 | | | 11 | 7 | | | 168 | 168 | |
| | | 典籍 | 8 | 8 | | | 7 | 0 | | | 119 | 119 | |
| | | 符節 | 2 | 2 | | | 0 | 2 | | | 8 | 8 | |
| | | 玉瑞 | 11 | 11 | | | 2 | 19 | | | 50 | 50 | |
| | | 人體 | 33 | 33 | | | 19 | 2 | | | 265 | 265 | |
| | | 喪葬 | 7 | 7 | | | 2 | 0 | | | 27 | 27 | |
| | | 其他 | 12 | 12 | | | 0 | | | | 20 | 20 | |
| 雙音節 | 天文 | 日月 | 4 | 28 | 2044 | **63.1** | 0 | 0 | 707 | **57.0** | 5 | 32 | 11425 |
| | | 星辰 | 7 | | | | 0 | | | | 7 | | |
| | | 雲彩 | 4 | | | | 0 | | | | 5 | | |
| | | 光亮 | 4 | | | | 0 | | | | 5 | | |
| | | 天穹 | 2 | | | | 0 | | | | 3 | | |
| | | 風雨 | 5 | | | | 0 | | | | 5 | | |
| | | 冰雪 | 2 | | | | 0 | | | | 2 | | |
| | 地理 | 地氣 | 2 | 64 | | | 0 | 4 | | | 2 | 99 | |
| | | 山陵 | 12 | | | | 2 | | | | 20 | | |
| | | 山陵 | 7 | | | | 0 | | | | 8 | | |
| | | 地勢 | 7 | | | | 0 | | | | 8 | | |
| | | 土壤 | 3 | | | | 0 | | | | 3 | | |
| | | 陂池 | 3 | | | | 0 | | | | 7 | | |
| | | 湖泊 | 3 | | | | 0 | | | | 3 | | |
| | | 江河 | 13 | | | | 0 | | | | 19 | | |
| | | 水源 | 3 | | | | 0 | | | | 16 | | |
| | | 山林 | 4 | | | | 0 | | | | 4 | | |
| | | 池塘 | 2 | | | | 0 | | | | 2 | | |
| | | 淵潭 | 3 | | | | 2 | | | | 5 | | |
| | | 礦業 | 2 | | | | 0 | | | | 2 | | |
| | | 動物 | 107 | 107 | | | 5 | 5 | | | 246 | 246 | |
| | | 植物 | 19 | 19 | | | 0 | 0 | | | 21 | 21 | |

| | | | | | | | | | | | | | |
|---|---|---|---|---|---|---|---|---|---|---|---|---|---|
| | 人事 | 人身 | 15 | 15 | | | 2 | 2 | | | 34 | 34 | |
| | | 祭祀 | 29 | 319 | | | 17 | 227 | | | 297 | 4802 | |
| | | 神祇 | 33 | | | | 21 | | | | 360 | | |
| | | 祭器 | 257 | | | | 189 | | | | 4145 | | |
| | | 日用器 | 267 | 480 | | | 161 | 219 | | | 1140 | 1498 | |
| | | 用器 | 213 | | | | 58 | | | | 358 | | |
| | | 樂器 | 102 | 102 | | | 53 | 53 | | | 1460 | 1460 | |
| | | 兵器 | 154 | 154 | | | 63 | 63 | | | 703 | 703 | |
| | | 區劃 | 241 | 241 | | | 35 | 35 | | | 598 | 598 | |
| | | 冕服 | 90 | 90 | | | 30 | 30 | | | 598 | 598 | |
| | | 飲食 | 23 | 23 | | | 9 | 9 | | | 64 | 64 | |
| | | 建築 | 201 | 201 | | | 23 | 23 | | | 578 | 578 | |
| | | 舟車 | 91 | 91 | | | 19 | 19 | | | 446 | 446 | |
| | | 符瑞 | 34 | 34 | | | 0 | 0 | | | 79 | 79 | |
| | | 典籍 | 45 | 45 | | | 10 | 10 | | | 86 | 86 | |
| | | 喪葬 | 21 | 21 | | | 8 | 8 | | | 71 | 71 | |
| | | 待考 | 10 | 10 | | | 0 | 0 | | | 10 | 10 | |
| 多音節 | 地理 | 山谷 | 2 | 2 | 347 | **10.7** | 0 | 0 | 85 | **6.9** | 3 | 3 | 1682 |
| | | 力畜 | 3 | 3 | | | 0 | 0 | | | 3 | 3 | |
| | | 禽獸 | 1 | 1 | | | 0 | 0 | | | 1 | 1 | |
| | 人事 | 神祇 | 1 | 1 | | | 0 | 0 | | | 1 | 1 | |
| | | 宗廟 | 4 | 4 | | | 0 | 0 | | | 15 | 15 | |
| | | 人鬼 | 10 | 10 | | | 7 | 7 | | | 102 | 102 | |
| | | 祭器 | 104 | 104 | | | 47 | 47 | | | 526 | 526 | |
| | | 器材 | 4 | 4 | | | 0 | 0 | | | 4 | 4 | |
| | | 寶貨 | 3 | 3 | | | 0 | 0 | | | 3 | 3 | |
| | | 食器 | 32 | 32 | | | 3 | 3 | | | 48 | 48 | |
| | | 飲器 | 3 | 3 | | | 2 | 2 | | | 4 | 4 | |
| | | 冕服 | 6 | 6 | | | 2 | 2 | | | 12 | 12 | |
| | | 寢具 | 1 | 1 | | | 0 | 0 | | | 1 | 1 | |
| | | 建築 | 39 | 39 | | | 4 | 4 | | | 79 | 79 | |
| | | 區劃 | 12 | 12 | | | 0 | 0 | | | 12 | 12 | |
| | | 舟車 | 16 | 16 | | | 2 | 2 | | | 18 | 18 | |
| | | 鬯酒 | 1 | 1 | | | 0 | 0 | | | 1 | 1 | |
| | | 玉器 | 6 | 6 | | | 0 | 0 | | | 17 | 17 | |
| | | 符節 | 2 | 2 | | | 0 | 0 | | | 2 | 2 | |
| | | 樂器 | 34 | 34 | | | 6 | 6 | | | 189 | 189 | |
| | | 兵器 | 42 | 42 | | | 9 | 9 | | | 606 | 606 | |
| | | 篆飾 | 3 | 3 | | | 3 | 3 | | | 12 | 12 | |
| | | 用具 | 17 | 17 | | | 0 | 0 | | | 22 | 22 | |
| | | 人體 | 1 | 1 | | | 0 | 0 | | | 1 | 1 | |
| 總計 | | | 3239 | 3239 | | | 1240 | 1240 | | | 19554 | 19554 | 19554 |

## 參考文獻

洪莉. 殷周金文名物詞研究. 華東師範大學碩士學位論文，2007.

劉興均，黄曉冬. “三禮”名物詞研究. 北京：商務印書館，2016.

（漢）許慎. 説文解字. 北京：中華書局，1963.

（清）阮元校刻. 十三經注疏. 北京：中華書局，1980.

戴家祥. 簡明金文詞典. 上海：上海辭書出版社，1998.

## Discussion on the Physical Objects-referring Terms of the Inscriptions on Ancient Bronze Wares in Shang and Zhou Dynasties

Liu Xingjun, Zhou Wende, Gong Shao

**Abstract**: Based on the corpus of the inscriptions on ancient bronze wares of the 17,885 implements collected by the monographs *The Image Integration of the Inscriptions on Ancient Bronze Wares in Shang and Zhou Dynasties* and *The Continuation of the Image Integration of the Inscriptions on Ancient Bronze Wares in Shang and Zhou Dynasties*, written by Zhenfeng Wu, 3,239 words that reflect specific concrete objects, namely physical objects-referring terms, are identified and their categories are analyzed and summarized. On the basis of the analysis, "a statistical table for the classification of the image integration of the inscriptions on ancient bronze wares in Shang and Zhou dynasties" is created, and a preliminary description and analysis of the phenomenon of heteromorphic of the physical objects-referring terms of the inscriptions on ancient bronze wares in Shang and Zhou dynasties are made.

**Keywords**: Shang and Zhou Dynasties; the inscriptions on ancient bronze wares; physical objects-referring terms

（劉興均，三亞學院人文與傳播學院；
周文德，四川外國語大學中文系；
龔韶，三亞學院人文與傳播學院）

# 希麟《續一切經音義》中的脱字問題*

黄仁瑄　瞿山鑫

**提　要**：遼釋希麟《續一切經音義》（下稱希麟音義）存在訛、脱、衍、乙等諸多文字問題，其中脱字現象比較突出。做好文字的查漏補闕工作對於深化希麟音義研究有著積極的意義。

**關鍵詞**：《續一切經音義》；脱字；校正

遼釋希麟《續一切經音義》（下稱希麟音義）注釋“自《開元録》後相繼翻傳經論及拾遺律傳等”（希麟音義《序》），書凡十卷，計9萬5千餘言（黄仁瑄2011：79）。由於種種原因，希麟音義存在訛、脱、衍、乙等諸多文字問題（參見徐時儀2012：2208上—2343下）。我們已就其中訛字問題做過比較詳細的討論①，今略言其中脱字問題如次②：

1.001③大朴　　上徒蓋反。《蒼頡篇》云：“大，巨也。”《易》曰：“大哉乹元，萬物資始。”下普剥反。正作撲。《説文》云：“木素也。”《聲類》云：“凡物未雕刻曰樸。”王弼云：“樸，真也。”猶氣像未分也。《莊子》云：“純朴不殘，孰為犧罇?”又曰：“夫殘樸以為器，工匠之罪也；毁道德為仁義，聖人之過也。”(《大乘理趣六波羅蜜多經》卷第一，59p0354a)④

案：(1)“正作撲”之“撲”，據文意，當作“樸”。(2)“為仁義”，今本作

---

* 基金項目：國家社科基金重大項目“中、日、韓漢語音義文獻集成與漢語音義學研究”(19ZDA318)；高校古委會直接資助項目“希麟《續一切經音義》校注”(1928)。

① 黄仁瑄《希麟〈續一切經音義〉訛字校正》，《北斗語言學刊》即刊。

② 例中文字問題比較複雜，此僅就其大類而論。

③ “1.001”乃字目“大朴”的編號，小圓點前之“1”表示希麟音義第一卷，後之“001”表示“大朴”所在該卷的序次；下同。

④ 括號中文字表示字目“熊羆”的出處，“p”前數字表示《中華大藏經》的册次，“p”後數字表示頁碼，a表示頁碼之上欄；下同。為簡便計，引文文字原則上仍其舊。

“以為仁義”[①]。考“以為仁義”“以為器”對言，知例中脱“以”字，宜據補。

1.003 紛綸　上芳文反。《廣雅》云：“紛，衆多皃也。”《考聲》：“乱也。”下律迍反。《易》曰：“綸，經理也。”注《太玄經》云：“綸，絡也。”今案[②]：紛綸，即雜遝交絡盛皃也[③]。《説文》二字並從糸，分、侖聲也。糸音覔也。（《大乘理趣六波羅蜜多經》卷第一，59p0354a）

案：“注太玄經”之“注”，獅谷本（頁3751）作“註”，其前疑脱“宋忠”二字。慧琳音義卷十三“苦綸”注（57p0654b－0655a）、卷四十一“紛綸”注（58p0205b）皆引宋忠注《太玄經》云：“綸，絡也。”是其證，宜據補。

1.038 毫氂　上胡高反。下力馳反。《九章筭經》云：“凡度之始，初於忽，十忽為絲，十絲為毫，十毫為氂。”《説文》云毫氂二字並從毛，毫字從豪省，氂字從漦省。經文作毫漦二字，誤也。（《大乘理趣六波羅蜜多經》卷第一，59p0355b）

案：“初於忽”表意未完。考慧琳音義卷一“毫氂”注引《九章筭經》云（57p0403a－0403b）：“凡度之法，初起於忽，十忽為絲，十絲為毫，十毫為氂。”卷十七“毫氂”注引《九章筭經》云（57p0729a）：“凡度之始，初起於忽，十忽為絲，十絲為毫，十毫為氂。”皆作“初起於忽”，表意完足，知例中脱“起”字，宜據補。

1.055 心胇[④]　《白虎通》云：“心，禮也。南方火之精，赤，鋭而有瓣，如未敷蓮花。”[⑤] 王叔和《脈經》云：“心與小腸、大腸合為府，其藏神，其候口，故心有病則失音不能言。”[⑥] 下芳廢反。《白虎通》云：“胇，義也。西方金之精，色白。”王叔和《脈經》云：“胇與膀胱合為府，其神魄，其候鼻，故脈有病則鼻不聞香臭。”《説文》云：“從肉，㳃聲也。”㳃音肥味反。經文從市作肺，俗用，非。（《大乘理趣六波羅蜜多經》卷第二，59p0356a）

案：例中引《白虎通》釋“心”“赤，鋭而有瓣”，今本作“色赤而鋭也”[⑦]。考慧琳音義卷二“心肝”注引《白虎通》云（57p0423a－0423b）：“心者，禮也，

① 《莊子·馬蹄》（集解本，頁83）：“夫殘樸以為器，工匠之罪也；毀道德以為仁義，聖人之過也。”

② 案，獅谷本（頁3751）作“按”。

③ 遝，獅谷本（頁3751）作“註”。

④ 胇，同“肺”。

⑤ 花，獅谷本（頁3760）作“華”。

⑥ “故心”之“故”，獅谷本（頁3760）作“反”。

⑦ 《白虎通義》卷八《性情》（頁385）：“心所以為禮何？心，火之精也。南方尊陽在上，卑陰在下，禮有尊卑，故心象火，色赤而鋭也，人有道尊，天本在上，故心下鋭也。耳為之候何？耳能徧內外、別音語，火照有似於禮，上下分明。”

南方火之精也。象火，色赤，鋭而有辦，如未敷蓮花形。”亦作“色赤”，文意暢達，知例中脱“色”字，宜據補作“色赤”。

1.057 肝膽　　上音干。《白虎通》云：“肝，仁也。東方木之精。”王氏《脈經》云：“肝與膽合為府，其神魂，其候目，故肝熱則目赤。”《説文》：“從月，干聲也。”下荅敢反。《白虎通》云：“膽者肝之府，主仁，是以仁者有勇。”王氏《脈經》云：“膽之病，則精神不守。”《説文》云：“從肉，詹聲也。”詹音占。(《大乘理趣六波羅蜜多經》卷第二，59p0356a)

案：例中引《脈絡》釋“膽”，“膽之病”表意未足。考慧琳音義卷五“脾膽”注引《脉决》云（57p0478b）：“膽之有病，精神不守。”卷十一“苦膽”注引王叔和《脉經》云（57p0610a—0610b）：“膽主神。膽之有病，則精神不守，故知也。”卷四十一“肝膽”注引《白虎通》云（58p0215a）：“膽主仁。是以仁者必有勇。膽若有病，則精神不守。”皆作“有病”，文意周全，知例中脱“有”字，宜據補。“1.058 脾腎”例“脾有熱則舌病脣不能收”行文與此同，可為據補之旁證。

1.075 蝨螣　　上莫侯反，下騰德反。皆蝗蟲類也。《毛詩傳》曰：“食根蝨，食葉螣。”或作蛍，《尔雅》作蟘。《説文》曰：“官吏乞貣則生蛍。”二字皆形聲字也。(《大乘理趣六波羅蜜多經》卷第三，59p0356c)

案：據文意，“或作”前脱“螣”字，宜補。

1.100 矰繳　　上則登反。鄭注《周禮》云：“結繳於矢謂之矰也。”《考工記》云：“矰矢，弓所用也。”又云：矢羽名也。《説文》：“從矢，曾聲也。”經文作繒，音疾陵反，誤書也。下章若反。《廣雅》云：“繳，纏也。”《説文》云：“生絲縷也。從糸，敫聲也。”敫音羊灼反。作繁字，亦通用。(《大乘理趣六波羅蜜多經》卷第三，59p0357b)

案：“矢羽名也”“作繁字”皆表意未足。考“矰繳”例實見慧琳音義“41.263 矰繳”例，慧琳音義分别作“矢羽名矰、或作繁字”，文意完足，知例中脱“矰、或”二字，宜據補。

1.112 赧而　　上拏揀反。《方言》云：“赧亦媿也。”《説文》云：“面慙赤也。”字從𠬝聲也。𠬝音展。經文從皮作皶，誤書也。(《大乘理趣六波羅蜜多經》卷第四，59p0358a)

案：“字從𠬝聲也”表意未足。考《説文・赤部》(頁 213 上)：“赧，面慙赤也。从赤，𠬝聲。周失天下於赧王。”又：“赧而”例實見慧琳音義“41.286 赧而”例，“字從”，慧琳音義作“從赤”。詳文意，知例中“𠬝”前脱“赤”字，宜據補。

1.124 廝下　上息資反。何休注《公羊傳》云："廝，賤人也。"《廣雅》："命，使者也。"《説文》云："從广，斯聲。"亦作㡣。(《大乘理趣六波羅蜜多經》卷第五，59p0358b)

案："命"字前後無據。考《廣雅・釋詁一》（頁40上）："廝、命，使也。"詳文意，知例中"命"前脱"廝"字，宜補。

1.130 媿恧　上歸位反。杜注《左傳》云："媿，慙也，耻也。"《説文》云："從女，鬼聲。"或從心作愧，亦通。下女六反。《小雅》云："心媿為恧。"《説文》云："亦慙也。從心、而。"音同上。𦓐字無下畫也。(《大乘理趣六波羅蜜多經》卷第五，59p0358b—0358c)

案：據文意，（1）"從心、而"後脱"聲"字，宜補[①]。慧琳音義凡十二析"耎"，皆析為"從心，而聲"結構，如卷二十四"挫恧"注引《文字典説》(57p0901b)："從心，而聲也。"卷六十二"愧恧"注引《古今正字》(58p0714a)："從心，而聲也。"卷八十一"外恧"注引《説文》(59p0013b)："從心，而聲。"可為據補之旁證。(2)"音同"前脱"而"字，宜補。

1.156 飈火　上必遥反。《尔雅》云："扶揺謂之飈。"郭注云："暴風從下而上也。"《説文》云："揺風也。從風，猋聲也。"猋字三犬也，音同上。經文從三火作飈，非也。《尔雅》亦單作猋字[②]。(《大乘理趣六波羅蜜多經》卷第九，59p0359c)

案：(1) 例中引《説文》釋"飈"。"揺風"，今本作"扶揺風"[③]。考慧琳音義卷六十三"驚飈"注引《説文》云（58p0739a)："扶揺風也。從風，猋聲。"卷九十二"飈舉"注引《説文》云（59p0198b)："飈，浮揺［風］也。從風，猋聲。"或言"扶揺"，或言"浮揺"，知例中脱"扶"字，宜據補。(2) 據文意，"三犬"前脱"從"字，宜補[④]。

2.008 欄楯　上勒丹反，下述尹反。《説文》："欄，檻也。"王逸注《楚辞》云："縱曰檻，横曰楯。"間子謂之櫺。間字去聲。(《新大方廣佛花嚴經》卷第一，59p0361b)

案："間子謂之櫺"表意未足。考《説文・木部》（頁121上)："櫺，楯間子也。从木，霝聲。"玄應音義卷一"欄楯"注引王逸注《楚辞》云（32p0002B)：

---

① 《説文・心部》(頁223下)："恧，慙也。从心，而聲。"

② 《爾雅・釋天》(頁190下)："扶揺謂之猋。"

③ 《説文・風部》(頁284下)："飆，扶揺風也。从風，猋聲。颮，飆或从包。"

④ 《説文・犬部》(頁206上)："猋，犬走皃。从三犬。"

"縱曰檻，橫曰楯。楯閒子曰櫺。"慧琳音義卷四"欄楯"注引王逸注《楚辭》云（57p0466b）："縱曰欄，橫曰楯。楯間子謂之櫺子也。"詳文意，知例中"間子"前脱"楯"字，宜據補。

2.018 天竺[1]　下相承音竹，或有亦音篤。《山海經》云："身毒之國。"郭璞注云："即天竺國也。"或云賢豆，或云印度，皆梵語訛轉也。正云印特羅。此翻為月。《西域記》云："言諸群生輪迴不息，無明長夜，莫有司存。其猶白日既隱，宵月斯繼。良以其土賢聖繼軌導凡，御物如月照臨，故以名焉。"（《新大方廣佛花嚴經》卷第一，59p0361c）

案："印特羅"是梵詞 Indakala 的對音（吴其昌《印度釋名》。轉引自徐時儀《"印度"的譯名管窺》，《學海先飛》，頁 314）。據梵音，例中"羅"前脱"伽"，宜補。希麟音義凡三釋"天竺"，除此例外，卷三"天竺"注（59p0372a）："相承音竹。准梵聲合音篤。古云身毒，或云賢豆，新云印度，皆訛轉也。正云印特伽羅。此翻為月也。"卷八"天竺國"注（59p0406b）："竺音篤。或云身毒，或云賢豆，或云印度，皆訛。正云印特伽羅。此云月。"皆作"印特伽羅"，可為據補之旁證。

2.026 豺狼　上牀皆反。山獸也。《尔雅》云："豺，狗足。"《説文》云："亦狼屬也。從豸，才聲。"經文從犬作犲，非。按：豺有二種：一曰豺郎，二曰豺奴。小者先行，其獵得獸，殺已，不敢即食，以待豺郎。故《月令》云"豺，祭獸"是其事。下洛當反。《説文》云："狼，似犬，鋭頭，白頰，猛獸也。從犬、良。"形聲字。（新大方廣佛花嚴經卷第二，59p0362a）

案："從犬、良"，今本作"从犬，良聲"[2]。考希麟音義凡三引《説文》釋"狼"，卷四"豺狼"注引《説文》（59p0376c）："似犬，鋭頭而白頰。從犬，良聲。"亦作"良聲"，知例中脱"聲"字，宜據補。

2.030 賑給　上章刃反。馬注《論語》云："賑，窮乏也。"《考聲》云："賑，亦給也。"《説文》："從貝，辰聲。"下居立反。《切韻》："供也，散與也。"《説文》云："從糸，從合聲也。"上賑，又音之忍反。（《新大方廣佛花嚴經》卷第二，59p0362a）

案："窮乏也"不合文意。考慧琳音義卷十二"賑給"注引《考聲》（57p0624b）："賑，賜也，給賜貧乏也。"卷十九"賑給"注引《韻詮》（57p0771a）："賑，賜也。"詳文意，疑其前脱"給賜"，宜據補作"給賜窮乏也"。

---

① 天竺，梵詞 Indu，希麟譯"印特伽羅"。
② 《説文·犬部》（頁 206 上）："狼，似犬，鋭頭白頰，高前廣後。从犬，良聲。"

2.043 茵蓐　上於真反，下如欲反。《毛詩傳》："茵，虎皮也。"《玉篇》云："以虎皮為蓐曰茵。"又作鞇。郭注《尔雅》曰："蓐，席也。"《聲類》曰："蓐，薦也。"又作褥，字同。案：茵蓐二字，若以皮為，即從艸作；若以革為，即從革作鞇也。(《新大方廣佛花嚴經》卷第四，59p0362c)

案："從艸作"表意未完，據文意，疑其後脱"茵"字，宜補。後文"從革作鞇"與之對言，可為據補之旁證。

2.044 瘡疣　上楚霜反。《禮記》云："頭有瘡則沐。"《説文》作創，傷也。古文作刅，像刀入。下有求反。小曰疣，大曰贅也。《古今正字》作疚。贅音隹芮反。(《新大方廣佛花嚴經》卷第四，59p0362c)

案："像刀入"表意未完。考希麟音義卷一"瘡疣"注（59p0358a)："上楚霜反。……《説文》云：'創，傷也。'古文作办，象刀入形也。"慧琳音義卷三十"創病"注（57p1047a)："古文作刅，象刀入肉也。"卷四十一"瘡疣"注（58p0224a—0224b)："《説文》作創。創，傷也。古文作刅，象刀入形。經文作瘡，俗用字也。"或言"入形"，或言"入肉"，文意完足，宜據補作"像刀入形"。

2.062 臍輪　上情奚反。《字書》云："當腹之中曰臍。"《説文》云："膍臍也。從肉，齊聲也。"或作齋[①]，亦通。經文單作齊，古文，借用也。下力迍反。《周禮》曰："軫之方以像地，蓋之以像天，輪圓以像日月也。"輪，三十幅也。從車侖聲。(新大方廣佛花嚴經卷第六，59p0363b)

9.053 輪轂　上力迍反。《切韻》云："車輪。"《周禮》云："輪方以象地，蓋之象天，輪圓以象日月也。"下古屋反。《玉篇》："車轂。"《詩》云："文茵暢轂。"《老子》云："三十輻共一轂也。"(根本説一切有部毗耶破僧事卷第七，59p0412c)

案：希麟音義凡兩引《周禮》釋"輪"。"輪方、蓋之"，今本作"輪之方、蓋之圜"[②]。詳文意，軫之方、蓋之圜對言，知例中脱"之、圜"二字，宜據補。

2.063 兩脇　下或作脅，同。香業反。《説文》云："肚兩傍也。從肉，從劦聲。"音叶，從三力。經文從三刀作脇，非也。(《新大方廣佛花嚴經》卷第六，59p0363b)

案：據文意，"音叶"前脱"劦"字，宜補。

① 齋，原作"齊"，今據文意改。《集韻·齊韻》(頁26下)："齋，《説文》：'肶臍也。'或書作臍，通作齊。"

② 《周禮·考工記·輈人》(頁914中)："軫之方也，以象地也；蓋之圜也，以象天也；輪輻三十，以象日月也。"

2.070 垣牆　上遠元反。《毛詩傳》曰："垣亦牆也。"下匠羊反。《聲類》云："亦牆垣也。"《尚書》云："無敢逾垣牆。"《説文》："牆，敝也。從嗇，爿聲也。"經中或作墻、嫱、牆，並俗。(《新大方廣佛花嚴經》卷第七，59p0363c)

案：例中引《説文》釋"牆"。"敝也"，今本作"垣蔽也"①。考慧琳音義卷十"牆堵"注引《説文》(57p0592a)："牆，垣蔽也。從嗇，爿聲。"卷十三"牆塹"注引《説文》(57p0660a)："垣蔽也。從嗇，爿聲。"皆作"垣蔽"，知例中文字有脱訛，宜據補改。《説文・嗇部》："牆，垣蔽也"段玉裁注（頁921）："《土部》曰：'垣，牆也。'《左傳》曰：'人之有牆，以蔽惡也。'故曰垣蔽也。"作"垣蔽"之理據甚明，可為據以補改之旁證。

2.075 鴛鴦　上於袁反，下於薑反。《毛詩》曰："鴛鴦于飛。"傳曰："鴛鴦，疋鳥也。"言其止為疋偶，飛則雙飛。《説文》從夗、央，皆形聲字也。(《新大方廣佛花嚴經》卷第七，59p0363c)

案：據文意，疑"説文從"後脱"鳥"字、"央"後脱"聲"字，宜據補作"從鳥，夗、央皆聲，形聲字也"②。希麟音義"從X，Y、Z皆聲"結構凡二十三見，如卷一"芭蕉"注（59p0359c)："……二字並從草，巴、焦皆聲也。"同卷之"稼穡"注（59p0359c—0360a)："……二字並從禾，家、嗇皆聲也。"卷二"洄澓"注（59p0361b)："……《説文》並從水，迴、復皆聲也。"卷九"誹謗"注（59p0411c)："……從言，旁、非皆聲。"行文同此例，可為據補之旁證。

2.090 廛里　上直連反。注《周禮》云："廛，居也。"鄭注《禮記》云："廛，市邸舍也。"《玉篇》云："城市内畝半空地謂之廛。"經文作厘，或作㢅，皆非。下良耳反。《周禮》："五家為隣，五隣為里。"里亦居也。(《新大方廣佛花嚴經》卷第九，59p0364b)

案：(1) 據文意，"注周禮"前脱"鄭"字，宜補③。(2)"市邸舍也"，今本作"市物邸舍"④。考玄應音義卷二十三"市廛"注引《禮記》"市廛不征"鄭玄曰(32p0313A)："廛，謂市物邸舍也。"卷二十四"色廛"注引《禮記》"市廛而不征"鄭玄曰（32p0321C)："廛，謂市物邸舍也。"慧琳音義卷二十三轉引之慧苑音義"廛店隣里"注引鄭注《禮》曰（57p0869a)："廛，謂市物邸舍也。"《後漢書・

① 《説文・嗇部》(頁111下)："牆，垣蔽也。从嗇，爿聲。牆，籀文从二禾。牆，籀文亦从二來。"
② 《説文・鳥部》(頁80下)："鴛，鴛鴦也。从鳥，夗聲。""鴦，鴛鴦也。从鳥，央聲。"
③ 《周禮・地官・遂人》"夫一廛"鄭玄注引鄭司農云（頁740下)："廛，居也。"
④ 《禮記・王制》"市廛而不税"鄭玄注（頁1337中)："廛，市物邸舍。"

班固傳》“傍流百廛”李賢注引鄭玄注《禮記》曰（頁1336－1337）：“廛，市物邸舍也。”皆作“市物”，知例中脱“物”字，宜據補。

2.125 嫡嗣　上丁歷反。《切韻》：“正也。”《字書》云：“長也。”《尔雅》曰：“長婦為嫡也。”下祥志反。《尔雅》：“嗣，續也。”（《新大方廣佛花嚴經》卷第十一，59p0365b）

案：(1)“為嫡”，今本作“為嫡婦”①。詳文意，知例中脱“婦”字，宜補。(2)“嗣，續也”，今本作“嗣、續，繼也”②。詳文意，例中脱“繼”字，宜補。

2.126 日躋　上人一反。《説文》曰：“實也。言太陽之精不虧也。”下祖兮反。《尔雅》曰：“躋，登也。”《公羊傳》曰：“躋者何？陞也。”或作隮。陞音升。（《新大方廣佛花嚴經》卷第十一，59p0365b）

案：例中引《爾雅》釋“躋”。“躋，登也”，今本作“躋、登，陞也”③。考希麟音義卷四“登入”注引《爾雅》曰（59p0381a）：“躋、登，陞也。”詳文意，知例中脱“陞”字，宜補。

2.147 髈脹　上璞邦反。《埤蒼》云：“髈亦脹也。”《文字典説》：“從肉，夆聲。”音芳逢反。經文從逢作膖，俗字。下張亮反。杜注《左傳》云：“脹，腹滿也。”（《新大方廣佛花嚴經》卷第十二，59p0366a）

案：據文意及文例，“音芳逢反”前脱“夆”字，宜補。

2.149 筋脈　上居銀反。《周禮》云：“醫師以辛養筋。”《説文》：“肉之力也。從肉、竹，竹者，物之多筋者也。從力者。力像筋之形。”經或從草作葝，從角作觔，皆非正字。下麻伯反。《周禮》：“以鹹養脉。”《説文》云：“血理分行於體中謂之脉。”正從血從𠂢作衇。𠂢音普賣反。經文從永者，俗字也。（《新大方廣佛花嚴經》卷第十二，59p0366a－0366b）

案：例中引《説文》釋“脈”。“血理分行”，今本作“血理分邪行”④。考慧琳音義卷三十二“筋脉”注引《説文》云（58p0034b）：“血理之分邪行於體中者也。從𠂢，血聲。”卷三十二“筋脈”注引《説文》云（58p0046b）：“血之分邪行於體中者也。從𠂢，血聲。”卷四十三“筋脈”注（58p0270b）：“《説文》作衇，云：‘血理之分邪行於體者也。從𠂢，從血。’”卷八十“鍼脉”注引《説文》云（58p1079b－1080a）：“衇，血（謂）［理］之分邪行於體者也。從𠂢，血聲。”《類

① 《爾雅·釋親》（頁156下）：“子之妻為婦。長婦為嫡婦，衆［婦］為庶婦。”

② 《爾雅·釋詁上》（頁17下）：“嗣、續，繼也。”

③ 《爾雅·釋詁下》（頁67下）：“躋、登，陞也。”

④ 《説文·𠂢部》（頁240上）：“衇，血理分衺行體者。从𠂢，从血。脈，衇或从肉。䖝，籀文。”

篇・肉部》(頁 154 下):"脉,血理分衺行體者。"各例皆著"邪/衺"字,知例中脱之,宜據補。

2.150 鞭笞　上必綿反。顧野王云:"用革以扑罪人。"《字書》云:"撾馬杖也。"《説文》:"從革,便聲。"下丑之反。《律書》云"笞杖徒流死"是也。笞刑,有罪之人下者。《説文》:"笞,撻也。從竹,台聲。"音怡。(《新大方廣佛花嚴經》卷第十二,59p0366b)

案:據文意,(1)"徒流"之"徒"為"徙"訛,宜改。(2)"音怡"前脱"台"字,宜補。

2.156 裸露　上華瓦反,避俗諱作此音也。本音郎果反。顧野王云:"脱衣袒也。"《説文》:"從衣,果聲。"《字書》從身作躶,《玉篇》從人作倮,與經文同也。(《新大方廣佛花嚴經》卷第十三,59p0366b)

案:"脱衣袒也"音節不諧。考希麟音義凡四引顧野王釋"裸",希麟音義卷一"裸者"注引顧野王云(59p0354c):"裸者,脱衣露袒也。"卷四"裸形"注引顧野王云(59p0381a):"脱衣露袒也。"卷七"裸形"注引顧野王云(59p0404a):"裸者,脱衣露體也。"又卷八"裸露"注引《考聲》云(59p0410a):"脱衣露肉也。"或言"露袒",或言"露體/露肉",皆著"露"字,文意暢達,知例中脱之,宜據補[①]。

2.164 廛店　上直連反。居也。《考聲》云:"市空地曰廛。"下都念反。《切韻》:"店,舍也。"崔豹《古今注》云:"店,置也,所以置貨鬻也。"從广占聲也。广音儼。形聲字也。鬻音揚菊反。(《新大方廣佛花嚴經》卷第十四,59p0366c)

案:"置貨鬻",今本作"置貨鬻之物"[②]。考玄應音義卷十四"市肆"注引《古今注》云(32p0184B):"肆,陳也;店,置也。肆所以陳貨鬻之物也,店所以置貨粥之物也。肆亦列也,謂列其貨賄於市也。"《廣韻・㮇韻》(頁 444):"店,店舍。《古今注》云:'店,置也,所以置貨鬻物也。'"各例"貨鬻"後或著"之物",或著"物",皆文意完足,知例中脱之,宜據補。

2.166 鬻香　今俗作鬻,同。余六反。《字書》云:"賣也。"下香字,正香。《詩》云:"黍稷惟馨。"《説文》云:"從黍、甘。"會意字也。(《新大方廣佛花嚴經》卷第十四,59p0366c)

---

① 《玉篇・衣部》(頁 128 上):"嬴,袒也。亦作倮、躶。""裸,同上。"瑄案:《玉篇・人部》(頁 14 下):"倮,赤體也。"

② 《古今注・都邑》(宋刊本):"店,所以置貨鬻之物也。店,置也。"

案：據文意，“正”“香”間脱“作”字，宜補。

2.177 琵琶　上房脂，下蒲巴反。本出西戎，胡樂名也。《釋名》云：“推手為琵，引手為琶。取其鼓時為名也。”《説文》二字並從玨，比、巴聲也。玨音角。（《新大方廣佛花嚴經》卷第十五，59p0367a）

案：(1) 據文意，“房脂”後脱“反”字，宜補。獅谷本（頁3805）亦注“脂下反脱”四字。(2)“為琵、為琶”，今本“前為琵、却為琶”[①]。考《玉篇·琴部》“琵”字下引《釋名》云（頁78上）：“推手前曰琵，引手卻曰琶，所以呼為琵琶，本胡家馬上彈也。”《集韻·脂韻》（頁15上）：“琵，琵琶，胡樂。胡人馬上所鼓，推手前曰枇，引手後曰杷。或从手。”兩例皆著“前卻/後”，文意完足，知例中脱之，宜據補[②]。

3.011 捶楚　上隹藥反[③]。《説文》云：“以杖擊也。從手，垂聲。”或從竹作箠，策也。從木作棰，棓也。下瘡所反。《切韻》云：“榎楚也。”楸木。名亦荆。從林疋聲。疋音踈。榎音賈。（《新大方廣佛花嚴經》卷第十八，59p0368b）

案：據文意，(1)“從木作棰”前脱“或”字，宜補；(2)“名亦”為“亦名”之乙倒，今據文意乙正。

3.022 惛寐　上呼昆反。《考聲》云：“不明也。”《字林》又音呼困反，昧也。經文單作昏。《尔雅》云：“昏，强也。”《切韻》：“日暮也。”非此用。下民致反。《玉篇》：“寢卧也。”《孝經》曰：“夙興夜寐。”《説文》：“從㝱省聲也。”（《新大方廣佛花嚴經》卷第二十二，59p0368c）

案：“從㝱省聲也”，今本作“从㝱省未聲”[④]。詳文意，例中脱“未”字，宜據《説文》補。説詳“1.114 夢寐”例注、“2.029 假寐”例注。

3.165 駛流　上所吏反。《蒼頡篇》云：“駛，速疾也。”從馬史聲也。經文作駚，音古穴反。駚騠，馬名，非駛疾義。下流字，《説文》：“從水，從㐬。”音他忽反，倒𡥈也。𡥈音子。經文作流，非也。古文又作泋騠，音杜奚反。良馬也，生走及母。（《新譯十地經》卷第六，59p0374a）

案：據文意，“音他忽反”前脱“㐬”字，宜補。

---

① 《釋名·釋樂器》（頁1084上）：“枇杷，本出於胡中，馬上所鼓也。推手前曰枇，引手卻曰杷，象其鼓時，因以為名也。”琵琶，今本作“枇杷”。

② 《廣韻·脂韻》“琵”字下引《釋名》曰（頁52）：“推手為琵，引手為琶，取其鼓時，以為之名也。”

③ 隹，獅谷本（頁3809）注“隹，朱惟反”。

④ 《説文·㝱部》（頁153下）：“寐，卧也。从㝱省，未聲。”

3.167 幽邃　上於虬反。《切韻》："深也，隱也。"《尔雅》曰："幽，深也。"《説文》："從山，丝聲。"丝音同上。《説文》云："微也。"下私醉反。《説文》云："邃，深遠也。"古文又作𢟪，音訓同。（《新譯十地經》卷第七，59p0374a—0374b）

案：據文意及文例，"音訓同"後脱"上"字，宜補。

3.169 誨誘　上荒外反。《韻英》云："訓也，教也。"《論語》云："誨人不倦也。"下與久。《論語》云："循循善誘人也。"《玉篇》云："引導也。"《切韻》："誸也。"音古泫反。泫，胡誸反。又：教也。《説文》："從言、秀。"形聲也。（《新譯十地經》卷第七，59p0374b）

案：據文意，（1）"與久"後脱"反"字，宜補。獅谷本（頁 3835）亦著"反"字。（2）"音古泫反"前脱"誸"字，宜補。

4.002 筌蹄　上七緣反。《考聲》："取魚竹器也。"亦籠屬也，亦名魚笱。《莊子》云："筌者所以在魚，得魚忘筌也。"下弟奚反。《莊生》云："蹄所以取兔，得兔而忘蹄也。"從足帝聲。《玉篇》作罤，云："兔網也。"（《大乘本生心地觀經（并序）》，59p0375a）

10.063 筌蹄　上七緣反。《説文》："取魚竹籠也。"亦名魚笱，音苟。從竹全聲。下朿奚反。《説文》作蹏。《莊子》云："筌所以取魚，得魚而忘筌。蹄者所以取兔，得兔而忘蹄也。"（《琳法師别傳》卷上，59p0420a）

案："4.002 筌蹄"例之"蹄所以"，今本作"蹄者所以"；"10.063 筌蹄"例之"筌所以"，今本作"筌者所以"[①]。考希麟音義凡兩釋"筌蹄"，卷四"筌蹄"注引《莊子》云（59p0375a）："筌者所以在魚，得魚忘筌也。"卷十"筌蹄"注引《莊子》云（59p0420a）："蹄者所以取兔，得兔而忘蹄也。"筌者、蹄者對言，詳文意，知例中脱"者"字，宜據補作"蹄者、筌者"。

4.039 蓬勃　上蒲公反。亂也。下蒲没反。勃，盛也。案：如蓬草之亂盛也。今經文作熢焞二形。上音峯。謂候望者夜火也。《字書》無蓬音。下焞，煙起也。若塵起作埻，若香氣作馞，若心逆者作悖，若水廣浡，皆非亂盛卒起皃也。今合作蓬勃也。。（《大乘本生心地觀經》卷第四，59p0376b—0376c）

案："若水廣浡"不辭，據文意，"水廣"後脱"作"字，宜據補。

4.089 熙怡　上許其反。《字書》云："和也。"《切韻》："敬也，養也。"

---

① 《莊子·外物》（集解本，頁 244）"荃者所以在魚，得魚而忘荃；蹄者所以在兔，得兔而忘蹄；言者所以在意，得意而忘言。"

《尔雅》曰：“緝、熙，光也。”下與之反。《尔雅》曰：“怡，悦也。”《考聲》：“和樂也。”《説文》：“從心，台。”台音怡。（《守護國界主陁羅尼經》卷第六，59p0378b）

案：“從心、台”，今本作“从心，台聲”[①]。考希麟音義凡四析“怡”，卷四“熈怡”注引《説文》云（59p0380a）：“和也。從心，台聲。”卷六“熈怡”注（59p0393b）：“下怡，從心台聲。”卷八“熈怡”注引《説文》（59p0408a）：“和也。從心，台聲。”各例“台”後皆著“聲”字，知例中脱之，宜據補。

4.100 辯捷　上皮件反。《切韻》：“引也，理也。”《字書》：“辯，惠也。”《説文》：“從言，辡聲。”辡音辯。下疾葉反。《韻英》云：“速也，勝也。”《考聲》：“疾也。”《尔雅》：“際、接、翜，捷也。”郭注云：“捷謂接續也。”即經中詞無礙辯也。（《守護國界陁羅尼經》卷第七，59p0378c—0379a）

案：“接續”，今本作“相接續”[②]。考玄應音義卷十七“捷樹”注（32p0229B）：“相接也。言接樹無根也。”詳文意，例中脱“相”字，宜補。

4.159 尔談　梵語也。此云所知。《花嚴七十七》云：“過尔談海也。”苑法師釋云：“謂智所知境非預識境，共轉也。”（《大乘瑜伽千鉢文殊大教王經》卷第七，59p0380c—0381a）

案：“共轉”，慧苑音義作“其轉若南聲為尔塩故”[③]。詳文意，知例中文字有訛脱，宜據改、補作“其轉若南聲為爾談故”。

5.057 降澍　下朱戍反。《集訓》云：“時雨，所灌澍潤生万物也。”經文作霔，《字書》並無，筆受者率意妄作也。（《新譯仁王護國般若波羅蜜多經》卷下，59p0384b）

案：“所灌澍潤生万物也”，今本作“澍生萬物”[④]。考玄應音義凡兩引《説文》釋“澍”，卷一“澍法”注引《説文》（32p0005B）：“上古時雨，所以澍生万物者是也。”卷六“等澍”注引《説文》（32p0086A）：“上古時雨，所以澍生万物者也。”慧琳音義凡十五引《説文》釋“澍”，或言“時雨，澍生萬物”，如卷七“宜澍”注（57p0530a）；或言“時雨，所以澍生萬物者也”，如卷十九“欲澍”注（57p0784b）；或言“時雨，所以澍生万物無地也”，如卷三十四“澍[illegible]雨”注

---

① 《説文・心部》（頁218上）：“怡，和也。从心，台聲。”

② 《爾雅・釋詁下》“際、接、翜，捷也”郭璞注（頁79下）：“捷謂相接續也。”

③ 慧苑《新譯大方廣佛華嚴經音義》卷下“2.530 過尔談海”（59p0508b）：“尔談者，此云所知，謂智所知境非預識境，由其轉若南聲為尔塩故，非轉吡若南聲也。”

④ 《説文・水部》（頁234上）：“澍，時雨，澍生萬物。从水，尌聲。”

(58p0078b)。詳文意，知例中引文“所”後脱“以”字，據補。徐時儀（2012：2266上）句讀作“時雨所灌澍，潤生萬物也”。

5.123 機杼　　上居衣反，下除旅反。《方言》云：“杼、軸，織具也。”《説文》：“杼，持縷也。”二字從木，幾、予聲也。(《金剛恐怖最勝心明王經》，59p0386a)

案：例中引《説文》釋“機”。“持縷”，今本作“機之持緯者”[1]。考“機杼”例實見慧琳音義，卷四十三“機杼”注《説文》(58p0254b)：“機持緯也。從木，予聲。”又玄應音義卷十“機杼”注引《字林》(32p0139C)：“杼，機持緯者。”卷十七“以杼”注引《説文》(32p0234C)：“機持緯者。”各例皆作“機持緯”，知例中文字有脱、訛，宜據補、改作“機持緯”。

5.137 組綬　　上則古反。《尒雅》曰：“組，似組，東海有之。”郭注云：“組，綬也。”《禮記》：“綬，長一十二尺，十二月也；廣三尺，天地人三才也。”(《觀自在多羅菩薩經》，59p0386c)

案：《禮記・玉藻》“天子佩白玉而玄組綬”朱彬訓纂引應劭《漢官儀》：“綬，長一丈二尺，法十二月；廣三尺，法天地人也。”詳文意，“十二月”“天地人”前各脱一“法”字，文意完足，宜補。

5.141 礓石　　上居良反。《字書》：“石也。”《釋名》云：“礓，薑也。言石似薑而堅也。”從石、畺[2]。形聲字。經文作彊，《尒雅》音强。作疆，界也，陲也。皆非礓石字。(《一字奇特佛頂經》卷上，59p0386c)

案：依文意，“作疆”前脱“或”字，宜補。

5.188 筋脈　　上謹欣反。《周禮》：“醫師以辛養筋。”《説文》：“肉之力也。從肉、竹。竹者，物之多筋也。力像筋形。”經文多從草從角作葝，非也。下盲伯反。《周禮》：“以鹹養脈也。”《説文》：“血理之分行於體中也。”或作衇，又𧖴，二形正體字。俗用脉已久也。(《菩提場所説一字頂輪王經》卷第二，59p0388a—0388b)

案：例中引《説文》釋“脈”。(1)“行”，今本作“衺行”[3]。考慧琳音義卷三十二“筋脉”注引《説文》云(58p0034b)：“血理之分邪行於體中者也。從𠂢，血聲。”卷三十二“筋脈”注引《説文》云(58p0046b)：“血之分邪行於體中者也。

① 《説文・木部》(頁123上)：“杼，機之持緯者。从木，予聲。”

② 《説文》闕“礓”篆。〇畺，原作“薑”，今據文意改。

③ 《説文・𠂢部》(頁240上)：“𧖴，血理分衺行體者。从𠂢，从血。脈，𧖴或从肉。衇，籀文。”

從𠂢，血聲。”卷四十三“筋脈”注（58p0270b）：“《説文》作衇，云：‘血理之分邪行於體者也。從𠂢，從血。’”卷八十“鍼脉”注引《説文》云（58p1079b—1080a）：“衇，血理之分邪行於體者也。從𠂢，血聲。”《類篇·肉部》（頁154下）：“脉，血理分衺行體者。”各例皆著“邪/衺行”，知例中引文脱“邪/衺”字，宜據補。（2）依文意，“又衇”之“又”後脱“作”字，宜補。

5.213 蜴蜥[①] 上音亦，下星歷反。《説文》：“在壁曰蝘蜓，在草曰蜥蜴。”《方言》：“澤中曰蜥蜴，南楚謂之虵醫，或謂之蠑螈。”字從虫，易、析皆形聲也。經文下作蜡，音乍，乃十二月終大蜡祭名也。執筆之人誤書也。析音先戚反。昔音私積反。（《菩提塲所説一字頂輪王經》卷第四，59p0389a）

案：據文意，“易、析皆”後脱“聲”字，宜補。

5.219 纔受 上昨哉反。《説文》：“纔，僅也。”《考聲》：“暫也。”《五經音義》：“從糸、毚。音士咸反，狡兔也。”從⿰、兔也。⿰音丑畧反。纔、欃、讒之類並同。（《十一面觀自在菩薩秘密儀軌經》，59p0389b）

案：據文意，“從⿰”前脱“毚”字，宜補。

5.224 鈴鐸 上郎丁反。《切韻》：“似鍾而小也，金鈴也。”下徒落反。大鈴也。《左傳》：“金鈴鐵舌，振武也；以木為舌，振於文教也。”《釋名》云：“鐸，度也。謂號令限度也。”（《十一面觀自在菩薩秘密儀軌經》，59p0389b）

案：“振武”表意未足。考希麟音義卷四“鈴鐸”注（59p0378c）：“謂金鈴鐵舌振以用武，金鈴木舌振以興文教令。”詳文意，例中脱“以用”二字，宜據補作“振以用武”。

5.225 車輅 上九魚反，下洛故反。《戴礼》云：“古之車也，蓋圓像天，二十八轑，以像列宿也[②]；軫方像地，三十輻，像日月。仰則觀於天，俯則察於地。”《釋名》云：“天子所乘曰輅。有五飾：金飾、象飾、寶革等五，隨飾各為名。”（《十一面觀自在菩薩秘密儀軌經》，59p0389b）

案：（1）據文意，“戴禮”前脱“大”字，宜補。（2）“像日月”，今本作“以象月”[③]。考《周禮·考工記·輈人》（頁914中）：“軫之方也，以象地也；蓋之圜也，以象天也；輪輻三十，以象日月也。”此言“以象日月”，文意完足，知例中脱“以”字，宜據補。

---

① 蜥，原作“蜥”，今據文意改。下同。

② 列，原作“烈”，今據文意改。

③ 《大戴禮記·保傅》（頁61—62）：“古之為路車也，蓋圓以象天，二十八橑以象列星，軫方以象地，三十輻以象月。故仰則觀天文，俯則察地理，前視則睹鸞和之聲，側聽則觀四時之運，此巾車教之道也。”

6.067 蚊蝱　　上勿分反。《字統》云："蚊，齧人飛蟲也。"《説文》作蟁，以昏時而出也。故從䖵音昆昏省聲[①]。經文從文蚊，俗字。下孟彭反。《聲類》云："蝱，似蠅而大。"《説文》："亦齧人飛蟲也。從䖵，亡聲也。"經文作䖟，非也。(《大寶廣博樓閣善住秘密陁羅尼經》卷上，59p0393c)

案：據文意，"經文從文"後脱"作"字，宜補。

6.092 樺皮　　上胡罵反。《文字集畧》云："山木名也。"堪為燭者。其中有赤、白、麤、細。彼五天竺國元無紙素，或裁以貝多葉，或多羅，或白細樺皮，用書梵夾，如中國古人作竹簡之類也。字從木華聲也。(《菩提場莊嚴陁羅尼》，59p0394c)

案：據文意，"多羅"後脱"葉"字，宜補。

6.101 眼脈　　上五限反。《釋名》云："眼，限也。謂視物有限也。"從目限聲。下莫獲反。《切韻》："血脈也。"《釋名》云："脈，幕也。謂絡幕一體也。"《説文》："從肉，派省聲。"[②] 經文作脉，俗字也。(《能除一切眼疾陁羅尼經》，59p0395a)

案："限聲"，《説文》作"㫗聲"[③]。詳文意及文例，疑"限"後脱字，宜補作"限省聲"。希麟音義標識"省聲"的材料凡120例，所析往往跟《説文》相異，如卷一"僂者"注引《説文》云(59p0354c)："尪也。從人，縷省聲也。"[④] 同卷之"擐甲"注引《説文》云(59p0358c)："穿貫衣甲也。從手，還省聲。"[⑤]《説文》言"X聲"，希麟謂"B省聲"，可為據補之旁證。

6.105 祝詛　　上之受反。《説文》作詶，亦詛也。今作呪，俗字。下側據反。古文作𧰰。《釋名》云："祝，屬也。以善惡之辝相属著也。詛，阻也。謂使人行阻限於言也。"經文從口作咀，音才與反。咀嚼也。非經義也。(《葉衣觀自在菩薩經》，59p0395b)

案："使人行"，今本作"使人行事"[⑥]。考希麟音義凡三引《釋名》釋"詛"，卷三"呪詛"注引《釋名》云(59p0373c)："詛，謂使人行事阻限於言也。"卷六

---

① 蚊，《説文》字頭作"蟁"，《䖵部》(頁284上)："蟁，齧人飛蟲。从䖵，民聲。𧍙，蟁或从昏，以昏時出也。蚊，俗蟁，从虫，从文。"

② 《説文·𠂢部》(頁240上)："衇，血理分衺行體者。从𠂢，从血。脈，衇或从肉。𧖴，籀文。"

③ 《説文·目部》(頁70下)："眼，目也。从目，㫗聲。"

④ 《説文·人部》(頁167上)："僂，尪也。从人，婁聲。周公韈僂，或言背僂。"

⑤ 《説文·手部》(頁255上)："擐，貫也。从手，瞏聲。《春秋傳》曰：'擐甲執兵。'"

⑥ 《釋名·釋飲食》(頁1051上)："祝，屬也。以善惡之詞相屬著也。""詛，阻也。使人行事阻限於言也。"

“呪詛”注引《釋名》云（59p0398a）：“詛，謂使人行事阻限於言也。”諸例皆言“行事”，文意分明，知例中脱“事”字，宜據補。

6.106 鉞斧　上員厥反，下方矩反。《字林》云：“鉞，玉斧。”《尚書·牧誓》云：“王左杖黄鉞。”孔氏傳云：“鉞，以黄飾斧也。左手杖鉞，示無事於誅也。”《説文》：“從金，戉聲。”戉音同上，從戈乚聲。乚音厥。（《葉衣觀自在菩薩經》，59p0395b）

7.082 鉞斧　上員月反，下方矩反。《尚書》云：“王左杖黄鉞。”孔注云：“以黄飾斧也。”從金戉聲。戉音同上，從戈乚聲。乚音厥。作戊，非也。（《普遍光明無能勝大明王大隨求陁羅尼經》卷下，59p0402a—0402b）

案：（1）“以黄”，今本作“以黄金”[①]。考《文選·任昉〈齊竟陵文宣王行狀〉》“可追崇假黄鉞”李善注引《尚書》“王左杖黄鉞”孔安國曰（頁 829 下）：“鉞，以黄金飾斧。”慧琳音義卷三十“鉞斧”注引孔注《尚書》云（57p1050b）：“鉞，以黄金飾斧也。”卷四十一“鉞斧”注（58p0217b）：“上袁厥反。古者君及大將執之以威衆。以黄金飾之謂之黄鉞。”卷八十五“黄鉞”注引孔注《尚書》云（59p0098b）：“以黄金飾斧也。”皆言“黄金”，知例中脱“金”字，宜據補。（2）據文意，“作戊”前脱“或”字，宜補。

6.112 呵利帝[②]　梵語也。或呵里底。上借音呼可反，底音丁以反。此譯云歡喜，或云天母也。（《呵利帝母真言法》，59p0395c）

案：據文意及文例，“或”後脱“云”字，宜補。

6.136 茅薦　上莫包反。《切韻》：“草名也。”《尔雅》云：“茅，明也。”郭注引《左傳》云：“前茅慮無也。”下作甸反。《考聲》云：“薦，進也。”《切韻》：“草薦席也。”《古今正字》並從草，廌聲。廌音同上。（《無量壽如來念誦修觀行儀軌》，59p0396b）

案：“並從草，廌聲”文意不諧。考希麟音義言“並從”者凡 58 例，用於同部首兩個文字的形體結構之分析，如卷一“紛綸”注（59p0354a）：“《説文》二字並從糸，分、侖聲也。”同卷之“蚖蛇”注（59p0355a）：“二字並從虫，元、它聲。”詳文意，例中“廌聲”前脱“矛”字，宜據補[③]。

---

① 《書·牧誓》“王左杖黄鉞，右秉白旄以麾”孔安國傳（頁 183 上）：“鉞，以黄金飾斧。左手杖鉞，示無事於誅。右手把旄，示有事於教。”

② 呵利帝，梵詞 Hārītī4365。

③ 《説文·艸部》（頁 17 下）：“茅，菅也。从艸，矛聲。”《廌部》（頁 202 下）：“薦，獸之所食艸。从廌，从艸。古者神人以廌遺黄帝。帝曰：‘何食何處？’曰：‘食薦，夏處水澤，冬處松柏。’”

6.153 颦眉　　上符真反。《考聲》："颦，蹙眉也。"下莫丕反。《説文》云："目上毛也。像眉之形也。"《玉篇》云："寝眉而聽也。"經文從口作嚬，笑也。非颦眉字也。作冒、眉，皆通用已久，時世共傳也。(《金剛王菩薩秘密念誦儀》，59p0397a)

案：據文意，"作冒、眉"前脱"或"字，宜補。

6.159 穬麥　　上古猛反。《考聲》："麥芒也。"又曰："稻未舂者也。"作穬，亦通。下麥字，俗作麦也。《白虎通》："麦，金也。金王而生，火王而死也。"從來、夂作麥也。(《一字頂輪王念誦儀軌》，59p0397a)

案：據文意及文例，疑"作穬"前脱"經"字，宜補。

7.006 拄腭　　下我各反。口中上腭也。《説文》云："口上河也。"作谷。谷音强畧反。口上畫重八，像腭形也。(《瑜伽蓮花部念誦法》，59p0399c)

案：據文意，(1)"口上河"之"河"，當作"阿"①；(2)"作谷"前脱"或"字，宜補。

7.016 虎狼　　上呼古反。《説文》云："山獸君也。"《淮南子》云："虎嘯谷風生也。"從人虍聲。虍音呼。虎爪似人，故從人。或作乕，廟諱不成字。又作虒，俗變，非體。下魯堂反。《説文》云："似犬，白頰，鋭頭。"《尔雅》曰："牝，狼，其子獥也。"獥音胡狄反。(《觀自在如意輪菩薩念誦法》，59p0400a)

案："虎爪似人"不辭。考希麟音義卷一"虎豹"注引《説文》(59p0355a)："獸君也。從虍虍音呼，從人。以虎足似人足故也。"卷九"虎豹"注引《説文》云(59p0417a)："山獸君也。字從人虍音呼，虎足似人足也。"兩例皆作"人足"，詳文意，例中"人"後脱"爪"字，宜據補②。

8.010 瘡疥　　上楚良反。古文作創、刅、刄。破也。《釋名》云："瘡，傷也。言體有傷破也。"《禮》云："頭有瘡則沐。"下音介。又作疥。《説文》云："瘙也。從疒，介聲。"作疥，亦同。(《根本説一切有部毗奈耶藥事》卷第一，59p0402a—0402b)

案：據文意，(1)"作疥"之"疥"，徐時儀(2012：2315 注［三］)疑"疥"

① 《説文·谷部》(頁 50 上)："谷，口上阿也。从口，上象其理。……啣，谷或如此。臄，或从肉，从豦。"《玉篇·谷部》(頁 27 下)："谷，渠畧切。《説文》云：'口上阿也。从口。上象其理。'"亦引作"阿"。

② 《説文·虎部》(頁 103 下)："虎，山獸之君。从虍，虎足象人足。象形。……虝，古文虎。㡀，亦古文虎。"

為“㽱”訛，可從；(2)“作疥”前脱“經”字，宜補。

8.035 船舶　上食川反。《方言》云：“關東曰船，關西曰舟。”《説文》云：“從舟，沿省聲。”沿，與專反。沿路之沿，鉛錫之鉛，皆放此。律文從公作舩、作舡，皆俗字。下傍陌反。《切韻》：“海中大船也。”從舟白聲。(《根本説一切有部毗奈耶藥事》卷第三，59p0406a)

案：據文意，“作舡”前脱“從工”二字，宜補。

8.057 翅翮　上又作翄，同。施智反。《集訓》云：“鳥翼也。”下胡革反。《玉篇》云：“鳥羽也。”《尔雅》云：“羽本謂之翮。”郭璞注云：“鳥羽也。”從羽，支、鬲皆聲也[①]。(《根本説一切有部毗奈耶藥事》卷第五，59p0406c—0407a)

案：例中引《爾雅》郭璞注釋“翮”。“鳥羽”，今本作“鳥羽根”[②]。考玄應音義卷十“聳翮”注引《爾雅》(32p0133B)：“羽本謂之翮。鳥羽根也。”慧琳音義卷六十九“翅翮”注引郭注《爾雅》云(58p0847b)：“翮，鳥羽根也。”卷九十二“斂翮”注引《爾雅》“羽本謂之翮”郭璞注云(59p0205b—0206a)：“鳥羽根也。”皆作“鳥羽根”，知例中引文脱“根”字，宜補。

8.096 分析　上府文反。《切韻》：“割也，賦也，與也。”《考聲》：“分，遍也。”《説文》云：“別也。從八，從刀。”分割之形。下先戚反。《尔雅》曰：“析木之閒漢津也。”《説文》：“破木也。從斤。”斤可以破木。會意字。(《根本説一切有部毗奈耶藥事》卷第十，59p0408b)

案：“析木之閒”，今本作“析木之津，箕斗之閒”[③]。考《爾雅·釋天》“析木謂之津，箕、斗之閒漢津也”邢昺疏(頁2609上—2609中)：“析木之津，箕、斗之次名也。孫炎曰：‘析別水木，以箕斗之間，是天漢之津也。’劉炫謂是。天漢即天河也。天河在箕、斗二星之間，箕在東方木位，斗在北方水位，分析水木以箕星為隔，隔河須津梁以度，故謂此次為析木之津也。……昭八年《左傳》曰：‘今在析木之津。’《國語》曰：‘日在析木之津。’皆是也。案：經典但有析木之津，無析木謂之津，今定本有‘謂’字，因注云‘即漢津也’，誤矣。”詳文意，知例中引文有脱字，宜據補。

---

① 皆，獅谷本(頁3978)、大通本作“諧”。

② 《爾雅·釋器》“羽本謂之翮”郭璞注(頁175上)：“鳥羽根也。”

③ 《爾雅·釋天》(頁193下)：“析木之津，箕斗之閒漢津也。”瑄案：《爾雅·釋天》“析木謂之津”郭璞注(頁2609上)：“即漢津也。”“箕、斗之閒漢津也。”郭璞注(頁2609上)：“箕，龍尾；斗，南斗，天漢之津梁。”

8.123 祭祠　上子例反。《考聲》："享也。"《玉篇》："祀也。"《尔雅》云："禘，大祭也。"郭注云："五年一大祭。"《説文》云："從手持肉，以示祭矣。"又即手，月即肉也。下似兹反。《尔雅》云："春祭曰祠。"郭璞注云："祠之言食也。"音餕飤。(《根本説一切有部毗奈耶藥事》卷第十四，59p0409b)

案："音餕飤"，大通本作"音餕飤反"，獅谷本（頁 3989）亦注"飤下反脱"。詳文意，例中脱"食、反"二字，宜補作"食音餕飤反"。

9.005 慵嬾　上蜀容反。《説文》云："惰也。"《字書》云："亦嬾也。"下落旱反。《切韻》作懶，心惰也。郭注《尔雅》云："勞苦者多惰音徒果反。"(《根本説一切有部毗奈耶破僧事》卷第一，59p0411b)

案：例引中《爾雅》郭璞注釋"嬾"。"多惰"，今本作"多惰愉"[1]。考希麟音義卷一"窳惰"注引《爾雅》"勞也"郭注云（59p0358c)："勞苦者多惰窳。"又玄應音義凡七釋"窳"，卷九"窳墮"注（32p0130A)："窳，勞也。勞苦者多墮窳也。"卷十"或窳"注引《爾雅》"窳，勞也"郭璞曰（32p0143C)："勞苦者多墮窳也。"皆著"窳"字，文意暢達，知例中脱之，宜據補。

9.021 跟趺　上古痕反。《切韻》云："足後跟也。"下方無反。《玉篇》："脚趺也。"謂脚面也。《説文》又從付作跗也。(《根本説一切有部毗耶破僧事》卷第二，59p0411c)

9.125 脚跟　下古痕反。《切韻》："足後跟也。"(《根本説一切有部毗奈耶破僧事》卷第十八，59p0415a)

案："足後跟也"文意不暢。考《箋本·痕韻》(頁 116)："跟，(古痕反。) 足後。"《王本·痕韻》(頁 451)："跟，(古痕反。) 足後。亦作跟。"《釋名·釋姿容》(頁 1032 上)："足後曰跟。"希麟音義卷二"足跟"注引《字統》云（59p0364b)："足後曰跟。"詳文意，例中"足後"脱"曰"字，宜補。

9.049 囈言　上魚祭反。又作寱。《説文》云："睡語驚也。從口，藝聲。"作寱，從寢省臬聲也。臬，魚結反。下言字，《説文》云："從口，辛聲也。"辛音愆也。(《根本説一切有部毗奈耶破僧事》卷第六，59p0412c)

案：據文意，(1) 疑"作寱"前脱"或"字，宜補。(2) 兩"辛"字為"䇂"訛，宜改[2]。《説文·䇂部》(頁 58 下)："䇂，辠也。从干、二。二，古文上字。……讀若愆。張林説。"可為據改之旁證。

---

① 《爾雅·釋詁上》"愉，勞也"郭璞注（頁 42 下)："勞苦者多惰愉。今字或作窳，同。"

② 《説文·言部》(頁 51 上)："言，直言曰言，論難曰語。从口，䇂聲。"

9.051 浣濯　上作澣，同。胡管反。《字書》云："洗浣也。"下直角反。《切韻》云："濯亦洗也。"《礼記》云："浣衣濯冠以朝。"《説文》云："從水，幹聲也。"（《根本説一切有部毗奈耶破僧事》卷第七，59p0412c）

案：據文意，"上""作澣"間脱"又"字，宜補。希麟音義標識"又作"凡158例，用於分析不同文字間的異體關係，如卷一"鸚鵡"注"59p0354c－0355a"注："下又作鵐，二體同。音武。"同卷之"驝駝"注（59p0356c－0357a）："上又作馲，同，音湯落反，亦音郎各反。"可為據補之旁證。

9.055 澡漱　上子皓反。《説文》云："澡，洗也。"《禮記》云："儒有澡身浴德，陳言而伏，靜。"下蘇秦反。《切韻》："漱口也。"《晉書》："孫楚謂王武子曰：'所以漱石，欲礪其齒。'"律文作藻，謂蘋藻，水草交為文也。非澡漱義也。（《根本説一切有部毗奈耶破僧事》卷第八，59p0413a）

案：(1)"陳言而伏靜"，今本作"陳言而伏，靜而正之"①。詳文意，例中引文脱"而正之"三字，宜據補。(2)據文意，"蘇秦"之"秦"為"奏"訛，宜改。

9.098 甥甥　上五會反，下音生。《尔雅》云："姑之子舅之為甥。"甥曰："謂我舅者，吾謂之甥。"《説文》作甥，訓同《尔雅》也。（《根本説一切有部毗奈耶破僧事》卷第十二，59p0414b）

案：(1)"舅之"，今本作"舅之子"②。希麟音義凡兩引《爾雅》釋"甥"，卷八"甥甥"注引《釋親》曰（59p0407c）："姑之子為甥，舅之子為甥。"亦言"舅之子"，知例中脱"子"字，宜據補。(2)據文意，疑"甥曰"之"甥"當作"郭璞"，宜改補。

9.173 烏鷲　上鄔都反。《説文》："孝鳥也。"純黑而反哺者曰烏，小而不哺者鴉也。下疾溜反。《考聲》云："黑色鳥也。"從鳥、就。形聲字也。（《根本説一切有部毗奈耶皮革事》卷下，59p0416b－0416c）

案：(1)"小而不哺"不合文意。考希麟音義卷五"鴉翅"注引《廣雅》云（59p0385a）："純黑而返哺者曰烏，小而不返哺者鴉也。"詳文意，例中"哺"前脱"反"字，宜補。鴉，同"鵶"（《玉篇·鳥部》[頁449]："鵶，今作鴉。"《廣雅·麻韻》[頁167]：鴉，同鵶）《小爾雅·廣鳥》（頁238）："小而腹下白，不反哺者謂之鵶鳥。"亦言"不反哺"，可為據補之旁證。(2)據文意，"就"後脱"聲"字，宜補。慧琳音義卷二"鵰鷲"注引《字書》（57p0424b）："從鳥，就聲也。"卷三

① 《禮記·儒行》（頁1670下）："儒有澡身而浴德，陳言而伏，靜而正之，上弗知也。"

② 《爾雅·釋親》（頁154下）："姑之子為甥，舅之子為甥，妻之晜弟為甥，姊妹之夫為甥。"

十一“雕鷲”注（58p0006a）：“鷲字從鳥就聲。”卷三十四“鷲峯”注（58p0081a）：“《説文》從山、鳥，夆、就聲者也。”可為據補之旁證。

10.152 拗怒　上於六反。《廣雅》云：“拗，止也。”又烏絞反，今不取。案：録文云：“時首領普告衆曰：‘誰將舍利異寶，不尔龍神何斯拗怒？有即投入海中，無令衆人受兹惶怖。’”據此，即龍神方怒未止，應作歘字[①]。《説文》云：“吹氣聲也。從欠，或省聲。”[②] 或音同上。（《續開元釋教録》卷上（并序中字音），59p0422c）

案：“異寶、有即”，今本作“異寶殊珍、有即持出”[③]。考《遊方記抄·悟空入竺記》（新羅慧超等撰）：“時首領商普告衆曰：‘誰將舍利異寶殊珍，不爾龍神何斯拗怒？有即持出投入海中，無令衆人受兹惶怖。”語同今本，知例中“殊珍、持出”四字脱，宜據補。

10.169 紛綸　上芳文反。《字書》云：“衆也。”又：乱也，紛紜也。下力迍反。《説文》云：“糾青絲也。”二字並從糸，分、侖皆聲也。（《續開元釋教録》卷中，59p0423b）

案：“糾青絲”，今本作“青絲綬”[④]。考《後漢書·班固傳》“絡以綸連”李賢注（頁1341—1343）：“綸，糾青絲綬也。”《文選·班固〈西都賦〉》“絡以綸連”李善注引《説文》曰（頁25下）：“綸，糾青絲綬也。”《説文解字注》徑作“糾青絲綬”，其注云（頁654上）：“糾青絲成綬，是為綸。”《爾雅·釋草》“綸，似綸；組，似組，東海有之”郭璞注（頁263下）：“綸，今有秩嗇夫所帶糾青絲綸組綬也。海中草生彩理，有象之者，因以名云。”各例皆著“綬”字，知例中引文脱之，宜據補。

前述種種不是希麟音義脱字問題的全部，此外尚有許多衍、倒等問題，限於篇幅，就不贅述了。

【附記】本文曾在“第十三屆漢文佛典語言學國際學術研討會”（2019.11.01—05，廣西師範大學）宣讀，此次發表，文字略有删改。

## 參考文獻

［清］陳立著．吴則虞點校．白虎通疏證．北京：中華書局，1994.

---

① 歘，原作“或”，今據文意改。

② 《説文·欠部》（頁179上）：“歘，吹气也。从欠，或聲。”

③ 《佛説十力經》（唐釋勿提提犀魚譯）：“時首領商普告衆曰：‘誰將舍利異寶殊珍，不爾龍神何斯拗怒？有即持出投入海中，無令衆人受兹惶怖。’”

④ 《説文·糸部》（頁274下）：“綸，青絲綬也。从糸，侖聲。”

［汉］班固撰．顔師古注．漢書．北京：中華書局，1962.

［宋］丁度等．宋刻集韻．北京：中華書局，2005.

［劉宋］范曄撰．［唐］李賢等注．後漢書．北京：中華書局，1965.

［南朝梁］顧野王．大廣益會玉篇．北京：中華書局，1987.

［清］郝懿行等．爾雅　廣雅　方言　釋名（清疏四種合刊）．上海：上海古籍出版社，1989.

［清］阮元校刻．十三經注疏．北京：中華書局，1980.

［宋］司馬光等編．類篇．北京：中華書局，1984.

［清］王念孫．廣雅疏證．（第2版）．北京：中華書局，2004.

［清］王聘．大戴禮記解詁．北京：中華書局，1983.

［清］王先謙．吴格點校．詩三家義集疏．北京：中華書局，1987.

［清］王先謙．沈嘯寰點校．莊子集解．北京：中華書局，1987.

［汉］許慎等．漢小學四種．成都：巴蜀書社，2001.

［汉］許慎撰．徐鉉校定．説文解字．北京：中華書局，1963.

徐時儀．一切經音義三種校本合刊．上海：上海古籍出版社，2012.

徐時儀．“印度”的譯名管窺//學海先飛．上海：上海辭書出版社，2017.

楊琳．小爾雅今注．上海：漢語大詞典出版社，2000.

余廼永．新校互注宋本廣韻．（增訂本）．上海：上海辭書出版社，2000.

［宋］朱熹集註．詩集傳．北京：中華書局，1958.

［宋］朱熹．四書章句集注．北京：中華書局，1983.

## Missing Characters in the *Sequel of the Sound and Meaning of the Tripitaka*（《續一切經音義》）Compiled by Xilin（希麟）

Huang Renxuan，Qu Shanxin

**Abstract**：Character problems，such as *E*（訛），*Tuo*（脱），*Yan*（衍），*Yi*（乙），exsist in the *Sequel of the Sound and Meaning of the Tripitaka*（續一切經音義），hereinafter referred to as *Xilin Yinyi*（希麟音義），compiled by Monk Xilin（希麟）of Liao（遼）Dynasty. Among the problems outstand numerous missing characters. Filling these character hiatus will significantly deepen the study of *Xilin Yinyi*（希麟音義）.

**Keywords**：*Sequel of the Sound and Meaning of the Tripitaka*（續一切經音義）；missing characters；character correction

（黄仁瑄，華中科技大學中國語言研究所；

瞿山鑫，華中科技大學中國語言文學院）

# 漢文佛經“一字形記錄多詞”例釋*

真大成

**提　要：** 漢文佛經中的不少漢字具有豐富的記詞功能，一個字形往往可以記錄多個音義，形成“一字形記錄多詞”現象，顯示了漢文佛經字用的多樣性和獨特性。這方面的研究目前還很薄弱，目前最緊要、最基礎的工作就是全面測查有關現象，逐步積累材料。文章就此擇取 15 例，分別揭示該字形記錄的音義，旨在為進一步系統研究漢文佛經的漢字職用及字詞關係提供素材。

**關鍵詞：** 漢文佛經；字形；記詞功能

在漢文佛經中，不少漢字的職用是相當多樣的，表現最為顯著的就是豐富的記詞功能，一個字形往往可以記錄多個音義，形成“一字形記錄多詞”現象。漢文佛經中的這種現象，有的並見於中土文獻，也有不少罕見或未見於中土文獻，足以顯示漢文佛經字用的多樣性和獨特性。漢文佛經數量龐大，“一字形記錄多詞”現象也極為豐富，但相關研究基本上還處於空白狀態，目前最緊要、最基礎的工作就是全面測查有關現象，逐步積累材料。本文擇取 15 例（特別是少見於或未見於中土文獻的），分別揭示其記錄之音義，旨在為進一步系統研究漢文佛經的漢字職用及字詞關係提供一些素材。

## 一、膒—｛漚｝、｛傴｝

｛漚｝指物體經過長時間的壅埋堆積發熱發酵，如《搜神記》卷十二：“農夫止麥之化者，漚之以灰。”在佛經中，｛漚｝還可以指人體上的癰疽經過一段時間變軟灌膿，此義之｛漚｝可以用“膒”來記錄[①]。

---

* 本文是國家社會科學基金項目“基於出土文獻的魏晉南北朝隋唐漢語字詞關係研究”（18BYY140）的階段性成果，同時得到中央高校基本科研業務費資助。

① 本文用“X”表示字形，用｛X｝表示音義（詞）。

高麗藏本後秦弗若多羅譯《十誦律》卷四〇《明雜法之五》："有比丘病癰，往語耆婆：'治我此病。'耆婆答言：'膒令熟。'比丘言：'佛未聽膒熟。'諸比丘是事白佛，佛言：'聽膒令熟。'"

漚的對象是人體上的癰疽，故字改從"肉（月）"作"膒"。可洪《新集藏經音義隨函錄》（下文簡稱可洪《隨函錄》）卷十五《十誦律》音義"膒令"條："上烏侯反。漬物令軟也，正作漚也。"

"膒"還可以記錄表示駝背的｛傴｝：

大正藏本隋吉藏撰《法華義疏》卷六："謗開方便門法，故得癵躄報，謗正直經，故得背傴報。""傴"，聖乙本作"膒"。

S. 2512《藥師經疏》："或手足臃卷，或腰背膒㾫，舉步如山。"

｛傴｝是指背曲，與人體有關，故可從"肉（月）"作"膒"。玄應《一切經音義》（下文簡稱玄應《音義》）卷六《妙法蓮華經》音義"背傴"條："經文作膒。"則玄應所見本亦用"膒"記｛傴｝。

## 二、嫈—｛嬰｝、｛瓔｝

"嫈"在漢文佛經中可以記錄表嬰兒義的｛嬰｝：

大正藏本唐輸波迦羅譯《蘇磨呼童子請問經》卷下："下中下者，為療鬼魅等類，龍魅嫈兒之魅。"①

本經卷上有"嬰兒之魅"，高麗藏本唐不空譯《一字奇特佛頂經》卷中《成就毘那夜迦品》有"嬰孩魅"，"嫈"即"嬰"之異體，故亦記錄｛嬰｝。高麗藏本後秦鳩摩羅什譯《大智度論》卷九〇："既生嬰孩，未能有所作，但有六入。""嬰孩"，石山寺本作"嫈妶"②，可洪《隨函錄》卷十《大智度論》音義出"嫈妶"條，則石山寺本與可洪所見本同。高麗藏本元魏般若流支譯《正法念處經》卷十六《餓鬼品之一》："二十者蚩陀羅，伺嬰兒便餓鬼。"可洪《隨函錄》卷十三《正法念處經》音義出"嫈兒"條，則可洪所見本作"嫈"。據此推測，唐五代時以"嫈"記｛嬰｝是比較常見的。

還可以記錄瓔珞之｛瓔｝：

大正藏本東晉佛陀跋陀羅共法顯譯《摩訶僧祇律》卷三《明四波羅夷法之三》："女人莊嚴具者，釵釧衣服等，男子莊嚴具者，衣冠瓔珞等。""瓔"，聖

---

① 底本為仁和寺藏承曆二年寫本。
② 據《大正藏》本校勘記。

語藏本作“嫈”。

以“嫈”記錄瓔珞之{瓔}，例子罕見，大約是偶然現象。

## 三、嘷—{嗅}、{鼾}

漢文佛經中“嘷”記錄了{嗅}、{鼾}兩個詞：

高麗藏本南朝宋求那跋陀羅譯《雜阿含經》卷十一：“鼻根之所嘷，若香若臭物，等心於香臭，無欲亦無違。”

高麗藏本南朝梁寶唱編《經律異相》卷四七《有驢挽車日行五百里》：“弟故放驢，令得相見，亦不鳴咽，相嘷不食。”

《說文·鼻部》：“齅，以鼻就臭也。从鼻从臭，臭亦聲。”後作“嗅”，從口從臭，臭亦聲；由於聞嗅用鼻子，故字又可從“鼻”作“嘷”。可洪《隨函錄》卷六《大方廣寶篋經》音義“有嘷”條：“許赦［救］反。以鼻取氣也。正作齅、嗅二形。”可洪所見本作“嘷”，今本作“嗅”。

玄應《音義》卷十一《中阿含經》音義“鼾眠”條：“經文……又作嘷。”又卷十四《四分律》音義“鼾睡”條：“律文作嘷。”又卷十五《十誦律》音義“鼾眠”條：“律文作嘷。”玄應所見唐初或六朝寫本以“嘷”記{鼾}。

《說文·鼻部》：“鼾，臥息也[①]。从鼻，幹聲。”後人以為打鼾與口、鼻有關，故字又從口從鼻作“嘷”。

## 四、胛—{胛}、{甲}、{髀}

“胛”在佛經中記錄表肩胛義之{胛}：

高麗藏本南朝梁慧皎撰《高僧傳》卷十三“釋慧力”條：“昔鑄像初成而面首殊瘦，諸工無如之何，乃迎顒看之。顒曰：‘非面瘦也，乃臂胛肥耳。’”

“胛”還可以記錄表指甲義之{甲}：

高麗藏本唐菩提流志譯《一字佛頂輪王經》卷三《印成就品》：“准如來心印，唯改二大拇指，並胛豎伸，等屈頭節。”

高麗藏本唐菩提流志譯《五佛頂三昧陀羅尼經》卷二《五頂王儀法秘密品》：“此所行者慈心一切梵行清淨，莫如外道發長胛銛。”

高麗藏本唐菩提流志譯《不空羂索神變真言經》卷五《羂索成就品之一》：“壇中踴現地神半身，聳發向上，面目大瞋，眼赤如火，狗牙上出，十指胛赤，

---

① 玄應《音義》引《說文》均作“臥息聲也”，應是。

脣如朱丹。”

指甲為身體一部分，故又可從“肉（月）”作“胛”。慧琳《一切經音義》（下文簡稱慧琳《音義》）卷三九《不空羂索經》音義“甲赤”條：“上緘洽反。案經‘十指甲’即義甲為得，今從肉作胛。”可洪《隨函錄》卷七《不空羂索神變真言經》音義“指胛”條：“音甲。”則唐五代時即已用“胛”記錄指甲之{甲}。

偶爾還可記錄表示大腿之{髀}：

> 高麗藏本《法苑珠林》卷七〇：“受苦既畢，墮畜生中，拔腳賣膀，輸髀喪胛，于遐劫中受諸苦惱。”

“胛”，當即“脾”之形近訛字，“卑”往往誤作“甲”；“脾”又為“髀”之異體。

## 五、藝——{藝}、{闑}、{寱}

“藝”在佛經中除了記錄技藝之{藝}外，還有兩種較特殊的記詞職能。

一是可以記錄表門檻的{闑}：

> 高麗藏本後秦弗若多羅譯《十誦律》卷十八《九十波逸提之十》：“若比丘，水澆頂剎利王家，夜未過未藏寶，若過門闑及闑處，波逸提。”“闑”，聖語藏本作“藝”。
>
> 高麗藏本南朝齊僧伽跋陀羅譯《善見律毘婆沙》卷八：“門闑住者，若聚落如阿㝹羅陀國有二門闑，於內門闑以外悉是阿蘭若處，若無門闑可當門闑處，亦名為門闑，此是阿毘曇阿蘭若法。”“闑”，聖語藏本作“藝”。

《説文·門部》：“闑，門梱也。从門臬聲。”《爾雅·釋宮》：“橜謂之闑。”初文作“臬”，《釋宮》：“樴謂之杙，在牆者謂之楎，在地者謂之臬。”郭璞注：“即門橜也。”本指門中所豎短木，引申指門限、門檻。玄應《音義》卷十五《十誦律》音義“門闑”條：“又作臬，同。魚烈反。……謂門限也。”可洪《隨函錄》卷十五《十誦律》音義、卷十八《善現律毗婆沙》音義均出“門藝”條，則所見本亦作“藝”。

“臬”“埶”均屬月部，聲近多可通用（作聲符亦如此），故從臬得聲之“闑”異體可作“槷”，從木埶聲。《儀禮·士冠禮》：“布席於門中闑西閾外。”鄭玄注：“古文闑為槷。”可洪《隨函錄》卷十五《十誦律》音義“門藝”條：“或作槷也。”“藝”古作“埶”，與“闑”同樣聲近而通，故佛經以“藝”記{闑}。

二是還可記錄表説夢話義的{寱}：

> P. 2610 蕭齊曇景譯《摩訶摩耶經》卷上：“以呪力故，能除眾生熱病、瘧病、顛狂、乾消、鬼魅所著、呪咀禱説、臥見惡夢、數厭藝語、水腫、短氣。”

"藝"，高麗藏本作"寱"。

資福藏本東晉佛陀跋陀羅共法顯譯《摩訶僧祇律》卷十五《明單提九十二事法之四》："若比丘夜眠時雖振動藝語，不作擾亂意，無罪。""藝"，高麗藏本作"寱"。

高麗藏本後秦弗若多羅譯《十誦律》卷十五《九十波逸提之七》："諸年少比丘及諸沙彌，在説法堂中宿不一心臥，鼾眠寱語，大喚桃［挑］臂。""寱"，聖乙本作"藝"。

"寱"同樣從臬得聲，故異體或作"囈"。以"藝"記錄{寱}，乃是"寱"的通假字。

## 六、疽—{疽}、{蛆}、{怚}

《説文·疒部》："疽，癰也。""疽"在佛經中自然可以記錄疽癰之{疽}：

高麗藏本元魏般若流支譯《正法念處經》卷五七《觀天品》："未經幾時，身中多有種種病起，所謂熱病、下痢、欬瘷、盛氣噎病、脹腫、疽瘡、癩病，垂近死地，身大穢惡。"

與此同時，"疽"還可記錄蛆蟲之{蛆}：

高麗藏本西晉竺法護譯《正法華經》卷二《應時品》："假使誹謗，此經獲罪，常多疾病，體生疽蟲。"

高麗藏本失譯附秦錄《無明羅刹集》卷下："或時復有惡覺觀蠅壞於善根，不淨疽蟲臭穢污辱集在死屍。"

高麗藏本東晉佛陀跋陀羅譯《觀佛三昧海經》卷五《觀佛心品》："氣絕命終，猶如風吹墮沸屎中，墮已糜爛，眾蟲唼食……蚘蟲、疽蟲唼其舌根。"

資福藏本南朝宋求那跋陀羅譯《雜阿含經》卷三九："若比丘種苦種子，自發生臭，汁漏流出者，欲令疽蠅不競集者，無有是處。"

高麗藏本隋那連提耶舍譯《大方等大集經》卷四一《日藏分中星宿品之一》："時魔波旬及戒依止，化龍宮內作諸蚊虻、蠅疽、毒蟲、死屍、人糞，臭處狼藉充滿其中。"

"蛆""疽"二字均在《廣韻·魚韻》七餘切，音同，故可借"疽"來記錄{蛆}。玄應《音義》卷一《大集日藏分經》音義"蠅蛆"條："經文從蟲作蛆……又作疽。"又卷二《大般涅槃經》音義"蝺蝺"條："經文作蛆……又作疽。"① 又卷

① "蝺"即"蛆"字。《説文·肉部》："蝺，蠅乳中肉也。"《玉篇·肉部》："蝺，俗作蛆。"

八《大莊嚴法門經》音義“蝨蝨”條：“經文從蝨作蛆……又作疽。”又卷十一《正法念經》音義“蝨蝨”條：“經文作蛆……又作疽。”慧琳《音義》卷七六《阿育王傳》音義“蝨蝨”條：“經作疽。”由此看來，以“疽”記{蛆}應該是六朝隋唐寫經之常事。

“疽”有時還可記錄表嫉妒義的{怚}：

高麗藏本《大寶積經》卷十二西晉竺法護譯《密跡金剛力士會之五》：“其佛國土無有惡姓疽嫉之行，無有毀戒墮邪見者。”

高麗藏本《佛説佛名經》（三十卷本）後附《佛説罪業報應教化地獄經》：“以前世時，為人疽剋，行道安鏘，或施射科，陷墜眾生，前後非一，故獲斯罪。”

高麗藏本《續高僧傳》卷二一“釋慧光”條：“豈可學問長養賊心，巧作細作，使覓名利造疽妬也?”

《集韻·魚韻》千餘切：“怚，妬也。”“怚”“疽”同在此小韻內，音同，故又借“疽”記錄{怚}。

## 七、墮—{墮}、{惰}、{埵}

與中土文獻相同，佛經中“墮”也可以記錄墮落之{墮}、懶惰之{惰}，其例多見，不必贅舉。不過在佛經中，“墮”還可以記錄表示堆垛義的{埵}，這一用法中土文獻比較少見：

高麗藏本後秦弗若多羅共羅什譯《十誦律》卷十一《九十波逸提法之三》：“時諸比丘皆作安居先事，謂塞壁孔罅、塞土墮孔、罅補缺壞、解治繩床、抖擻被枕。”

資福藏本《十誦律》卷三四《八法中臥具法》：“爾時佛次第到舍衛國，諸比丘欲安居，先作本事，泥塗壁孔及土墮，急床榻繩抖擻被褥枕。”

資福藏本南朝梁寶唱編《經律異相》卷一引《長阿含經》：“其四園中各有二石墮，各各縱廣五十由旬。”

玄應《音義》卷十二《長阿含經》音義“石垜”條：“經文作墯［墮］。”玄應所見本作“墮”，今本作“垛”。

高麗藏本隋闍那崛多譯《月上女經》卷上：“或有因看毘耶離城，觀其城上所有莊嚴，却敵、樓櫓、雀墮、寮窓、勾欄藻棁諸雕飾事，而來會者。”

玄應《音義》卷五《月上女經》音義“雀垛”條：“經文作墮落之墮。”

“埵”，《廣韻》丁果切，端母果韻上聲；“墮”，《廣韻》徒果切，定母果韻上聲，二字音近，故借“墮”記錄｛埵｝。姚秦佛陀耶舍共竺佛念等譯《四分律》卷二五《一百七十八單提法之二》：“若坐石上、木上、埵上、草敷上，若癲病發臥地，或為強力者所執，或命難、梵行難，不犯。”可洪《隨函錄》卷十六《四分律》音義出“墮上”條，則可洪所見本作“墮”。敦煌文獻 S. 2144《韓擒虎話本》：“皇帝聞奏，即在殿前，遂安社墮，畫二鹿，便交賭射。”“墮”通“埵”，也是記錄｛埵｝。結合上引玄應《音義》經文作“墯”的記載，可知以“墯”表｛埵｝應是它在唐五代時的記詞慣例。

## 八、唻—｛欶｝、｛嘴｝、｛嗽｝

“唻”在漢文佛經中可以記錄表吮吸義的｛欶｝：

高麗藏本東晉佛陀跋陀羅共法顯譯《摩訶僧祇律》卷三《明四波羅夷法之三》：“既入門內，自見其兒坐于庭中唻指而戲。”

高麗藏本北涼曇無讖譯《大般涅槃經》卷四十《憍陳如品之二》：“犢子生已，性能唻乳。”

《説文·欠部》：“欶，吮也。从欠，束聲。”“欠”“口”語義貫通，故又改從“口”作“唻”。

也可記錄表口義的｛嘴｝：

大正藏本隋智者大師説《金光明經文句》卷六：“若病痰而食甜肥鹹酸，令人唻鼻多汁。”

｛嘴｝可以寫作“策”，《廣雅·釋親》：“策，口也。”因與口有關，故後又從“口”作“嗽”；由於“朿”與“束”往往形近訛混，故“嗽”又訛變作“唻”。玄應《音義》卷一《大威德陀羅尼經》音義“鐵策”條：“今作唻。”

“唻”還可以記錄表咳嗽義的｛嗽｝：

高麗藏本東晉佛陀跋陀羅共法顯譯《摩訶僧祇律》卷二四《明雜誦跋渠法之二》：“病者，癬疥、黃爛、癩病、癰痤、痔病、不禁、黃病、瘧病、謦嗽、消盡、癲狂、熱病、風腫、水腫、腹腫，乃至服藥未得平復，不應與出家。”“嗽”，聖語藏本作“唻”。

高麗藏本南朝宋佛陀什共竺道生等譯《五分律》卷十八：“有一住處，布薩時諸比丘集，聞比丘若嚐咳。”“咳”，聖語藏本作“唻”。

高麗藏本唐道宣撰《續高僧傳》卷二九“釋慧云”條：“故齋福大集，恒居坐首，群公卿士側席虛心，一舉五卷，須臾尋了，未聞唻噎，莫不嘉尚。”

早先以“欶”記｛嗽｝，後來換“欠”為“口”作“唻”。可洪《隨函錄》卷十二《中阿含經》音義“咳唻”條：“下速奏反，……正作欶、瘷也。”

## 九、潭一｛潭｝、｛憺｝、｛潬｝

“潭”在佛經中可以記錄淵潭之｛潭｝，也可記錄表淵深義之｛潭｝，這和它在中土文獻中的記詞功能相同。

高麗藏本姚秦竺佛念譯《鼻奈耶》卷八《波逸提法之二》：“二人處處求水，值小潭水，水少蟲多。”

高麗藏本後秦佛陀耶舍共竺佛念譯《長阿含經》卷三《遊行經中》：“多鄰樹間有眾浴池，清流深潭，潔淨無穢，以四寶磚間砌其邊。”

除此以外，“潭”還可記錄表安定、恬靜義的｛憺｝：

高麗藏本西晉竺法護譯《等目菩薩所問三昧經》卷下《分別身行大慧空品》：“以諸剎莊嚴而為圍繞，得致正覺而現悅樂，如彼水潭定而無動靜，然清澄清澈。”

資福藏本後漢支曜譯《成具光明定意經》：“善明聞佛授其封拜之名，則心淨體輕，譬如琉璃水精中外潔淨，一切無穢，以所置處處，並後淨其心若斯，則時得十潭然法。”

資福藏本西晉竺法護譯《海龍王經》卷一《六度品》：“諸法潭然，無所成就。”

高麗藏本西晉竺法護譯《阿惟越致遮經》卷上《不退轉法輪品》：“其心澹然，篤于法施，心懷此念，是謂持信。”“澹”，聖語藏本作“潭”。

高麗藏本西晉竺法護譯《阿惟越致遮經》卷中《緣覺品》：“觀行陰已，則有識陰；假使識陰惔然寂滅，則此識陰但陰聲耳。”“惔”，知恩院本作“潭”。

高麗藏本西晉竺法護譯《阿惟越致遮經》卷中《聲聞品》：“寂定之道，恬靜不放逸，無量人聽法，故謂為聲聞。”“恬”，知恩院本作“潭”①。

玄應《音義》卷五《成具光明定意經》音義“潭然”條：“宜作憺，徒濫反，憺猶安靜也。”又卷七《大哀經》音義“憺怕”條：“經文……又作潭。”則玄應所見本已以“潭”記錄｛憺｝。

“潭”還可記錄灘塗之｛潬｝：

大正藏本唐慧琳集《建立曼荼羅及揀擇地法》：“《蘇悉地經》云：若求上品悉地……大林藪中，大龍池邊，大河潭上清淨泉池。……《玉呬耶經》云：

① “澹”“惔”均為“憺”的通假字，“潭”所表示的｛憺｝與恬義同。

於岩崛中及山頂上先所淨地，及於窟上或於楹上並與石上，或制底邊佛塔中，及於河潭上近河洲渚如是之處作曼荼羅者，不須掘地及以治打。”

前例“潭”，高麗藏本《蘇悉地羯囉經》作“岸”，“潭”記錄灘塗之{潬}，與“岸”義同；後例“潭”，日藏石山寺古寫本等《蕤呬耶經》作“潬”①。

## 十、翰—{翰}、{捍}、{鼾}

“翰”在佛經中記錄翰墨之{翰}，這是最常見的；除此以外，它還可以記錄表示袖套義的{捍}和表示打呼嚕的{鼾}。

高麗藏本姚秦佛陀耶舍共竺佛念等譯《四分律》卷四六《破僧揵度》：“不覺左脅著地，猶如野幹偃臥鼾眠。”“鼾”，聖語藏本作“翰”。

玄應《音義》卷十四《四分律》音義“鼾睡”條：“律文作翰。”聖語藏本與玄應所見作“翰”之本同，可知至晚唐代即以“翰”記錄{鼾}。

高麗藏本西晉竺法護譯《生經》卷二《佛説吉祥呪經》：“于時彼魔被其鎧翰，與眷屬俱，往詣世尊。”

玄應《音義》卷一《大威德陀羅尼經》音義“為捍”條：“又作扞，同。……《説文》：‘扞，止也。’亦蔽也，衛也。經文作翰。”據此可知玄應所見本以“翰”記錄表示遮蔽、護衛義的{捍}。{捍}由護衛義引申，轉作名詞，可指射者手臂所著的皮質袖套（起防護作用）。《禮記·內則》：“右佩玦、捍、管、遰、大觿、木燧。”鄭玄注：“捍，謂拾也②。言可以捍弦也。”《漢書·酷吏傳·尹賞》：“雜舉長安中輕薄少年惡子，無市籍商販作務，而鮮衣凶服被鎧扞、持刀兵者，悉籍記之。”顏師古注：“扞，臂衣也。”“扞”與“捍”同。《生經》“鎧翰”就是《漢書》之“鎧扞（捍）”“翰”所記之詞顯然就是表臂套義的{捍}。

## 十一、捲—{捲}、{拳}、{攣}

“捲”在佛經中可以記錄表收捲義之{捲}，其例多見：

高麗藏本北涼曇無讖譯《大般涅槃經》卷十三《聖行品之三》：“捲合、系結、束縛、合掌，是名縛世。”

高麗藏本《大寶積經》恭一一〇隋闍那崛多譯《賢護長者會之二》：“掌不死黃，甲不青黑，手足不亂亦不捲縮，好相顯現。”

---

① 據大正藏本《蕤呬耶經》校勘記。
② 《集韻·緝韻》：“拾，射韝。”

它還可記録拳頭之｛拳｝，這也是比較常見的：

高麗藏本舊題東晉僧伽提婆譯《增壹阿含經》卷二《廣演品》："設人害我，手捲相加，刀杖相向，瓦石相擲，當起慈心，不興瞋恚。"

高麗藏本姚秦竺佛念譯《出曜經》卷二九《沙門品》："世多有人兇暴為惡，手捲相加，遂致傷害。"

高麗藏本元魏菩提留支譯《大薩遮尼乾子所説經》卷四《王論品之二》："或以杖木、土塊、瓦石及自手捲打諸沙門，或捉刀槊、弓箭、鉾戟斫射傷害。"

慧琳《音義》卷六九《阿毘達磨大毘婆沙論》音義"為拳"條："論作捲。"又卷七七《釋迦譜》音義"怒拳"條："譜作捲。"則慧琳所見本並作"捲"，可見唐代已以"捲"記録｛拳｝。

"拳"字《説文》謂"从手，𢍏聲"，今以為"𢍏聲"疑當作"卷省聲"。慧琳《音義》卷四七《中論》音義"有拳"條："巨員反……《説文》從手從卷省聲也。"又卷六二《根本説一切有部毘奈耶雜事律》音義"拳毆"條："上倦圓反……《説文》從手從卷省聲。"作"拳"為"卷省聲"，作"捲"則不省。"捲"當為"拳"的異體字①，故也能記録｛拳｝。

還能見到以"捲"記録表舀抒義的｛䉵｝的情況：

資福藏本姚秦竺佛念譯《菩薩處胎經》卷五《入六道眾生品》："王須寶時，手執神器用以捲空瀉則成寶。"

資福藏本東晉佛陀跋陀羅共法顯譯《摩訶僧祇律》卷二九《明雜誦跋渠法之七》："若比丘乞食，煮飯未熟，合泔汁捲與，食者無罪。"

資福藏本失譯附梁録《虛空藏菩薩問七佛陀羅尼呪經》："若他方有賊欲來侵境者，用蘇酪蜜胡麻等分和之，在佛像前用銅柢［柢］捲一柢［柢］，呪之一遍，擲著火中，至一千八遍，是諸怨賊無問遠近自然退散。"

高麗藏本南朝宋佛陀什共竺道生等譯《五分律》捲二七《第五分之四威儀法》："以器捲水，極令安徐。"

高麗藏本南朝梁寶唱編《經律異相》卷九引《生經》："導師感激：'吾行入海，乘船涉難，勤苦無量，乃得此寶，當救眾乏，於今海神反令墮海。'勑邊侍人：'捉持器來，吾捲海水，令至底泥，不得珠者終不休懈。'即便捲水，不惜壽命，水自然趣，悉入器中。"

《説文·門部》："䉵，抒扇也。"（從段注本）本指舀酒之器。用作動詞，指舀、

① 《漢語大字典》"卷"字下認為"卷"通"拳"，看作通假字，今不取。

抒。《廣雅·釋詁二》:“攣,抒也。”《廣韻·願韻》:“攣,甙(舀)物。”“攣”字面生僻且筆劃繁多,故借音近之“捲”來記錄。慧琳《音義》卷十九《虛空藏菩薩問七佛陀羅尼呪經》音義“匙攣”條:“下厥願反。《廣雅》云:‘攣,抒也。’《蒼頡篇》:‘抒取也。’……經從手作捲。”則唐時已然。

## 十二、蛆—{蛆}、{蝰}、{獺}

“蛆”在佛經中可以記錄表示蜇螫義的{蛆}:

> 高麗藏本唐玄奘譯《瑜伽師地論》卷二五:“或有宿食住在身中,或被蛇蠍百足蚰蜒之所蛆[蛆]螫。”
>
> 高麗藏本北涼法盛譯《菩薩投身飴餓虎起塔因緣經》:“此身不淨,九孔盈流,四大毒蛇之所蜇螫,五拔刀賊追遂傷害。”“蜇”,聖語藏本作“蛆[蛆]”。

玄應《音義》卷二二《瑜伽師地論》音義“蛆螫”條:“知列反。……蛆,東西通語也。《説文》皆蟲行毒。《廣雅》:‘蛆,痛也。’”慧琳《音義》卷四五《菩薩投身餓虎起塔因緣經》音義“蛆[蛆]螫”條:“上展列反。《博雅》云:蛆亦螫也。《廣雅》:‘蛆,痛也。’或作蜇。《古今正字》從蟲旦聲也。”《廣雅·釋詁二》:“蛆,痛也。”王念孫疏證:“蛆者,《玉篇》:‘蜇,陟列切,蟲螫也,又作蛆。’《衆經音義》卷十引《字林》云:‘蛆,螫也。’僖二十二年《左傳》正義引《通俗文》云:‘蠍毒傷人曰蛆。’”

由於“旦”“且”形近,寫刻本中每不別,故“蛆”常作“蛆”,對此段玉裁《説文》“蠆”字注云:“蠍毒傷人曰蛆。蛆,張列反,或作蜇。‘旦’聲非‘且’聲也。”

“蛆”也可記錄指一種毒蟲的{蝰}。

> 高麗藏本姚秦鳩摩羅什譯《集一切福德三昧經》卷中:“復次,善男子!菩薩成就護持戒聚離十種畏。何等十?……離諸師子、虎豹、熊羆及多勒叉、狐狼、蟒蛇、貓鼠、百足、毒蛇、蛆獺、王賊等畏。”
>
> 高麗藏本後秦弗若多羅譯《十誦律》卷三八《明雜法之三》:“有毒蛇蛆[蛆]獺蜈蚣百足,入中齧比丘。”①
>
> 高麗藏本後秦佛陀耶舍共竺佛念譯《長阿含經》卷六《轉輪聖王修行經》:“是時,此地多生荊棘,蚊、虻、蠅、虱、蛇、蚖、蜂、蛆[蛆],毒蟲衆多。”
>
> 高麗藏本姚秦佛陀耶舍共竺佛念等譯《四分律》卷五二《雜揵度之二》:“諸比丘道行,見蛇蠍蜈蚣百足。”“蠍”,聖乙本作“蛆[蛆]”。

① 資福藏本作“蝰”。

可洪《隨函錄》卷五《集一切福德三昧經》音義“蛆蝲”條：“蠆蟲也，正作蝰蝲。”又卷十五《十誦律》音義“蛆蠆（蛆蝲）”條：“正作蝰蝲也。”“蛆”即“蝰”的换聲旁異體字。《廣雅·釋蟲》：“蝲，蠍也。”{蝰（蛆）}也應是類似的毒蟲。合言則謂“蝰（蛆）蝲”，也稱“蝲蝰”（見《廣韻·曷韻》“蝲”字），分言則可謂“蝰（蛆）”或“蝲”。

“蛆”還可記錄水獺之{獺}。

高麗藏本後秦弗若多羅譯《十誦律》卷三九《明雜法之四》：“佛言：除五種皮，師子皮、虎皮、豹皮、獺皮、貓皮。”“獺”，聖語藏本作“蛆［蛆］”。

玄應《音義》卷十五《十誦律》音義“獺皮”條：“又作蝲、蠮、蛆（蛆）、噠等形。”可洪《隨函錄》卷十五《十誦律》音義“蛆［蛆］皮”條：“上他達反，作獺。”則可洪所見本亦作“蛆［蛆］”，和聖語藏本同以“蛆”記錄{獺}。

## 十三、抓—{抓}、{爪}、{枛}

“抓”在佛經中最常見的用法自然是記錄抓攫之{抓}，例夥不煩舉。此外還可記錄爪甲之{爪}：

資福藏本西晉法立共法炬譯《大樓炭經》卷二《泥犁品》：“其大想泥犁，若有人墮中，其八指生抓如利刀，以相把刺，其肉應手墮去，想念欲相殺，以是矗事，名為想泥犁。”

高麗藏本姚秦鳩摩羅什譯《思益梵天所問經》卷二《難問品》：“於是網明即受佛教，偏袒右肩，從右手赤白莊嚴抓指間放大光明，普照十方無量無邊阿僧祇佛國，皆悉通達。”

高麗藏本隋那連提耶舍譯《大方等大集經》卷三八《日藏分定品》：“色者即是四大所造，四大所造即是無常，性無牢固，破壞離散，皮肉髮抓膿血筋骨，智者終不於是身中生淨好相。”

“爪”古作“叉”，《説文·又部》：“叉，手足甲也。”段玉裁注：“叉、爪古今字。古作叉，今用爪。”“爪”和“手”有關，故後又增意符“扌”作“抓”。

“抓”用以記錄{爪}，可能是它在唐代較為通行的記詞職能，這從慧琳《音義》所載經文用字可見一斑。慧琳《音義》卷十二《大寶積經》音義“抓掌”條：“《説文》作爪，經從手作抓。”又卷十五《大寶積經》音義“爪齒”條：“經中加手作抓。”又卷五一《破外道小乘四宗論》音義“手爪”條：“經從手作抓。”又卷七八《經律異相》音義“指爪”條：“經從手作抓。”

由於“扌”“木”作偏旁常混用無別，因此“抓”還可寫作“枛”，記錄表示棱角的｛柧｝：

> 高麗藏本東晉佛陀跋陀羅譯《觀佛三昧海經》卷一《觀相品之一》：“如來今者頭上有八萬四千毛，皆兩向靡右旋而生，分齊分明，四抓分明，一一毛孔旋生五光，入前十四色光中。”

玄應《音義》卷四《觀佛三昧海經》音義“四柧”條：“古胡反。《説文》：‘柧，棱也。’”

## 十四、枰—｛枰｝、｛棚｝、｛秤｝、｛抨｝

“枰”在漢文佛經中可以記錄表床榻義的｛枰｝：

> 高麗藏本舊題失譯附東晉録《般泥洹經》卷下：“又法殿上，有八萬四千交露輿枰悉施門帳，金交露枰前施銀隥，銀枰金隥，水精琉璃枰隥亦然。”

“枰”與“輿”“隥”等物並言，指床榻。《釋名・釋床帳》：“枰，平也，以板作之，其體平正也。”玄應《音義》卷四《大方便報恩經》音義“跳枰”條：“《埤蒼》：‘枰，榻也。’謂獨坐板床也。”又卷八《維摩詰經》音義“露枰”條引《廣雅》：“枰，榻也。”①

可以記錄表樓閣義的｛棚｝：

> 高麗藏本舊題後漢康孟詳譯《舍利弗摩訶目連遊四衢經》：“如大枰閣，若大講堂，淨潔塗治，開諸軒窗，日東初出，入於軒窗，光照西壁，賢者目連天眼徹視，遥見世尊相好巍巍。”
>
> 高麗藏本舊題失譯附後漢録《大方便佛報恩經》卷六《優波離品》：“如一比丘跳枰擲閣，以世世從獮猴中來。”

此二例“枰”與“閣”連文或互文，指樓閣。《説文・木部》：“棚，棧也。”《廣雅・釋宮》：“棚，閣也。”“棚”改易聲旁“朋”從“平”，則作“枰”字。

可以記錄表量輕重器具之｛秤｝：

> 高麗藏本失附東晉録《七佛所説神呪經》卷三：“或時在俗，輕枰小鬥，欺劫百姓。”
>
> 高麗藏本元魏慧覺等譯《賢愚經》卷八《大施抒海品》：“次復前行，見諸屠兒，剋剝畜生，削割枰賣。”

據經意，“輕枰”即“輕秤（稱）”，“枰賣”即“秤賣”，“枰”為“秤”的訛俗

---

① 今本《廣雅》僅有“榻，枰也”（見《釋器》）。

字。慧琳《音義》卷七八《經律異相》音義“並稱”條：“尺陵反。《韻英》云：‘程也。’《考聲》云：‘定其輕重也。’《説文》：‘詮［銓］也，從禾爯聲。’爯音同上。經文作枰。”慧琳所見本即作“枰”。

還可以記錄表彈（線）之｛抨｝：

> 高麗藏本唐不空譯《一字奇特佛頂經》卷一《曼荼羅儀軌品》：“令童女合白絏縷作五色拼線，或用藕絲不斷續無結類者，或用野麻，或用牧牛繩，應用拼地。”“拼”，聖語藏本作“枰”。

“拼”，資福藏本作“抨”，徑山藏本作“絣”。《説文·手部》：“抨，撣也。”“撣”即“彈”。｛抨｝在佛經中常指彈線、彈墨繩、彈弓弦等，“拼”“絣”均為“抨”的異體字，而“枰”顯然是“抨”的訛俗字。

## 十五、椑—｛篦｝、｛箄｝、｛埤｝、｛椑｝

“椑”在佛經中記錄表示釵、導（或類似釵、導的物品）義的｛篦｝：

> 高麗藏本姚秦佛陀耶舍共竺佛念等譯《四分律》卷四二《藥揵度之一》：“爾時畢陵伽婆蹉患眼痛，得琉璃篦，佛言：‘聽為治眼病故畜用。’”又卷五三《雜揵度之三》：“時諸比丘患耳中有垢，佛言：‘聽作挑耳篦。’”此二例之“篦”，聖語藏本均作“椑”。

“篦”改換聲旁可作“箄”，如資福藏本西晉法立共法炬譯《大樓炭經》卷三《高善士品》：“高人有時見盜賊，為縣官所捕取，……斬其手足，解解斷之，截耳截鼻，竹箄鞭之。”“箄”，高麗藏本作“篦”。“箄”“篦”異文同字。慧琳《音義》卷六〇《根本説一切有部毘奈耶律》音義“篦杓”條：“律文從卑作箄，俗字也。”又卷六三《根本説一切有部雜事律》音義“刮舌篦”條：“亦作箄。”“箄”改易意符則作“椑”。玄應《音義》卷二《大般涅槃經》音義“金椑”條：“經文多作椑，假借耳。”恐未得實。

也可以記錄表筏義的｛箄｝：

> 高麗藏本東晉僧伽提婆譯《中阿含經》卷五四《阿梨吒經》：“我今寧可於此岸邊收聚草木，縛作椑栰，乘之而度。”
>
> 高麗藏本南朝宋佛陀什共竺道生等譯《五分律》卷十九《第三分之三安居法》：“若依牧牛羊人、作椑栰人、船行人安居皆亦如是。”

《方言》卷九：“箄謂之筏。”《廣雅·釋水》：“箄，筏也。”“椑”即“箄”之省。資福藏本北涼浮陀跋摩共道泰等譯《阿毗曇毗婆沙論》卷二一《雜揵度無義品上》：“諸他修苦行，當知無義俱；畢竟無有利，如陸地船椑。”玄應《音義》卷十七《阿毗曇毗婆沙論》音義“船簰”條：“蒲佳反。……論文作椑，非體也。”資福藏本與玄應所見本均以“椑”記｛簰｝。

也可以記錄表增益義的｛埤｝：

> 高麗藏本《大寶積經》卷一〇七東晉竺難提譯《大乘方便會之二》：“其智慧人於道左右以板椑之，其人於此匍匐而進，不視左右。”

《説文·土部》：“埤，增也。”上例經文之“椑”當即“埤”之訛混，“土”旁、“木”旁形近而亂之例習見。可洪《隨函錄》卷二《大寶積經》音義“板椑”條：“音卑。補也，增也，附也，助也。正作裨也。”“椑”也可能是“裨”之訛混。

還可以記錄指一種植物的｛椑｝：

> 高麗藏本姚秦佛陀耶舍共竺佛念等譯《四分律》卷四三《藥揵度之二》：“時諸比丘受食已，得菓胡桃、椑桃、婆陀庵婆羅、阿婆梨，于餘比丘邊作餘食法，彼或分食或都食盡。”

玄應《音義》卷十四《四分律》音義“椑桃”條：“音卑。似柹，南土有青黄兩種，荊州謂之烏椑。”

從以上 15 例可見漢文佛經中一字形往往可以記錄多個詞語，漢字使用過程中産生的異體、通假、訛混是形成此類現象的重要原因。全面測查、系統研究漢文佛經中的“一字形記錄多詞”現象對於分析漢字職用、釐清字詞關係、正確解讀詞義以及文本整理、辭書編纂均有重要意義，擬另文探討。

**參考文獻**

真大成.《漢譯佛經異文所反映的“一詞多形”“一形多詞”現象初探》,《文史》, 2019 (2).

# Couple Words Recorded by One Graphic Form in Chinese Buddhist Scriptures

Zhen Dacheng

**Abstract**: Some characters in Chinese Buddhist scriptures are feature-rich in recording words, one graphic form always records couple pronunciations and meanings, forming a phenomenon of “couple words recorded by one graphic form”, which shows the characteristic of Character-using in Chinese Buddhist scriptures. Research in this area is still insufficient, so the most important and basic work is exhaustive survey to accumulate materials. The paper selected 15 cases for this phenomenon, and separately revealed the meanings and pronunciations recorded by the graphic form, aiming to provide materials for further systematic study in function of Chinese character and relationship between characters and words in Chinese Buddhist scriptures.

**Keywords**: Chinese Buddhist scriptures; graphic form; function of recording words

（真大成，浙江大學漢語史研究中心）

# 聯綿詞來源説辨*

## ——兼論聯綿詞與單音節詞的發生學關係

何　娟

**提　要：** 關於聯綿詞的來源，目前存在兩種根本對立的發生學認識：聯綿詞來自單音節詞、聯綿詞來自複輔音的分化。前者是目前最為普遍的觀點，但該觀點存在諸多難以解釋之處，與人類語音實際發展的順序也不相符。本文贊同後者，認為聯綿詞來自遠古漢語複輔音的分化，複輔音、聯綿詞、單音節詞三者的發生學關係是：複輔音→聯綿詞→單音節詞，即聯綿詞來自複輔音的分化，單音節詞來自聯綿詞的分化。

**關鍵詞：** 聯綿詞；單音節詞；複輔音；渾沌—分化

遠古流傳下來的聯綿詞，是漢語詞彙史上特殊的語言現象，“在沒有文字之前，聯綿詞已經存在於人們的語言中”（徐振邦 1998：1），聯綿詞記錄至少出现在西周中後期的金文（徐振邦 1998：3），《詩經》《楚辭》等先秦著作則保存了大量聯綿詞，《爾雅・釋訓》中首次把“蘧篨”“婆娑”“夸毗”等詞單獨分立，説明此時的古人已意識到聯綿詞的獨特性。而第一次單獨研究聯綿詞的是宋代張有，他在《復古編》中首次使用“聯綿字”（即聯綿詞）名稱，後來的楊慎、朱謀瑋、方以智、王國維、朱起鳳、符定一等人也對聯綿詞有相關研究，但前賢們的關注點幾乎都集中在材料彙集上，未區分雙音節單純詞與合成詞，也鮮少談及聯綿詞來源問題。近現代學者尤為關注聯綿詞問題，其中對聯綿詞是雙音節單純詞的界定已成共識，但在聯綿詞從何而來這一問題上卻仍是眾説紛紜。

關於聯綿詞來源，目前大致有七種觀點：擬聲、外來詞音譯、緩讀、衍音、重疊、合成詞轉化、複輔音分化。又可將其歸為三大類：擬聲源自對聲音的模仿——模聲説；緩讀、衍音、重疊、合成詞轉化這四類雖然説法各異，但本質上都認為聯

* 本文寫作過程中得到了導師蕭婭曼教授的悉心指導，初稿曾蒙范崇高教授指正，匿名審稿專家也提出了寶貴的修改意見，在此一併致謝！文中若有疏漏，概由本人負責。

綿詞是從單音詞為基礎發展而來——單音節詞基礎説；聯綿詞是遠古漢語的遺跡——複輔音分化説。其中完全擬聲的聯綿詞極少，音譯的外來詞又並非漢語本土的原生詞，故這兩類雖是單純詞，但並非真正的聯綿詞來源。除此之外的兩種來源觀——聯綿詞來自於單音節詞（後起形式）、聯綿詞來自於複輔音分化（原始漢語）實則是根本對立的，前者是目前頗為盛行的觀點，但本文贊同後者。我們認為，聯綿詞是雙音節單純詞，但並非所有的雙音節單純詞都是聯綿詞，它是一種古老的語言現象，源自遠古漢語複輔音的分化，模聲説、單音節詞基礎説都並非聯綿詞的真正來源。本文將以渾沌一分化觀為指導，在已有聯綿詞來源説的基礎上，結合詞例分析聯綿詞並非源自單音節詞，而是源自複輔音分化的原因，並指出聯綿詞會繼續分解，直至分解出單音節詞。

## 一、聯綿詞並非源自單音節词

以單音節詞為基礎進行組合、擴展、音變形成聯綿詞，是聯綿詞來源説中最普遍的認識，如張壽林（1933）認為“單音之字既窮，則連綿之字生已”，馬真（1980）認為“聯綿詞是在單音節音變構詞的基礎上產生的”，賈齊華、董性茂（1996）認為“這現存的聯綿詞的祖先，仍是發端於單音詞的家族之中”等，但實際上以單音節詞為基礎的來源觀存在諸多問題，分別來看：

### （一）以單音節詞為基礎的聯綿詞來源説難以得到合理解釋

第一，緩讀説：認為部分單音詞緩讀為兩個字的聯綿詞如茨—蒺藜、猋—扶搖等，但同時還有合音説，即認為聯綿詞疾讀產生合音詞。二者看似對立，實則是同一現象，並無明確界限，如“茨”緩讀為“蒺藜”“蒺藜”合音為“茨”兩種説法都在用，但到底誰產生誰呢？我們認為，聯綿詞疾讀產生合音詞更有説服力，因為這可以是人説話追求省時省力下可能形成的結果，但緩讀就難以解釋了。

第二，衍音説：認為在單音節詞上加一個音節構成聯綿詞，如：黽勉、頹唐、樛流等，加上的衍音不表示任何意義，只起構成音節的作用。該説法看似合理，實則存疑，因為漢語中一個單音節詞加上另一個音節成分之後，不是構成複合詞而是雙音節單純詞的情況，無法解釋。

第三，重疊説：即指單音節重疊構成聯綿詞，其方式有兩種：完全重疊——重言詞，如夭夭、灼灼、依依等，部分重疊（順向重疊、逆向重疊、裂變重疊）——雙聲疊韻聯綿詞，如螳螂、蜉蝣、踟躕、輾轉、髑髏等（孫景濤 2008：165—196）。重疊實際上是一種以單音節為基式，將其音節成分進行拆解、組配，形成雙音節重疊式單純詞（雙聲疊韻）的構詞法，它隱含一個前提：單音節詞及各個音節成分預先存在。而聯綿詞是古老的的語言，不會在單音節詞之後才產生（詳後），故重疊並非是這些聯綿詞的來源①。

第四，合成詞轉化説：賈齊華、董性茂（1996）、胡正武（1997）、白平（2002）、沈懷興（2013）等少數學者認為，漢語中的聯綿詞最初是兩個實語素聯用的合成詞，後來才凝固成單純詞，這也就意味着漢語是由單音節詞→合成詞→聯綿詞發展，語言是緩慢發展的，要完成該轉變必須經歷漫長的時間，聯綿詞出現的時間更應十分靠後。但實際上聯綿詞數量在上古甚至更早時期就已不少，這一時期普遍認為是以單音節詞為主，合成詞都極少，何來由合成詞大量凝固成聯綿詞？誠然，漢語史上確有雙音節合成詞凝固成單純詞的詞例，如零丁、伶俜即是中古新詞凝結而來（王雲路 2007），但這是語法化的結果，是後起的語言現象，只是凝固後兩個音節整體表義的特點剛好與聯綿詞相似而已，並非真正的聯綿詞。

綜上，以單音節詞為基礎的如上觀點並非聯綿詞的來源②。

### （二）以單音節詞為基礎的聯綿詞來源觀跟語言的實際發展情況不符

#### 1. 發展歷程上

第一，單音節詞基礎説體現的語言發展觀是單音節詞→聯綿詞→雙（多）音節複合詞，聯綿詞被視為單音詞向雙音詞發展的“中介和橋梁”（徐通鏘 1997：354—355）。但是實際上人類語音最初是由渾沌到清晰、由複雜到簡單（蕭婭曼 2014c）。所以同是單純詞，聯綿詞兩音一義，單音節詞一音一義，聯綿詞語音更複雜，卻在單音節詞後才產生，這不符合經濟性原則；此外，古漢語是以單音節詞為主，若有音有義的單音節詞先產生，聯綿詞後產生但兩個音節卻只標音不表義，難以解釋，因為世界語言中很難找到原生詞中原本有音有義、獨立的兩個單音節詞結合在一起後，不是構成複合詞而是單純詞的情況。我們認為，不是聯綿詞來自單音節詞，相反是單音節詞來自聯綿詞的分化：聯綿詞每個音節還只是語音形式、無實義，而後音節才從無意義到有意義，最終形成音義結合的單音節詞③。記錄上，早期漢語中確也存在其中一字先於聯綿詞整體出現且語義相同的情況，但因早期文獻中即使書寫上是一個單字詞記錄的卻不一定就是單音節，可能是複輔音或多音節（章太炎 2010：38；魏建功 1996：58；江荻：2014），而且聯綿詞本身帶有很強的

---

① 也有學者指出聯綿詞來自於重疊，其原因在於存在部分重言詞轉為聯綿詞的跡象，但實際上也有不少聯綿音轉為重言詞（徐振邦 1998：65），二者到底誰產生誰尚待考察，籠統地説聯綿詞由重言詞音轉而來不妥。

② 也有持聯綿詞多來源説的，認為如上幾類都是聯綿詞的來源。但這實際上是將重言詞、擬聲詞、感歎詞、外來音譯詞、合成詞轉化詞等所有是雙音節單純詞的，都視為聯綿詞，是大聯綿詞概念。本文認為，雖形式上是雙音節單純詞，但並非真正意義上的聯綿詞，而是各自有名稱，自成一類，聯綿詞則是遠古漢語流傳下來的雙音節單純詞（包括其變化形式），正如徐振邦（1998：128）所説，“複輔音分立是聯綿詞產生的根本原因”。

③ 聯綿詞本質上是原始語音問題，最初是有音無形的，用文字記錄下來的聯綿詞形式已經是很晚的事情了，所以兩個字只表音、整體表義，是其最初特點的保留。

口語特征，文獻中詞例出現的先後並不能完全代表事實上存在的先後，不能完全用現今的單音詞觀一併解釋。

第二，漢語中的聯綿詞大多是從《詩經》《楚辭》等先秦两汉作品中流傳下來，目前聯綿詞的格局大致不會超出這些範圍（或有因音轉、方俗、古今變化而出現新形式，但最初源頭大多是在這一時期），後世除了雙音節的外來音譯詞、模聲詞、科技術語、專有名詞、合成詞轉化等因特點相似而也被誤歸為聯綿詞外，少有全新的聯綿詞，這也説明了聯綿詞是古老語言形式的遺留。

2. **聲母結構上**

第一，從蕭婭曼師（2014a）對《詩經》聯綿詞的研究來看，《詩經》中聯綿詞的聲母結構與複合詞的聲母結構迥異：聯綿詞前後字聲母的排列有很強的規律性——影母只居前字不居後字，來母只居後字不居前字等，而《詩經》中的雙音節複合詞前後字卻沒有這樣的規律，因而聯綿詞與其他複音詞構詞方式並不相同。

第二，大多數聯綿詞前後字聲母的構成，如蜾蠃（k-l-）、勃籠（b-l-）、不律（p-l-）、螟蛉（m-l-）、滄浪（$ts^h$-l-）、窟窿（$k^h$-l-）等，與世界複輔音語言中的複輔音結構 kl-、bl-、pl-、ml-、$ts^h$l-、$k^h$l-等有高度一致性，其中尤以來母聯綿詞最為普遍，高本漢（1937：103）、林語堂（1924：13）、嚴學宭（1984：95）等人就曾以多方材料（包括聯綿詞）為基礎構擬了不少-l-式複輔音，此外，蕭婭曼師（2014a）對《詩經》中聯綿詞聲母結構的研究、沈建明（2018）對聯綿詞聲類出現頻率的統計結果都表明：來母字在聯綿詞中出現頻率極高、基本只居後一音節①，而這正是複輔音所具有的特點，由此可見聯綿詞與複輔音關係密切②。

3. **形體上**

聯綿詞義存乎聲，字無定體是其基本特點，其寫法多變，如符定一《聯綿字典》中"逶迤"有 85 種形體，"踟躕"有 31 種形體。若聯綿詞是由單音詞發展而来，其寫法、读法就應該相對固定，實際上幾乎所有聯綿詞都不只一個形體，語音也有變化。而古漢語中單音詞、合成詞若存在不同的形體，會有本字、正體、異體、俗體之説，聯綿詞這麼多形體迥異、語音有別卻為同一詞的形式，卻沒有相應解釋③，反而"駢詞之中，或無正字"（劉師培：1907）才是其特點。古漢語中同

---

① 漢語中確有少量聯綿詞是來母居前字，但它們極大可能並非最早的形式，而是由其他聯綿詞發展而來，如隆屈（l-$k^h$-）、枸簍（k-l-）本相同（《方言》第九："車枸簍……南楚之外謂之篷，或謂之隆屈"），再如盧葩、蠦蜰、蘿菔（l-b-）是由荇蔞、蒲盧（b-l-）演變而來。

② 聯綿詞中 l 聲母基本居于其他輔音之後的理由在於，"這正是有複輔音聲母的語言的所謂'二合'複輔音中流音（l 或 r）的位置。流音（l 或 r）在複輔音中的這個位置決定於人的發音器官和省力原則""聯綿詞來母居後一音節的這個現象……只能用漢語曾存在複輔音來解釋。"參蕭婭曼（2014b）。

③ 詞典中常選用一個使用频率高的聯綿詞形式作為通行體而把其他形式作為異體，是漢語規範化人為的結果。

一個詞有不同書寫形式是普遍現象，但為何聯綿詞的形體多變被作為基本特點強調？因為聯綿詞是原始語言的遺跡，原始复辅音原本還是不甚清晰的渾沌音，當渾沌音分化出聯綿詞時，不同語音角度下所記之音有差異，但它們在整體上共同反映同一個原始母音，在渾沌音基礎上產生的各個子音語音相近、也存異，但本身沒有哪一個是正體，即使後來發生音轉、書寫變化，導致形體更加複雜，也依然沒有正異體之説。而赫爾德（1988：65）曾指出，一種語言越原始，它的變化或受到的限定就越不會像今天的語言那樣規則，語言的逐漸規範的是人類理性成長的反映。聯綿詞字無定形，也正是其原始語言特點的體現。

4. **表意上**

聯綿詞表示客觀存在的事物或現象，或是對事物狀態、情態的描繪，常常伴隨難以言明的形象、生動等附加色彩，如婆娑（盤旋舞動的樣子）、繽紛（紛亂的狀態）、踟躕（猶豫、遲疑、徘徊不前的樣子）等，馬建忠（1998：227）認為聯綿詞重在“狀容”，徐通鏘（1997：346）認為聯綿詞是“肖聲”“肖形”，都突出了聯綿詞語義上的描寫性質和形象性特徵，事實上幾乎沒有表抽象概念的聯綿詞。而單音節詞在表意上有具象的也有概念性的，單音節詞的組合則是意義之間的附加或組合，表意大多是概念性的。聯綿詞若產生於單音詞之後，那麼至少有部分聯綿詞是表示抽象概念的，而實際情況並非如此。原因在於，聯綿詞是比單音節詞更原始的語言，意義上以對事物的描繪居多，沒有表抽象概念的，這是由當時的認知水平決定的：早期人類“思維不夠發達”，不能做到高度抽象，更別提形成概念了，概念只會是語言、思維高度發達後的產物，而早期語言是達不到這樣高的思維水平的，正如姚小平（1998）所説，最初的人類語言充滿感性的成分，缺乏抽象的表達。渾沌語言學（蕭婭曼：2014c）也認為，語言越是古老，其情意越是豐富、渾然一體，越不會是抽象性概念，其語義會在語境中分化出來，聯綿詞的表意正是如此。聯綿詞意義上體現的是原始語言意義特點，而單音節詞或其組合形式則是語言發展充分後才會出現。

綜上，聯綿詞並非是以單音節詞為基礎形成的語言形式，而是原始語言的遺跡，正如王念孫在《〈果贏轉語記〉跋》所説“蓋雙聲疊韻，出於天籟，不學而能”，即聯綿詞是天然形成。

## 二、聯綿詞來自複輔音的分化

聯綿詞來自遠古漢語複輔音的分化，已有學者作了相關論述，如張世禄、楊劍橋（1998：289）通過漢藏系語言的比較研究得出“漢語有相當一部分的聯綿詞來自於上古帶 r 複輔音的音節”，徐振邦（1998：128）通過對比分析聯綿詞與方言、有複輔音的親屬同源語的語音關係，認為複輔音分立才是聯綿詞產生的根本原因，蕭婭曼（2014a）在分析《詩經》聯綿詞聲母結構的基礎上，發現了遠古漢語的語音特點，證明上古聯綿詞是遠古漢語複輔音之遺存。我們認為，聯綿詞是遠古漢語複輔音分化的遺跡，漢語並非是由單音節詞→聯綿詞發展，而是由複輔音→聯綿詞→單音節詞發展；聯綿詞問題本質上是漢語語音問題，而聯綿詞來自複輔音的分化則是早期人類語音的實際發展順序所決定的。

原因在於，人類語音並非原本就是如此，而是經歷了漫長的發展演變過程，已有學者通過對嬰孩、各種非人的靈長目動物和成人的發音進行聲學分析比較，認為"嬰孩的發音和非人的靈長目動物相近，而與成人的卻不同"（桂詩春 2000：49），說明早期人類和現代人類的實際發音確有差別，而發音器官的靈活程度對最初語音的發展變化起着決定性作用，早期人類由於"嘴巴不夠靈巧"（王士元 2013：46），並不具備發今天各種語音的生理條件，而喉部位置的高低有直接的影響，解剖學的研究表明"人類的喉部位置明顯低於其他靈長類動物""我們的喉部位置跟現代猿類相比要相對低一些"，而喉部位置低意味着"氣流可以自由地通過口腔，人類也就有可能運用口腔內的器官發出更為精細和清晰的聲音"（王士元 2013：34、51），而嬰孩和非人的靈長類動物的喉部位置高，所以發音時喉部会牽動整個發音器官，發出的音必然不會是精細、單純的單音節，這也是嬰孩和靈長類動物發不出精確音的原因，而早期人類祖先跟嬰孩和非靈長類動物是高度相似的。

也就是說，由於生理條件所限，原始語音受制於發音器官僵硬不靈活、受阻面大，發出的音是囫圇一團、含混不清的"渾喉音"，聲韻（輔音、元音）尚未分化，更沒有輔音系統與元音系統，也無喉音、唇音等之分；當發音器官逐漸靈活、受阻面逐漸變小，尤其是當舌頭能開始僵硬笨拙地滑動時，複輔音便產生了，複輔音之後才分化出喉音、唇音等，才會有單輔音音節（蕭婭曼：2014a）。所以人類語音發展必然要經歷囫圇音到單音詞的分化，在這個過程中複輔音是必經階段。

而從複輔音到單輔音音節，並非一蹴而就，需要漫長的時間和過渡，聯綿詞則是複輔音向單音節發展的過渡階段，是複輔音分化為單音節詞前的最後狀態。複輔音聲母是如何經由聯綿詞過渡到單輔音聲母的呢？其具體方式是：複輔音聲母借助相同韻母搭橋，通過增加元音而成為單輔音聲母的雙音節聯綿詞，最後分解為單輔音音節詞，聯綿詞的每個音節就已經是一個輔音和元音的組合形式，但尚未最後分離為一個個單音節詞。就複輔音分解聯綿詞的方式，張世祿、楊劍橋（1998：292）曾指出，古漢語中"具有複輔音聲母的詞通過增加元音而成為單輔音聲母的雙音節"，並舉例說明上古有表示筆意義的複輔音聲母的詞* pr-[①]，後來分化成雙音節的"不律"p-l-；上古有表示角落意義的複輔音聲母的詞* kr-，分化成雙音節的

① 張世祿、楊劍橋（1998：286）認為中古來母為 l，上古實際音值為 r。

“角落” k-l-；上古有表示孔意義的複輔音聲母的詞* $k^h$r-，分化成“窟窿” $k^h$-l-等，這正是我們所説的複輔音分解聯綿詞的方式，漢語中廣泛存在的聯綿詞聲母結構與複輔音結構具有一致性是最好證明，如徐振邦（1998：110—114）通過多方材料論證了螟蛉、朦朧、迷離、孟浪、莽浪是複聲母* ml-所演化之聯綿詞，仳離、飛廉、焚輪是複聲母* pl-所演化之聯綿詞等 11 組詞例。方言中這樣的情況也不少，如嚴學宭（1988：125）認為“山西的晉中、上黨、雁北等地的駢詞，實際是 pl-、tl-、kl-二合複輔音的痕跡。”王立达（1961）、趙秉璇（1979，1993）、章也（1989）等人通過對現代漢語方言中的“嵌 l 詞”記音、分析，為聯綿詞來源於複輔音分化提供了方言證據，他们的研究無疑都佐證了本文觀點①。

我們認為，聯綿詞來自遠古漢語複輔音分化，這與語言的實際發展順序相吻合，並能得到多方材料支持。

## 三、單音節詞來自聯綿詞的分化

聯綿詞來自於複輔音的分化，但是分化並未停止，聯綿詞繼續發展，會分化出單音詞，如“角落” k-l-分化出“角” k-，“不律” p-l-分化出“筆” p-，“窟窿” $k^h$-l-分化出“孔” $k^h$-等，由此形成複輔音渾沌語→聯綿詞→單音節詞的發展順序，但目前對聯綿詞與單音詞的關係只有少數學者有所提及，魏建功（1996：155）認為“連綿詞發達是複聲遺跡多音節的詞的消失變化，文字成為一音一字的現象”，江荻（2014）雖然對聯綿詞與複輔音的關係持保留態度，但也認為單音詞來自於早期漢語聯綿詞的分化；任繼昉（2004：186）直接指明“聯綿詞大多來源於早期複輔音聲母單音詞（按：應是複輔音渾沌語）的分化，有的並且還可以再繼續分化為單輔音聲母的單音詞”，他對聯綿詞與複輔音、單音節詞關係的看法與我們一致。本文認為，單音節詞來自於聯綿詞的分化，漢語中普遍可見的同義聯綿詞與單音節詞並存的現象即是保留下來的遺跡：

第一，聯綿詞與單音節詞音近義同的現象十分普遍，古文獻中如：

蒺藜—茨（《詩・鄘風・牆有茨》）　蝃蝀—虹（《詩・鄘風・蝃蝀》）
芄蘭—雚（《詩・衛風・芄蘭》）　瓠蘆—壺（《詩・豳風・七月》）
邾婁—邾（《公羊傳》《左傳》《谷梁傳》“隱公元年”）
句瀆—穀（《春秋》《左傳》“桓公十二年”）

① 還有學者雖然認為部分聯綿詞來自複輔音的分化，但將複輔音聲母的詞稱為單音節詞，繼而也將聯綿詞視為由複輔聲母單音節詞分化、擴展而來。我們認為該説法不可取，因為複輔音聲母單音節詞之説就意味着複輔音時代已經有單純的輔音、元音。但實際上，複輔音時代的語言還是處於朦朧發展的狀態，沒有單純、清晰的音素，更談不上組合成單純音節，故不能稱複輔音聲母的語言形式為單音詞，我們稱之為渾沌語。

丁寧—鉦（《左傳》"宣公四年"）　髑髏—頭（《莊子·至樂》）
不律—筆（《爾雅·釋器》）　即來—椋（《爾雅·釋木》）
扶搖—猋（《爾雅·釋天》）　土鹵—杜（《爾雅·釋草》）
莞蘺—莞（《爾雅·釋草》）　童粱—稂（《爾雅·釋草》）
貊狸—貔（《方言》第八）　蜩蟧—蜩（《方言》第十一）
突郎—螳（《説文·蟲部》）　終葵—椎（《説文·木部》）
屈林—雲、孛纜—風、皮盧—筆（《雞林類事》）

現代漢語中（以晉語區為代表）廣泛存在的雙音節單純詞與單音節詞音義類聚的現象（尤其是嵌 l 詞），這些詞很大可能是遠古漢語複輔音分化保留下來的遺跡（嚴學宭 1988：125）：

薄臘—撥　薄爛—絆　測臘—擦　滴溜—提　得臘—搭　各溜—糾
骨攏—動　固容—拱　圪欖—稈　黑嘍—齁　胡拉—劃　忽陆—惑
截料—翹　即令—精　坷塄—埂　坷嘍—軀　克朗—腔　莫棱—蒙
撲老—刨　特羅—拖　撲烈—撇①（語例取自《漢語方言大詞典》《晉中話反語駢詞集釋》等）

第二，多個聯綿詞對應同一個單音詞的現象不在少數，如：

屈攣、曲連、窟連、拳攣、拳聯—圈
窟窿、窟弄、孔竉、空礱、古籠—孔
忽隆、忽列、呼盧、糊弄、唬弄、胡弄、伍弄—哄
骷髏、骷郎、孤突、朵落、多郎、得老、的老、朵顱、的腦—頭
撲爛、勃闌、勃欒、跋欒、薄籃、薄欒、孛羅、孛蘭、蒲藍—盤
渾淪、渾侖、混淪、鶻淪、鶻圇、鶻崙、胡倫、囫圇、縠侖、果輪—渾

這些對應詞大多有如下特點：表意上，聯綿詞的口語色彩、形象特征更濃厚，單音節詞則偏文雅；語音上，聯綿詞第一個字聲母與單音詞的聲母相同（或相近），第二個字的古韻部與單音詞的韻部相同（或相近），且第二個字的聲母大多是邊音 l [1]。這些聯綿詞的聲母結構與複輔音結構具有高度一致性、單音節詞與聯綿詞音義類聚，這正是漢語語音渾沌一分化的體現，尤其是多個聯綿詞音義上對應同一個單音節詞的現象是最好證明，以"渾"組聯綿詞為例：渾淪、渾侖、混淪（匣文/

---

① 一般是口語化聯綿詞，音義上對應書面化的單音節詞。就文字記錄形式來講，雖諸多單音節詞在古漢語中就已有記錄，而與之對應的雙音節單純詞在近現代文獻中才有記錄，但"方言是研究古漢語的活化石"，一般保留了古漢語的遺跡、保存了古音，更多的是活躍于日常口語交流中，所以文字記錄出現的先後並不能完全代表其事實上出現的先後。

來文)、鶻淪、鶻圇、鶻崙（匣物/來文)、胡倫（匣魚/來文)、囫圇（匣物/來文)、榖侖（見屋/來文)、果輪（見歌/來文）—渾（匣文)，表示完整、整個。就聯綿詞前後字語音關係而言，古聲紐上，前字是喉音匣母和牙音見母，喉與牙是鄰紐關係，後字都是來母；古韻部上，前字文物對轉，物歌旁對轉，歌魚通轉，語音密切關聯，後字都是文部，也就是説這些聯綿詞的古聲韻都相近相通[①]，其語音原本一體。而現在看來這些詞的語音已發生了變化，尤其是前字變成了四组不同的音(渾、混，鶻、囫，榖，果)，即原本一體的音分化出多個讀音有異的形式；單音詞“渾”與聯綿詞前字古聲類、古韻部相近相同，音義類聚，如前所述，該單音詞即是來自聯綿詞的分化，其餘各組詞同理。

為什麼單音節詞來自聯綿詞的分化呢？渾沌語言學理論也為解釋該現象提供了理論依據，渾沌語言學（蕭婭曼：2014c）認為，語言系統的形成發展不是由簡單而複雜，而是由渾沌而分化，而複雜，而精密，語言的語音系統、語法系統、語義系統都起於渾沌語的分化。“渾沌”是語言的基本性質，產生之初的語言具有渾沌性；“分化”是語言系統產生、形成、發展的基本方式，也是今天語言發展的重要方式。聯綿詞來自遠古複輔音結構的分化，但分化並未停止，在語言發展中聯綿詞仍然在不斷孳乳新的讀法、寫法（音轉、義轉、文字變化)，並會分化出單音節詞，聯綿詞與單音節詞並存的現象反映了漢語語音系統由渾沌到分化發展的語言事實。我們認為，今天的單音節詞最初是由遠古漢語複輔音分化而來，但這種分化大多已不可見，只剩下聯綿詞與單音節詞音近義同的現象還有蹤跡可尋。而據我們考察，聯綿詞分化出單音節詞的方式大致有如下幾種：

第一，合音：聯綿詞兩個音節前字取聲、後字取韻和聲調，合音成一個單音詞(或有音轉)，如髑髏—頭、終葵—椎、扶搖—猋、突欒—團、蚯蚓—螼（螾)、要眇—好、窟窿—孔、鯽令—精、薄臘—撥、撲烈—撇、特羅—拖等；

第二，脱落：聯綿詞脱落前字或後字形成單音節詞，單用其中一字來承擔整個聯綿詞的意義，但單音節詞的音、形或有變化。如聯綿詞單音節化為第一個字，第二字脱落，如渾淪—渾、椒聊—椒、蜩蜋—蜩、闌珊—闌、迷離—迷、童蒙—童、懵懂—懵、軀瞜—軀、摩挲—摩等；聯綿詞單音節化為第二個字，第一個字脱落，如輾轉—轉、荒忽—忽、黽勉—勉、蠛蠓—蠓、莞蒲—蒲、雊鵒—鵒、燕婉—婉等；兩個音節各自成為單音節詞，如鬱邑—忧、悒，零落—零、落，蜷局—蜷、局、曲等[②]；

① 上古音是以郭錫良（2018)《漢字古音表稿》為依據；表稿中沒有的字，則依據該字在《漢語大字典》中的反切上字、下字再分別在表稿中查閱上古聲、韻；文中的聲轉、韻轉條例以王力（1982)《同源字典》為依據。

② 部分詞例引自周及徐（2000)。

第三，其他：如蝃蝀（端月/端東）—虹（匣東），聯綿詞與單音詞韻母關係密切，但就古聲母而言，聯綿詞是舌音端紐雙聲，與單音節詞喉音匣紐在通行的聲轉條例中是不相通的。這類詞屬於跨聲類音轉、諧聲關係，還是其他規律，需另作考察。

但聯綿詞分解出單音節詞並不表示所有的聯綿詞都完成單音節化了，如婆娑、踟躕、猗儺等聯綿詞暫未有相應的單音詞，未來也可能繼續分化。

## 四、結語

聯綿詞問題本質上是漢語語音問題，聯綿詞來自于遠古漢語複輔音的分化，其產生、發展過程，也是人類發音器官不斷進化在語言上的反映：漢語語音必然會經歷複輔音，再逐漸發展為精密的單純音節，聯綿詞則處於複輔音分解為單輔音音節的最後狀態，聯綿詞繼續分化，直至分化出單音節詞；聯綿詞與單音節詞的關係，不是各自獨立的單音節詞構成語義單純的雙音節聯綿詞，而是雙音節聯綿詞分解出單音節詞，亦即複輔音、聯綿詞、單音節詞這三者的發生學關係是複輔音（渾沌語）→雙音節單純詞（聯綿詞）→單音詞，這也反映了漢語語音系統從渾沌到分化發展的語言事實：漢語語音並非以單輔音為起點發展而來，而是由最初的囫圇音渾沌而分化，最終從複輔音（渾輔音）中分化出單純清晰的單輔音，而聯綿詞則是複輔音分化出單輔音詞的必經階段。

**參考文獻**

白平. 漢語史研究新論. 山西：書海出版社. 2002.

陳獨秀. 中國古代語音有複聲母說∥古漢語複聲母論文集. 北京：北京語言文化大學出版社，1998.

符定一. 聯綿字典. 北京：中華書局，1983.

桂詩春. 新編心理語言學. 上海：上海外語教育出版社，2000.

郭錫良. 漢字古音表稿∥文獻語言學：第八輯. 北京：中華書局，2018.

漢語大字典編緝委員會. 漢語大字典. 2 版. 成都：四川辭書出版社，武漢：崇文書局，2010.

賈齊華，董性茂. 聯綿詞成因追溯. 信陽師範學院學報（哲社版），1996（3）.

江荻.《爾雅》詞彙形式證明漢語曾是多音節詞語言. 古漢語研究，2014（3）.

胡正武. 同義複詞是聯綿詞一大來源例說之二. 台州學院學報，1997（1）.

劉福根. 歷代聯綿字研究述評. 語文研究，1997（2）.

劉師培. 駢詞無定字釋例. 國粹學報，1907（33）.

林語堂. 古有複輔音說∥古漢語複聲母論文集. 北京：北京語言文化大學出版社，1998.

李藍. 方言比較、區域方言史與方言分區：以晉語分音詞和福州切腳詞為例. 方言，2002

(1).

馬建忠. 馬氏文通. 北京：商務印書館，1998.

馬真. 先秦複音詞初探. 北京大學學報（哲社版），1980（5）.

任繼昉. 漢語語源學. 重慶：重慶出版社，2004.

沈懷興. 聯綿字理論問題研究. 北京：商務印書館，2013.

沈建明. 聯綿詞聲類分佈研究. 中國語言學會第 19 屆學術年會論文，2018.

王國維. 爾雅草木蟲魚鳥獸名釋例下//觀堂集林：卷五，北京：中華書局，1959.

王力. 同源字典. 北京：商務印書館，1982.

王立達. 太原方言詞彙的幾個特點和若干虛詞的用法. 中國語文，1961（2）.

王念孫.《果蠃轉語記》跋//程瑤田全集〔叁〕. 合肥：黃山書社，2008.

王士元. 演化語言學論集. 北京：商務印書館，2013.

王雲路. 釋“零丁”與“伶俜”：兼談連綿詞的產生方式之一. 古漢語研究，2007（3）.

魏建功. 古音系研究. 北京：中華書局，1996.

蕭婭曼. 上古聯綿詞為遠古複輔音之遺存：《詩經》聯綿詞前字影母奇高的渾沌語言學解釋//漢語史研究集刊：第十八輯. 成都：巴蜀書社，2014a.

蕭婭曼.“複輔音”聲母問題的渾沌語言觀解釋//第十一屆全國古代漢語學術研討會論文集. 北京：語文出版社，2014b.

蕭婭曼. 渾沌語言學綱要：現代語言學危機及其解決方案. 社會科學，2014c（4）.

蕭婭曼. 渾沌語言學論文集. 成都：四川大學出版社，2018.

徐振邦. 聯綿詞概論. 北京：大眾文藝出版社，1998.

徐通鏘. 語言論：語義型語言的結構原理和研究方法. 長春：東北師範大學出版社，1997.

許寶華，宮田一郎. 漢語方言大詞典. 北京：中華書局，1999.

孫景濤. 古漢語重疊構詞法研究. 上海：上海教育出版社，2008.

嚴學宭. 周秦古音結構體系（稿）//音韻學研究：第一輯. 北京：中華書局，1984.

嚴學宭. 原始漢語複聲母類型的痕跡//古漢語複聲母論文集. 北京：北京語言文化大學出版社，1998.

曾曉渝. 論説聯綿詞//紀念馬漢麟先生論文集. 天津：南開大學出版社，1998.

張世祿，楊劍橋. 論上古帶 r 複輔音聲母//古漢語複聲母論文集. 北京：北京語言文化大學出版社，1998.

張壽林. 三百篇連綿字研究. 燕京學報，1933（13）.

章太炎. 一字重音説//國故論衡. 北京：商務印書館，2010.

章也. 釋“庫倫”：兼論上古漢語的複輔音問題. 內蒙古社會科學（文史哲版），1989（5）.

趙秉璇. 晉中話反語駢詞集釋. 山西大學學報（哲社版），1993（3）.

趙秉璇. 晉中話“嵌 l 詞”彙釋. 中國語文，1979（6）.

周及徐. 上古漢語雙音節詞單音節化現象初探. 四川大學學報（哲社版），2000（4）.

（德）J. G. 赫爾德著，姚小平譯. 論語言的起源. 北京：商務印書館，1998.

（瑞典）高本漢著，張世祿譯. 漢語詞類. 北京：商務印書館，1937.

# Analysis on the Origin of *Lianmian* Word

## —Concurrently Discuss the Genetical Relation between *Lianmian* Word and Monosyllabic Word

He Juan

**Abstract**: There are two basic opposite embryological view points on the origin of *Lianmian* Word at present: One is that *Lianmian* Word originates from monosyllabic word, while the other is that *Lianmian* Word comes from consonant cluster's differentiation. The former is the most common view point at present, but there are many difficulties in explaining it, and it is also inconsistent with the actual order of the development of human speech. This paper agrees with the latter, and holds that the *Lianmian* Word comes from the traces of the differentiation of consonant cluster in ancient Chinese. The genetic relationship among consonant cluster, *Lianmian* Word and monosyllabic words is as follows: consonant cluster→*Lianmian* Word (single consonant syllable) →monosyllabic word. That is to say, *Lianmian* Word comes from the division of consonant cluster, and monosyllabic word comes from the division of *Lianmian* Word.

**Keywords**: *Lianmian* Word; monosyllabic word; consonant cluster; Hundun-division

（何娟，四川大學文學與新聞學院，四川輕化工大學人文學院）

# 禪籍的“腸”系詞語

高婉瑜

**提　要**：依據斯瓦迪士核心詞列表，“腸”名列86，是穩定的人體詞，腸子可以容物，是一種容器，基於佛教教義，身體是幻化、虛偽、不淨的聚合，腸子容納污穢，故是不淨之器，會障礙修行。基於“修行如教化”的隱喻，世間的教育是輸入各種知識，修行則是灌注精微佛法，禪籍經常提到要傾倒、清洗、灌注、替換腸子，以利於修行悟道。“腸”單用時除了本義之外，還有“內心/心思”義，還進一步產生有佛教味道的“本心/本性”語境義，只不過這個語境義不夠穩固，尚未傳播開來。透過本文梳理，呈現叢林人士如何運用“腸”的概念勾勒修行過程，特殊的佛教色彩豐富了核心詞“腸”的用法。過去對“腸”為何有內心義所敘不多，本文認為該義來自類推，因為“心”是臟器之首，掌管思考的重要器官，古人對“心”是比較熟悉的，所以將對“心”的理解推衍到“腸”上，由於心會思維，故腸子也能思維了。

**關鍵詞**：“腸”；核心詞；人體詞；禪宗典籍；類推

## 一、前言

“腸”是漢語的核心詞，也是穩定的人體詞，《説文解字·肉部》：“腸，大、小腸也。”“腸”屬於人體的消化系統，處於胃至肛門之間的消化管道，分為小腸與大腸。腸子是一條蜿蜒的管道，猶如容器，可以容物，王充《論衡. 別通》：“飽食快飲，慮深求臥，腹為飯坑，腸為酒囊，是則物也。”

古漢語的“腸”還有“內心/心思”之義，如魏嵇康〈與山巨源絕交書〉：“剛腸疾惡，輕肆直言。”“剛腸”相當於“剛心”。《顏氏家訓·省事》：“墨翟之徒，世謂熱腸；楊朱之侶，世謂冷腸。”“熱腸”即是“熱心”，“冷腸”即“不熱心”。又成語“牽腸掛肚”的“腸”亦是指內心。大抵而言，漢語表內心的“腸”是中性色彩。

內臟詞的研究中，“心”“肝”“肚”討論得最多，談“腸”的少。龔群虎（1994：42—43）提到在不同的語言中，表人體器官的名詞的意義變化有許多相同或相似的地方，例如表人體內臟的名詞轉指人的思想情感、性格品質，古人認為“心”是負責思維的器官，不但“心”會思考，同屬於內臟的“腸”“肝”，或容納內臟的“腹”“肚”也會支配人的性格與心理活動。其他民族也有類似看法，如通道地區的侗語心寬、心軟、心壞、心好，都用“腸”［s：ai］表示，侗語“冷腸”相當於漢語的寒心；毛難語“肚爛”相當於漢語的擔心。

龍丹（2015：150—151）研究魏晉的“肝”，提到口語性較強的《搜神記》與佛經文獻中，“肝”一般都用本義，引申義“內心”一般用“心”來表達，文學性較強的詩文中，“肝”引申義的用例子多。表達引申義內心，日常用語習慣用“心”，文學語料則是以“心”為主，“肝”為輔。她又指出胸腹腔內的各個器官名稱絕大多數都能表內心義，主觀上，是受一定時期“以心臟為中心的內臟是思維器官”的影響，這點與龔群虎的看法一致。客觀上，內臟器官之間關係密切也會引起詞義系統性變化。比較下，主觀因素是主導。

卓婷（2017：166—167）認為“腸”指內心，是因為臟器在身體內部，肉眼不得見，故引申指內心、裡面。文中舉了其他語言為證，如英語“腸”intestine，當形容詞時指內部的，inward 指裡面的、內心的，口語中可指內臟、腸胃。法語的 intestin 指內部的、內心的、体内的，也可指腸；entrailles 指內臟、腸、腹，書面語可指深處、核心。葡萄牙語的 intesino 指腸、內臟、內部的、內心的。

由上可知“腸”的內心義具類型學的基礎，多種語言都有此現象。而且不僅僅“腸”為內心，其他臟器亦是如此。筆者閱讀禪宗典籍時，發覺書中經常出現“腸”系詞語，大致看來，禪籍的“腸”沿用前代世俗典籍的用法，又有進一步延伸發展的跡象。在時賢的基礎之上，本文聚焦於禪宗典籍，佐以其他佛典，刻畫叢林“腸”系詞語使用概況及其變化，說明“腸”意義變化的原因，以期為人體詞、核心詞研究加磚添瓦。

## 二、“腸”為不淨之臟器

佛典的“腸”多用本義，表消化器官的腸子。從佛法觀點來看，身體是幻化、虛偽、不淨的聚合，如符秦曇摩難提譯《阿育王息壞目因緣經》：“髮毛身體，爪齒之屬。血髓腸胃，不淨充滿。此身無淨，亦無牢固。汝當思念有為之法。此五陰形，幻化虛偽。由此流滯，不得解脫。”（T50，no. 2045，p0172a19）[①]承此思想，

① T 指《大正新脩大藏經》，50 指第 50 冊，no. 2045 指經號，p0172 為起始頁碼，a 指上欄，19 指起始行。另，X 指《卍新纂大日本續藏經》，欄位可分為 a/b/c（上/中/下欄）。

“腸”被視為不淨的容器，因其不淨，直接的影響是可能衍生疾病，佛典有清洗腸子的敘述，如梁慧皎《高僧傳》：“竺法義……至咸安二年，忽感心氣疾病，常存念觀音，乃夢見一人破腹洗腸，覺便病愈。”（T50，no. 2059，p0350c16）竺法義受了心氣病，在一場夢境中，有人將他剖腹，清洗腸子，醒來後就病就好了。傳統醫學認為心氣來源是肺、脾、腎，與腸子無關，可見所謂“破腹洗腸，覺便病愈”不能當成事實，而是一個象徵，即通過“剖開腹部，清洗腸子”的情節，疾病就會除去，説明佛教視腸子為藏污納垢之器，容易受病。

“腸”的污穢不淨，除了直接導致生病之餘，此形象還映射到“內心、性情”領域，如《紫柏老人集》卷十八：“汝即我兮全無覺知，我即汝兮妄想紛飛。合則非一，離則愈疑。縱有龍樹之明，鶖子之智，亦難辨伊。伊賦性豪縱，腸肚儱侗，繩墨不拘。”（X73，no. 1452，p0300b20）連綿詞“儱侗”為含糊籠統之義，“腸肚儱侗”不是指腸肚有異狀，變得含糊了，從前後“賦性豪縱”“繩墨不拘”，應是指“個性含糊”。

人與佛的差異在於人心隨外境所轉，常處於紛亂煩雜的狀態，佛心不再隨外境所轉，被煩惱所困。禪宗的修行強調直指人心，頓見本來面目，自性本是清淨，明代大韶禪師描述世尊的肝腸乾乾淨淨，心也清淨不染，因為身心清淨，才能應變萬機，見《千松筆記序》：“觀釋迦老子四十九年利生之談，把一片肝腸，打迭得乾乾淨淨，以應萬機，那有許多齷齪，塞人腸肚，教人成佛。四十九年中，止用一片圓融無礙不思議清淨心為辯才，示人安身立命處。……纔見世尊肝腸潔淨，令人直下會取，不受人瞞。”（X65，no. 1287，p0389c08）

如果身心染著了，該怎麼辦？神秀認為要時時關照內心，維持心的清淨。但是僅憑“拂拭內心”，就能成佛嗎？修行是一條漫長的道路，修行有方法、途徑、次第、理路，與世間受教育類似，修行是目標域，教育是來源域，兩者之間發生映射，故“修行即是教化”。修行路上有道場，道場有出家師、弟子，導師負責指引導正，可能是講經説法，或躬耕作務（稱為普請或出坡），弟子則不斷修為，參禪悟道，接受機鋒考驗，測試修行程度。所以修行是“汰除去污、灌注佛法”的循環。

透過“清洗腸子”的行為，以為傳法、修行的首要步驟，見《五燈全書・無錫寶安去息溟禪師》：“所以山僧住祥符時，每見衲子到來，先與他一碗湖水喫，洗得腸肚潔淨，自然言語條直，語直則法輪可轉，心淨則佛土俱淨。”（X82，no. 1571，p0468c19）無錫寶安去息溟禪師在教化時，讓僧人喝湖水，洗淨腸肚，去除障礙，管道通暢，又可以容納新物，説法才能順利。

清洗腸子意在洗掉腸內污穢物，洗滌時，會伴隨“倒掉污物”的動作，如《圓悟佛果禪師語錄》卷十四：“今時要湊泊著實，須是猛利奮發，倒腸換肚，莫取惡知惡見，莫雜毒食。”（T47，no. 1997，p0779a01）意謂心要凝合，要勇猛精進，傾倒腸子，換掉肚子，腸肚均空了，還要不取惡知見，不參雜毒食。

再如《雪巖和尚語錄》卷二：“不妨竪起生鐵脊梁，盡三百六十骨節，八萬四千毛竅，併作一箇無字。…通身瀉下腸肚，通身換却骨頭，也須腦後一鎚，死中再活。”（X70，no. 1397，p0613c14）説明修行的過程如脱胎換骨，經歷“瀉腸肚”“換骨頭”“鎚腦”的程序，回復乾淨的樣貌，猶如死地再活。

菩薩度化眾生的過程，可以“換腸肚”為喻，如《石溪和尚語錄》卷下：”鏡裏精神，風前調度，手執蓮經，換人腸肚。”（X71，no. 1405，p0065c21）馬郎婦指馬郎婦觀音，又稱魚籃觀音，容貌美麗，男人欲娶之，觀音便以背誦佛經（如《普門品》《金剛經》《法華經》）為擇偶條件，所謂“手執蓮經，換人腸肚”是以佛法大義汰換別人腸肚內的污濁，以喻度化。

類似之喻還有“倒腸傾肚”“倒腹傾腸”“剖盡枯腸”等等，傾倒或剖開污穢腸子，透過倒掉、洗滌的環節，恢復清淨的狀態，這過程如脱胎換骨，起死回生，為成佛奠下基礎。

但是，洗淨腸子還不足夠，洗完腸子就言語條直，可轉法輪了。“修行如教化”，世間的教育是輸入各種知識，修行則是灌注精微佛法，佛法猶如甘露，為枯竭飢渴的“腸子”灌入養分，重新有了生氣，如《憨山老人夢遊集》卷四八：“幽巖蘭蕙有餘芳，習習松風送暗香。暫借聞熏開性地，勝傾甘露灌枯腸。心心直入蓮華藏，念念常明般若光。知足便登兜率界，何勞此外覓西方。”（X73，no. 1456，p0798a10）

趙州真際禪師有著名的“三次喫茶話”故事，兩個新學人參訪趙州，無論曾到、不曾到，趙州皆回應“喫茶去”，院主覺得奇怪，又問趙州，趙州依然叫院主“喫茶去”。對於此公案，無異元來的頌古以“醍醐滴入焦腸裏”描述，將趙州禪法喻為甘美溫潤的醍醐，見《無異禪師廣錄》卷十一：“南北東西四路通，謾將曾未話形容，醍醐滴入焦腸裏，静水無波看活龍。”（X72，no. 1435，p0286c14）。“醍醐滴入焦腸裏”之句亦見於《紫栢老人集》卷二二：“佛之義兮祖之髓，吾之心兮經之旨，合目冥心仔細聽，醍醐滴入焦腸裡。”（X73，no. 1452，p0333c16）喻佛法為醍醐，聞法即是將佛法注入“焦腸”。

禪籍還有“澆腸沃胃”一語，虎丘紹隆耳聞圓悟之法，以“未澆腸沃胃”表示意猶未盡，見《嘉泰普燈錄》卷十四：“有傳圓悟語至者，師讀之，嘆曰：想酢生液，雖未澆腸沃胃，要且使人慶快，第恨未聆謦欬耳。”（X79，no. 1559，p0377b18）洗滌腸子是傳法的重要環節，類似神秀所言的“拂拭”，洗淨之後，還得繼續以佛法滋養薰習。

綜合上述，根據佛教教義，身體是五陰（又稱五蘊，梵語 pañca-skandha）聚合，不牢靠的有為法，體內的“腸”是充滿污穢的不淨器。禪籍裡“腸”經常與清洗、倒覆、灌注義的行為動詞搭配，用的是本義，不過，基於“修行即教化”的隱喻，清洗、倒覆、灌注“腸子”的行為被賦予宗教意涵，透過“汰除去污、灌注佛法”反覆循環，傾倒腸內污穢物，洗淨污腸，注入醍醐法，就可能臻於成佛境地。

## 三、“腸”指內心或本心

前言提到“腸”有“內心/心思”之義，賦予“腸”思維能力的用法具類型學意義，禪籍也不例外，如《西巖和尚語錄》卷上：“山僧夜來，展轉反覆，搜剔枯腸，逗到天明，欲覓斬新一句，以謝諸人，竟不能得。”（X70，no. 1391，p0488c07）山僧晚上“搜剔枯腸”，也就是以“枯腸”苦思，想到天亮，仍想不出新句。又如《五燈會元·明州奉化縣布袋和尚》：“又有偈曰：是非憎愛世偏多，子細思量柰我何？寬却肚腸須忍辱，豁開心地任從他。”（X80，no. 1565，p0068a07）前有“寬却肚腸”，後有“豁開心地”，“寬却肚腸”相當於寬心，因為放寬心，才能忍辱。

具有濃厚禪宗色彩的“老婆心”指接引學人時的親切叮嚀之心（雷漢卿 2010：271），有時作“老婆心腸”，如《宏智禪師廣錄》卷一：“老婆心腸，蓋是養兒之道，衲僧手段，還他奪父之機。”（T48，no. 2001，p0004a24）”老婆心”即是“老婆腸”。

禪籍常出現以“剛”或“（生/金）鐵”描述“腸/心腸”，如《憨山老人夢遊全集》卷二：“老人先但知其腳跟勁，故稱為鐵腳。今見其心不移，故復以剛腸二字美之。”（J22，B116，p0744c14）“剛腸”在《憨山老人夢遊集》卷四有異文作“鐵腸”，指堅定不移的心，是褒稱。再如《禪宗決疑集》：“縱使逢魔、逢難，此念不忘，假饒遇辱、遇榮，一心不變，故名擔板漢，是為執固人，不下鐵心腸。”（T48，no. 2021，ps1009c07）前有“一心不變”，後有“鐵心腸”，前後呼應。又如《壽昌無明和尚語錄》卷四：“茫茫四海中，那箇心如鐵？不是鐵心腸，安能狂心歇。”（X72，no. 1432，p0212a24）擁有“鐵心腸”才能讓狂心止息，兩者是相對的。

由此可知“剛腸”“鐵腸”“（生/金）鐵心腸”是指內心剛硬，堅定如鋼鐵，不為外在境界所轉，本是中性義，若側重“不受外界影響”，正是修行需要的條件，如《重訂西方公據》卷下：“子等歸向極樂，全須打得一副金鐵心腸，外不為六塵所染，內不為七情所錮，汙泥中便有蓮華出現也。”（X62，no. 1180，p0304b19）期許大眾打造一副“金鐵心腸”，顯示“金鐵心腸”是中性的，甚至傾向褒義。相反地今人所謂“鐵石心腸”，將剛硬等同於“不柔軟”，將不為所動等同於“沒有感情”，語用多傾向貶義，如現代平衡語料庫所收之例“你發動二百人走上街，兩次要求日皇道歉，做得很辛苦。電視一字不談，報上一字不提，他們真是鐵石心腸!”

“淚（泪）出痛腸”是有禪味的詞語，詞面是流淚痛心，“腸”指內心，禪宗將這份心視為“慈悲心”，如《雲谷和尚語錄》卷下：“舉，僧問趙州：萬法歸一，一歸何所？州云：我在青州作一領布衫，重七斤。師拈云：趙州老兒只知淚出痛腸，不覺舌在口外。忽有人問壽山：萬法歸一，一歸何所？和聲便打。”（X73，no. 1454，p0440c06）僧人問趙州佛法大義，趙州答非所問，雲谷和尚認為趙州是“淚出痛腸”“舌在口外”，這個回應看起來很奇怪，言外之義是説趙州只知慈悲心，不得已之下，以言語接引，換成壽山回應此題，則是不落言筌，直接打下。再如《徹悟禪師語錄》卷下：“欲得不招無間業，莫謗如來正法輪。此古德大慈悲心，淚出痛腸語也。”（X62，no. 1182，p0345b05）因為有“大慈悲心”，才有“淚出痛腸語”，淚出痛腸即慈悲心的表現。

不過，“淚出痛腸”在世俗典籍裡只用詞面義，指流淚痛心，如〈散家財天賜老生兒雜劇. 第三折〉：“見子母，哭嚎咷，難的是淚出痛腸。”《三國演義》第五六回：“孔明曰：…事出兩難，因此淚出痛腸。孔明説罷，觸動玄德衷腸，真個搥胸頓足，放聲大哭。”

有時“傾腹倒腸”不是指傾倒腹部、腸內的穢物，而是將“腹”“腸”視為思考工具，指挖空心思、費盡心思之義，如《玉泉其白富禪師語錄》卷中：“今夜不免作個方便，為諸人豁開戶牖，擊破疑團，以拂子畫卌相。云：玉泉在此與諸人傾腹倒腸，徹底掀出了也。”（J38，B430，p0958a10）玉泉禪師在小參時提到佛法“堂堂日用之間”，今夜決定開方便法門，為人解惑，挖空心思，以圖相示法。

禪籍還出現一個通俗詞語“抖擻屎腸”，詞面是振動裝屎的腸子，其實是指挖空心思，見《大慧普覺禪師宗門武庫》：“雪竇抖擻屎腸説禪為爾，爾得恁麼辜恩負德。”（T47，no. 1998B，p0943c03）“抖擻屎腸”之後常接言説動詞，表示禪師不得已時，挖空心思，説出一大篇言詞，解釋禪法大義。

前揭禪宗強調直指人心，不鼓勵透過言語、文字悟道，學人請問佛法的至極奧理，想從禪師口中得到答案，豈料禪師説要截斷他的肚腸，換成湯匙、筷子，拿鉢盂來看。見《雲門匡真禪師廣錄》卷上：“問：如何是向上事？師云：截却汝肚腸，換却匙筯，拈將鉢盂來看。僧無對。師云：這掠虛漢。”（T47，no. 1988，p0549a08）既然古人認為“腸子”可以思維，截去肚腸了，就無法以言語擬議，老實回到當下生活去體悟，禪師已經説明清楚，可惜僧人無法領略。

在某些語境下，禪籍“腸”可指“本心/本性”，有濃厚的宗教色彩，容易與一般的“內心/心思”之義相混。

禪宗認為語言文字是障礙修行的葛藤，修行不是仰賴反覆擬議、飽讀經書，而應自證自悟。東山法演説了一個故事，世尊入滅，諸弟子於畢鉢巖結集法藏，阿難升座，唱云：“如是我聞，眾疑皆息。”此時有個人説話了，《法演禪師語錄》卷中：“大眾！依而行之，各自散去，免見滿藏琅函，攪人腸肚。”（X47，no. 1995，p0658c09）該文的語境是談修行問題，他要大家解散，以免見到付之語言的經藏，會“攪人腸肚”，讓人執著名相。此處“腸肚”解為內心似無不可，若返回到禪宗思想，修行是要識心見性，方法是悟入，而非廣讀經書，如果不經常關照，執著經書文字，清淨本性會被污染，或被雜染妄念覆蓋而不自覺。所以將“攪人腸肚”譯為“攪亂內心/心思”似無不可，卻是表面之解，似有更貼合教義之解，即具行業色彩的“攪亂本心”，禪修強調識得本心，此心不是一般所謂會思維的內心/心思，但是這只能視為一種語境義。

擴大來説，不但語言不究竟，主張坐禪成佛亦荒謬，馬祖禪師喜歡坐禪，懷讓和尚在他面前故意拿甎説要磨作鏡子，藉此點化他坐禪如何成佛？接著又以牛駕車子，車子不走，該打車還是打牛？後人的點評見《禪宗頌古聯珠通集》卷九：“坐禪成佛生妄見，磨甎成鏡妄尤多。打車打牛俱是妄，攪得心腸沒奈何。”（X65，no. 1295，p0522b11）頌古提出對修行方式的看法，這些執著行為都屬妄見，會攪亂“本心/本性”。

行業語“腸”表“本心/本性”的例子還有《列祖提綱錄》卷三八：“衲僧家向銀山鐵壁裏突出金剛眼睛，徹見佛祖肝腸，無絲毫滲漏。”（X64，no. 1260，p0281c12）“肝腸”是否可指內心/心思？前有“金剛”是行業語，後有行業色彩的“無絲毫滲漏”，將“佛祖肝腸”解為佛祖內心/心思，不夠到位，考慮語體因素，本心/本性是行業語，“滲漏”亦行業語，前後語體趨於一致。“佛祖肝腸”指佛祖的本心/本性，是一種語境義。

又如《華巖聖可禪師語錄》卷三：“師問深信汪西堂：黃檗打臨濟，濟何故不即掌，只要見大愚後方纔與麼？信云：某甲總不與麼？師便打一如意，云：老僧要按牛頭喫草。信便與師一掌。師放下如意，深信便出師與偈云：逼爾懸崖撒手，果然直下承當。一掌打得如意，胸合佛祖心腸。”此段公案提到“黃檗打臨濟”的故事，一來一往，機鋒相對，深信禪師以偈頌作結，肯定華巖聖可的悟道，説“胸合佛祖心腸”，意即貼合佛陀的本心/本性，亦是一種語境義。

綜合上述，單用“腸”或與其他內臟搭配為“心腸”“肝腸”“肚腸”，它們都可以用來表“內心/心思”之義，可受定語“剛”“鐵”“痛”等的修飾。禪籍“腸”還可能在特定語境指清淨的“本心/本性”，此義尚未凝固、擴散開來，只能視為有濃厚宗教色彩的語境義。

## 四、“腸”系詞義變的因素

為什麼“腸”會有“內心/心思”或“本心/本性”之義？前揭龍丹（2015：

150—151）主張是受“以心臟為中心的內臟是思維器官”的影響，以及內臟器官之間關係密切會引起詞義系統性變化，但她只點到為止，沒有進一步闡述。

不僅僅“腸”有”內心/心思”或“本心/本性”之義，其他的器官或部位，如肝、腹、肚，也有這些意思。筆者認為這是“類推”的結果。

傳統醫學視“心”為臟腑之首、生命之本，見《靈樞·五癃津液别》：“五臟六腑，心為之主。”《素問·六節藏象論》：“心者，生之本，神之變也。”古醫書已有心能支配思維活動的想法，如《靈樞·本神》：“所以任物者謂之心，心有所憶謂之意，意之所存謂之志，因志而存變謂之思，因思而遠慕謂之慮，因慮而處物謂之智。”古人視“心”為思維的器官，與思想相關的字可以心為部首，如“思”“忘”“念”“想”“念”“慮”“憶”“懷”，總言之，“心”是掌管思考的重要器官、臟器之首。

相對下，一般人對“肝”“腸”“腹”“肚”的認識與重視度不如“心”那麼高。要如何瞭解這些器官、部位呢？對古人而言，以他們所認識、認知的“心”來理解不太熟悉的“肝”“腸”“腹”“肚”比較容易，於是將“心”的功能類推到其他臟器。落實在語言層面，這些器官或部位不約而同衍生出“內心/心思”之義，甚至伴隨宗教語境，進一步有“本心/本性”之語境義。

隨著時代的推移，醫學發達與教育普及了，人們對器官的認識加深，知道“心”不是思維之器，“肝”“腸”“腹”“肚”亦無思考的功能，所以“肝”“腸”這些詞的“內心/心思”義僅停留在古漢語階段，至於“本心/本性”義更難以跨出佛教文本。現代的“腸”已失去派生新詞能力，常用義就是本義了。

## 五、結語

“腸”是核心詞，也是穩定的人體詞，指胃至肛門之間的消化管道，世俗典籍中，“腸”出現表“內心/心思”之義。佛典的“腸”多為本義，也有指“內心/心思”的例子，禪籍有豐富的“腸”系詞語，例如“枯腸”“焦腸”“剛腸”“鐵腸”“心腸”“肝腸”“腸肚”等等，“腸”系詞語進一步引申出“本心/本性”之義。

佛教認為身體是五蘊的聚合，不淨的象徵，”腸”是容污之器，腸子不淨會導致生病，會障礙修行，出世的修行與人世的教育有異曲同工之處，兩者之間發生映射，“修行即是教化”，禪籍安排傾倒、清洗、替換腸子的環節，就如同老師糾正偏差行為。倒掉污穢只是修行的一步，還須灌注如甘露、醍醐的佛法，讓腸子能夠滋潤，得到養分，這個步驟類似於老師傳授學生知識，差異在於禪宗認為修行強調自證自悟，禪師不應以語言文字傳法，然而有些禪師慈悲為懷，關鍵時不得已，不惜唇舌，所以出現“老婆腸”“抖擻屎腸”“淚出痛腸”的説法。禪籍“腸”因為語境關係，産生濃厚禪義，例如描述“佛祖肝腸，無絲毫滲漏”，關照佛教脈絡，將

“肝腸”理解為一般認知的“內心/心思”，太過粗糙，宜譯為“本心/本性”，這是種語境義，僅是一種傾向，尚未凝固成義項。

“腸”為何有“內心/心思”或“本心/本性”義？本文認為這是類推的關係，古人對“心”的重視度比“腸”高，普遍以為“心”是思維之器，因此古人以他們認知、熟悉的“心”設想“腸”，賦予“腸”思維能力。由於“本心/本性”是佛教文本的特殊語境義，行業色彩濃，使用範圍有限，不夠普及，世人難知此義。

**參考文獻**


卓婷.《戰國策》核心身體詞“腸”研究. 課外語文（6）.

楊維傑編. 黃帝內經素問譯解. 臺北：台聯國風出版社，1984.

楊維傑編. 黃帝內經靈樞譯解. 臺北：台聯國風出版社，1984.

雷漢卿. 禪籍方俗詞研究. 成都：巴蜀書社，2010.

龍丹. 魏晉核心詞研究. 成都：巴蜀書社，2015.

龔群虎. 人體器官名詞普遍性的意義變化及相關問題. 語文研究（4）.


## Terms about “*Chang*”（腸）in Buddhist Manuscripts

Gao Wanyu

**Abstract**: According to the Swadesh list, “*chang*”（腸，intestines）is the 86th term. It is a stable term of human body. Intestines are able to hold objects, thus are considered containers. Based on doctrines of Buddhism, the body is a combination of transformation, hypocrisy, and filthiness. Intestines contain foul objects, thus are filthy containers and obstacles for practice. From the metaphor “practice as enlightenment”, worldly education means to cultivate various kinds of knowledge, whereas practice means to introduce sophisticated Buddha dharma. Buddhist manuscripts tend to suggest emptying, cleaning, pouring into, and replacing intestines for practice and enlightenment. Aside from its original meaning, *chang*（腸）also refers to the meaning of mind/thoughts, which lead to Buddhist contextual meaning of conscience/nature. However, the contextual meaning is not stable, and is not popularly known. The generalization of this study shows how the Zen masters depicted the process of practice via the concept of *chang*（腸）. Special Buddhist characteristics enhance the usage of the core term *chang*（腸）, and in the past it lacked descriptions on the meaning of the mind of an intestine. This study argues that the meaning is analogized. Since heart is prior among internal organs and is important to controls thoughts, ancient people are more familiar with it. Thus, they extended the knowledge of heart to intestines, and since heart shows thoughts, intestines reveal the same function.

**Keywords**: "Intestine"; core term; term of the human body; Buddhist manuscripts; analogy

（高婉瑜，高雄師範大學國文學系）

# 《漢語大字典》簡帛例證訂誤*

## ——基於對《漢語大字典》例證全面清理上的論述

劉 婕 張顯成

**提 要**:《漢語大字典》第三版的修訂工作目前被提上議程。在此之際，我們對《漢語大字典》第二版中的例證進行了盡可能全面地對讀，共得簡帛例證447條，通過逐一查核，發現存在以下問題：例證釋讀錯誤158條；例證出處稱謂錯誤47條，其中包括出處稱謂不統一；例證標點符號錯誤50條。總結其致誤原因有四：一是簡帛釋讀難度大；二是編纂者對簡帛材料不夠熟悉；三是編纂者在使用簡帛方面的態度还不夠嚴謹；四是編纂時沒有充分利用簡帛材料。因此，《漢語大字典》在即將進行的第三版修訂中，應該高度重視對簡帛材料的運用，全面清理改正有關錯誤，在字頭、義項、例證方面應該盡可能地利用包括簡帛在內的出土文獻，同時盡可能及時地汲取學界有關釋讀成果，以進一步提高其編纂質量。

**關鍵詞**:《漢語大字典》; 簡帛例證; 訂誤

對於一部辭書而言，引證不但可以佐證義項的釋義，而且也是評價辭書質量高低的重要標準之一。“古今兼收、源流並重”的《漢語大字典》(以下簡稱《大字典》)，其引證就極其豐富，① 特別是在例證地選擇上，不僅引用大量傳世文獻材料，而且還引用了不少沒有經過後人更改的包括簡帛在內的出土文獻，這種利用出土新材料的做法值得充分肯定。

然而，我們通過對《大字典》中的例證進行盡可能全面清理，發現《大字典》中的簡帛例證，其釋讀、出處稱謂以及標點符號存在不少問題乃至錯誤。這不僅妨

* 2015年度教育部人文社會科學研究一般項目“基於資料庫建設的簡帛醫書特殊用字專題研究”(15YJCZH203)、西南大學創新團隊項目“基於出土文獻綜合研究的文化推廣工程”(SWU1509395)。

① 《大字典》中的引證包括書證和例證，書證主要是引自舊字書、韻書、各家注疏以及可信的考證；例證主要是古今文籍中的語句。

礙讀者準確理解例證，還嚴重影響了該字典的質量。《大字典·第二版修訂說明》（2010：12—14）説道，其修訂内容是“對《大字典》硬傷性、體例性錯誤進行糾正，力所能及地做提高性修改”；“刪改、更换不恰當的用例……修改或增補音項、義項、例證”。但《大字典》簡帛例證中的錯誤，在第二版（即修訂版）中卻完全沒有訂正。為了不斷完善更新，更好地服務社會和廣大讀者，目前，《大字典》第三版的修訂工作被提上議程。在此之際，我們對《大字典》第二版中的例證進行了盡可能全面地對讀，① 共得簡帛例證 447 條，通過逐一查核，發現存在以下問題：例證釋讀錯誤 158 條，占簡帛例證總條目的 35.35％；例證出處稱謂錯誤 47 條，占簡帛例證總條目的 10.51％；② 例證標點符號錯誤 50 條，占簡帛例證總條目的 11.41％。以下我們就從三個方面分别對其簡帛例證中的錯誤進行訂正：即例證釋讀訂誤，例證出處稱謂訂誤，例證標點符號訂誤。然後指出《大字典》產生錯誤的原因，並提出修訂建議以供參考。

## 一、例證釋讀訂誤

所謂例證釋讀訂誤，指對《大字典》簡帛例證中的釋讀錯誤的訂正。《大字典·凡例》（2010：19）第 24 條説道，其“引文忠實於原書”。《〈大字典〉編寫細則·引證》的第 3—4 條説道，《大字典》的“例證要明晰，要與釋文切合……注意選用能顯示字義的例句”；又，第 8 條説道，其“例句既要簡短，又要保持原句的完整性……若原文較長，其中對於釋義沒有直接關係的部分可以省略。但不能片面求短，以致文意不明。刪節時注意保持原句的完整性，不能改變原意”（1982：43—44）。然而，通過梳理《大字典》中的簡帛例證發現，其中卻存在不少釋讀錯誤，凡 158 條，可歸納為四個方面：一是例證文字隸定誤，凡 141 條；二是例證文字釋義誤，凡 3 條；三是例證文字斷句誤，凡 10 條；四是例證文字脱文誤，凡 10 條。③ 下面以其第二版《附錄·主要引用書目表》（以下簡稱《書目表》）中所標注的 10 種簡帛文獻為據（2010：5243—5350），來分别論述這些問題。④

① 下文如無特殊説明，徑指《大字典》第二版。

② 對於《大字典》中的簡帛例證，存在大量“例證出處稱謂不統一”的情況，凡 438 條，占簡帛總條目的 97.99％。

③ “例證文字脱文誤”的例證中還不乏既有釋義誤又有斷句誤者。

④ 以下每一類下的每一條的内容分為兩部分：一是《大字典》第二版的原文及其出處，包括：原文所在的卷數、部首及頁碼，分别用“/”隔開，並置於括號内；括號之後，依次列出條目名、義項序碼、義項以及簡帛例證。為行文簡潔，若簡帛例證前後還有其他文獻例證，徑略之，所略内容不用省略號。二是提行闡述其有關錯誤。在舉《大字典》第二版的原文時，對需要説明的文字下加波浪下劃線。另，為便於反映《大字典》原貌，以下所引《大字典》文字悉依其原文，即釋義為簡體，而古文獻例證為繁體。

（一）例證文字隸定誤

所謂例證文字隸定誤，指《大字典》簡帛例證中的字形、字序隸定錯誤。此類錯誤多達141條，[①] 可分為三種類型：一是字形隸定誤；二是誤隸為現代通用規範字形；三是字序隸定誤。以下分別論述。[②]

1. **字形隸定誤**

字形隸定誤，即《大字典》所引簡帛例證中的文字，本為甲字，卻隸定為乙字。此類錯誤凡52條，例如：

> （卷1/乙部/P59）夬：（二）③通“缺”。空缺。《睡虎地秦墓竹簡·秦律十八種·置吏律》：“其有死、亡及故有夬者，為補之，毋須待。”

據《書目表》進行查核，上引例證出自文物出版社1978年版的《睡虎地秦墓竹簡·秦律十八種·置吏律》第157－158簡。經核圖版，《大字典》釋作“待”的字形為“[illegible]”，顯然當隸定為“時”，故《大字典》釋讀錯誤。又，查《睡虎地秦墓竹簡》釋文，亦將該字釋作“时”。[③] 毋須時，即不必等到上述規定時間。故上引例證的“待”當改為“時”。

> （卷1/儿部/P296）兑：（三）①尖锐。后作“鋭”。《馬王堆漢墓帛書·相馬經》：“折方為兑，欲長夬之兑，兑多利。”

據《書目表》進行查核，沒有找到上引例證出處。1973年在長沙馬堆三號漢墓出土了談相馬的帛書，由有關專家組成的馬王堆漢墓帛書整理小組對它進行了整理，寫出釋文，定名為《相馬經》，該帛書釋文最早刊於《文物》1977年第8期，文章為《馬王堆漢墓帛書〈相馬經〉釋文》，2014年由中華書局出版的《長沙馬王堆漢墓簡帛集成（伍）》中亦刊佈該帛書釋文。經查，上引例證出自《相馬經》第51行下－52行上。《大字典》該例證中釋作“長”的字形，原文獻的圖版為“[illegible]”，該帛書中“長”字的字形作“[illegible]”（第52行上），顯然“[illegible]”不當隸定作“長”字。又，查《馬王堆漢墓帛書〈相馬經〉釋文》和《長沙馬王堆漢墓簡帛集成（伍）》，帛書該字都釋作“前”，當是。前夬之兑，即“前夬（决）之兑（锐）”。故而《大字典》釋讀錯誤，上引例證的“長”當改為“前”。[④]

2. **誤隸為現代通用規範字形**

誤隸為現代通用規範字形，即《大字典》所引簡帛例證中的文字沒有忠實於原

---

① 該類例證中，有不少例證存在不止一處文字隸定錯誤。

② 因篇幅受限，以下例證的每類錯誤僅舉兩例。

③ 1978年版的《睡虎地秦墓竹簡》以簡體行文，故而此處釋文為簡體。

④ 經核圖板，上引例證引文中的“折方為兑”之後脫“者”字，該問題屬於下文“例證文字脫文誤”所論一類錯誤。

簡帛文字，直接隸定為了現代通用的規範字形。[①] 此類錯誤凡 101 條，例如：

（卷 1/匚部/P95）匡：（一）⑧（器物因久用）歪斜損坏；亏損。《馬王堆漢墓帛書・十六經・兵容》："因民之力，逆天之極，有〔又〕重有功，其國家以危，社稷以匡。"

據《書目表》進行查核，上引例證出自文物出版社 1980 年版的《馬王堆漢墓帛書（壹）・十六經・兵容》第 118 行下—119 行上。經核圖版，《大字典》釋作"其"的字形，圖版為"[illegible]"，故該字當隸定作"亓"。《集韻・之韻》："其，古作'亓'。""亓"雖與"其"是異體關係，但畢竟是另一個字，顯然不能徑用"其"來代替"亓"。《大字典》中的簡帛例證徑直將"亓"字隸定成現代通用規範字形"其"，沒有忠實於原帛書文字，故《大字典》釋讀錯誤，[②] 上引例證的"其"當改為"亓"或"亓（其）"。[③]

（卷 1/卩部/P348）卻：（二）同"腳"。《睡虎地秦墓竹簡・治獄程式・經死》："頭北（背）傅廦（壁），舌出齊唇吻，下遺矢（屎）弱（溺），汚兩卻。"

據《書目表》進行查核，上引例證出自文物出版社 1978 年版的《睡虎地秦墓竹簡・封診式・經死》第 66 簡。[④] 經核圖版，《大字典》釋作"唇"的字形，圖版為"[illegible]"，該字下部是"月（肉）"而不是"口"，故該字當隸定作"脣"。"唇"雖與"脣"是異體關係，但畢竟是另一個字，顯然不能徑用"唇"來代替"脣"，隸定沒有客觀反映原簡文字，故《大字典》釋讀錯誤，[⑤] 上引例證的"唇"當改為"脣"或"脣（唇）"。

### 3. 字序隸定誤

字序隸定誤，即《大字典》所引簡帛例證中的文字，本為"甲乙"，卻隸定為

---

① 誤隸為現代通用規範字形，嚴格地説，這也是字形隸定誤，因為這類問題比較突出，且具有共性，故我們單獨列為一條來闡述。新中國成立以來（即 50 年代中期），政府制定了文字改革方針，現在我們所通用的規範字形，是以國家正式公佈的《簡化字總表》《第一批異體字整理表》和《現代漢語通用字表》等為依據的。因此，20 世紀之前沒有"現代通用規範字形"一説。《大字典》所引簡帛例證是先秦兩漢文獻，自然不能用現代通用規範字形來隸定古文獻。然而，《大字典》所引簡帛例證中，卻多有將原文獻的文字徑直隸定作現代通用的規範字形。如："臺"徑隸作"台"，"執"徑隸作"执"，"辠"徑隸作"罪"等。

② 上引例證產生隸定錯誤的原因可能是：《馬王堆漢墓帛書（壹）》中釋"[illegible]"作"其"，《大字典》未能查核原圖版，僅抄錄《馬王堆漢墓帛書（壹）》的釋文，故隸定錯誤。又查《長沙馬王堆漢墓簡帛集成（肆）》第 164 頁，釋"[illegible]"作"亓"。

③ 另，上引例證中"有〔又〕"的符號"〔 〕"應作"()"，該問題屬於下文"括號之誤"所論一類錯誤。

④ 上引例證的出處稱謂當為《睡虎地秦墓竹簡・封診式・經死》，該問題屬於下文的"出處稱謂的書名、篇名、章名不統一"所論。

⑤ 上引例證產生隸定錯誤的原因可能是，1978 年版的《睡虎地秦墓竹簡》以簡體行文，直接將該字釋作"唇"，《大字典》未能查核原圖版，僅抄錄《睡虎地秦墓竹簡》的釋文以致誤。又查陳偉主編的《秦簡牘合集（壹）》第 309 頁，亦釋作"脣"，為是。

“乙甲”。此類錯誤凡2條，例如：

（卷1/人部/P157）仪：同“父”。《馬王堆漢墓帛書·老子甲本·道經》：“自古及今，其名不去，以順眾仪。”

據《書目表》進行查核，此例證出自文物出版社1980年版的《馬王堆漢墓帛書（壹）·老子甲本·道經》第134行。經核圖版（圖1），《大字典》例證的“自古及今”釋讀有誤。“古”“今”二字的釋讀順序與原圖版不合，原圖版清晰可見，當為“自今及古”。又，查《馬王堆漢墓帛書（壹）》（1980：12）釋文，其釋文亦為“自今及古”，之後學界亦均如此釋讀。故《大字典》釋讀錯誤，上引例證的“自古及今”當改為“自今及古”。

圖1

（卷8/頁部/P4642）頃：（二）量词。①《睡虎地秦墓竹簡·秦律十八種·田律》：“稼已生後而雨，亦輒言雨多少所利頃數。”

據《書目表》進行查核，此例證出自文物出版社1978年版的《睡虎地秦墓竹簡·秦律十八種·田律》第1—2簡。經核圖版（圖2），《大字典》例證中的“雨多少”實為“雨少多”，圖版中“雨”後一字雖有殘損，但後兩字釋為“少多”是沒有問題的。《睡虎地秦墓竹簡·秦律十八種》第132簡中的“多”字形為“多”，與該簡中的“多”字形是一致的。再者，1976年《文物》第7期刊布的《雲夢秦簡釋文（二）》中，也隸作“少多”。又，查《睡虎地秦墓竹簡》（1978：24）釋文，其釋文也作“少多”，之後學界亦均如此釋讀。簡文的“少多”，其意義相當於後世的“多少”。故《大字典》釋讀錯誤，上引例證的“多少”當改為“少多”。

圖2

（二）例證文字釋義誤

所謂例證文字釋義誤，指《大字典》簡帛例證中字義解讀錯誤導致該例證誤作為某字下或某義項下的例證。此類錯誤凡3條，例如：

（卷6/車部/P3785）⿰車鬲：同“槅”。车轭。《睡虎地秦墓竹簡·秦律·司空》：“及載縣鐘虡〔虡〕用⿰車鬲，皆不勝任而折。”

《大字典》將例證中的“⿰車鬲”解釋為“槅”，即車軛，這是錯誤的。例證中“縣”即“懸”。虡，即古代懸掛鐘、磬架子兩旁的柱子，[①] 此指懸掛鐘的木架。《大字典》將“⿰車鬲”解釋為“槅”。所謂“槅”，即駕車時放在牲口頸上的曲木。[②] 如此釋義，則“槅”與“鐘”搭配使用，二者風馬牛不相及，故僅從此點也可知《大

① 《説文·虍部》：“虡，鐘鼓之柎也。”

② 《説文·木部》：“槅，大車枙也。从木鬲聲。”《釋名·釋車》：“槅，枙也，所以扼牛頸也。”《晉書·潘嶽傳》：“發槅寫鞍，皆有所憩。”

字典》例證有誤。

據《書目表》進行查核，此例證出自文物出版社1978年版的《睡虎地秦墓竹簡・秦律十八種・司空》第125簡。上引例證的“䡅”當讀作“腷”。腷，即鐘架上的橫木。[①] 故簡文“腷”與“鐘”搭配使用。“載縣鐘虡〔虡〕用䡅，皆不勝任而折”的意思是：“承載懸掛鐘的木架上使用的橫木，都因不堪受力而折斷了。”經查，《睡虎地秦墓竹簡》（1978：80）的釋文也將“䡅”讀作“腷”。故上引簡文的“䡅”當解讀為“腷”，指“鐘架上的橫木”。所以《大字典》釋義錯誤。[②]

（卷3/木部/P1254）枚：⑥長度单位，即一分。《長沙馬王堆漢墓出土遣策》：“徑尺六寸一枚。”

據《書目表》進行查核，沒有找到上引例證出處。經查，該遣策釋文刊佈於1973年由湖南省博物館、中國科學院考古研究所主編的《長沙馬王堆一號漢墓》和2014年由中華書局出版的《長沙馬王堆漢墓簡帛集成（陸）》中，該例證引文為“馬王堆一號漢墓遣策”的第205簡。原簡釋文為：“桼畫平般，俓尺六寸，一枚。”簡文的“桼”讀為“漆”，“般”讀為“盤”，“俓”讀為“徑”，簡文意為：“漆畫平盤直徑一尺六寸，一個。”“枚”是自然單位量詞，相當於“個”。又，通查簡帛文獻中的全部“枚”字，均無“長度單位，即一分”的用法，量詞“枚”都是“自然單位量詞‘個’”義。而《大字典》將簡帛例證中的“枚”解釋為“長度單位，即一分”，故《大字典》釋義錯誤。並且還有必要指出的是，《大字典》將原簡文“桼畫平般，俓尺六寸，一枚”，斷取為“徑尺六寸一枚”，錯誤。[③]

（三）例證文字斷句誤

所謂例證文字斷句誤，指《大字典》中的簡帛例證，句子被點破而改變了原意。此類錯誤凡10條，例如：

（卷2/宀部/P1003）宰：⑧通“滓”。渣滓。《武威漢代醫簡》：“付子廿

① 《史記・禮書》：“縣一鍾尚拊膈。”司馬貞索隱：“膈，縣鍾磬格也。不擊鍾而拊膈，蓋不取其聲，從質也。”

② 另，上引例證的斷句是錯誤的，上引例證的上下文是：“縣、都官用貞（楨）、栽為傰（棚）牏，及載縣（懸）鐘虡〔虡〕用䡅（腷），皆不勝任而折；及大車轅不勝任，折軲上，皆為用而出之。”意思是：“縣、都官用木棍、木板編成的築墻用的範本，和承載懸掛鐘的木架上使用的橫木，都因不堪受力而折斷了；以及大車的木轅不堪受力，在軲的上面折斷了，都要上報損耗而加以註銷。”所以，《大字典》從“及”字起引簡文是不當的，“及”是連詞，相當於今天的“和”。例證正確的引文可有兩種，一種是如上全部引；一種是從“載”引至“而折”，即：“載縣（懸）鐘虡〔虡〕用䡅（腷），皆不勝任而折。”後者為佳。該問題屬於本文的“例證文字斷句誤”所論，此不贅述。同時，上引例證出處稱謂中的“秦律”當改為“秦律十八種”，屬於本文的“出處稱謂的書名、篇名、章名不統一”所論一類問題。

③ 張顯成的《〈漢語大字典〉“枚”條引簡帛訂誤——兼論辭書對簡帛文獻的利用問題》有論述，可參考《出土文獻綜合研究集刊》（第五輯），成都：巴蜀書社，2017年，第1—6頁。

果，皆父豬肪三斤，煎之五沸，浚去宰，有病者取。”

據《書目表》進行查核，此例證出自文物出版社 1975 年版的《武威漢代醫簡》（1975：3）第 17 簡，初讀例證就會發現，“付子廿果”之後接“皆……”，文意有逻辑问题。“皆”是“都、俱”之義，表示統括，顯然“皆”之前當不僅有“付子”（即“附子”）一物。又，“皆父豬肪三斤”和“有病者取”都使人無法明其意。

經核圖版，該例證有三處斷句錯誤，另外還有一處脱文錯誤，故致使例證無法卒讀。第 17 簡與第 18 簡是內容緊密相連的一個完整的醫方：“治百病膏藥方：蜀椒一升，付（附）子廿果（顆），皆父（㕮）〔且（咀）〕。豬肪三斤，煎之五沸，浚去宰（滓）。有病者取大如羊矢，溫酒飲之，日三、四。”第 17 簡的末字是“取”，“取”後的文字屬第 18 簡。

“父”即“㕮”。“父”後原簡脱“且”（即“咀”）。㕮咀，指碎細藥物。[①]“宰”，此同“滓”，指藥渣。《大字典》例證除此脱文“且”未補外，三處斷句錯誤分別是：一是《大字典》例證文字從“付子廿果”起始，錯誤，導致與下一字“皆”語義搭配不合。二是“皆父豬肪三斤”連讀為一句，錯誤，當在“豬”前點斷。三是《大字典》在“有病者取”的“取”字煞尾，錯誤，因為“取”後的賓語（位於第 18 簡）被“丢掉”了，導致文意未盡，此錯誤是《大字典》例證僅引第 17 簡而造成的。《大字典》該例證的正確釋文當如上引，即簡文的第 17 簡和第 18 簡的文字當一併引用，並補出脱文，注明通假異體關係。

（卷 2/王部/P1215）瑑：〔瑑柧〕同“象觚”。酒器。《武威漢簡·甲本〈泰射〉》：“賓降，洗瑑柧升，酌膳，坐鄭于薦南。”

據《書目表》進行查核，此例證出自文物出版社 1964 年版的《武威漢簡·儀禮甲本·泰射》第 106 簡。初讀例證就會發現，“洗瑑柧升，酌膳”斷句有問題。“洗”是洗滌的意思，動詞。“升”的意思是古代祭祀時將祭牲放入鼎中，動詞。“洗”和“升”之間接名詞的“瑑柧”，无法卒读。“酌膳”一詞，“酌”是酒之意，“膳”是牲肉之意，二者亦為名詞。該句在“升”和“酌”之間斷句，錯誤。

根據上下文文意，該句當在“柧”和“升”之間斷句，即“洗”與“升”對應，均為動詞；“瑑柧”與“酌膳”對應，均為名詞。“洗瑑柧”即洗滌酒器之意，“升酌膳”即將酒和牲肉放入鼎中之意，二者正相對。《大字典》該例證的正確斷句當為：“賓降，洗瑑柧，升酌膳，坐鄭于薦南。”[②]

### （四）例證文字脱文誤

所謂例證文字脱文誤，指《大字典》簡帛例證的釋文有脱文錯誤。此類錯誤凡

① “父且”後世作“㕮咀”，屬中醫學專門用語，本指用牙齒咬碎藥物，後泛指碎藥。

② 另，上引例證的出處稱謂《武威漢簡·甲本〈泰射〉》應改作《武威漢簡·儀禮甲本·泰射》。

10 條，例如：

（卷 6/糸部/P3619）絡：（一）③生丝。《睡虎地秦墓竹簡》："衣絡禪襦各一。"

據《書目表》進行查核，此例證出自文物出版社 1978 年版的《睡虎地秦墓竹簡·封診式·經死》第 68 簡。[①] 經核圖版（圖 3），該簡此處一共 7 字，而例證卻僅釋了 6 字。"襦"與"各"字之間脫了"帬"字。又，查《睡虎地秦墓竹簡》（1978：268）釋文，為"衣絡禪襦、帬各一"，之後學界亦均如此釋讀。故上引例證正確釋文當為："衣絡禪襦、帬各一。"

圖 3

（卷 1/土部/P493）堪：（一）①地面突起处。《睡虎地秦墓竹簡·封診式·經死》："丙死（尸）縣其室東內北廦（壁）權（椽）……權大一圍，袤三尺，西去堪二尺，堪上可道終索。"

圖 4

據《書目表》進行查核，此例證出自文物出版社 1978 年版的《睡虎地秦墓竹簡·封診式·經死》第 64—67 簡。經核圖版（圖 4），"丙死（尸）縣其室東內北廦（壁）權（椽）"一句屬第 64 簡，共 11 個字，[②] 而例證卻僅釋了 10 個字。"內"與"北"字之間脫了"中"字，"內中"即內室中。又，查《睡虎地秦墓竹簡》釋文，作"內中"，之後學界亦均如此釋讀。故上引例证的"內北"当改为"內中北"。

## 二、例證出處稱謂訂誤

所謂例證出處稱謂訂誤，指對《大字典》中簡帛例證的出處錯誤和稱謂錯誤的訂正。《大字典·凡例》（2010：19）第 24 條説道："引證標明書名、篇名或卷次"。同時，《大字典·第二版修訂説明》（2010：13）説道，其修訂內容是"對《大字典》硬傷性、體例性錯誤進行糾正，力所能及地做提高性修改"。然而，通過梳理《大字典》中的簡帛例證發現，其出處稱謂存在不同程度的錯誤，凡 47 條，可歸納為兩個方面：一是例證出處誤，凡 2 條；二是例證稱謂誤，凡 45 條。除此之外，例證出處稱謂不統一的問題較多。以下分別論述。

### （一）例證出處誤

所謂例證出處誤，指《大字典》簡帛例證所標注的出處與其所引引文不相符合。此類錯誤凡 2 條，例如：

（卷 1/大部/P570）夷：⑯古代道家的哲学概念。《馬王堆漢墓帛書·老子

① 另，上引例證的出處稱謂沒有標注篇章名稱，使得查找不便。

② 另，圖版中該句"丙"字下的"="是重文符號，表示上句末字和本句首字都為"丙"。所以，此處"="當計作一字，即"丙"。

甲本・德經》:“視之而弗見,名之曰微。聽之有弗聞,名之曰希。播之而弗得,名之曰夷。”

據《書目表》進行查核,該例證出自文物出版社 1980 年版的《馬王堆漢墓帛書(壹)》。《大字典》該例證所標注的出處為《馬王堆漢墓帛書・老子甲本・德經》。然而,遍查《馬王堆漢墓帛書・老子甲本・德經》中的全部內容,未查到與《大字典》該例證的引文相符合者。又,查核《馬王堆漢墓帛書(壹)》中的其他篇章,發現《大字典》該例證引文出自《道經》第 115－116 行,而不是《大字典》所標注的《德經》,此為《大字典》出處標注錯誤。該例證引文的正確出處當為:《馬王堆漢墓帛書(壹)・老子甲本・道經》。[①]

(卷 4/月部/P2279) 賸:⑫抄写。《睡虎地秦墓竹簡・秦律》:“遣識者以律封守,當賸,賸皆為報,敢告主。”

據《書目表》進行查核,該例證引自文物出版社 1978 年版的《睡虎地秦墓竹簡》。《大字典》該例證所標注的出處為《睡虎地秦墓竹簡・秦律》。然而,《睡虎地秦墓竹簡》中,並沒有《秦律》這樣一篇文獻,而可以簡稱為“《秦律》”的篇目有《秦律十八種》和《秦律雜抄》兩篇,遍查這兩種文獻的全部內容,沒有與之引文相符合者。又,查核《睡虎地秦墓竹簡》中的其他篇章,發現《大字典》該例證引文出自《封診式》篇的《有鞫》章第 7 簡,而不是《大字典》所標注的出處《秦律》(即《秦律十八種》或《秦律雜抄》)中的內容。此為《大字典》出處標注錯誤。該例證引文的正確出處當為:《睡虎地秦墓竹簡・封診式・有鞫》。

(二)例證稱謂誤

所謂例證稱謂誤,指《大字典》簡帛例證所標注的文獻稱謂不正確(即《大字典》稱 A,而實際上是 B)。此類錯誤凡 45 條,例如:

(卷 1/人部/P251) 傰:(一)②通“崩”。倒塌。《馬王堆漢墓帛書・經法・稱》:“埤(卑)而正者增,高而倚者傰。”

據《書目表》進行查核,該例證出自文物出版社 1980 年版的《馬王堆漢墓帛書(壹)》。《大字典》該例證所標注的出處稱謂為《馬王堆漢墓帛書・經法・稱》。《馬王堆漢墓帛書(壹)》包括“老子乙本卷前古佚書”四種,[②] 分別為《經法》《十六經》《稱》《道原》,每篇原有標題,寫在四篇文獻之末。顯然,《稱》和《經

---

① 經核圖版,上引例證“聽之有弗聞”中的“有”的字形為“𠕒”,顯然當隸定為“而”。該問題屬於本文的“字形隸定誤”所論一類錯誤。

② 由於此四篇與“老子乙本”一同寫在一幅大帛上,並且寫在“老子乙本”的前面,所以原帛書整理者稱其為“老子乙本卷前古佚書”。

法》都是該帛書中“老子乙本卷前古佚書”四篇中的一篇，“稱”不是《經法》這一篇中的章名，而是四篇中的一篇的篇名。經查核，上引例證出自《稱》的第155行上。此為《大字典》稱謂標注錯誤。該例證出處稱謂的正確表達當為：《馬王堆漢墓帛書（壹）·稱》。

（卷4/殳部/P2310）段：④通“斷”。截断；分开。《銀雀山漢墓竹簡·孫子兵法·擒龎涓》：“于是段齊城、高唐為兩，直將蟻附平陵。”

據《書目表》進行查核，該例證引自文物出版社1976年出版的銀雀山漢墓竹簡《孫子兵法》。《孫子兵法》分上下編，上編包括《計》《作戰》《謀攻》《形（甲）》《形（乙）》《勢》《虛實》《軍爭》《九變》《行軍》《地形（一）》《九地》《火攻》《用間》共14章；下編包括《吳問》《四變》《黃帝伐赤帝》《地形（二）》《見吳王》共5章。《大字典》該例證所標注的出處為《銀雀山漢墓竹簡·孫子兵法·擒龎涓》，但是遍查該文獻章名都沒有《擒龎涓》一章。

又，據《書目表》所標注的書目，文物出版社1975年版的銀雀山漢墓竹簡《孫臏兵法》。《孫臏兵法》的上編包括《擒龐涓》在內，共15章。顯然，《擒龐涓》即章名，屬於《孫臏兵法》中的一章，而上引例證引自《擒龐涓》第242—243簡。此為《大字典》稱謂標注錯誤。該例證出處稱謂的正確表達當為：《銀雀山漢墓竹簡·孫臏兵法·擒龐涓》。

（三）例證出處稱謂不統一

除以上所論述的“例證出處稱謂錯誤”之外，《大字典》中簡帛例證的出處稱謂不統一者甚多，凡438條。可分為三個類型：一是出處稱謂的書名、篇名、章名不統一；二是出處稱謂無篇名或無章名；三是出處稱謂或標簡帛號或不標。《大字典·第二版修訂説明》（2010：12—14）説道，其修訂內容是“對《大字典》硬傷性、體例性錯誤進行糾正”，但《大字典》簡帛例證中體例性問題卻甚多。因此，該問題也應該得到足夠地重視。

**1. 出處稱謂的書名、篇名、章名不統一**

出處稱謂的書名、篇名、章名不統一，即《大字典》引自同一部簡帛文獻的不同例證，此處所標注的書名、篇名、章名與彼處所標注的不同，或為A名，或為B名，且A、B都指同一篇文獻。例如：

（卷1/刀部/P360）別：（一）①分剖。《雲夢秦墓竹簡·封診式》：“甲與丙相捽……里人公士丁救，別丙、甲。”①

① 另，該例證正確的出處稱謂是：《睡虎地秦墓竹簡·封診式·出子》，該問題屬於本文的“出處稱謂無篇名或無章名”所論。

（卷 3/木部/P1276）柀：②离析；破裂。《睡虎地秦墓竹簡·封診式·穴盗》："其穴壤在小堂上，直穴播壤，柀入内中。"

1975 年底，在湖北省雲夢縣睡虎地 11 號墓中出土了 1155 枚竹簡，這批簡的整理者開始（即 1977 年之前）將該批竹簡命之為"雲夢秦墓竹簡"。但隨着雲夢縣秦簡牘材料的不斷發現（如"雲夢龍崗秦墓竹簡""雲夢睡虎地 4 號秦墓木牘"等），簡單地稱其為"雲夢秦墓竹簡"，就很難判斷具體指哪一批材料。因此，之後（即 1977 年以後）改命為"睡虎地秦墓竹簡"。但無論是"雲夢秦墓竹簡"還是"睡虎地秦墓竹簡"，都指 1975 年出土於湖北省雲夢睡虎地的秦簡。同時，據《書目表》可知，上引兩個例證都引自文物出版社 1978 年版的《睡虎地秦墓竹簡》。因此，《大字典》中引自該文獻的例證，其書名當統一為"《睡虎地秦墓竹簡》"。

（卷 6/豆部/P3804）脛：同"頸"。《馬王堆漢墓帛書·春秋事語·宋荊戰泓水之上章》："且宋君不佴（耻）不全宋人之腹脛，而佴不全荊陳之義，逆矣。"

（卷 2/口部/P655）周：通"舟"。《馬王堆漢墓帛書·春秋事語七》："齊亘（桓）公與蔡夫人乘周，夫人湯（盪）周。"①

據《書目表》進行查核，上引例證都引自 1978 年文物出版社的馬王堆漢墓帛書《春秋事語》。而《大字典》所引簡帛例證的出處稱謂部分，或標注章名或僅標注章節序號。第二個例證中的出處稱謂"春秋事語七"就是《春秋事語》篇的第七章，即《春秋事語·齊桓公與蔡夫人乘舟章》。對比以上兩條例證的出處稱謂可知，第一條用章名"宋荊戰泓水之上章"，而第二條僅用章序號"七"，顯然不統一。縱觀《大字典》體例，此第二條的出處稱謂當為：《馬王堆漢墓帛書·春秋事語·齊桓公與蔡夫人乘舟章》。

### 2. 出處稱謂無篇名或無章名

出處稱謂無篇名或無章名，即《大字典》簡帛例證的出處，只標注了所引文獻的書名，而沒有標注篇名或章名，使得難以查引。例如：

（卷 1/十部/P70）卌：（一）①数词。四十。《睡虎地秦墓竹簡·金布律》："稟衣者，隸臣府隸之毋（無）妻者及城旦，冬人百一十錢，夏五十五錢；其小者冬七十七錢，夏卌四錢。"

據《書目表》進行查核，上引例證引自文物出版社 1978 年出版的《睡虎地秦墓竹簡》。"金布律"是章名，是《睡虎地秦墓竹簡·秦律十八種》中的一章。例證出處

① 另，該例證引文專名號使用錯誤，下文有論述。

沒有標注篇名，使查引變得困難。因此，《大字典》中的簡帛例證，當標注篇名。

（卷 6/臼部/P3239）臽：②同“陷”。《馬王堆漢墓帛書·春秋事語》：“有絕其几而臽之深。”

（卷 6/豆部/P3804）脛：同“頸”。《馬王堆漢墓帛書·春秋事語·宋荊戰泓水之上章》：“且宋君不佴（恥）不全宋人之腹脛，而佴不全荊陳之義，逆矣。”①

據《書目表》進行查核，上引兩個例證都引自 1978 年文物出版社的“馬王堆漢墓帛書”《春秋事語》。《春秋事語》屬於“馬王堆漢墓帛書”中的一篇，該篇的章名是原帛書整理者撮取各章開頭若干字擬定的，包括以下 16 章：《殺李克章》《燕大夫章》《韓魏章》《魯文公卒章》《晉獻公欲得隋會章》《伯有章》《齊桓公與蔡夫人乘舟章》《晉獻公欲襲虢章》《衛獻公出亡章》《吳人會諸侯章》《魯桓公少章》《長萬章》《宋荊戰泓水之上章》《吳伐越章》《魯莊公有疾章》《魯桓公與文薑會齊侯與樂章》。上引第二個例證標注了章名，而上引第一個例證卻沒有標注。經查，上引第一個例證出自《長萬章》第 75 行—76 行，故第一條例證的出處當為：《馬王堆漢墓帛書·春秋事語·長萬章》，即出處稱謂當加章名。

### 3. 出處稱謂或標簡帛號或不標

出處稱謂或標簡帛號或不標，即《大字典》所引簡帛例證的出處，部分標明編號，而其餘未標明。這裡所說的“編號”，指簡牘的編號和帛書行第的編號。由於出土文獻數量有限，使得這類材料有其明確的編號。一般情況下，引用出土簡帛材料，應當明確地標注其編號，這樣便於《大字典》的使用者查閱和引用。例如：

（卷 8/金部/P4494）鈚：（三）同“匕”。古代一种取食的器具。形状像汤勺。《馬王堆一號漢墓·隨葬器具》簡一六六：“㯃（漆）畫鈚六。”

（卷 1/乙部/P59）夬：（二）②损伤，伤坏。《睡虎地秦墓竹簡·秦律雜抄》：“傷乘輿馬，夬革一寸，貲一甲。”

對比上引例證，第一個例證標注了簡號，而第二個例證卻未標注，使得查引不便。據《書目表》進行查核，第二個例證出自《睡虎地秦墓竹簡·秦律雜抄》第 27 簡。又遍查《大字典》中的簡帛例證，絕大部分沒有標注簡帛編號。因此，《大字典》所引簡帛例證應當加其所在原文獻編號。②

---

① 另，該例證引文專名號使用錯誤，下文有論述。

② 《大字典》所引簡帛例證的簡帛號，或標注為“簡×”，或標注為“××”，即有的用“簡”加數字標注，有的直接使用數字標注，體例不統一。但本文為了更加清楚地表達，特使用“第×簡”或“第×行”來標注引自簡牘或帛書的例證，以示區別。

## 三、例證標點符號訂誤

所謂例證標點符號訂誤，指對《大字典》中簡帛例證的標點符號的錯誤予以訂正。通過梳理《大字典》中的簡帛例證，發現存在不少標點符號錯誤，凡 50 條，可歸納為兩個方面：一是例證標號誤，凡 45 條；二是例證點號誤，凡 5 條。以下分別論述。

### （一）例證標號誤

所謂例證標號誤，指《大字典》所引簡帛例證中的標號使用錯誤、混亂或者缺失。[①]《大字典》中不乏標號使用錯誤、混亂或者缺失者，凡 45 條，可分為四個類型：一是括號之誤，凡 36 條；二是專名號之誤，凡 7 條；三是間隔號使用之誤，凡 6 條；四是省略號缺失之誤，1 條。以下分別論述。

#### 1. 括號之誤

括號之誤，即《大字典》簡帛例證中，括號的使用錯誤。[②] 此類錯誤凡 36 條，例如：

（卷 1/寸部/P545）寺：（一）④通“恃”。《馬王堆漢墓帛書·老子甲本·德經》：“(生而) 弗有也，為而弗寺也。”

據《書目表》進行查核，上引例證出自文物出版社 1980 年版的《馬王堆漢墓帛書（壹）·老子甲本·德經》第 28 行－29 行。經核圖版，該例證中的“生而”二字屬於此帛書第 28 行末的位置，原帛書殘損，“生而”是根據上下文補出的文字。《〈大字典〉編寫細則·標點符號·方括號》（1982：60）中第 4 條説道：“校定引文脱字和訛誤用方括號”，即“〔〕”。因此，該例證中的“生而”當用“〔〕”標注，而上引例證卻使用“()”標注補出文字，錯誤。[③]

（卷 1/大部/P574）奉：⑱通“逢（féng）”。《馬王堆漢墓帛書·經法·四度》：“外內皆順，命日天當。功成而不廢，後不奉央〔殃〕。”[④]

據《書目表》進行查核，上引例證引自文物出版社 1980 年版的《馬王堆漢墓帛書（壹）·經法·四度》第 39 行上。例證文意為：外和內都順利，命之曰天當。功成而不廢，之後不會遭遇災禍。“後不奉央”中的“奉”與“逢”相通，[⑤] “央”和

---

① 《標點符號用法》中指出，標號的作用“在於標明，主要標明語句的性質和作用”。

② 《標點符號用法》中指出，括號的作用是“行文中注釋性的文字，用括號標明”。

③ 《大字典》例證中當用“〔〕”卻用“()”，也可説是體例不一，但按照《〈大字典〉編寫細則》標點符號使用凡例，這自然屬於括號誤用。下例同。

④ 例證中的“日”字隸定錯誤。經核圖版，當隸定作“曰”，該問題屬於本文“字形隸定誤”所論一類錯誤。

⑤ “奉”與“逢”古音都為東部並母，古音相同，故二者相通。

“殃”，古音都為陽部影母，古音相同，二者相通。“奉央”即“逢殃”，“遭遇災禍”之意。《〈大字典〉編寫細則·標點符號·圓括號》（1982：61）中第5條説道：“引證中不注釋難以明文義的通假字或生僻字，在其後應注上通行字，加圓括號”，即“()”。該例證中的“殃”是“央”的本字，當用“()”標注，而此處卻用“〔〕”，錯誤。

## 2. 專名號之誤

專名號之誤，即《大字典》簡帛例證中的專名號標注不正確。《大字典》的例證中使用了專名號。① 然而，《大字典》中的專名號錯誤凡7條，例如：

> （卷6/豆部/P3804）脛：同“頸”。《馬王堆漢墓帛書·春秋事語·宋荊戰泓水之上章》：“且宋君不佴（恥）不全宋人之腹脛，而佴不全荊陳之義，逆矣。”

據《書目表》進行查核，上引例證出自文物出版社1978年版的《馬王堆漢墓帛書·春秋事語·宋荊戰泓水之上章》第83行—84行。引文中“宋君”“宋人”“荊陳”三個詞，②“宋”和“荊”下加了專名號，錯誤。《〈大字典〉編寫細則·標點符號·專名號》（1982：62—63）説道：“國名與普通名詞結合成為一個詞的，不加專名號”。而上例“宋君”一詞為國名“宋”與普通名詞“君”合成一個詞，“宋”下當不加專名號；同樣，“宋人”和“荊陳”二詞亦如此。因此，上引例證的專名號當全部去掉。

> （卷2/口部/P655）周：⑮通“舟”。《馬王堆漢墓帛書·春秋事語七》：“齊亘（桓）公與蔡夫人乘周，夫人湯（盪）周。”③

據《書目表》進行查核，上引例證引自文物出版社1978年版的《馬王堆漢墓帛書·春秋事語·齊桓公與蔡夫人乘舟章》第42行。“齊亙（桓）公”和“蔡夫人”是專有名稱，不可分割，當加專名號。需要説明的是，這裡的“蔡夫人”特指蔡侯的女兒，是齊桓公的夫人，而不能理解為國名加普通名詞，即當在“蔡夫人”之下加專名號。而《大字典》此處，僅在“亙（桓）公”和“蔡”處加了專名號，錯誤。因此，上引例證的“齊亘（桓）公與蔡夫人”当改为“齊亘（桓）公與蔡夫人”。

## 3. 間隔號使用之誤

間隔號使用之誤，即《大字典》所引簡帛例證的出處稱謂部分，間隔號使用錯誤。此類錯誤凡6條，例如：

---

① 專名號的作用是標示古籍、古籍引文或某些文史類著作中出現的專有名稱，主要包括人名、地名、國名、民族名、朝代名、年號、宗教名、官署名、組織名等。

② 陳，同“陣”。

③ 該例證的出處稱謂當為：《馬王堆漢墓帛書·春秋事語·齊桓公與蔡夫人乘舟章》。該問題屬於上文“出處稱謂的書名、篇名、章名不統一”所論。

（卷 6/艸部/P3438）莞：（三）②胃的内腔。也作“脘”。《武威漢代醫簡·十九簡》：“寒氣在胃莞。”

據《書目表》進行查核，上引例證出自文物出版社 1975 年版的《武威漢代醫簡》。《大字典》該例證的出處部分，簡號置於書名號之內，且用間隔號隔開，錯誤。按照《大字典》的體例和學界對簡帛稱謂的慣例，簡號或帛行號均當標注在書名號外，不應該置於書名號之內。① 該例證出處稱謂的正確標注當為：《武威漢代醫簡》第 19 簡。

同樣的錯誤還有以下兩例。

（卷 1/刀部/P358）㓻：（一）同“耕”。《鳳凰山漢墓遣策·簡十二》：“㓻大奴四人。”

（卷 6/艸部/P3429）莖：（一）⑤中医学指阴茎。《武威漢代醫簡·八五乙》：“六曰莖中恿（痛）如林（淋）狀。”

據《書目表》進行查核，沒有找到上引第一個例證出處。經查，該遣策釋文刊佈於《文物》的 1976 年第 10 期的《鳳凰山漢墓一六七號遣策》中，該例證引文為“鳳凰山漢墓一六七號遣策”的第 12 簡。②《大字典》該例證的出處部分，例證的簡號置於書名號之內，且用間隔號隔開，錯誤。詳細論述見上例。該例證出處部分正確的標注當為：《鳳凰山漢墓一六七號遣策》第 12 簡。

據《書目表》進行查核，上引第二個例證出自文物出版社 1975 年版的《武威漢代醫簡》。同上。該例證正確的出處稱謂標注當為：《武威漢代醫簡》第 85 簡乙。

4. **省略號缺失之誤**

省略號缺失之誤，即《大字典》簡帛例證中，本該標注省略號之處卻沒有標注。《〈大字典〉編寫細則·標點符號》（1982：59）中已經說明：“所引例句過長，可以省略。省略的是引文的前部或後部時，不加省略號；如果省略的是引文的中部，用省略號表示。”然而《大字典》的簡帛例證中，有省略了引文的中部卻未用省略號者，此類錯誤 1 條：

（卷 1/刀部/P360）別：（一）①分剖。《雲夢秦墓竹簡·封診式》：“甲與丙相捽……里人公士丁救，別丙、甲。”③

---

① 《大字典》將簡號標於書名號之外者如：第 102 頁卷 1 匚部中“匵”的例證，即“《江陵鳳凰山一六七號漢墓竹簡》二十一：‘炙卑匵四枚。’”；又如：第 4494 頁卷 8 金部中“鈚”的例證，即“《馬王堆一號漢墓·隨葬器具》簡一六六：‘𧸘（漆）畫鈚六’”。

② 另，該例證的出處不明確，“鳳凰山漢墓遣冊”除了一六七號漢墓以外，還有八號漢墓、一六九漢墓遣冊。因此，例證出處當標注為：《鳳凰山漢墓一六七號遣策》。

③ 另，該例證出處稱謂未標注章名，並且書名當作《睡虎地秦墓竹簡》。詳見上文。

（卷 6/糸部/P3635）綦：⑨通“忌”。戒忌。《睡虎地秦墓竹簡・為吏之道》：“戒之戒之，材不可歸；謹之謹之，謀不可遺；綦之綦（之），食不可賞（償）。”

據《書目表》進行查核，《大字典》上引兩個簡帛例證都引自文物出版社 1978 年版的《睡虎地秦墓竹簡》。其具體出處分別為：《睡虎地秦墓竹簡・封診式・出子》第 84—85 簡；《睡虎地秦墓竹簡・為吏之道》第 33 貳—36 貳簡。上引第一個例證，使用了省略號使得引文簡潔，為是。經核圖版，第二個例證完整的文字為：“戒之戒之，材不可歸；謹之謹之，謀不可遺；慎之慎之，言不可追；綦之綦〔之〕，食不可賞（償）。”《大字典》省略了引文中的“慎之慎之，言不可追”8 字，但沒有標注省略號，錯誤。該例證正確的符號標注當為：“戒之戒之，材不可歸；謹之謹之，謀不可遺……綦之綦〔之〕，食不可賞（償）。”①

（二）例證點號誤

所謂例證點號誤，指《大字典》所引簡帛例證中的點號使用錯誤或者缺失。②然而，《大字典》中不乏點號使用錯誤或者缺失者，凡 5 條，可分兩個類型：一是頓號之誤，凡 3 條；二是逗號之誤，凡 2 條。以下分別論述。

**1. 頓號之誤**

頓號之誤，即《大字典》簡帛例證的引文中，該加頓號處卻未標注。此類錯誤凡 3 條，例如：

（卷 4/爪部/P2177）采：（二）②通“菜”。《睡虎地秦墓竹簡・秦律・傳食律》：“御使卒人使者，食粺米半斗，醬駟（四）分升一，采羹，給之韭蔥。”③

**圖 5**

據《書目表》進行查核，此例證出自文物出版社 1978 年版的《睡虎地秦墓竹簡・秦律十八種・傳食律》第 179 簡。經核圖版（圖 5），“御史”和“卒人”之間有勾識符號，即“乚”，表示“御史”和“卒人”之間不能連讀。“御史”指御史大夫，“卒人”當指包括郡守在內的兩千石的官，“御史”“卒人”二者都是官職名，屬並列關係，中間當加“、”。“御史、卒人使者”文意為“御史的使者與卒人的使者”。④ 因

① 需要指出的是，經核圖版，該句“綦之”中的“之”下原簡脫重文號“＝”，據《大字典》引證體例，上引例證的“綦之綦（之）”，當作“綦之綦〔之〕”。

② 《標點符號用法》中指出，“點號的作用在於點斷，主要表示説話時的停頓和語氣。”

③ 另，上引例證存在出處稱謂和例證釋讀錯誤兩處問題：一是出處稱謂問題，即該例證的稱謂當作《睡虎地秦墓竹簡・秦律十八種・傳食律》，上詳；二是引文隸定錯誤，查核圖版，《大字典》該例證的引文中，隸定作“御使”的“使”的字形為“史”，顯然當隸定作“史”而不是“使”。該問題屬於上文“字形隸定誤”所論一類錯誤。

④ 《睡虎地秦墓竹簡》的整理者將該句連讀，標點為“御史卒人使者”，譯作“御史的卒人出差”，不妥。陳偉主編《秦簡牘合集（壹）》中，該簡釋文標點正確，詳見《秦簡牘合集（壹）》第 141 頁。

此，《大字典》上引例證的“御史卒人使者”當改為“御史、卒人使者”。

（卷 1/匚部/P98）匧：②古代借指客吏。《睡虎地秦墓竹簡·法律問答》：“匧面者，耤（籍）秦人使，它邦耐吏行旞與偕者，命客吏曰匧，行旞曰面。”

據《書目表》進行查核，此例證出自文物出版社 1978 年版的《睡虎地秦墓竹簡·法律問答》第 204 簡。“耐吏”的意思是：能幹的官吏。“行旞”的意思是：隊伍。該例證的文意是：“‘匧面’是指，假使秦人出使，有他國能幹的官吏、隊伍及陪行，稱他國官吏為‘匧’，隊伍為‘面’。”“耐吏”和“行旞”為並列關係，其間當用頓號標注，而《大字典》卻沒有標注。又查 1978 年版的《睡虎地秦墓竹簡》（1978：240）釋文，亦如此標點。此為《大字典》頓號缺失之誤。因此，《大字典》上引例證的“它邦耐吏行旞與偕者”當改為“它邦耐吏、行旞與偕者”。①

2. **逗號之誤**

逗號之誤，即《大字典》簡帛例證中逗號的使用錯誤。此類錯誤凡 2 條，例如：

（卷 1/厂部/P88）厥：⑦挫败。《銀雀山漢墓竹簡·孫臏兵法·擒龎涓》：“吾攻平陵不得而亡齊城，高唐，當術而厥。”

據《書目表》進行查核，上引例證出自文物出版社 1975 年版的《銀雀山漢墓竹簡·孫臏兵法·擒龎涓》第 243－244 簡。該例證中的“齊城”和“唐高”是兩個地名，屬並列關係，“齊城”和“高唐”均是“亡”的賓語。而《大字典》該例證將“齊城”和“高唐”之間用逗號標注，失去了原句的語法意義，也使句意難以明瞭，顯然是錯誤的。因此，《大字典》上引例證的“齊城，高唐”當改為“齊城、高唐”。

（卷 6/走部/P3713）**趚**：（一）抵拒；以脚蹋弩。《睡虎地秦墓竹簡·秦律雜抄》：“輕車、**趚**張、引强，中卒所載傅〔傳〕到軍，縣勿奪。”

據《書目表》進行查核，上引例證出自文物出版社 1978 年版的《睡虎地秦墓竹簡·秦律雜抄》第 8 簡。根據簡文，“輕車”指用以衝擊敵陣的戰車，引申為“駕輕車作戰的士兵”。②“**趚**張”指用腳踏張硬弩，引申為“用腳踏張硬弓的士兵”。③“引

① 另，上引例證“秦人吏”一詞中，“秦”字下的專名號當刪。該錯誤屬於本文“專名號之誤”所論。

② 輕車，古代兵種名。士兵均駕車作戰，故名。《後漢書·光武帝紀下》：“今國有眾軍，並多精勇，宜且罷輕車，騎士、材官、樓船士及軍假吏，令還複民伍。”李賢注引《漢官儀》：“高祖命天下郡國選能引關蹶張、材力武猛者，以為輕車、騎士、材官、樓船，常以立秋後講肄課試，各有員數。”

③ **趚**張，《說文·走部》：“**趚**，距也。……《漢令》曰：‘**趚**張百人。’”徐鍇系傳：“**趚**張，蓋謂以足踏張弩也。”魏德勝認為，“**趚**張”是“踏張硬弩”，本文從魏德勝說。可參《〈睡虎地秦墓竹簡〉辭彙研究》，華夏出版社，2003 年版，第 237 頁。“**趚**張”是動詞，這樣才可能轉為名詞義，即“用腳踏張硬弓的士兵”。

強”指開張強弓，引申為“開張強弓的士兵”。[①] “中卒”指中軍之卒，即“中軍的士兵”。以上四者都是兵種的名稱，屬於並列關係。所以，“引強”和“中卒”之間當用頓號隔開，而不能使用“，”。又查 1978 年版的《睡虎地秦墓竹簡》（1978：131）中的該簡釋文，亦如此標點，例證文意為“輕車、趚張、引強、中卒用傳車運送到軍的物資，縣不得截奪”。此為《大字典》逗號標注錯誤。因此，《大字典》上引例證的“引強，中卒”當改為“引強、中卒”。

以上我們分三大方面對《大字典》所引簡帛例證中存在的錯誤舉例進行了訂正，這三方面分別是：

“例證釋讀訂誤”，下又分四個小類的錯誤予以訂正，分別是：“例證文字隸定誤”（含三個次小類：“字形隸定誤”“誤隸為現代通用規範字形”“字序隸定誤”）“例證文字釋義誤”“例證文字斷句誤”“例證文字脫文誤”。

“例證出處稱謂訂誤”，下又分三個小類進行了闡述，分別是對“例證出處誤”和“例證稱謂誤”予以訂正，以及指出“例證出處稱謂不統一”（含三個次小類：“出處稱謂的書名、篇名、章名不統一”“出處稱謂無篇名或無章名”“出處稱謂或標簡帛號或不標”）的問題。

“例證標點符號訂誤”，下又分兩個小類的錯誤予以訂正，分別是“例證標號誤”（含四個次小類：“括號之誤”“專名號之誤”“間隔號使用之誤”“省略號缺失之誤”）和“例證點號誤”（含兩個次小類：“頓號之誤”“逗號之誤”）。

也就是說，《大字典》的所引簡帛例證中存在的錯誤凡三大類，下含九個小類、十二個次小類。

有必要指出的是，《大字典》的簡帛例證中有不少一條例證就存在兩類（或兩處）及以上问题，除上文已言及之外，下面不妨再舉一個有多類多處問題的例子：

> （卷 1/人部/P138）仁：⑭通“仞（rèn）”。量词。《馬王堆漢墓帛書・老子甲本・德經》：“九成之台，作于羸土。百仁之高，台（始）于足下。”

經查，該例證有三類（含五處）問題：

一是例證文字隸定誤，“九成之台”中的“台”原帛為“[illegible]”，故當隸定為“臺”；“作于羸土”和“台（始）于足下”中的“于”原帛分別為“[illegible]”“[illegible]”，故均當隸定為“於”。

二是例證符號錯誤，查核圖版，“台（始）于足下”中的“下”已殘缺，故根據《大字典》所引簡帛的符號體例，釋文當使用“〔 〕”而作“〔下〕”，但是，該例證卻沒有使用“〔 〕”予以標注。

---

① 引強，《史記・絳侯世家》：“常為材官引彊（強）。”“引強”為動詞，可以引申為名詞義，即“開張強弓的士兵”。

三是例證未標注簡帛號，該例證的帛行號為第 57 行。

該例證的正確引用當為：

《马王堆汉墓帛书・老子甲本・德经》第 57 行："九成之臺，作於羸土。百仁之高，台（始）於足〔下〕。"

## 四、《大字典》簡帛例證致誤原因及修訂建議

以上我們對《大字典》所引簡帛例證中存在的三大類錯誤舉例進行了闡述。究其導致簡帛例證錯誤的原因，主要有以下四個方面。

第一，簡帛文獻釋讀難度大。

簡帛的主體為戰國至秦漢的文獻，內容大都是古佚書，沒有傳世文獻可以對照。這段時期的字形又比較複雜，且異體字形不少，隸定難度很大。加之，簡帛文獻中雖有一些勾識符號，但句讀仍然很困難，為其正確標注現行的標點符號自然不易。也就是説，簡帛的釋讀難度非常大。因此，這是《大字典》簡帛例證出現錯誤的主要原因之一。

第二，《大字典》有些地方表現出編纂者對簡帛材料不夠熟悉。

由於簡帛數量巨大，辭書編纂者若未通盤掌握這些文獻，則不可避免地會出現相關問題，甚至出現簡帛例證的出處稱謂標注錯誤。如上文所述，《大字典》中不乏有標注為《睡虎地秦墓竹簡・秦律》的例證，但在《睡虎地秦墓竹簡》中，並沒有《秦律》這樣一篇文獻，而可以簡稱為"秦律"的篇目有《秦律十八種》和《秦律雜抄》兩篇。經查，標注為《秦律》的例證，都出自《秦律十八種》，故而《大字典》使用"秦律"表示"秦律十八種"，顯然是錯誤的。這自然表現出編纂者對簡帛材料不夠熟悉。

第三，《大字典》有些地方反映出編纂者在使用簡帛方面的態度还不夠嚴謹。

綜合分析《大字典》簡帛例證中的問題和錯誤，絕大部分是完全可以避免地。如上文所述的出處稱謂錯誤的問題，致使讀者難以知曉所指文獻為何，更是難以查找原文。再如上文所述的脫文錯誤，只要認真地核對原圖版，這樣的錯誤就完全可以避免。這些都反映出編纂者在引用簡帛方面的態度的確是不夠嚴謹的。

第四，《大字典》沒有充分利用簡帛材料。

百年來出土的大量簡帛文獻，為我們研究先秦兩漢六朝歷史的方方面面提供了空前良好的條件，對辭書編纂也自然具有重大價值。然而，我們將《大字典》第二版和第一版的《書目表》進行對比，發現第二版的《書目表》沒有新增任何簡帛文獻，其例證也未增加任何簡帛文獻內容，完全與第一版一模一樣（包括其錯誤）。而截止到《大字典》第二版出版以前（即 2010 年以前），是簡帛新發現的極重要時

期，新發現簡帛的數量倍增，但遺憾的是，第二版卻未新增任何簡帛材料。現不妨將《大字典》第二版出版以前就已刊布的大宗簡帛列如下（括號內是文獻刊布時間，下同）：

楚簡：楚帛書（1985）、信陽楚簡（1986）、曾侯乙墓竹簡（1989）、包山楚簡（1991）、望山楚簡（1995）、九店楚簡（1995）、郭店楚簡（1998）、葛陵楚簡（2003）、上海博物館藏楚竹書（2001—2009）。[①]

秦簡：龍崗秦簡（1997）、放馬灘秦簡（2009）、周家臺秦簡（2001）、里耶秦簡（2007）。

兩漢簡：定縣漢簡（1981）、居延新簡（1988）、敦煌漢簡（1991）、上孫家寨漢簡（1993）、尹灣漢簡（1997）、張家山漢簡（2001）、闞沮漢簡（2001）、香港中文大學文物館藏漢簡（2001）、額濟納漢簡（2005）、東牌樓漢簡（2006）、孔家坡漢簡（2006）。

三國簡：孫吳紀年簡牘（1999—2008）。[②]

鑒於《大字典》在簡帛例證方面存在的問題，在其第三版修訂即將開展之際，我們對其提出以下三點修訂建議：

第一，硬傷性、體例性的錯誤應該全面清理改正。

《大字典》應該對其所存在的硬傷性、體例性的錯誤進行全面清理並改正，從而提高《大字典》的質量。就《大字典》所引簡帛例證而言，其編纂者應該通盤掌握這些簡帛文獻，全面清理所引用的簡帛例證，通過逐一查核，改正《大字典》現存的硬傷性錯誤和體例性錯誤，包括以上所列舉的三大類、九個小類、十二個次小類的相關錯誤。

第二，在字頭、義項、例證方面應該盡可能地利用包括簡帛在內的出土文獻。

本着“存字、存音、存義”的原則，《大字典》在字頭、義項、例證方面仍然有不少應該增補之處，而包括簡帛在內的出土文獻為其提供了大量可靠的材料。經統計研究，僅在字頭、義項、例證方面，可利用簡帛文獻增補《大字典》者竟達千

---

① 截止 2009 年，由上海古籍出版社出版的《上海博物館藏戰國楚竹書》已經出到第八函，分別為：2001 年出版的《上海博物館藏戰國楚竹書（一）》；2002 年出版的《上海博物館藏戰國楚竹書（二）》；2003 年出版的《上海博物館藏戰國楚竹書（三）》；2004 年出版的《上海博物館藏戰國楚竹書（四）》；2005 年出版的《上海博物館藏戰國楚竹書（五）》；2007 年出版的《上海博物館藏戰國楚竹書（六）》；2008 年出版的《上海博物館藏戰國楚竹書（七）》；2009 年出版的《上海博物館藏戰國楚竹書（八）》。

② 該批簡近 10 萬枚，總字數約 300 萬。預計以《長沙走馬樓三國吳簡》為名由文物出版社出版 11 卷，到《大字典》第二版出版之前（即 2010 年以前），已經出版了 4 卷，分別為：1999 年出版的《長沙走馬樓三國吳簡・嘉禾吏民田家莂》；2003 年出版的《長沙走馬樓三國吳簡・竹簡（壹）》；2007 年出版的《長沙走馬樓三國吳簡・竹簡（貳）》；2008 年出版的《長沙走馬樓三國吳簡・竹簡（叁）》。

餘條，可分為以下三類：一是字頭增補方面，包括增補重要古文字、異體字、同形字；[①] 二是義項增補方面，包括增補本義、引申義、通假義、姓氏義；[②] 三是例證

---

① 增補重要古文字例，如：𡲬，《大字典》中沒有“𡲬”這個字頭，但在簡帛中，“𡲬”較為常見，當收錄在《尸部》。《説文・辵部》：“𡲬，古文徙。”《説文新證》：“《説文》的‘𡲬’應即‘𡰥’之訛……‘徙’之初文作‘𡰥’，从尸，沙省聲，漢以後改从辵，沙省聲。”學界對“𡲬”的考釋已經基本達成共識，認為該字即“徙”的古文字字形，詳細論述可參《説文新證》。楚簡中表示“徙”義的字形，常在“𡲬”下加形符“辵”，即“遷”來進行區分（《包山楚簡》第259簡）。《睡虎地秦墓竹簡》中，“遷（徙）”省略“𡲬”的形旁，寫作“[illegible]”（《日書乙種》第231簡）。漢代以後，由於“[illegible]（徙）”上部“[illegible]”和“止”形體相近造成訛混，“徙”改作从辵止聲。由此，“徙”的字形演變為：[illegible]（𡰥）一[illegible]（𡲬）一[illegible]（遷）一[illegible]（迻），最後演變作“徙”。眾所周知，“少”“沙”“徙”三者古音相近。“𡲬”从尾沙省聲，故該字在楚簡中，都讀為“沙”（《五里牌楚簡》第13簡）。可見，《大字典》當補字頭“𡲬”，讀音為xǐ，下設兩個義項：“‘徙’的古文字；通‘沙’。”同時，增補“徙”的異體字形“遷”到《辵部》。

增補異體字例，如：𥚃，音méng，同“盟”。《大字典》中沒有“𥚃”這個字頭，當增補此字入《示部》。此字在楚簡中常見，例如《九店五十六號楚墓竹簡》第34簡：“秎（利）㠯（以）敚（说）𥚃禮（诅）。”字形為“[illegible]”。戰國楚文字中把“盟”的形符“皿”換成與祭祀有關的“示”。“𥚃”即“歃血盟誓”之義，“𥚃”與“盟”互為異體。因此，《大字典》當補該字。

增補同形字例，如：棘，《大字典・木部》中“棘，同‘棘’”。但“棘”亦是“棗”的異體字，與“同‘棘’”的“棘”是同形字。《説文・朿部》：“棘，小棗叢生者。从並朿。”王筠釋例：“‘枣’从重朿，‘棘’从竝朿，其木同，而高庳不同也。”由於“朿”是組成“棘”和“棗”二字的共同部件，字形演變過程中，部件的“位移”造成異體，故“棘”可以表示“棘”，亦可表示“棗”。“棘”和“棗”是同形字。又，《包山楚簡》中的“簽牌”上出現“棘”，根據湖北省荊沙鐵路考古隊主編的《包山楚簡》可知，東室2：46和2：47號竹笥盛棗，該字釋作“棗”無疑，如果按照《大字典》的釋義“同‘棘’”，顯然不正確。因此，同“棘”的“棘”和同“棗”的“棘”是同形字，即讀音和意義都不同，只是形體相同。故，《大字典》當補“棘 zǎo，同‘棗’”這個字，否則容易造成釋讀錯誤。

② 增補本義，如：埱，《大字典・土部》“埱 chù”中共有2個義項，但無“挖掘”這個義項。《説文・土部》：“埱，氣出土也。一曰始也。”“埱”的“土氣升出地面”這個義項當是其引申義。《説文新證・釋卷三下》：“叔，以弋（木橛）插土。”因此，“叔”本義是“以木橛插土”。“埱”，从土，叔聲，即本義當是挖掘土地。秦簡例證中，“埱”的“挖掘”義非常明顯，如《睡虎地秦墓竹簡・法律答問》第28簡，《睡虎地秦墓竹簡・封診式》第76－77簡，《嶽麓書院藏秦簡（叁）・為獄等狀四種》第44－45簡正面等，“埱”均為“挖掘”。故“埱”分擔了“叔”的“掘土”義，“埱”本義為“挖掘”，引申為“氣出土也”，又引申為“始”。

增補引申義，如：掾，《大字典・手部》“掾 yuàn”下共有2個義項，但無“邊飾”這個義項。《説文・手部》：“掾，緣也。”段玉裁注：“緣者，衣純也。”“掾”即“邊飾”。但歷代辭書並未列有例證。《大字典》“掾”下第一個義項為“佐助。《説文・手部》：‘掾，緣也。’朱駿聲《通訓定聲》：‘掾，本訓當為佐助之誼，故从手’”，釋義不清。其實，簡帛中“掾”為“邊飾”義的例子不少，如《馬王堆三號漢墓・遣策》第34簡：“角弩一具，象幾一，斿豹盾緹裏繢掾。”又，第56簡：“竽一，錦繞，素裏繢掾。”然而，《大字典》卻未收該義項，當補。

增補通假義，如：犕，《大字典・人部》“犕 bèi”中共有義項19條，但無“通‘服’”這個義項。然而，該義項在簡帛中卻頗為常見。“犕”與“服”上古音都為職部並母。二者聲韻相同，可以通假，故“犕”亦通“服”。因此，《大字典》當補該義項。

增補姓氏義，如：蒴，《大字典・艸部》“蒴 shuò”中共有2個義項，但無“姓”這個義項。“蒴”這個姓氏在簡帛中常見。例如《長沙走馬樓三國吳簡・竹簡（貳）》第147簡：“嘉禾元年□月十二日楊溲丘蒴陶關邸閣李嵩付倉吏黃諱潘慮。”“楊溲丘”是地名，“蒴陶”為人名，“蒴”為姓氏無疑。因此，《大字典》當補。

增補方面，包括例證補缺、首引例證提前、例證補流。①

第三，應該盡可能及時汲取新刊材料。

《大字典》作為大型語文辭書，無論是編纂還是修訂，都應當及時汲取新材料，從而補充和豐富《大字典》的内容。就簡帛文獻而言，從《大字典》第二版出版至今（即2010年至今），又刊布了不少簡帛文獻，這些簡帛自然也應該及時地被《大字典》所利用。現將《大字典》第二版出版以後至2018年截止，已刊布的大宗簡帛列如下：

楚簡：上海博物館藏楚竹書（2012）、清華大學藏戰國竹簡（2010—2018）。②

秦簡：嶽麓秦簡（2010—2017）。③

兩漢簡：北京大學藏西漢竹書（2013—2015）、④ 肩水金關漢簡（2011—2016）、⑤ 尚德街東漢簡牘（2016）、地灣漢簡（2017）。

三國簡：孫吳紀年簡牘（2011—2018）。⑥

總之，我們希望《大字典》在即將進行的第三版修訂中，能高度重視具有極強文獻真實性的出土簡帛，充分利用這批寶貴文獻，改正原來的有關錯誤，盡可能補

① 例證補缺，如：《大字典·土部》"垩 qiū"："同'丘'。《集韻·尤韻》：'北，或作丘、垩。'"但該義項之下，除《集韻》釋義外，並無例證進行佐證。歷代辭書亦均未有例證。而戰國楚簡中，"丘"下常加形符"土"，即"垩"。例如《包山楚簡》第237－238簡："亯祭簹之高垩，下垩，各一全豢。"顯然，簡帛文獻中的例子可以佐證辭書的解釋。

首引例證提前，如：《大字典·一部》"亞 è"："①同'惡'。《洪武正韻·禡韻》：'惡，亦作亞。'"《大字典》該義項之下所引例證僅有《馬王堆漢墓帛書》，例證時間滯後。其實早在戰國時期，"亞"同"惡"就已有用例。例如《郭店楚簡·老子乙本》第4簡："完（美）與亞，相去可（何）若？"該例證可以提前《大字典》首引例證的時間。

例證補流：《大字典·糸部》"糸 mì"："①細絲。"例證僅為《管子·輕重丁》，下無後世例證。其實，漢代文獻中亦有該義項的用例。如今"糸"不單獨使用，只作偏旁，其"細絲"義用"絲"來表示。現據簡帛可補充其漢代例證，例如《尹灣6號漢墓·遣策》1.6.2："糸履一兩。"

② 由中西書局2010年出版《清華大學藏戰國竹簡（壹）》；由中西書局2011年出版《清華大學藏戰國竹簡（貳）》；由中西書局2012年出版《清華大學藏戰國竹簡（叁）》；由中西書局2013年出版《清華大學藏戰國竹簡（肆）》；由中西書局2015年出版《清華大學藏戰國竹簡（伍）》；由中西書局2016年出版《清華大學藏戰國竹簡（陆）》；由中西書局2017年出版《清華大學藏戰國竹簡（柒）》；由中西書局2018年出版《清華大學藏戰國竹簡（捌）》。

③ 由上海辭書出版社2010年出版《嶽麓書院藏秦簡（壹）》；由上海辭書出版社2011年出版《嶽麓書院藏秦簡（貳）》；由上海辭書出版社2013年出版《嶽麓書院藏秦簡（叁）；由上海辭書出版社2015年出版《嶽麓書院藏秦簡（肆）》；由上海辭書出版社2017年出版《嶽麓書院藏秦簡（伍）》。

④ 由上海古籍出版社2015年出版《北京大學藏西漢竹書（壹）》；由上海古籍出版社2012年出版《北京大學藏西漢竹書（貳）》；由上海古籍出版社2015年出版《北京大學藏西漢竹書（叁）》；由上海古籍出版社2016年出版《北京大學藏西漢竹書（肆）》；由上海古籍出版社2014年出版《北京大學藏西漢竹書（伍）》。

⑤ 由中西書局2011年出版《肩水金關漢簡（壹）》；由中西書局2012年出版《肩水金關漢簡（貳）》；由中西書局2013年出版《肩水金關漢簡（叁）》；由中西書局2015年出版《肩水金關漢簡（肆）》；由中西書局2016年出版《肩水金關漢簡（伍）》。

⑥ 《長沙走馬樓三國吳簡·竹簡（肆）》2012年出版；《長沙走馬樓三國吳簡·竹簡（柒）》2013年出版；《長沙走馬樓三國吳簡·竹簡（捌）》2015年出版；《長沙走馬樓三國吳簡·竹簡（陸）》2017年出版；《長沙走馬樓三國吳簡·竹簡（伍）》2018年出版。

充簡帛材料，及時吸收學界有關研究成果，以提高第三版的質量。

**参考文獻**


國家文物局古文獻研究室. 馬王堆漢墓帛書（第一冊）. 北京：文物出版社，1980.

甘肅省博物館，武威縣文化館. 武威漢代醫簡. 北京：文物出版社，1975.

甘肅省博物館，中國科學院考古研究所. 武威漢簡. 北京：文物出版社，1964.

漢語大字典編輯委員會. 漢語大字典（第二版·九卷本）. 成都：四川辭書出版社，2010.

《漢語大字典》編纂處. 《漢語大字典》編寫細則（內部油印本）. 1982.

湖南省博物館，中國科學院考古研究所. 長沙馬王堆一號漢墓. 北京：文物出版社，1973.

馬王堆漢墓帛書整理小組. 戰國縱横家書（馬王堆漢墓帛書）. 北京：文物出版社，1976.

裘錫圭. 長沙馬王堆漢墓簡帛集成. 上海：中華書局，2014.

睡虎地秦墓竹簡整理小組. 睡虎地秦墓竹簡. 北京：文物出版社，1978.

西南大學出土文獻綜合研究中心. 出土文獻綜合研究集刊（第五輯）. 成都：巴蜀書社，2017.

銀雀山漢墓竹簡整理小組. 孫臏兵法（銀雀山漢墓竹簡）. 北京：文物出版社，1975.

張顯成. 簡帛文獻論叢. 成都：巴蜀書社，2008.


## Misinterpretations of Examples of Bamboo and Silk Literature in *Comprehensive Dictionary of Chinese Characters*

—Based on a Thorough Check

Liu Jie, Zhang Xiancheng

**Abstract**: The third edition of the *Comprehensive Dictionary of Chinese Characters* is on agenda in order to continually improve and update it to better serve the society and the general readers. At this time, we did a full and thorough reading of the examples used in the second edition of the *Comprehensive Dictionary of Chinese Characters*, and have found 447 examples of bamboo and silk literature. After checking each of them, we detected 158 misinterpretations. There are 47 errors about sources of citation. Punctuation errors are as many as 50. The causes of errors are classified into four aspects. Most of these errors are due to the difficulty of interpreting bamboo and silk literature. Moreover, the editors did not pay enough attention to those materials, mainly because they were not familiar with them. Therefore, in the upcoming revised edition, editors should put more emphasis on the interpretation of bamboo and silk literature. They should correct the errors and try to use as much material about bamboo and silk literature as possible to illustrate and establish terms and different meanings of the same word. Meanwhile, they need to include in more new materials and further improve the quality of editing.

**Keywords**: *The Comprehensive Dictionary of Chinese Characters*; examples of bamboo and silk literature; revision

（劉婕，西南大學漢語言文獻研究所；張顯成，西南大學漢語言文獻研究所）

# “脚色”源流考*

汪燕潔

**提　要：**“脚色”[①] 義位豐富，詞形、字音存在分化現象，各辭書處理不一。本文全面梳理“脚色”義位，考索源流，认為應設 8 個義位。“角色”本字當作“脚色”，在語言經濟性原則和明晰性原則的作用下，“角色”習非成是，分化“脚色”的部分詞義。

**關鍵詞：**脚色；義位；義源；角色

“脚色”義位豐富，詞形、字音存在分化現象，各辭書處理不一，如《漢語大詞典》《辭海》《辭源》“脚色”之“脚”均注音“jué”。其中《大詞典》(第 6 卷，10 卷)（2011：1274，1348）分立“脚色”“角色”兩個詞條，詞義有交叉，没有説明二者關係；《辭海》(2009：1191）在義項“傳統戲曲中根據劇中人不同的性別、年齡、身份、性格等而劃分的人物類型”前説亦稱“角色”。《辭源》(2015：3383）也認為“脚色”指傳統劇演員的類别時同“角色”。《近代漢語詞典》(2015：942，1060）没有采用一刀切的處理方式，而是根據“脚色”的不同義位，分别注音“jiǎo/jué”。《現代漢語詞典》(第 7 版）（2016：712—713）把“脚色”作為“角色”的異形詞。各辭書由於功能有别，考察文獻範圍不同，義位設置更是參差不一。“脚色”“角色”的關係前人多有論述，尚無定論。本文重點梳理“脚色”義位，考索源流，並在此基礎上對已有觀點做適當辨正。

## 一、“脚色”義位溯源

### （一）履歷

“脚色”最早見於唐代，如李林甫《唐六典》卷 25：“凡京司應以籍入宫殿門

* 本文承蒙導師楊琳指導，謹致謝忱！

① 文獻中“脚色”記録了三個詞，本文僅討論表履歷義及相關引申義之“脚色”。

者，皆本司具其官爵、姓名，以移牒其官。若流外官丞脚色，並具其年紀、顔狀。”隋唐以下，把無官品、勛級的小官吏稱為“流外官”，這裏的“流外官丞”指無官品、勛級的小官、佐官。文意是説京司流内官入宫所遞履歷只須官爵、姓名信息，而流外官等小官還要注明年紀、顔狀。“脚色”指履歷。圓照集《代宗朝贈司空大辨正廣智三藏和上表制集》卷 6《沙門元晈請度僧表》（大曆十三年，778）：“有姪孝常，早承天澤，謬列崇班，誠無報國之勞，志有出家之行。元晈知其實業，舉不避親。……如天恩允許，請宣付所司，謹具脚色如後。”唐時寺廟正度僧尼需政府頒授度牒，此度僧表即元晈向朝廷舉薦其姪，因此文後需附被薦人履歷。

范德怡（2017）認為上面兩例的“脚色”指（低級官員的）職務、職位，“（丞）承脚色”指頂替職務之意。不確。比較異文北宋王博《唐會要》卷 71《十二衛》：“若流外官雜色人，並具紀年、紀顔狀。”承前“（門）籍”省略，无法補出職位義。北宋歐陽修等《新唐書》卷 46《百官志》：“司門郎中員外郎各一人，掌門關出入之籍，及闌遺之物，凡著籍月一易之。流内記官爵、姓名，流外記年齒、貌狀，非遷解不除。”説的都是流外官等人入宫門籍中登録的履歷信息，跟頂替職務無關。范文的依據是唐時文獻有“脚直”“接脚”等詞，認為其中“脚”都指職務。“脚直”指運輸費用，唐時習用“脚”指跟體力運輸有關的事物，如，疾行傳遞文書或消息的叫“急脚”，搬運貨物的叫“脚家”“脚夫”“脚户”“脚士”，拉縴的船工叫“殿脚”，駕船之人叫“船脚”，挽御車的人叫“輂脚”，運輸費可稱作“脚價”“脚錢”“脚直”“脚費”“脚價銀”等。這些“脚”都不能釋作某種職司、職務。“接脚”指接替、頂替，在具體語境中可指接替某人職務，但“脚”並不對應職務義，只是起到將抽象動作具體、形象化的作用，與後世“接手”“替手”“頂手”“假手”類似。

履歷義“脚色”在近代漢語文獻中用例很多，語源却不甚清楚，目前存在三種觀點：

1. 孫楷第（1965：338—340）認為“脚”指根底、根脚。元鵬飛（2012）、李文琦、查中林（2014）同此，並指出“色”指色貌，“脚色”指“個人根脚信息和顔狀信息的簡歷之義”。唐時“脚”未見單獨表（人）根底的用法，且早期履歷中顔狀並不是必備信息。此説牽强。

2. 范德怡（2017）認為“脚”“色”都指職位，同義聯合之“脚色”最初也指某種具體職位，隨着内涵擴大，引申指官員履歷或文書。根據上文分析可知，“脚”“脚色”之職位義不能成立，内涵擴大説自然站不住脚。

3. 趙建偉（2010：159－167）認為“色”指種類、類别，“脚”與“履”“行”名動相因，“脚色”跟“履歷”“行狀”意思相近。“脚色意即人之出身、履歷按類目填寫；或曰按類目填寫的人之出身、履歷”。但又説“脚”似兼有根底、履歷二義，可見不是很確定。

我們基本贊同趙建偉（2010：159－167）“色”指種類，“脚”跟“履”“行”名動相因的説法。“脚色”指履歷，即人所經歷的事類。“色”有種類義，如唐李百藥《北齊書》卷4《文宣帝紀》：“九月壬申，詔免諸伎作、屯、牧、雜色役隸之徒為白户。”《全唐文》卷211陳子昂《上軍國機要事》：“即日江南、淮南諸州租船數千艘，已至鞏洛，……其船夫多是客户、游手、墮業、無賴雜色人。”“雜色人”指各類服役之人。官階、機構部門、階層等的分類也稱“色”，如《唐六典》卷2：“凡文武百僚之班序，官同者先爵，爵同者先齒。謂文武朝參行正：二王後位在諸王侯上，餘各依官品為序。致仕官各居本色之上。”是説文武百官上朝的班次序列是退職官員在原職本階之上。“凡諸司置直皆有定制，諸司諸色有品直。”“色”“司”對文，都指政府機構。唐長孫無忌《唐律疏議》卷14《户婚》：“雜户配隶諸司，不與良人同類，止可當色相娶，不合與良人為婚。”“當色相娶”是説只能在同一階層内嫁娶，反映了封建社會等級制度的森嚴。“色”還可與“目”“類”等同義連文構成複合詞“色目”“色類”，詳見曹小雲（2014：238，239）。

“脚”提示經歷義，可與“履歷”“行狀”比證。個人的不同經歷都與行動有關，“脚”是人行動最直接的人體部位，古人習慣用“脚”將相對抽象的行為具體化，如“軟脚”“暖脚”指犒勞義，“失脚”比喻受挫折或犯錯誤，“還脚”“回脚”指返回，“試脚”指嘗試，“立脚”指立身，“留脚”“落脚”指停留，“歇脚”指中途休息，“通脚”指通行，“接脚”指頂替。用“脚”提示行動義，表示與之相關的文書憑證的還有如“脚頭簿”。北宋宗賾集《禪苑清規》卷5：“化主歸院，略行人事，款曲打疊施利竟，乃封角小疏目録脚頭簿，並具納施利狀一本，乳藥狀一本，安箱複内，報知事納疏。”寬忍主編《佛學辭典》（1993：1209）釋作“指化主記録其行脚各地勸募的簿册。”《宋會要輯稿·食貨六六·役法》：“詭名挾户之家，於今展限内不自陳首，又無人告論，即從逐縣知縣索諸鄉户長、催税承帖家人脚頭簿，點檢所催税去處，便可照應詭名。”这裏的“脚頭簿”指记録催税人各地催税的簿册。

“脚曆（歷）”指登記經手事務的册子。如北宋李元弼《作邑自箴》卷7《牓耆壯》：“一耆長各置承受簿一面，壯丁置脚曆一道。凡承受諸般判狀、帖、引等，及交付與壯丁繳跋文字，並將簿、曆對行批鑿。内有耆長親自赴縣繳跋者，逐案批收，各須將簿、曆隨身，准備取索點檢。”耆長的職責是負責鄉里的特定執法事務，壯丁是耆長的助手，同時負責在知縣和耆長之間傳遞消息，雙方各置記事簿，有利於相互監督，是縣長約束耆長的一種手段。《宋會要輯稿·方域一一·急遞鋪》：“鋪兵作弊，皆是界首時日不接，無處契勘。近年創立稽察使臣，請給分在交界二州，欲乞委令逐日取責兩抵界鋪傳過文字單狀，稽查時刻，須令相接。……自來界首積弊，前鋪往來不將脚歷與後鋪批鑿，後鋪一例不肯還，以至傳到日時無所稽考。乞將前界不批脚歷、後界不肯批還者，其曹司、巡轄並從徒罪立法。”此處“脚歷”即前“傳過文字單狀”，記録鋪兵傳遞事項、時刻等，便於日後契勘。

“脚引”即路引，指證明身份的通行憑證。明吕坤《實政録》卷 4《民務·遠行丁引》：“某州縣為遠行。照得本州、縣某里、衛、所某百户某人，年若干歲，身長幾尺，無鬚、微鬚、多鬚，方面、長面、瓜子面，白色、黑色、紫棠色，有無麻疤。今由某處某處，前至某處。何項生理。家有父某人，母某氏，妻某氏，子某人、某人，兄某人，弟某人。如無丁引，或有引而脚色不對者，所至店家、隣佑，或在官各色人等，拏赴所在衙門，即以奸盗解回原籍查究。”可見古時遠行路引的細目，其中包含家庭情況、形貌等脚色内容。南宋周必大《文忠集》卷 148《王德探事御筆回奏》：“臣伏準御筆，欲令王德往北界探事，容臣一面呼來，諭以聖意。但携玉爵而歸乃乾道年間，恐歲月已久，未必有脚引之類可以使用，俟問得子細，即續具奏。”此處“脚引”指記録王德乾道年間前往北方的通行證。卷 149《繳進敵中事宜等奏》：“臣等適據錢之望申到敵中事宜并前日蒙聖問郭鈞申弩牙文字，本俟進呈，恭惟聖駕過德壽宫，竊恐怱怱敷奏未盡，謹具繳進，庶經睿覽，其脚引并筆墨無足觀者，或賜宣取，别聽處分。”根據“脚引”可了解本人的身份、履歷情況。金王喆《重陽全真集》卷 10《欲東行被友偷了引相留》：“脚引誰留慢慢收，元來不用這憑由。”明張四維《名公書判清明集》卷 14《懲惡門·約束張家渡乞覓》：“訪聞監渡，從客奸欺百出，除納官錢之外，恣行騙脅，甚者奪攘財物，邀求收贖，方肯付還，違法已甚。……去冬光州徐通判差人歸臨川，自有脚引，輒敢毆打，騙去官會兩貫文。”兩處“脚引”都指證明身份的通行憑證。

后世還有“脚册”“脚本”可指履歷，如明伏雌教主《醋葫蘆》第十一回：“我（小易牙）也拚得罰酒，只把脚册亂道與你們聽：小易牙，小易牙，身伴原無一技佳。一技佳，不惟煮水，且會烹茶。”明齊東野人《隋煬帝艷史》第九回：“口裹吆吆喝喝，就象遞脚册的一般，將從前做奸雄的過惡，一一都亂説出來。”明董説《西游補》第九回：“犯鬼有箇朝臣脚本，時時藏在袖中。”

綜上所述，“脚色”指履歷義，其中“色”指種類、品類，“脚”提示經歷義。跟“履歷”“行狀”等組合名動相因，跟“脚頭簿”“脚歷”“脚引”“脚册”“脚本”等同類聚合。

（二）關於某人的真實情况、消息

出身履歷是一個人的基本信息，真實可靠，可作為入仕、通行等憑證，因此“脚色”由履歷又可泛指關於某人的真實情況、信息。如明馮夢龍《醒世恒言》卷 30：“不想店主人見他們五人五騎深夜投宿，一毫行李也無，疑是歹人，走進來盤問脚色，説道：‘衆客長做甚生意？打從何處來？這時候到此。’”明吴承恩《西游記》第五十二回："（行者）對衆笑道：'……你且放心，待老孫再去查查他的脚色來也。'太子道：'你前啓奏玉帝查勘，滿天世界更無一點踪迹，如今却又何處去查?"兩處"脚色"都可對譯作底細，即關於某人的真實情況。清青心才人《金雲翹傳》（日本淺草文庫藏康熙刊本）第十五回："宦氏愀然不樂，束生則兩泪交涕，而翠翹腸斷涕泣。束生怕露出脚色，便隱几而睡。"清孔尚任《桃花扇》第三齣《鬨丁》："【丑】乾柴只靠一把鋸。【副净】偷樹。【丑】一年到頭不吃素。【副净】醃胙。【丑】啐！你接得不好，倒底露出脚色來。"兩例"露出脚色"都指露出實情。明馮夢龍《警世通言》卷21《趙太祖千里送京娘》："公子正坐與京娘講話，只見外面一個人入來到房門口探頭探腦，公子大喝道：'什麼人敢來瞧俺脚色！'""瞧脚色"即打探消息。《金雲翹傳》（大連圖書館藏順治間刻本）第十三回："束生為此事也托心腹來探問訪察，並無一些風聲脚色回報束生，束生大喜。""脚色""風聲"連文同義，指消息。春風文藝出版社《明末清初小說選刊》本（1983：113）據大連圖書館藏本排印，在"風聲"後斷句，"脚色"不知所云。《金雲翹傳》[①] 現有版本分繁、簡兩系，大連圖書館藏順治間刻本屬繁本，簡本如日本淺草文庫藏康熙刊本、國家圖書館藏嘯花軒刊本。此例簡本都作"束生為此事也差心腹來探訪，并無一些風聲回報束生，束生大喜"。"風聲脚色"簡作"風聲"可與"探問訪察"簡作"探訪"比證。

《近代漢語詞典》（2015：945）把這類用法分列兩個義項：1. 本色；真實身份。2. 蹤迹；底細。《漢語大詞典》（第6卷）（2001：1274）釋義：猶本色，亦指真相或底藴。二典釋義都缺乏概括性。

（三）出身，身份

"脚色"所指履歷包括出身等信息，因此又可特指某種出身、身份，如元胡次焱《梅巖文集》卷8《與貴池縣于丞啟》："長游賢士之關，幸忝龍門之進士。不料青衿子之脚色，而為黄綬吏之頭顱。""青衿子之脚色"指書生身份。明胡應麟《詩藪》外編六《元》："《龍興寺》《明遠堂》等作，老筆縱横，雖間涉宋人，然不露儒生脚色。""儒生脚色"即儒生身份。清謝章鋌《賭棋山莊集》詩八《題黄九烟周星集後》："且署頭銜前進士，忍抛脚色小朝廷。""脚色"對應"頭銜"，指身份。《申報》1875年1月8日第4版《十一月初八日京報全録》："問其頭銜則監司大員，究其脚色則僕從下賤，濫竊名器至于此。"是説出身低賤，冒用他人身份獲取官職。1888年5月25日第2版《賽會滋事》："該處多機坊，織機匠類皆惡少，平時以生事為脚色，以多事為武藝。""脚色"跟"武藝"相對，指本事、本領。該義可能是

① 參考董文成.《金雲翹傳》版本考——《金雲翹傳》芻論之一《明清小説論叢》第2輯《才子佳人小説述林》. 沈陽：春風文藝出版社，1985.

方言用法，今仍見使用，如上海話可指為人處世的本領；福州話指人的本領；寧波、婁底、萍鄉等地方言指為人處世的能力，多指人的心性或行為的利害、精幹程度；寧波話“嘸脚色”指没有處世、理家等的才能（李榮，2002：3906，5478）。身份是個人能力的象徵，故有此引申。

（四）具有某種身份的人

“脚色”由出身履歷又可轉指具有某種身份的人。如南宋徐夢莘《三朝北盟會編》卷78：“（靖康二年正月三十日，1127）又取畫匠百人，醫官二百，諸般百戲一百人，教坊四百人，……儀仗、内家樂、女樂，大晟樂器、鈞容班一百人並樂器，内官脚色，國子監書庫官，太常寺官吏，秘書省書庫官……”“内官脚色”即内官，跟“國子監書庫官”“太常寺官吏”“秘書省書庫官”等官吏並列。此條記述金軍破汴京城，大肆掠奪的情景。相關論述文獻中多見，如北宋陳東《靖炎兩朝見聞録》卷上：“（靖康二年正月二十七日，1127）金人索郊天儀仗、法服、鹵簿、冠冕、乘輿，種種等物，及臺省寺監官吏、通事、舍人、内官，數各有差。”“内官”即内侍，掌管宫廷内部事物，由宦官充當。比較南宋李心傳《建炎以來繫年要録》卷1：“（建炎元年，1127）乙卯，金人來索内侍、伶官、醫工、妓女、後苑作、文思院、修内司、將作監工匠，廣固搭材役卒、百工伎藝等凡數千人。”《三朝北盟會編》卷77：“（靖康二年正月二十五日，1127）金人求索諸色人金銀，求索御前祗候方脉醫人、教坊樂人、内侍官四十五人。”

《張協狀元》第一齣：“慈鴉共喜鵲同枝，吉凶事全然未保。以恁唱說諸宫調，何如把此話文敷演。後行脚色，力齊鼓兒，饒个攛掇，末泥色饒个踏場。……【生】後行子弟，饒箇燭影搖紅斷送。”“後行脚色”即後行子弟。劉曉明（2007：226）認為這裏的“脚色”應是在其具有行當義之後的泛用，行當義至少産生在南宋末甚至更早。此說文獻中找不到根據，且“脚色”由身份履歷引申指對人身份的分類很自然，無須非得由行當義泛用而來。

龍潛庵《宋元語言詞典》（1985：832）把這裏的“脚色”釋作演員、樂員等的名稱類别，參證舉北宋錢易《南部新書》卷10引唐《盧氏雜説》：“有官人衣緋，於中書門祗候見宰相求官。人問前任，答曰：‘某屬教坊，作西方師子脚來三十年。’”認為這裏的“脚”指角色義。不確。例句説的是此人曾是教坊伶人，表演的是舞獅子，“作西方師子脚”指充當獅子的脚。唐代文獻有關於舞獅子的詳細描寫，如白居易《白氏長慶集》卷4《西凉伎》：“西凉伎，假面胡人假師子。刻木為頭絲作尾，金鍍眼睛銀帖齒。奮迅毛衣擺雙耳，如從流沙來萬里。紫髯深目兩胡兒，皷舞跳梁前致辭。”敦煌文獻中也有舞獅的記載，如《二月八日逾城文》P2058：“狻猊後行，奮迅而矯尾。”“狻猊”即獅子。《穆天子傳》卷1：“狻猊□野馬走五百里。”晉郭璞注：“狻猊，師子，亦食虎豹。”舞獅子的動作核心是舞人脚上的各種跳躍動作，唐徐堅《初學記》卷15《樂部·雜樂第二》引隋薛道衡《和許給事善心戲場轉韻》："抑揚百獸舞，盤跚五禽戲。狻猊弄斑足，巨象垂長鼻。"這裏的"斑足"由人穿"畫衣"充當。新疆吐魯番阿斯塔那336號唐墓出土了一件"彩繪舞獅俑"，獅披栩栩如生，罩在兩個舞人身上，下部只能看到二人腿脚，與今舞獅形製相當。"作西方師子脚"《太平廣記》卷261《嗤鄙四·教坊人》引作"作西方師子左脚"，説明"脚"即獅脚，而非角色義。"脚色"指某類身份的人跟後來用作戲曲人物分類一脈相承。

方言中"脚色"又指具有某種能力的人，如績溪、上海話指善於為人處世、精明能幹者；杭州話比喻精明能幹的人；建甌話指有本事的人；南昌話指有相當活動能力的人（李榮，2002：1874，3906）。

（五）戲曲行業術語，指戲曲中人物的分類；演員；劇中人物

"脚色"作為戲曲行業術語，最早出現在明末，例句如下：

(1)【旦】呀，今日為何不帶金屏過來？【老小旦】他有病在家。【丑】你每不要説謊，因方纔落場，脚色翻不及了，故此不來。（明沈璟《雙魚記》第十六齣《拒媾》，明繼志齋刊本）

(2)【金舅】新官人不須做客，令岳這裏雖則山居，頗知禮敬。因甥文到來，特尋郡中第一班梨園管待新客。【末】絶妙的，若是脚色少，學生也在裏頭。【小生】休説本相。（明沈自晉《望湖亭記》第二十三齣《迎婚》，明末刊本）

(3)【丑】倘肰要我畫供，原是小花面脚色，自家非别，姓張排行小乙。（明許恒《筆耒齋訂定二奇緣傳奇》第三齣《惡識》，明末刊本）

(4)凡南劇，第一要事佳；第二要關目好；……第八要各脚色分得匀妥；第九要脱套；第十要合世情、關風化。持此十要以衡傳奇，靡不當矣。（明呂天成《曲品》卷中）

(5)蓋仁兄不出山則已，出則無論在邊在腹，處難處易，必須少露精采，如傀儡場中，業已扮出脚色，須高唱一回，狠做一摺，使坐客動容，旁觀喝彩，庶不孤負一番粧束。（明姚希孟《文遠集》卷23《書牘·劉大參達生》，崇禎刻本）

以上各例"脚色"都指戲曲人物分類的總稱，就其理據目前存在三種觀點：

一種觀點認為"脚色"作為戲曲人物分類的總稱，是借用履歷義之"脚色"。戲曲中"脚色"是按照劇中人物的不同性别、年齡、身份、性格等，劃分成不同人物類型。這跟履歷的作用相當。此觀點從者甚夥，如徐扶明（1981：286）、劉曉明（2007：226）、元鵬飛（2009）、文琦，查中林（2014）等。王國維《古劇脚色考》

（1984）已有相關表述：

> 唐中業以後乃有參軍、蒼鶻，一為假官，一為假僕，但表其人社會上之地位而已。宋之脚色，亦表所搬之人之地位、職業者為多。自是以後，其變化約分為三級：一表其人在劇中之地位，二表其品性之善惡，三表其氣質之剛柔也。

一種觀點（安利，2009）認為“脚”“色”本可單獨指戲曲中人物類型，後在雙音化趨勢影響下聯合成“脚色”，又説“脚色”表個人履歷對戲曲脚色的特徵有很大影響。觀點摇擺不定。

還有一種觀點（范德怡，2017）認為“脚色”作為戲曲演員的分類，是從“脚”“色”“脚色”指官職、職司義引申而來。“脚”“脚色”没有職司義，詳見上文。

我們基本贊同第一種觀點。“脚色”指出身履歷，是封建社會選舉人才的標準，如北宋陳襄《古靈集》卷6《選差京朝官知縣狀》：“凡有若干將合入本路分人揀選脚色，舉主多有勞績，或曾係臣僚，奉勅奏舉素有才望之人，不依名次保明超授謂之繁劇選差。其次雖有難治之邑，但封疆濶遠主户及三萬以上者，並於以次脚色内銓擇，謂之選差。”現實社會可以根據“脚色”選材，戲曲是對現實的反映，也可依據“脚色”劃分演員所扮之人物類型。正如清廖志灝《燕日堂録》卷2《送祝堯采赴秋闈序》所説：“科名者猶戲場中脚色也，人各有本然脚色。中行之士不可為鄉愿，猶生旦之不可以為净丑。”

試比較下面三組例子：

A組：

> 不料青衿子之脚色，而為黄綬吏之頭顱。（元胡次焱《梅巖文集》卷8《與貴池縣于丞啟》）
>
> 不露儒生脚色。（明胡應麟《詩藪》外編六《元》）
>
> 汝到彼處，不可露出道士脚色。（明清溪道人《禪真逸史》第十三回）
>
> 【牧犢歌】鄉科脚色正堂銜，考察愁填老疾貪。（清吴偉業《秣陵春傳奇》第三十六齣《縣彈》）
>
> 主人替他做個吏員脚色，揀個絶好縣分，選了主簿出來。（清李漁《連城璧》丑集）

B組：

> 内官脚色（南宋徐夢莘《三朝北盟會編》卷78）
>
> 後行脚色（《張協狀元》第一齣）

把杏花娃、天生官、金鈴兒，再揀幾個好臉兒旦脚，叫幾個在內，就是唱不慣有牌名的崑調，叫他們扮丫頭脚色，捧茶下酒，他們自是熟的。（清李海觀《歧路燈》第九十三回）

我並不會搊箏撥阮，打鼓吹笛。念不的諸般院本，唱不的各樣雜劇。若論要打觔陡，我一箇觔陡足打十萬八千餘里，為甚麼如此？自小裹是觔陡脚色出身。（明佚名《八仙過海》頭折，民國《孤本元明雜劇》本，明脈望館鈔本"脚色"作"色"）

C組：

李公幫襯甚妙，不該是花面脚色，小姐可以免提。（明周朝俊《紅梅記》第三十二齣《速訟》，明末刻玉茗堂評本）

吴門伶人張錦為二面脚色。（清齊學裘《見聞隨筆》卷13《伶人張錦死節》）

凡以正生、小生及外末脚色而為君子者，照舊衣青圓領；惟以净丑脚色而為小人者，則著藍衫。（清李漁《閑情偶寄》卷5《衣冠惡習》）

A組"脚色"指出身、身份，前接"青衿子""儒生""道士""鄉科""吏員"等具體身份。B組"脚色"指具有某類身份的人，前仍接表身份的限定詞。C組"脚色"專門用於戲曲中人物的分類，"花面脚色""二面脚色"即花面、二面。"脚色"指出身、履歷的分類功能及出現在具體身份名詞之後的分佈環境，為其專指戲曲人物的分類提供了句法語義條件。

"脚""色"也可單獨使用指戲曲人物分類。"色"用於分類，古已有之，用作教坊樂工優伶職能的分類，如南宋吴自牧《夢粱録》卷20《妓樂》："散樂傳學教坊十三部，唯以雜劇為正色。……色（有）歌板色、琵琶色、箏色、方響色、笙色、龍笛色、頭管色、舞旋色、雜劇色、參軍等色。"南宋灌圃耐得翁《都城紀盛·瓦舍衆伎》："舊教坊有篳篥部、大鼓部、杖鼓部、拍板色、笛色、……雜劇色、參軍色。色有色長，部有部頭。"其複音詞"部色""色目"也有此類用法，如明王驥德《曲律》卷4《雜論第三十九》："嘗戲以傳奇配部色，則西厢如正旦，色聲俱絶不可思議；琵琶如正生，或峨冠博帶，或敝巾敗衫，具嘖嘖動人。"明胡應麟《少室山房筆叢》辛部《莊嶽委譚下》："蓋旦之色目，自宋已有之而未盛，至元雜劇多用妓樂，而變態紛紛矣。"

"脚"指戲曲人物分類，最早見於元末夏庭芝《青樓集》："雜劇則有旦、末。旦本女人為之，名粧旦色；末本男子為之，名末泥。其餘供觀者，悉為之外脚。"又"大都秀：姓張氏，其夫張七，樂名黄子醋，善雜妓（劇），其外脚櫬亦妙。""外脚櫬"即外脚襯，即在場上只演不唱，襯托正色，《古今説海》本作"外脚供過”。“脚”泛指某一類人宋時已見，如北宋蘇軾《東坡集》卷12《和王鞏六首並次韻》其二：“君生紈綺間，欲學非其脚。”北宋唐庚《眉山唐先生文集》卷18《寄杜蓬州》：“君家自是箇中脚，會道春從沙際歸。”南宋妙倫述，文寶等編《斷橋和尚語録》：“師拈云：空照老人打箇獨脚雜劇，觀者雖衆，笑者還稀。”金董解元《古本董解元西厢記》卷5：“紅娘聞語把牙兒咬：‘怎得條白練，我敢絞煞這神脚!’”明楊士奇等輯《歷代名臣奏議》卷67元鄭介夫《上奏一綱二十目》[①]：“或有生脚而至者，以文學結交，决難投合；非禮物贄見，何足動人？又豈貧者之所能辦?”用作戲曲人物分類順理成章，因此不應看作“脚色”的省略。有人認為“脚色”指戲曲人物分類是脚、色同義聯合，我們也不認同。“脚色”能引申指具有某種身份的人，根據詞例引申的規律，自然也能跟“脚”一樣，用於戲曲人物分類。“家門”亦可資比證。南戲和傳奇開場有自報家門，即“念脚色”，元陶宗儀《南村輟耕録》卷25《打略拴搐》中列有“和尚家門”“秀才家門”“大夫家門”“卒子家門”“孤下家門”“司吏家門”等，此處“家門”已有對劇中人物分類的性質，徐扶明（1987：140—157）説：“這裏家門，乃是演員扮演人物類型的名稱。和尚家門，扮演和尚一類人物。”到了昆曲中，“家門”成為行當的同義詞，吴新雷主編《中國昆劇大辭典》（2002：565）列有“角色家門”條，“專指劇中脚色（角色）的門類，昆劇稱為‘家門’，古稱‘部色’。近代昆劇的角色家門分生、旦、淨、末、丑五大類，派生二十個基本的細家門……昆劇角色家門的内涵十分豐富，它的分類除了主觀審美意識外，大致以角色的性别、年齡、身份、地位、性格、氣質等諸因素逐步完善發展而形成。”到了清代，“脚色”的概念深入人心，“脚”“色”“脚色”並行不悖，前二者多是跟具體行當聯合組成雙音節詞，如雜脚、外脚；旦色、末色等。因此，從歷時的角度來看，“脚”“色”“脚色”指戲曲中人物的分類，各有所本，不應簡單釋作省略，或同義聯合。

脚色“是因演員設置分工而劃分、安排的劇中人物的分類，同時又是按劇中人物分類而安排、劃分的演員分工”（洛地，1984），是連接演員和劇本人物的中介。因此，在具體語境下既可指演員，又可指劇中人物。如清吴敬梓《儒林外史》第十四回：“他是一個老梨園脚色。”清曹雪芹《紅樓夢》（程乙本）第九十三回：“直等這齣戲煞場後，更知蔣玉函極是情種，非尋常脚色可比。”程甲本作“戲子”。清李漁《連城璧》子集：“原來就是當日那一班，只换得一生一旦。那做生的脚色就是劉絳仙自己，做旦的脚色乃是絳仙之媳，藐姑之嫂。”以上“脚色”都指演員。明利瑪竇《天主實義》下卷：“人生世間，如俳優在戲場所為俗業，如搬演雜劇……

① 題目為筆者所加，參考邱樹森、何兆吉輯點：《元代奏議集録（下册）》，杭州：浙江古籍出版社，1998年。

俳優不以分位高卑長短為憂喜，惟扮所承脚色雖丐子亦真切為之，以中主人之意耳。”“脚色”指乞丐等劇中人物。清錢泳《履園叢話·笑柄·牡丹亭脚色》：“乾隆庚辰一科進士，大半英年，京師好事者以其年貌各派牡丹亭金本脚色，真堪發笑。如狀元畢秋帆為花神，榜眼諸重光為陳最良，探花王夢樓為冥判侍郎……”“牡丹亭脚色”即花神、陳最良、冥判侍郎等劇中人物。《申報》1888年12曰22日第1版《説戲》：“宇宙一戲場也，古今一戲局也，君臣、父子、夫婦、昆弟，以至僕隸、輿臺，一戲中之脚色也。惻隱羞惡，恭敬是非，以至忠孝節義，一戲中之關目也。”把現實中的人比作戲中人物。

（六）泛指某一類人

“脚色”作為戲劇行業術語漸為人熟知，清代突破行業束縛，逐漸成為全民用語，泛指某一類人。如李斗《揚州畫舫録》卷5《物部下·飛潛走三事》：“而其中要緊脚色，則為踢兔之人，為先路之導，步踏草地，見兔苗，假咳以為暗號，而鷹犬齊來。”“要緊脚色”指重要的人、關鍵人物。盛宣懷《愚齋存稿》卷79《電報五十六·寄端大臣》：“彼云包辦鉅工，必先從難工動手方能省費省時，真是老脚色。”“老脚色”謂有經驗的人。此外还有如吴敬梓《儒林外史》第四十五回：“他家一門都是龍睁虎眼的脚色，只有三老還是個盛德人。”劉鶚《老殘游記》卷9：“韓昌黎是個通文不通道的脚色，胡説亂道，他還要做篇文章叫做《原道》，真正原到道反面去了。”沈起鳳《諧鐸》卷9：“女從旁微哂曰：‘吾謂狀元是千古第一人，原來只三年一個，此等脚色也向人喋喋不休，大是怪事。’”以上“脚色”都可與人對譯。

潮陽、梅縣話中有“脚分”（許寶華、［日］宮田一郎，1999：5648；李榮，2002：1597），厦門、海丰、揭陽等地有“脚數”（李榮，2002：3915；許寶華、［日］宮田一郎，1999：5653、6662），意思跟“脚色”相當；汕頭、潮州“是脚是數”形容很能幹，是個好把式（許寶華、［日］宮田一郎，1999：4162）。“分”有名分、位分義，用於分類，可與“身份”“脚色”比證。“數”有次序、等級義，亦可用於分類。

## 二、“脚色”還是“角色”

“脚”“脚色”文獻中或作“角”“角色”。如清隨緣下士《林蘭香》第六十三回：“夢卿係正旦，耿懷係外角，其餘旦雜角色，係外角單唱。”“不但别人的角色不準，連耿朖、夢卿都變作小生、小旦。”清李寶嘉《官場現形記》卷24：“賈大少爺便趁空同奎官咬耳朵，問他現在多大年紀，唱的甚麼角色……奎官一一的告訴他，今年二十歲了，一直是唱大花臉的。”“角色”對應大花臉。清韓邦慶《海上花》第四十五回："《長生殿》其餘角色派得鑾匀，就是個正生《迎像》《哭像》兩齣喫力點。"以上"角""角色"都指戲曲人物的分類。清徐珂《清稗類鈔·音樂類》："步瀛素滑稽，書中角色雖多，能秩然不紊，各如其身分而止。""角色"指書中人物。清曾樸《孽海花》第三十五回："要創立整個的新政治，非用徹底的新人物不可。像我們這種在宫庭裏旅進旅退慣的角色，儘管賣力唱做，掀帘出場，决不足震動觀衆的耳目。""角色"指演員。

通過前文對"脚色"詞義的梳理可知，"角色"應為"脚色"之借字。"脚""角"語音近似，在《中原音韻》中同屬見母蕭豪韻，入聲作上聲，文獻中不乏通用例，如元楊朝英輯《朝野新聲太平樂府》卷 8《套數三》王氏《粉蝶兒·寄情人·鬬鵪鶉》（元刊本）："愁多似山市晴藍，泣多似瀟湘夜雨。少一箇心上才郎，多一箇角頭丈夫。"明刻本作"脚頭丈夫"。"陣脚"或作"陣角"，"傻角"應為"傻脚"（楊琳，2013）等。

有人持相反觀點，如《田水月山房北西廂藏本》第一折第三套明徐渭眉批："宋人謂風流藴藉為角，故有角妓之名。今雜劇尚有外角，其遺語也。"清徐珂《清稗類鈔·優伶類·角色》："俗稱娼優之著名者曰角色，亦曰名角。蓋古有角妓，以藝相角勝為優劣，故今謂娼優等色藝足以自樹一幟者曰角色。"二者對"角妓"的語源理解有誤。洛地（1984）認為此"角"指"脱穎錐出、展露首角者"，可從。"角"有突出的特點，可形容突出、出衆的事物，如北宋葉適《水心先生文集》卷 6《題椿桂堂》："辭華標角人力能，科名均齊天所興。""標角"指出衆。北宋劉斧《青瑣高議》前集卷 10《王幼玉記》："王生名真姬，字仙才，小字幼玉。本京師人，隨父流落湖外，家於衡州，女弟兄三人，皆為名娼，而真之顔色、歌舞角於倫輩之上，群妓亦不敢與之争高下。""角"指特出、超出。南宋孟元老《東京夢華録》卷 5《京瓦伎藝》："崇、觀以來，在京瓦肆伎藝，張廷叟《孟子書》；主張小唱：李師師、徐婆惜、封宜奴、孙三四等，誠其角者。""角"指出類拔萃者。南宋吴自牧《夢粱録》卷 20《妓樂》："或官府公筵及三學齋會，縉紳同年會、鄉會，皆官差諸庫角妓祗直。自景定以來，諸酒庫設法賣酒，官妓及私名妓女數内，揀擇上中甲者。"根據文意可知，官庫的角妓都是從官、私妓女中擇優選出的。南宋陳鵠《耆舊續聞》卷 4："許下士夫云：章子厚當軸，喜罵士人，常對衆云：'今時士人如人家婢子，纔出外求食，箇箇要作行首。'張天覺在旁云：'如商英者，莫做得一箇角妓否？'章笑，久之遂遷。""角妓"對應"行首"，明徐渭《南詞叙録》："行首，妓之貴稱，居班行之首也。"因此，"角妓"應指色藝出衆的伶人①。雜劇中的

① 《漢語大詞典》（第 10 卷）（2011：1349）釋作"古代藝妓"，《辭海》（2009：1188）釋作"古稱藝妓"，《辭源》（2015：3770）釋作"古之藝妓"，不確。《國語辭典》（1948：2001）釋作"稱妓之以藝著者"，是。

“外角”相對於正色而言，處於配角地位，與“角妓”之出衆不符。考察文獻可知，“脚（角）色”既有著名角色、重要角色、頭等角色、馳名角色、一等角色，又有二三路角色、小角色、零碎角色、尋常脚色等稱呼。如要强調著名，須前加修飾語組成複合詞如“主角”“要角”“名角”等，若这裏的“角”已有著名義，則語義重複。特指倡優之著名者，僅出現在個別語境中，且出現較晚，如清韓邦慶《海上花》第六回：“耐阿曉得有個叫黄二姐，就是翠鳳個老鴇，從娘姨出身做到老鴇，該過七八個討人，也算得是夷場浪一擋脚色啘。”第十五回：“就像耐楊媛媛，也是擋角色啘，夷場浪倒是有點名氣哚。”

曲藝界還有個詞叫“角兒”，現在一般指著名演員，如黄均、徐希博主編《京劇文化詞典》(2001：13)：“行話。京劇界對優秀演員的習稱。”張文瑞（2013)：指演員憑藉個人劇藝水平和能力得到觀劇者認可進而喜愛、並享譽著名者。根據我們的考察，“角兒”最早見於清末，清末民初的報紙上多有使用，跟“角色”詞義相當，既可指劇中人物，又可指演員。如《大公報》1904 年 1 月 8 日第 3 版《指明婦女纏足不是正道的憑據》：“要説聽戲，大概人人都懂得，你們看那戲中裝扮的女角兒，凡是青衣裝扮的，全是古時的正經人；凡是花旦裝扮的，全是不正經的人。”《申報》1924 年 7 月 3 日第 24 版《粤劇雜談（三)》：“(淨末）除與總正生所飾同様之角兒外，惟《楊家將》中佘太君則為其專一焉。”1926 年 4 月 4 日第 20 版《全部隋煬帝看瓊花陸地行舟》：“他（劉漢臣）飾兩個重要角兒，頭本羅義，二本伍雲召，二者均是隋朝不貳的忠臣。”以上“角兒”都指劇中人物。《申報》1907 年 9 月 26 日第 7 版《春桂茶園》：“特煩全班角兒准唱兩齣頭好戲。”“全班角兒”即全班演員，比較《申報》1879 年 10 月 6 日第 5 版《金桂茶園》：“全班角色，文武合演。”《大公報》1917 年 10 月 2 日第 2 版《洪水禍津中之中秋景》：“幸該署署長尚明白，以戲子亦有苦衷，未便抑勒太甚，遂將肇事之巡警革退，命該園主暫時歇鑼，仍許無家可歸之零碎角兒居住於戲臺上。”比較 1924 年 12 月 25 日第 8 版《劇談・鳳雅仙之珠簾寨》：“此劇已開幕許久，零碎角色，胡鬧一陣。”《大公報》1922 年 5 月 27 日第 11 版《劇談・梨園叢話》：“凡新角登臺之前，鼓手、琴手須與角兒互説調子、場法異同，謂之説戲。况老孫（孫菊仙）為名角，資格最老，鼓手、琴手例應先請説戲，而余（余瞎子）則不甚接洽。”此例“角兒”與“名角”對舉，泛指演員。常錫楨《北京土話》(1992：78）收有“角兒”一詞，釋作“演員、角色”，亦可證。

“角兒”在具體語境中也可特指名角，如《申報》1919 年 6 月 1 日第 5 版《丹桂第一臺》：“雖是登場的時候甚早，而重要人物皆由角兒演唱，全神貫注，分外好看。”1923 年 10 月 19 日第 12 版《丹桂第一臺禮聘著名震環球超等藝員程艷秋、郭仲衡》：“郭侯王、曹文吴都有份，濟濟名士，滿是角兒。”1924 年 5 月 17 日第 9

版《漢光武》："原來排新戲最容易犯角兒上的那場拼命火爆，反是的幾場任意敷衍的通病。你想角兒那裏能够場場上，那末凡是角兒不上的場子還堪寓目麽?"1927年9月2日第20版《毛氏父女熱心公益》："我同石川、矜蘋、洪深、萬蒼諸君知老戲班中規矩，越是角兒，越不肯輕易出臺，上海游藝會雖多，名角登臺却不多。"1927年12月16日第19版《禮拜六破例登臺》："京角兒禮拜六向來是不上臺的，廿四適值禮拜六，是慧生最後挽留期内的第二天，本臺主因為便利看戲的諸君們起見，再商請慧生，要求他於禮拜六破例登臺，情商數次，方蒙應諾。"

"角兒"從泛指演員到特指名演員，符合詞義從一般到個别的演變規律，"角色""人物"等詞可資比證。具體演變動因可能有三個方面：1. 民國以後，隨着商業性戲園和報刊業的興起，京劇組織形式發生變化，"角兒制"取代"脚色制"（解玉峰，2006），名角成為班社的核心和社会追捧的對象。2. 反映在語言中，名角成為各劇團利用報刊宣傳的焦點，常見宣傳語如"名角兒""紅角兒""好角兒""大角兒""有名角兒""著名角兒""頭牌角兒""上等角兒""一等一的角兒""大名鼎鼎的角兒""文武全才的角兒""唱做兼全的角兒""馳名遠近之好角兒"等。3. "角兒"是兒化詞，具有喜愛、親昵的正面語義色彩（趙曉慶、麻永玲，2017）。

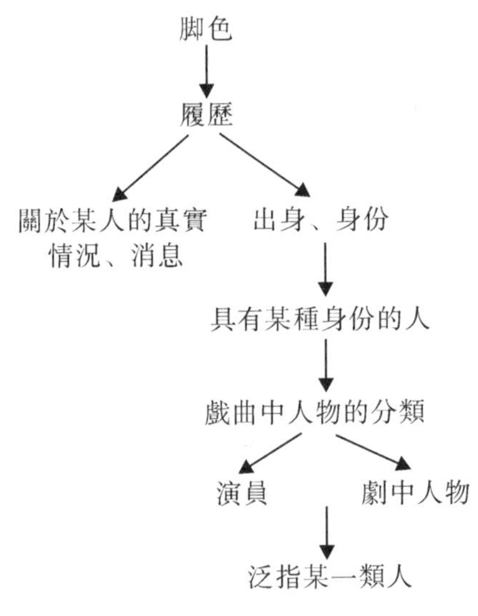


**"脚色"詞義引申序列**

綜上，我們全面梳理了"脚色"各義位的義源，認為詞典中應設8個義位：1. 履歷；2. 關於某人的真實情況、消息；3. 出身，身份；4. 具有某種身份的人；5. 戲曲中人物的類别；6. 演員；7. 劇中人物；8. 某一類人。"角色""角兒"中"角"的本字是"脚"，在語言經濟性原則和明晰性原則的作用下，現代漢語中"脚色"的語音、字形出現分化。語音方面，北京話中"脚""角"存在文白異讀（王力，1980：150），戲曲行業術語選取更為典雅的文讀音"jué"，與身體詞"jiǎo"

區分開來。字形方面，“角色”分化“脚色”的部分詞義。根據趙曉慶、麻永玲（2017）的考察，今作為戲曲專業術語，“脚色”指戲曲行當義，“角色”指劇中人物、戲曲演員義。作為全民用語，指生活中的某一類人一般也用“角色”，故《現代漢語詞典》（2016：712）等辭書把“角色”列為主詞條。

## 参考文獻


安利. 脚色·戲曲脚色·角色之正名研究. 牡丹江大學學報，2009（3）.

白維國主編. 近代漢語詞典. 上海：上海教育出版社，2015.

曹小雲. 漢語歷史詞彙研究. 合肥：安徽大學出版社，2014.

常錫楨. 北京土話. 北京：文津出版社，1992.

董文成.《金雲翹傳》版本考——《金雲翹傳》芻論之一.《明清小説論叢》第2輯《才子佳人小説述林》. 沈陽：春風文藝出版社，1985.

范德怡. 脚色：官員職司、履歷與民間常用語. 戲劇藝術（上海戲劇學院學報），2017（4）.

漢語大詞典編纂處. 漢語大詞典. 上海：上海辭書出版社，2011.

何九盈，王甯，董琨主編. 辭源（第3版）. 北京：商務印書館，2015.

黄均，徐希博主編. 京劇文化詞典. 上海：漢語大詞典出版社，2001.

寬忍主編. 佛學辭典. 北京：中國國際廣播出版社；香港華文國際出版公司，1993.

李榮主編. 現代漢語方言大詞典. 南京：江蘇教育出版社，2002.

李文琦，查中林. “脚色”和“角色”詞語探微. 牡丹江師範學院學報（哲學社會科學版），2014（2）.

劉曉明. 雜劇形成史. 北京：中華書局，2007.

龍潛庵. 宋元語言詞典. 上海：上海辭書出版社，1985.

洛地. “一正衆外”“一角衆脚”——元雜劇非脚色制論. 戲劇藝術，1984（3）.

青心才人編次，李致忠校點. 金雲翹傳. 沈陽：春風文藝出版社，1983.

邱樹森，何兆吉輯點. 元代奏議集録（下册）. 杭州：浙江古籍出版社，1998.

孫楷第. 滄州集（下）. 北京：中華書局，1965.

王國維. 古劇脚色考//王國維戲曲論文集. 北京：中國戲劇出版社，1984.

王力. 漢語史稿（上册）. 北京：中華書局，1980.

吴新雷主編. 中國昆劇大辭典. 南京：南京大學出版社，2002.

夏征農，陳至立主編. 辭海（第6版）. 上海：上海辭書出版社，2009.

解玉峰. 論角兒制. 中央戲劇學院學報，2006（1）.

徐扶明. 元代雜劇藝術. 上海：上海文藝出版社，1981.

徐扶明. 試論明清傳奇付末開場. 中國古典小説戲曲論集（第2輯）. 上海：上海古籍出版社，1987.

許寶華，［日］宮田一郎主編. 漢語方言大詞典. 北京：中華書局，1999.

楊琳. "燒包"考源. 勵耘學刊（語言卷），2013（1）.

元鵬飛. "脚色"與"雜劇色"辨析. 戲劇藝術，2009（4）.

元鵬飛. 中國戲曲脚色新論. 藝苑，2012（1）.

張文瑞. 舊京伶界漫談（十二）：捧角兒. 文史知識，2013（10）.

趙建偉. 從喜尚禁忌看脚、角、班、社的替代轉換. 中國古典戲曲概念範疇研究. 北京：文化藝術出版社，2010.

趙曉慶，麻永玲. "脚色"與"角色". 辭書研究，2017（1）.

中國大辭典編纂處. 國語辭典. 上海：商務印書館，1948.

中國社會科學院語言研究所詞典編輯室. 現代漢語詞典（第 7 版）. 北京：商務印書館，2016.

## Research on the Meaning and Origins of "*jiǎo sè*"（脚色）

Wang Yanjie

**Abstract**: The word "*jiǎo sè*"（脚色）has many meanings, and various characters and pronounciations. Dictionaries deal with it in no conformed way. This thesis makes a comprehensive textual research on this problems and discovers that the word "*jiǎo sè*"（脚色）used to have 8 meanings. According to the principle of linguistic economy and clarity, "*jué sè*"（角色）gradually got some meanings of "*jiǎo sè*"（脚色）.

**Keywords**: "*jiǎo sè*"（脚色）; meaning; etymology; "*jué sè*"（角色）

（汪燕潔，安徽師範大學文學院）

# 雲南昭通“趣馬門”音義考辨*

蔡欣然

**提　要：** 鄂爾泰作《昭通四門記》説明了昭通四個城門的命名由來，其中“趣馬門”音義較為特別，不容易理解。“趣馬”來自《周禮》，雖然只是掌管王馬的小官，但因為接近君王，所以於君王安危、國家興替意義重大，鄂爾泰以“趣馬”自況，並借此表達自己的治國理念。“趣馬”之“趣”不讀 qù，文獻傳承讀倉苟切（cǒu），現代詞典均注音此音，當遵依。

**關鍵詞：** 鄂爾泰；趣馬；注音

雲南昭通城内有個牌坊，上書“趣馬門”三字。趣馬門清代即位於昭通城市核心地帶，這裡一度遍佈清代各地會館，在昭通古城形成了豐富的清代古建築群落。現在的趣馬門南面是旅游休閒區、商業步行街、昭通市政府，東面是昭通大道、省耕國學文化公園。作為昭通市的風景點和交通樞紐，“趣馬門”在當地知名度很高，出現在人們日常語言交際的機會也很多。但這“趣馬門”是何含義？普通民眾不會深究。其中“趣”字該讀何音？絕大多數市民也可能並不熟悉。“趣馬門”三字，昭通市各類地圖、宣傳資料地名拼音均做 qumamen，公交車地名播報以及普通民眾稱呼均讀作 qùmǎmén。在介紹昭通市城市發展歷史時，經常抚镇门、敉宁门、济川门、趣马门並稱，這時可能單獨為“敉”字注音 mǐ，其餘不注音，（如中國國家地理網《昭通城市發展史之昭陽區》）即默認“趣马门”無特殊讀音。本文將主要對“趣馬”的意義以及“趣馬”之“趣”的讀音作一番考辨。

## 一、鄂爾泰與《昭通四門記》

要瞭解“趣馬門”音義，首先必須瞭解清代雲南總督鄂爾泰及其《昭通四門

* 本文是國家社科基金重點項目“現代辭書漢字注音研究”（19AZD041）階段性成果。

記》。

鄂爾泰（1680—1745），字毅庵，姓西林覺羅氏，滿洲鑲藍旗人。清朝中期名臣，與田文鏡、李衛並稱清雍正帝心腹。雍正三年（1725）晉升為廣西巡撫，赴任途中改封為雲南巡撫，而實際上行使雲貴總督職權。雍正四年鄂爾泰獲得總督實職，加兵部尚書銜，六年改任雲貴廣西三省總督，次年加銜少保，十年應召至京，任保和殿大學士，居內閣首輔地位。後又以"改土歸流"之功晉封伯爵，出任總理事務大臣。乾隆元年為欽點會試大總裁，又兼任軍機大臣、領侍衛內大臣、議政大臣、經筵講官，管翰林院掌院事，加銜太子太傅，國史館、三禮館、玉牒館總裁，賜號襄勤伯。乾隆十年（1745）病逝，享年六十六歲。

鄂爾泰主要政績是在西南地區推行"改土歸流"。雍正四年（1726）鄂爾泰調任雲貴總督，兼轄廣西，在雲南實行"改土歸流"措施，加強清政府對西南地區的管轄與統治。鄂爾泰借助於四川烏蒙土司祿萬鍾侵擾東川之機，提出將原歸四川管轄的東川、烏蒙、鎮雄劃歸雲南他自己的治下，並且在奏摺中闡述"改土歸流"的原則：以武力剿滅治其標，以體制改革治其本。對敢於反抗的土司，恩威並施，剿撫並用，對頑固不化者堅決剿滅；對悔過自新者一律寬免。鼓勵土司主動歸順，給以安撫，表現突出者可任政府流官，以期消化敵對情緒，減除"改土歸流"的阻力。這一奏摺深得雍正帝欣賞。鄂爾泰採取"剿撫並施"的方式很快平定了烏蒙土司之亂。在平定烏蒙土司祿萬鍾之亂的過程中，鄂爾泰啟用總兵劉起元率師討伐，之後又命劉鎮守烏蒙。但劉起元恣為貪虐，軍律不肅，縱容官府、軍吏欺壓土民，強佔土民耕種的熟田。終至激起民憤。雍正八年，土司殘部祿萬福等聚眾攻陷烏蒙城，盡滅清軍。鄂爾泰隨即調集官兵萬數千人，分三路進剿烏蒙，雍正九年騷亂平息。

烏蒙，漢代稱朱提。"朱提"二字含義已不可考證，大概取自西南夷某個民族或部族語言的譯音。"朱提"先為山名，繼為縣名，再為郡名。朱提山，即今之魯甸縣龍頭山，以優質銀品出名。隋唐兩代，烏蒙屬於劍南道戎州都督府，"邑落相望，牛馬遍野"，人民休養生息，畜業興旺。就是在這個時期，"烏蠻部"開始遷入其地，故稱其地為"烏蠻"。鄂爾泰的《南營山房記興》："雞犬紅塵隔，牛羊碧落間。薄寒酬短景，隨意辟烏蠻。"用的就是"烏蠻"一詞。清人蔣平階《送李分虎之滇黔》詩："荒服開州郡，窮邊走寄鞮。闌干紅罽入，歌舞白狼齊。漢使難重問，磨崖不可梯。烏蠻新幕府，屬國舊朱提。"説的是"烏蠻"地處偏遠，道路蔽塞，風俗不同，言語不達。唐代樊綽《蠻書》記載，烏蠻"無布帛，男女悉披牛羊皮"，"其語言四譯乃與中國通"。"烏蠻"音轉則稱"烏蒙"，或稱"阿猛"。《新唐書・南蠻傳》："烏蠻與南詔世昏姻，其種分七部落：一曰阿芋路，二曰阿猛。""烏蒙""阿猛"均為"烏蠻"之音變。平息土司之亂後，鄂爾泰奏請更"烏蒙"名"昭通”。

烏蒙舊治營建於明嘉靖年間，遺址在今雲南昭通昭陽區土城村。雍正八年的土司之亂，使烏蒙天梯舊城徹底被毁，變成一堆瓦礫，形同廢墟，所謂“內無牆垣，外無城郭。舉步髑髏，遍野屍骸，迭屍流血，穢氣滿城。陣風盡腥，杯水半血。欲食先嘔，未眠先悸”（見鮑尚忠《平蠻後記》）。因此，戰亂之後的天梯烏蒙已不宜居住，只得考慮另建新城。雍正九年（1731）雲南總督鄂爾泰奏疏稱：烏蒙者，烏暗蒙蔽之謂也，“不昭不通之甚者”，題請雍正皇帝“舉前之烏暗者，易而昭明；前之蒙蔽者，易而宣通”。雍正批諭：改烏蒙府為昭通府，設附廓恩安縣。翌年，鄂爾泰與雲南巡撫張允隨奏請另建新城，雍正很快批准了鄂爾泰、張允隨的建議。遵照上諭，相關人員便馬不停蹄地奔走於四鄉，勘察地理，相度地形，終於選定“於龍山之陽、二木那建修新城”。翌年，新城主體竣工。新城池呈不規則橢圓形，南北稍長，東西略短，周圍有城牆，城牆上築有城垛，城東、南、西、北方各有一座城門，鄂爾泰分別題名撫鎮門、敉寧門、濟川門、趣馬門。

新城府縣同治，府稱“昭通”，取“昭明宣通”之義；附廓縣名“恩安”，意謂“皇恩安定”。新府建置，新城落成，革故鼎新。這個時候，鄂爾泰已離開雲南到中樞履職，任保和殿大學士兼兵部尚書、軍機大臣，但他仍然念念不忘昭通新城建制。有感於烏蒙“改土歸流”的歷史經歷，結合自己的執政方略，以及對行政地方官的訓導，鄂爾泰寫下了這篇《昭通四門記》：

> 烏蒙之更為昭通也，尚其顧名思義，嘉與咸興哉。今郡城重建，按四境所達，東至於鎮雄，故名其門曰撫鎮。《左傳》有云：“夫固謂君訓眾而好鎮撫之。”欲訓眾者能無鎮撫之好乎？西至於東川，西北至於四川，故名其門曰濟川。《説命》曰：“若濟巨川，用汝作舟楫。”欲作舟楫者可無霖雨之思歟。南至於威寧，故其名曰敉寧。《大誥》有之矣：“敉寧武圖功。”今武功既定，敉定而安寧之可也。北至於馬湖，故名其門曰趣馬。趣之為言趨也，謂適馬湖者自此趨也。《周禮》有掌馬之官曰“趣馬”，《周書》所謂“趣馬、小尹”，《小雅》所謂“蹶維趣馬”是也，皆掌其馬而善養之者也。舊稱烏蒙產善馬，不讓大宛。《荀子》有言曰：“不窮其民無失民，不窮其馬無失馬。”蓋善御馬者不盡其力也。知御馬之道即知御民矣。人眾馬番，其在斯乎。況新辟岩疆，凜乎若朽索之馭六馬，為人上者奈何不敬戒之哉！夫黑稱烏昧，不昭不通之甚者，而曰撫鎮、曰濟川、曰敉寧、曰趣馬，則皆所以通之而昭格昭明無間於上下者也。知此義者，其可與常新者乎？斯無所往而不通也亦然。

鄂爾泰不僅在經略西部疆域方面號稱一代名臣，同時也文思縝密，善於撰述，他的詩文收錄於《西林遺稿》一書，頗有文采可觀，例如前面所列的《南營山房記興》，文辭優雅，意趣閑靜，結構天成，全然沒有“改土歸流”進程中殺伐鞭撻、漠然蕭瑟之感。鄂爾泰寫給雍正帝的奏章，大都條理清晰，敘述周全，切中要領，深得雍正帝信任，雍正帝曾說：“朕含淚觀之，卿實為朕之知己。卿若見不透，信不及，亦不能如此行，亦不敢如此行也，朕實嘉悅而慶幸焉。”雍正帝編著的《朱批諭旨》，特別收有《鄂爾泰奏摺》，其寵信與欣賞程度可見一斑。鄂爾泰博通古今，文史皆達，因此曾擔任國史館、三禮館、玉牒館總裁，三者均為滿清政府編修史傳等內容的專署機構，非博學多聞之士不能勝任。鄂爾泰的《昭通四門記》也充分展示了他在經籍文史、著述行文方面的才華。《昭通四門記》悉數“撫鎮”“濟川”“敉寧”“趣馬”四門命名的含義，通過經史典籍來源的發掘，將理國、行政、治民的執政理念準確地表達出來，進而引申出對地方官吏的拳拳告誡和殷殷寄望，堪稱一絕。

## 二、趣馬門釋義考

鄂爾泰四個城門的命名皆有所指，東門到達鎮雄，故取名“撫鎮”，西門通達東川、四川，故取名“濟川”，南門通往威寧，故取名“敉寧”，北門至於馬湖，故取“趣馬”。然而這僅僅是表層的意思，更深一層的意思則包含在經典之中。

“撫鎮”一詞源自《左傳》“夫固謂君訓眾而好鎮撫之”。據《左傳·桓公十三年》記載，楚武王四十年（公元前 701 年），楚武王派遣屈瑕征伐漢東諸國。屈瑕蒲騷一戰輕易擊潰了鄖國部隊，次年又迫使絞國訂立城下之盟，由此而趾高氣揚。楚伐絞第二年，楚武王又遣屈瑕征伐羅國，而年長的大夫鬥伯比為屈瑕送行，見屈瑕有驕矜之色，深為擔憂，請求武王派兵增援屈瑕。武王對此不以為然，但將此告訴其夫人鄧曼。鄧曼對武王說：“莫敖狃於蒲騷之役，將自用也，必小羅。君若不鎮撫，其不設備乎？夫固謂君訓眾而好鎮撫之，召諸司而勸之以令德，見莫敖而告諸天之不假易也。”意即屈瑕滿足於蒲騷之役的戰功，自以為是，必然輕視羅國，如果不加控制，後果不堪設想，鬥伯比借此請求君王訓誡百姓而好好地安撫他們，召集官員們而以美德勸勉他們。楚武王聽後恍然大悟，派人追告屈瑕，可為時已晚，果然屈瑕最後兵敗自殺。《尚書·周官》：“惟周王撫萬邦，巡侯甸。”偽孔傳：“撫，鎮也。”“撫”“鎮”同義，“夫固謂君訓眾而好鎮撫之”中“鎮撫”就是安撫的意思。鄂爾泰平定土司之亂過程中殺伐過當，將天梯舊城夷為平地，因此深知恩威並施的重要性，因此將東門命名“撫鎮門”確有深意。

“濟川”一詞源自《尚書》“若濟巨川，用汝作舟楫”。《尚書·說命》：“若金，用汝作礪；若濟巨川，用汝作舟楫；若歲大旱，用汝作霖雨。”商王武丁即位後，立志復興國家，苦於沒有賢相輔佐，後於版築之間尋得傅說，與談國家大事，大為欣賞。武丁懇切地對傅說說：比如鐵器，要用你做磨刀石；比如渡大河，要用你做船和槳；比如天干大旱，要用你做霖雨。也就是説，武丁要傅説像磨刀石一樣幫助自己敬身修德，像渡船的舟楫一樣扶助自己管理國家，像大旱中的霖雨一樣解救天下老百姓的痛苦。因此後世多以“濟川”來比喻輔佐帝王，如唐獨孤及《庚子歲避地至玉山酬韓司馬所贈》詩：“已無濟川分，甘作乘桴人。”是説自己既然已經沒有機會輔佐君王，就只能甘作乘桴人以避世逍遙。鄂爾泰為雍正帝親信，雍正帝因其“新辟疆域三千里”擢升任為保和殿大學士，因此鄂爾泰將城門命名“濟川”，有以傅説自喻的味道，其志不在小。

“敉寧”一詞也源自《尚書》。《尚書·洛誥》：“四方迪亂未定，於宗禮亦未克敉公功。”鄭玄注：“敉，安也。”意思是：四方還動亂沒能安定，關於祭祀的禮制，您的工作還沒有完成。《尚書·大誥》：“民獻有十夫予翼，以於敉寧武圖功。”偽孔傳：“用撫安武事，謀立其功。”蔡沈集傳：“輔我以往，撫定商邦。”意思是：有十位賢臣輔佐我，我就可以迅速平定叛亂，完成文王、武王所力圖達到的武功。《大誥》是周公輔佐周成王時以成王的口吻發表的一篇誥文，當時管叔、蔡叔、武庚聯合淮夷作亂，周公率兵東征。鄂爾泰用“敉寧”命名城門，切合他平定土司之亂的時代背景，頗有幾分自詡，所以他説“今武功既定，敉定而安寧之可也”。

“趣馬”一詞也源自先秦典籍，但意義沒有“撫鎮”“濟川”“敉寧”顯豁。“趣馬”一詞現代一般辭書不收錄，收錄者解釋都很簡單，例如《漢語大字典》釋義為“周代掌管王馬的官”，《漢語大詞典》釋義為“古官名，掌管王馬”，《辭源》釋義為“官名。《周禮·夏官》大司馬之屬，掌養馬之官”。這些字典辭書的釋義多來自古代訓詁注釋，例如《尚書·立政》偽孔安國傳：“趣馬，掌馬之官。”《詩經·十月之交》鄭玄箋：“趣馬，中士也，掌王馬之政。”《周禮·夏官司馬》鄭玄注：“趣馬，趣養馬者也。”《漢書·五行志》顔師古注：“趣馬，中士也，掌王馬之政。”鄂爾泰將東、西、南門分別命名“撫鎮”“濟川”“敉寧”來自經典又蘊含深意，將北門命名“趣馬”也當如此。要理解鄂爾泰的深意，首先必須準確掌握“趣馬”一詞的意義。從文獻資料看，我們可以理解以下幾點：

(1)“趣馬”是官名，並且是一個小官。根據《周禮·夏官司馬·校人》，掌理王馬政令的官員稱“校人”，校人頒發良馬給有關人員餵養，4 匹馬為一乘，設一個圉師；三乘為一皂，即 12 匹馬，設一個趣馬；三皂為一系，即 36 匹馬，設一馭夫；六系為一廄，即 216 匹馬，設一僕夫；六廄為一校，即 1296 匹馬，由校人統領。如果餵養的是普通的馬，則馬匹數量是良馬的三倍。《周禮·夏官司馬·校人》云：“凡軍事物馬而頒之，等馭夫之祿、宫中之稍食。”鄭玄注：“馭夫，於趣馬、僕夫為中，舉中見上下。”孔穎達疏：“掌養馬者，有趣馬、馭夫、僕夫三者，皆須等其祿，獨云馭夫，故鄭云‘舉中見上下’。”是説“校人”在有軍事行動時負責將馬頒發給兵將，劃定趣馬、馭夫、僕夫等掌馬者的俸祿等級。可見相對而言，“校人”是大官。古代天子、諸侯都設有士，分上士、中士、下士。《周禮·夏官司馬》：“趣馬，下士，皂一人，徒四人。”意思是説：趣馬是下士，每皂（12 匹馬）設一趣馬，手下有四個人。這也就是説“趣馬”是一個下士，其職責是掌養 12 匹良馬，或者是 36 匹駑馬，統領四個人而已。

（2）“趣馬”的基本職責是掌管王馬。《周禮·夏官司馬》在説“趣馬”的職責範圍時云：“趣馬：掌贊正良馬，而齊其飲食，簡其六節。掌駕説之頒。辨四時之居治，以聽馭夫。”意思是説：趣馬負責輔佐校人規範養馬法則，調節其飲食，根據行止、進退、馳驟選擇良馬；掌管用馬時駕車脱卸的次第；選擇不同時間的養殖地點，聽從馭夫的指揮。簡單地説就是，趣馬負責養馬、選馬和用馬。段玉裁《説文解字注》於“騶”下云：“騶之假借作趣。《周禮》《詩》《周書》之趣馬。《月令》《左傳》謂之騶。一用假借，一用本字也。”《禮記·月令》：“［季秋之月］命僕及七騶咸駕，載旍旐，授車以級，整設於屏外。”鄭玄注：“七騶，謂趣馬，主為諸官駕説者也。既駕之，又為之載旌旗。”“騶”就是趣馬。天子的馬有六種，各有騶負責，則是六騶，又有總管六騶的人，合稱七騶。《禮記·月令》的意思是：（季秋九月，天子舉行田獵，教民戰陣，頒佈乘馬政令）命令御者和趣馬將車駕好，插上旌旗，按等級分配車輛，整齊地排列好。《左傳·成公十八年》：“程鄭為乘馬御，六騶屬焉。”杜預注：“六騶，六閑之騶。《周禮》：諸侯有六閑馬。乘車尚禮容，故訓群騶使知禮。”孔穎達疏：“騶是主駕之官也。”《左傳·襄公二十三年》：“孟氏之御騶豐點好羯也。”孔穎達疏：“騶是掌馬之官，蓋兼掌御事，謂之御騶。”《後漢書·宋均傳》：“令兩騶扶之。”李賢注：“騶，養馬人。”《玉篇·馬部》：“騶，養馬人名。”可見“趣馬”之“趣”乃“騶”之假借，“騶”或者説“趣馬”指掌管養馬兼駕車之事的小官。

（3）“趣馬”雖然官職不大，但貼近君王日常起居生活，地位特别。“趣馬”一詞主要出現於《周禮》《尚書》。《史記·魯周公世家》：“成王在豐，天下已安。周之官政未次序，於是周公作《周官》，官别其宜。作《立政》，以便百姓，百姓悦。”《立政》是周公旦返政成王之後留給成王的一篇誥詞，他告誡成王要建立健全的官制，以求天下長治久安。《尚書·立政》：“用咸戒於王曰：王左右常伯、常任、准人、綴衣、虎賁。”又：“立政：任人、准夫、牧作三事；虎賁、綴衣、趣馬、小尹。”“虎賁”是掌管護衛的官，“綴衣”掌管君王衣物的官，“趣馬”排在“虎賁”“綴衣”之後，是掌管君王馬匹的官，都是成王身邊近臣。偽孔傳：“言此三者雖小官長，必慎擇其人。”孔穎達疏：“自虎賁已下，歷舉官名，言此官皆須得其人，不以官之尊卑為次。蓋以從近而至遠，虎賁、綴衣、趣馬三者，官雖小，須慎擇其人。”虎賁、綴衣、趣馬官職不大，但貼近君王，於君王安危、國家興替非常重要，所以擇人要小心謹慎，否則就可能成為禍害。《詩經·小雅·十月之交》：“皇父卿士，番維司徒，家伯維宰，仲允膳夫。棸子內史，蹶維趣馬，楀維師氏，豔妻煽方處。”鄭玄箋：“皇父、家伯、仲允皆字。番、棸、蹶、楀皆氏。厲王淫於色，七子皆用。……六人之中，雖官有尊卑，權寵相連，朋黨於朝，是以疾焉。”《漢書・五行志》顏師古注：“詩人刺王淫於色，故皇父之徒皆用后寵而處職位，不以德選也。”《十月之交》是一首譏刺周厲王寵用小人的詩，詩中“皇父”“番”“家伯”“仲允”“棸子”“蹶”“楀”就是七個小人，而其中的“蹶”官職就是一個趣馬，得與卿宰並稱，其重要性可知。《詩經・大雅・雲漢》：“旱既大甚，散無友紀。鞫哉庶正，疚哉冢宰。趣馬師氏，膳夫左右。”也是“趣馬”“師氏”與“庶正（眾官之長）”“冢宰（六卿之首）”並舉。

理解了“趣馬”的來源，就能領會鄂爾泰“趣馬門”的命名深意。表面的意思是北門通向馬湖，而深層的意思都與鄂爾泰的地位、經歷以及抱負有關係。雖然寫《昭通四門記》時，鄂爾泰已經是保和殿大學士兼兵部尚書、軍機大臣，位高權重，但在雍正帝面前他一直自認為是一個小小的“趣馬”，相當於我們現在所説的“馬前卒”。同時“趣馬”接近天子皇上，這也很貼合鄂爾泰當時的地位。鄂爾泰憑藉“改土歸流”之功晉封伯爵，是雍正帝、康熙帝眼中的紅人。因此“趣馬門”之命名，也與“撫鎮門”“濟川門”“敉寧門”一樣，都含有自況自喻之意。同時從“趣馬”掌管王馬的基本職能著眼，通過“舊稱烏蒙產善馬，不讓大宛”，引用《荀子》“不窮其民無失民，不窮其馬無失馬”，轉到統治者管理百姓的方面，轉承自然合理。《荀子・哀公》：“昔舜巧於使民，而造父巧於使馬；舜不窮其民，造父不窮其馬；是以舜無失民，造父無失馬。”意思是：舜善於役使民眾，造父善於驅使馬。舜不使他的民眾走投無路，造父不使他的馬走投無路，因此舜沒有逃跑的民眾，造父沒有逃跑的馬。鄂爾泰此處是化用《荀子》。鄂爾泰對這一執政理念可謂深有感觸。在平定土司之亂過程中，鄂爾泰不惜血腥鎮壓，但在給雍正帝奏摺中反復強調要恩威並施，同時他也知道導致烏蒙天梯城徹底毀滅的土司之亂，很大程度上就是總兵劉起元殘暴貪婪、肆意為虐造成的。因此鄂爾泰從“趣馬”想到“御馬之道”，從“御馬之道”延伸到“御民”，借此訓誡地方官吏要小心謹慎，“凜乎若朽索之馭六馬，為人上者奈何不敬戒之哉”，可謂語重心長。

## 三、趣馬門讀音辨

“趣馬門”讀音歧異聚焦在“趣”字上。查字典，“趣”通常有三個讀音：趣 1. qù 七句切，旨趣；2. cù 親足切，催促；3. qū《集韻》逡須切，趨向。鄂爾泰《昭通四門記》：“北至於馬湖，故名其門曰趣馬。趣之為言趨也，謂適馬湖者自此趨也。”此“趣”通“趨”，當音《集韻》逡須切，今讀 qū。“趣”字這一音義經典常見，例如《詩經・小雅・十月之交》：“胡為我作，不即我謀，徹我牆屋，田卒汙萊。”鄭玄箋：“徹毀我牆屋，令我不得趣農，田卒為汙萊乎！”陸德明釋文：“趣，本又作趨，七俱反。”《資治通鑒・漢紀一》：“持劍盾步走，從驪山下，道芷陽，間行趣霸上。”胡三省注：“趣讀如趨向之趨，逡須翻。”七俱反、逡須翻與《集韻》逡須切音同，今讀 qū。

根據前面一節的分析，《昭通四門記》之“趣馬”通向馬湖僅僅是表層的意思，真正的含義來自《周禮》《尚書》。而《周禮》之“趣馬”則另有讀音，需要明辨。先看經典注音：

(1)《書・立政》：“虎賁、綴衣、趣馬，小尹。”傳：“趣馬，掌馬之官。”釋文：“趣，七口反。”

(2)《詩・大雅・雲漢》：“趣馬師氏，膳夫左右。”傳：“歲凶年穀不登，則趣馬不秣。”釋文：“趣，七口反。趣馬，官名。”

(3)《詩・小雅・十月之交》：“聚子內史，蹶維趣馬。”釋文：“趣，七走反。注同。趣馬，官名。”

(4)《周禮・春官宗伯・典路》：“若有大祭祀，則出路，贊駕說。”注：“出路，王當乘之。贊駕説，贊僕與趣馬也。”釋文：“趣，倉口反。”

(5)《周禮・夏官司馬》：“趣馬，下士，阜一人，徒四人。”鄭玄注：“趣馬，趣養馬者也。”釋文：“趣，七口反。劉清須反，注同。”

(6)《禮記・月令》：“命僕及七騶咸駕，載旌旐。”鄭玄注：“七騶，謂趣馬，主為諸官駕説者也。”釋文：“趣，七住反，又七走反。”

《經典釋文》為“趣馬”注音 6 次，其中單獨注音 4 次，分別是七口反、七走反、倉口反，讀音相同；另有一次將七口反列首音，只有一次七走反放在又音位置。可見陸德明整體認為“趣馬”之字當音七口反（cǒu）。又：

(7)《漢書・五行志》：“於《詩・十月之交》，則著卿士、司徒，下至趣馬、師氏，咸非其材。”顏師古注：“趣馬，中士也，掌王馬之政。趣，音千后反。”

(8)《孟子・盡心下》：“武王之伐殷也，革車三百兩，虎賁三千人。”趙岐章句：“《書》云：虎賁、贅衣、趣馬、小尹。”宋孫奭音義：“趣，千走切。”

千后反、千走切與陸德明七口反同音，顏師古、孫奭只認可這一個讀音，而古代字典、韻書也都明確標注這個讀音，例如：

(9)《類篇・走部》：“趣，又此苟切，促也。《周禮》有趣馬官。”

(10)《字彙・走部》：“趣，又此苟切，湊上聲。促也。又趣馬，官名，主駕者。”

(11)《康熙字典·走部》:“趣,又《集韻》《韻會》並此苟切,音䠐。《書·立政》‘趣馬’傳‘趣,七口反,掌馬之官’。《詩·小雅》‘蹶維趣馬’箋‘掌王馬之政’,疏‘七走反’。《周禮·夏官》‘趣馬’注‘趣馬,趣養馬者也’。”

(12)《五音集韻·厚韻》:“趣,倉苟切,趣馬。《書傳》云:趣馬,掌馬之官也。”

(13)《洪武正韻·又韻》:“趣,此苟切,促也。趣馬,官名,主駕。”

而《廣韻》《玉篇》《龍龕手鏡》以及《群經音辨》等對“趣”字注釋都有很明確的音義對應關係注釋:

(14)《廣韻》厚韻倉苟切:“趣,趣馬。《書傳》云:趣馬,掌馬之官也。”又遇韻七句切:“趣,趣向。”

(15)《玉篇·走部》:“趣,且句切。趨也,遽也。又蒼后切。《詩》曰:來朝趣馬。言早且疾也。鄭玄曰:馬七十二匹也。”

(16)《群經音辨·辨字同音異》:“趣,趨也,七喻切,《詩》左右趣之,又七欲切。趣馬,養馬者也,七口切,《周官》有趣馬。”

(17)《龍龕手鏡·走部》:“趣,七句反,趣向也。又倉狗反,趣馬,掌馬官名也。”

都是音義對應清晰,“趣馬”單獨注音,不與“趣”字其他讀音相混。

綜觀上述材料,“趣馬”之字古代注音一致性明顯,都是清母上聲厚韻,即倉苟切(倉狗反、七口切、蒼后切、此苟切、七走反、千走切、千后反、倉口反等),這個注音折合成現代普通話作 cǒu。

“趣馬”之字《新華字典》《現代漢語詞典》不收,而大型字典辭書如《漢語大字典》《漢語大詞典》均取《廣韻》倉苟切注音 cǒu,雖然有很陌生,但與歷史注音事實相吻合。《辭源》(修訂本)“趣”只列“qù 七句切”“cù 親足切”“qū《集韻》逡須切”三個音項,同時收詞“趣馬”一詞,釋義作“官名”,根據其體例,即默認“趣馬”為第一個音項,即“qù 七句切”。這一注音與傳統注音認識不合,因此《辭源》(第三版)對此作了改動,新增音項“cǒu 倉苟切”,意義指向“趣馬”一詞。

現代一般的讀者,除非閱讀《周禮》《尚書》等,其實很難遇到“趣馬”這個詞,即使遇到了,如果不悉心查閱相關文獻材料,讀錯字音、會錯詞意也是在所難免的。考慮到“趣馬”是一個歷史詞,基於文獻傳承的目標,現代各辭書將其讀音定位為倉苟切 cǒu 是合理的。因此從語音現代規範的角度看,“趣馬門”當注音 cǒumǎmén。考慮到這個詞原本是一個歷史詞,但仍然存在於雲南昭通的語言生活中，其讀音及釋義應該得到特別關注。

**参考文獻**

陳維新. 鄂爾泰與雍正對雲南改土歸流的“君臣對話”——臺北故宮博物院所藏朱批奏摺選件. 思想戰線，2018（4）.

劉順良. 昭通地區建置沿革考. 雲南師範大學學報（哲學社會科學版），1993（4）.

辭源修訂組、商務印書館編輯部. 辭源（修訂本）. 北京：商務印書館，2009.

漢語大字典編輯委員會. 漢語大字典（第二版）. 武漢：湖北長江出版集團，2010.

阮元校刻. 十三經注疏. 北京：中華書局，2009.

顧野王. 宋本玉篇. 北京：中國書店，1983.

賈昌朝. 群經音辨//叢書集成初編. 北京：中華書局，1985.

陸德明. 經典釋文. 北京：中華書局，1983.

周祖謨. 廣韻校本. 北京：中華書局，2004.

雍正朱笔御批. 云南总督鄂尔泰奏摺. 臺北故宫博物院藏.

清史官. 清实录雍正世宗宪皇帝. 北京：中华书局，1985.

趙爾巽. 清史稿. 北京：中華書局，1998.

盧全錫. 民國昭通縣志稿. 昆明：雲南人民出版社，2006.

## Textual Research on the Sound and Meaning of Zhaotong's "Coumamen"（趣馬門）

Cai Xinran

**Abstract**：Eertai wrote an article titled *Zhaotong's Four Gates*，which tells how were the four gates of Zhaotong named. Among the four gates' names，"Coumamen"（趣馬門）is a special one，in both sound and meaning. The word "Couma"（趣馬）comes from *Zhouli*. It is a minor official's name in ancient China，whose job is to take care of horses. However，as emperor's servants，their job is also very important for emperors and their countries. Eertai compared himself to "Couma"（趣馬），in order to explain his governing philosophy. The word should be read as "couma"，instead of "quma". Both ancient literature and modern dictionaries could verify that.

**Keywords**：Eertai；Couma；phonetic notation

（蔡欣然，湖南師範大學文學院）

# 福建民間契約文書五組詞語疏證*

黄文浩

**提　要：** 福建民間契約文书是當時福建地區珍貴的歷史文獻資料，具有較高的文獻價值和語料價值。文章通過訓詁學、比較法及方言佐證等方法，對福建契約文書中五組比較有地域特色的詞語進行考釋疏證。其中“粗池、石礐、廁池、廁所”指供人大小便的地方。“廊溝、榔溝、郎溝、溝廊、溝榔”義為地下排水溝。“披榭、撇榭”是偏廈的俗稱，指正房側面簡陋的小屋。“受種子、受種、受子”指播種種子。“俥算、伡算”義為放高利貸。

**關鍵詞：** 福建；契約文書；詞語；疏證

福建民間契約文書是記錄當時福建地區田地、厝屋、墳地、店鋪、廁池、山林、果園等各種買賣的法律憑證，其中保存了很多有地域特色的詞語，對詞彙學、方言學而言，具有重要的研究價值。本文以《閩南契約文書綜錄》（下稱“綜錄”）、《明清福建經濟契約文書選輯》（下稱“選輯”）、《廈門典藏契約文書》（下稱“典藏”）、《福建民間文書》（下稱“民間”）、《福建省少數民族古籍叢書·畲族·文書契約》（下稱“畲族”）為主要研究語料，選取“粗池、石礐、廁池、廁所”“廊溝、榔溝、郎溝、溝廊、溝榔”“披榭、撇榭”“受種子、受種、受子”“俥算、伡算”等五組詞語進行考釋疏證，以期為民間手書文獻的整理研究與方言歷時探源提供參考。

以下行文引例題目在原文基礎上作了適當的文字改動，例子後括号内為契約的簡稱、冊數、頁碼，以便核查。

**【粗池/石礐/廁池/廁所】** 大小便的地方，即廁所。

---

* 基金項目：國家社科基金一般項目“宋元以來民間手書文獻俗字典編著及研究”（17BYY019）；教育部人文社會科學重點研究基地重大項目“魏晉至宋元明出土實物文字數據庫語料深加工研究”（16JJD740010）成果之一。

（1）《清乾隆二十五年（1760）寧德縣孫良海賣糞池契》："立賣契孫良海，原自己有粗池壹口，坐落新路下，上至劉家廷簡地為界，下至大路為界，左至劉帝選地為界，右至横路為界，四至明白。"（選輯 765）

（2）《清道光八年（1828）寧德縣張志鑒退廁契》："今因乏用，托中將原主粗池壹口退還業主陳乃立兄前來取贖，鑒情願領取價銀叁拾伍兩正。"（選輯 767）

（3）《清咸豐八年（1858）寧德縣林淑維賣地契》："其銀同中見亲手收足訖，其地基自斷之後，價足心願，筆下任從族兄前去起業，起架粗池，安頓物件，維等子孫不敢貼贖等情。"（選輯 697）

引例中的"粗"，在閩語里有糞便義。如福建廈門話説"擔粗"，即挑糞便；福建仙遊、漳平、沙縣以及廣東揭陽、汕頭話言"粗桶"，義為糞桶（許寶華、宮田一郎 1999：5784）。"池"的本義是水塘，積水的坑。《玉篇·水部》："池，渟水。"《廣韻·支韻》："池，停水曰池。"這裏指坑子，故"粗池"指廁所。例（1）（2）中"粗池壹口"，用的是物量表示法，即"名詞＋數詞＋量詞"，意為廁所一個。例（3）"起架粗池"指建造廁所。另據陳澤平先生（2010：323）考察，在清代福州話里，"粗池"是"廁所的文雅説法"。此亦可為證。

在福建契約文書中，"粗池"可用"石礐 què""礐""屎礐"等詞語來表達。例如：

（4）《清雍正四年（1726）龍溪縣李門胡氏賣石礐契》："立賣契人李門胡氏，有承夫祖石礐一口，坐落土名巷仔曹，東至寬使石礐，西至貽使礐，南至自己菜宅，北至公路，四至明白為界。"（選輯 764）

（5）《清乾隆二十二年（1757）龍溪縣陳緝賣石礐契》："其銀即日憑中交訖，其礐隨付與銀主掌管，不敢阻擋。此礐的係承祖父物業，不干銀主之事。此係二比甘願，各無反悔。"（選輯 765）

（6）《清道光十七年（1837）龍溪縣黄咸等賣石礐契》："今因乏銀費用，自情願將此石礐盡賣與堂弟杏弟佛銀肆大圓，並前典契內佛銀壹拾壹大圓，合共佛銀壹拾伍大圓。"（選輯 768）

（7）《清咸豐五年（1856）林漣立盡賣契》："立盡賣契人林漣，承祖父置有灰岩乙口，土名址在五脚厝下巷邊，坐山向溪第二間乙口。"（綜錄 216）

（8）《清同治四年（1865）王門張氏立賣契字》："立賣契字人在城盛賢鋪王門張氏，有承夫己置__二所，一坐在觀後前田巷右畔第一間，坐北向南，東至觀墻，西至石砌，南至衙上墻，北至黄宅□。"（綜錄 43）

（9）《清光緒七年（1881）龍溪縣林交陳典樹契》："立典契字人登科洲土

社林交陳等，有承祖父鬮分應份龍眼樹乙株，帶地，坐落土名店仔前，東至屎礐，四至路，南北俱至礐，四至明白為界。”（選輯 451）

《漢語大字典·石部》（2010：2633）“礐”字有四個義項：①水擊石聲。②多大石的山和堅硬。③堅硬；堅定。④同“觷（xué）”，治角。字典釋義非契約文書“礐”所表達之義。因為在例（4）的標題前面，編者給契約作分類時，明確指出這是“糞廁典賣文書”，據此可知“石礐”“礐”當為廁所之義。許寶華、宮田一郎《漢語方言大詞典》（1999：5165）：“礐，què〈名〉廁所。閩語。福建廈門 [hak$^{4}$]。”又“峃，〈名〉廁所（多指簡陋的）。閩語。福建廈門 [hak$^{4}$ a$^{53}$]。”可見，例（7）（8）的“峃”是“礐”的簡化字。例（9）“屎礐”也是廁所的意思。李燦煌先生（2010：207）曾對“礐廁”作過考察：“即廁所、便所。……舊時農家為廣積肥料，常在村莊內外開了許多廁坑，漚入人畜糞肥或綠肥（可漚爛的野草）。坑面通常用石板架搭蹲位，以供方便，並用亂石在蹲位周圍堆疊短墻，以便遮蔽。為舊時十分顯眼的農村建築物。”清周學曾《晉江縣志》卷之四《山川志》（1990：63）亦載道：“前因屢被附近居民挖掘窑土，開築礐廁，有傷源脈，當經前府示禁在案。”其中“開築礐廁”即建造廁所。

通過上面的分析，“石礐”“礐”“屎礐”的詞義已然明了，但仍有一個問題值得我們思考，既然文書中“礐”的廁所義非字典所釋之義，那麽它會不會是一個借音字呢？在泉州《梨園戲·鄭元和》中有“屎礐石頭硬兼臭”的俗語，這句話一般用來形容某人的行為不端或很難對付。鄭國權先生（2000：300）認為：“礐是借用字，疑為‘䆻’字。”他解釋道：“䆻，當然不是糞坑。大批量腌鹹菜的地室，以及釀酒的地室，有時也叫‘䆻’。”因此他指出“‘屎䆻’比‘屎礐’更接近原義”。可從之。《集韻·屋韻》：“䆻，房六切，《博雅》：窟也。”周長楫《閩南方言大詞典》（2006：625－626）“䆻仔”有兩個義項：①舊式簡易廁所，多建於戶外或房側，也指漚肥用的大糞坑，比較正規的叫“屎䆻”[sai$^{3-1}$ hak$^{8}$]。②〈漳〉用鹽水醃浸魚蝦等以提取魚露等調味品的大坑。在閩南方言里，“礐”和“䆻”的讀音相同，都讀作 hak，故“礐”的本字當為“䆻”。除了上面所舉的俗語外，還有“正月濛山，二月濛海，三月濛到找無屎䆻放屎”（周長楫 2015：131）。其中“濛”指霧罩，“屎䆻”即廁所，意思是農曆正月霧罩山頭，二月霧罩海上，三月的霧罩得太濃太大，看不清路，想大便都找不到廁所。“䆻”可獨用，如“放屎着伓通合伊共䆻”（周長楫 2015：317），意謂連大便都不跟他同蹲一個廁所。比喻某人的品質極其低劣，大家都不屑與之為伍。又如漳州童謠《挨呀挨（一）》：“貓母飛上天，貓仔囝摔落屎礐邊”。（張嘉星 2006：92）《人插花》：“人睏紅眠牀，伊睏屎礐口”。（張嘉星 2006：232）“屎礐邊”與“屎礐口”的意思相同，皆指廁所旁邊。

表示廁所義的還有“廁池”一詞。如：

(10)《清乾隆十五年（1750）張萬卿立斷賣契》："並繳上手祖契柒紙，照。趙原契內有廁池在林家石墻基角附田，係張原物，代趙贖回，付尤管掌，日後趙不得藉端言贖。"（綜錄 9）

(11)《清嘉慶二十四年（1819）來繼立典地契》："其地及廁池限至伍年終，聽典主備足契面銀取贖，不得刁難，異言生端。"（典藏 19）

(12)《清道光十六年（1836）蘇門何氏立賣斷推闌插花契》："錢即日同中收訖，其廁池聽錢主前去管掌，永遠為業，不敢阻當。"（綜錄 77）

(13)《清咸豐二年（1852）泉州王學歐賣廁池契》："立賣契字人在城集賢鋪王學歐，有承祖己置廁池壹座，住在行春鋪東鼓樓後砌下柯厝巷內，礐壹連五孔，坐西向東，前至巷路，後至黃宅店，左至王寬店右，至柯宅厝，四至明白。上及礐蓋，下及地基石圍等件俱全。"（選輯 769）

(14)《清光緒四年（1878）洪氏立賣廁池契》："立盡絶契人堂姆□洪氏，有自置廁池壹口，坐落土名宅仔□，東至窖地，西至□是廁池，南至水溝，北至松，四至明白為界。"（典藏 62）

(15)《清光緒七年（1881）隆嘎立杜盡賣契》："立杜盡賣契人堂叔隆嘎，自置有測池一口，址在粗坑圩街外。"（綜錄 216）

李如龍先生（2000：196）在考察南洋早期福建話時指出："有些方言詞是早期南洋福建話的説法，現今的老年人偶爾還有這種説法，一般人就很少用了。例如：廁池：廁所，糞坑。"王永鑫先生（2002：219）曾論道："潮語稱茅廁、廁池、廁所為'東司'。"按："潮語"即潮汕話，屬於閩南方言的汕頭小片（李如龍、姚榮松 2008：106）。例（10）—（12）之"廁池"指供人大小便的地方。例（13）中"廁池"與"礐"同義並舉，雖然二者都是閩語里的説法，然就語體色彩而言，"廁池"比較書面化，一般通過字面意思便可推知出其義；而"礐"偏口語化，衹有閩語區的人才能懂得其實際所指。該契的"廁池"用量詞"座"來稱量，而例（14）則用"口"來稱量，説明其表達形式具有多樣性。例（15）寫作"測池"，"測"與"廁"音同，為同音借用。"廁池"在清代福建的碑刻文獻中亦有用例。如《清道光十八年（1838）安尾韓氏祠堂公議碑》："祠堂右邊護厝後一片壙地橫至廁池，前上至山，下至田，並係公地，不得私行蓋築小厝，栽種竹木，堆積糞土，違者從重議罰。"（南靖縣地方志編纂委員會 2007：136）

在契約文書中，有時直接寫作"廁所"，可資比較。如：

(16)《清咸豐九年（1859）金免號立認批字》："上及厝蓋，下及地基，門窗戶扇竹窗通櫃瓦木磚石俱全，金免號分租過第一進店面，第二進內一房仔，第四進貨庫，後一掩仔，一廁所。"（綜錄 45）

(17)《清咸豐十一年(1861)林子溥立典賣契》:"……第貳進,壹大庫,壹房仔樓間全座,壹樓房欄杆,四面扁梯壹張;第叁進,壹大庫;第肆進,壹大庫,後壹灶下,壹廁所。"(綜錄 7)

(18)《清同治五年(1866)黄阿團立認租字》:"第三進一天井,兩雀翼,一大廳,兩邊二大房,右畔接連一小房,後一通巷,一廁所。"(綜錄 45)

(19)《清同治九年(1870)侯官縣尧東等蓋屋字據》:"荆東鋭東壹股應分額上座左邊空地乙直前半直,法東兄弟已經起為廁所,憑公相勸,送與法東兄弟永遠管掌。"(選輯 792)

例(16)—(19)的"廁所"與今義無異。《漢語大詞典》"廁所"條衹有釋義,未舉例證,此可補例證之不足。

**【廊溝/榔溝/郎溝/溝廊/溝榔】**陰溝,指地下排水溝。

(1)《清乾隆四十六年(1781)侯官縣池徐氏賣厝契》:"立賣斷契池徐氏,承夫手蓋有正屋乙座,内抽出左邊正厝第叁間壹間,左邊書院貳間,以及廊溝左邊餘地,上至椽瓦,下至磉石地基,年載苗糧乙分貳釐,立在子泉戶下。"(選輯 654)

(2)《清道光三十年(1850)侯官縣若聰等典厝契》:"立典厝契兄若聰等,承父鬮分下有舊屋數間,坐址本鄉地方,土名寨上等處,左邊正官房壹直,次官房前壹間,又書院乙直半,上至椽桁瓦,下至地基,並廊溝等項。"(選輯 691)

(3)《清咸豐六年(1856)侯官縣许陳氏賣厝契》:"立賣斷契许陳氏,承父亲習通祖上遺下鬮分,内有本厝右邊正横厝上算下第一間一直,上至椽瓦,中至樓坪,下至地基地,四圍土墻、腰枋、板壁、門扇、洋溝、廊路,並横厝头,外廊溝俱全。"(選輯 696)

(4)《清同治元年(1862)侯官縣世傳等典厝契》:"後截左邊餘地聽兄砌造牛欄糞廠,至于前後廳吉凶事通行,以及廊溝天井四圍門路通行,不得阻止。"(選輯 700)

(5)《清光緒二十四年(1898)侯官縣瑞元典厝契》:"立典契兄瑞元,承父手置有正厝左邊三官房前等裏第貳間乙間,上至椽瓦,下至地基地,四圍廊溝具全,係是夏商周三房均份。"(選輯 713)

(6)《清宣統三年(1911)侯官縣六妹典地契》:"其銀交足,其空地即付錢主隨便起蓋糞寮厝,四圍門路廊溝俱全通行。其空地妹祖遺物業,與别人無干。"(選輯 717)

(7)《民國十八年(1929)罗源縣藍廷銓宅基地賣斷契》:"立賣斷契　藍

廷銓父手置有厝地一號，坐屬南世，正座左邊書院尾迪在左一樫，連回水過壑廊溝。上至横厝尾墻為止邊大墻為界，左邊自己為界，四至明白。”（畲族下413）

周長楫等（1997：253）在考察廈門與漳州、泉州方言詞彙的差異時指出“陰溝”今廈門話叫做“暗溝”，泉州話稱為“廊溝”。按：“暗溝”指不露出地面的排水溝。王建設、張甘荔《泉州方言分類詞表·天文地理》（1994：173）“廊溝”：“lɔŋ$^{2}$ kau$^{1}$陰溝。”周長楫《閩南方言常用小詞典》（2007：249）“廊溝”：“〈泉〉lɔŋ$^{2-4}$ kau$^{1}$陰溝。”“陰溝”和“暗溝”義同，亦指地下排水溝。泉州丁自申故居：“第一落左廂屋面塌下，瓦土堆地，雜草叢生。中廳踏階兩邊角雕有螭虎腳。大門口庭石板下為‘廊溝’（下水道）。”（周焜民 2007：123）其中“廊溝”是方言的説法，括號内為編者作的註解。由此可見，例（1）—（7）的“廊溝”乃閩方言詞，義為地下排水溝。例（1）“廊溝左邊餘地”，意為陰溝左邊的空地。例（3）中涉及不少建築類詞語，其中有通語詞，也有方俗詞，為了能更好地理解契約文書的内容，這裏簡要地作一點疏解。如“正横厝”是正厝和横厝的合稱。正厝即正房，指在整座房子里位置居中的房間（許寶華、宮田一郎 1999：1162）。“横厝”有二義：①護房，②耳房（許寶華、宮田一郎 1999：6982）。此處當為義項一。“護房”在閩語里又稱“護厝”，它位於正房左右兩側，面向正房的一列狹長形房屋，通常左右各一，多用作廚房或家族中輩分較低者居住。“椽瓦”指條木和瓦片。“樓坪”，今福州話謂之分隔樓層的樓板（馮愛珍 1998：172）。“腰枋”是指大門門框與抱框之間的横木。“板壁”乃木板的隔墻，木板墻。“洋溝”，又稱“陽溝”，指露在地面上的排水溝，它與“廊溝”詞義相反，是一對反義詞。例（6）“四圍門路廊溝俱全通行”，意思是四周的出路、地下水溝都齊全，可供人水行走流通。

“廊溝”有時寫作“榔溝”或“郎溝”。例如：

（8）《清道光二十二年（1832）侯官縣尊懷典厝湊契》：“立湊字弟尊懷，前年間典有屋宇壹座，應左邊書院壹間，止後壹樫，並樓俱全。上至椽桁瓦，下至板壁，四周地基榔溝俱全。”（選輯 684）

（9）《清光緒七年（1881）侯官縣吳长全典厝契》：“立典厝契吳长全，承父鬮分下有屋宇一直，坐址上四都下嶺地方，土名本厝，右邊三官房一直；又過水一樫，上至椽桁瓦，下至樓枋板壁地基地，並郎溝門路通行；又右邊横厝空地二直。”（選輯 708）

例（8）（9）之“榔溝”“郎溝”即“廊溝”。“榔”“郎”是“廊”的同音借字。“榔”“郎”與“廊”在《廣韻》同是“魯當切”，平聲唐韻來母宕攝開口一等字。這三個字在今福州話讀音亦相同，都讀作 louŋ$^{33}$（馮愛珍 1998：352）。

“廊溝”又可寫作“溝廊”。玆舉二例如下：

(10)《清嘉慶十二年（1807）侯官縣黄氏等賣厝契》：“立賣斷契嬸黄氏同嗣男宗鼎，承夫在日有鬮份舊堡右邊書院二間，上至椽瓦，下至磉盘地基地，其溝廊門路俱得出入通行。”（選輯 666）

(11)《清道光二十九年（1849）侯官縣朱新茂賣地契》：“自送之後，或溝廊門路聽吳家隨便通行，朱不得言説。即異日朱家亦不得言湊言贖，别生枝節之理。”（選輯 689）

通過比較例（6）“四圍門路廊溝俱全通行”與例（10）“溝廊門路俱得出入通行”，可以看到，二者的契約内容、句式結構及用詞用語都基本相同，據此推斷“溝廊”實為“廊溝”的同素逆序詞，是地下排水溝之義。

“溝廊”有時還寫作“溝塱”。例如：

(12)《清乾隆五十六年（1791）郭先登、鄭孚便等同立合約字》：“玆央姻亲調處，其正厝及下落聽鄭溝塱出水，其溝塱滴水外，俱係郭家山界，鄭不得築掩蓋護，張碓凿廁等情。”（綜錄 79）

(13)《清道光十年（1830）蘇超得、岳同立賣斷推關插花契》：“一、限右畔外護如黄起蓋滴水及築溝塱，聽其自便，不敢阻當，再照。”（綜錄 72）

此二例“溝塱”之“塱”為“廊”的換旁俗寫。因為修建下水道所用的磚、石、沙等建築材料和“土”相關，而“廊溝”又是在地下，與土層接觸，從義類相關的角度而言，寫作帶“土”旁的“塱”更具表義性。例（13）的“起蓋滴水及築溝塱”，意思是修建屋檐，築造地下排水溝。

**【披榭/撇榭】**“偏廈”的俗稱，指正房側面簡陋的小屋。

(1)《清道光十三年（1833）寧德縣志矼典厝湊契》：“立湊斷契弟志矼，原自己手置有厝屋壹座，坐址南門樓下街四扇三間兩榭，坐東向西，内抽出右邊正厨房壹堵，榭貳堵，共成叁堵。”（選輯 676）

(2)《清光緒三年（1877）寧德縣物華典厝契》：“立典契堂叔物華，原祖上遺下有厝屋壹座，坐址西門里，六扇五間，内抽出右邊正房壹堵，前榭乙堵，斗廊乙堵，共應叁堵，上至椽桁磚瓦，下至地基磉石，中至樓，門窗户扇一切俱全，門路廳漢出入通行。”（選輯 705）

(3)《清光緒二十二年（1896）連江縣金銓賣厝契》：“立賣斷契房侄金銓，原祖遺份下有厝屋壹座，坐址本里南門墩西關内，坐西朝東，肆扇叁間貳榭，前後書院。”（選輯 712）

(4)《清光緒二十八年（1902）侯官縣林達爐典厝契》：“立典契林達爐，

原有自己手置伍柱四扇叁間排叁面风火墻壹座，坐產閩邑时升里對湖地方，內拨出西邊半爿，後榭壹堵，前後大房貳堵，前書院係前貳堵，前後廳通行通用，……其前榭屋至路，上至椽桁磚瓦，下至地基，褖右地樓坪地坪門窗戶扇一切俱全，六至俱載明白。”（選輯 714）

“榭”在古代指無室的廳堂。《爾雅·釋宮》云：“室有東西廂曰廟，無東西廂有室曰寢，無室曰榭。”晉郭璞註：“榭即今堂堭。”宋邢昺疏：“堂堭即今殿也。殿亦無室，故云即今堂堭。”例（1）—（4）之“榭”是否亦為此義？鄭麗生（2009：104）曾言道：“榭呼披榭，又曰撇榭。”也就是説，漳州話把“榭”叫做“披榭”，又稱為“撇榭”。這在福建民間契約文書里亦見使用。例如：

(5)《清咸豐元年（1851）侯官縣世傳等典厝契》：“立典契弟世傳同弟世忠，承父鬮分下有厝屋三間，坐址本鄉地方，土名寨下，厝左邊二官房前中間乙間，又撇榭貳間，上至椽瓦，下至地基地，以及門窗戶壁俱全。”（選輯 692）

(6)《清同治四年（1865）閩清縣黃乾修承佃契》：“又瓦蓋撇榭一直，並牛欄糞廠廁廳杂樹等，承來耕作住居。”（選輯 515）

(7)《清同治十年（1871）侯官縣見禄典厝契》：“立典契侄見禄，承父手置坐產七都地方，土名本厝左邊外還〔横〕厝披榭壹楹。”（選輯 702）

(8)《清光緒六年（1880）侯官縣蘇門吴氏典厝契》：“立典斷契蘇門吴氏，承祖遺下鬮分內有房屋壹所，坐址本厝右邊貳官房前概上下樓，並撇榭前概上下樓，及過水地，並洋溝門路，上至椽桁瓦地，下至基地，四圍尢枋板壁俱全，四至明白。”（選輯 707）

(9)《民國十三年（1924）罗源縣藍保同房產賣斷契》：“立賣斷牛欄樓頂厝楹契　保同自己份下有牛欄樓頂厝楹二楹，上至椽尾，下至保春牛欄，左至樓頂撇榭，右至保平杨己樓頂為界，四至明白。”（畲族下 386）

例（5）—（9）之“披榭”“撇榭”，辭書不載。劉學洙（2003：2—3）在《老家留下兩棵樹》一文中寫道：“福州老式民居，器局大小殊異。……前廂房窗前祇有一米左右的前廊。廊下是左右兩間小偏廈，福州話叫‘披榭’，屬於非正屋。大戶的‘披榭’可住人，我家的太窄，祇能堆點過年大燈籠等雜物。”據此可知，“披榭”是閩方言俗語詞，為“偏廈”之俗稱，“偏廈”指位於正房側面的簡陋小屋。這裏需要注意的是，“廂房”也是在正房的兩旁，但“廂房”與“披榭”“撇榭”的功能和位置有所不同。前者通常由家庭中的晚輩子孫們居住，是位於正房之前分列左右立面相向的房屋；後者的面積較小，可用於堆放雜物，或作廚房，亦能住人，在天井的兩旁。這在近代福建史志資料中有相關的描寫。如嚴復故居：“入正門，迎面為一座木構三間排古式的房屋，中為正廳，左右為廂房；天井左右為披榭。”（王鐵藩 2011：17）沈葆楨故居：“廳堂中施屏門，隔出小後廳，後廳兩側廂房，通連大廳堂稍間，供起居用；堂後小天井兩側建有小披榭，供下人使用。”（盧美松 2007：58—59）林述慶故居：“林述慶故居在閩安鎮西山大埕里，面向西北，土木結構，兩邊設封火墻，面寬 11.1 米，進深 14.4 米。由前後廳堂、左右四間廂房、兩間披榭、一個天井組成。”（黃榮春 2009：500）陳紹寬故居：“故居分三進，横列六扇五間排，一進左右計四間廂房，中間一廳，前天井左右，各有撇榭兩間。”（福州市郊區建設局 1994：146）嚴復、沈葆楨、林述慶、陳紹寬等都是福建福州人，他們的故居佈局可能會有所差異，但在同一個地區里，其房屋的結構必定有其相同之處。根據上述史料可知，“廂房”與“披榭”“撇榭”確實是兩種不同類型的房子，這也就决定了它們的功能和位置不同。例（5）“撇榭貳間”，即偏廈兩間。例（6）“直”，方言量詞，相當於“排”。“瓦蓋撇榭一直”，意為包括瓦片、屋頂在内的一排小屋。例（7）“還〔横〕厝披榭壹樫”，其中“還”是“横”的借音字，清代福州話，“還”與“横”同音，都讀作 huaŋ，陽平調（陳澤平 2010：124）。“樫”，量詞，是“間”的同音借字。“横厝”指主建築兩側的兩列房屋，因其方向為横向，故而得名。這句話的意思是横厝内偏廈壹間。

**【受種子/受種/受子】**播種種子，通過種子數量的多少來表示田地面積的大小。

（1）《明正德三年（1508）郭天德立賣契》：“立賣契人郭天德，承祖有民田壹段，坐落雍溪村，土名起墘，大小共壹拾壹丘，受種子壹斗官，年載租穀叁佰斛。”（綜錄 87）

（2）《明萬歷年間郭子誼立送賣契》：“立契人郭子誼，祖有民田一段，坐落雍溪村，土名草埔头，受種子三斗鄉，年載租八石，每石四十五斤。”（綜錄 88）

（3）《明崇禎十七年（1644）陳扬南立送賣契》：“立契陳扬南，有民田貳段，坐落本縣，土名卢坂及罗哩舌等處，受種子二石三斗鄉，租穀二千三百斤，載官納租民米陆斗四升九合八勺六抄。”（綜錄 89）

“受種子”一詞，黑學靜（2016：92）釋為“播灑種子”。可從之。所舉例證為：《清乾隆三十六年（1771）君定立賣水田契》：“立杜盡契人君定，今因缺銀費用，祖父分下有水田一段，貫在乌石，土名東林，受種子乙石，載租伍石貳斗，配民米伍升。”（典藏 9）關於“受種子”的時代問題，據我們考察，在福建契約文書中，該詞出現的時間大致在明代，較早的用例是《明正德三年（1508）郭天德立賣契》，即例（1）。上引契約文書中，沒有説明所賣“民田”的面積，而是用“受種子”數量來表示典賣田地面積的大小。其實，播種量多少與土地面積是成正比的，一定數量的種子衹能種植與之相應大小的土地。因此，“受種子”當訓作播種種子，通過種子數量的多少來表示田地面積的大小。

“受種子”省略“子”後，即“受種”。例如：

(4)《明崇禎七年（1634）侯官縣張秋賣田契》：“□□□契人張秋，承父在日用□銀叁兩陆錢正，憑中鄭奇泉民，買得鄭佛新民田根一號，坐產湯院地方，土名坐落□□受種租額，俱載原契明白。”（選輯 2）

(5)《清順治十一年（1654）寧德縣吳朝育賣田契》：“立賣契人吳朝育，今因無銀使用，自心情願將出租田乙號，坐落閩杭，土名過東坑，與克繩得本共管，受種八斗，己合貳斗。”（選輯 4）

(6)《清康熙二十四年（1685）陳寅立典地契》：“立典契人陳寅，承祖有地叁坵，受種貳斗，帶井壹口。坐落乌林鋪前葉家祖墓口。”（典藏 1）

(7)《清乾隆四十年（1775）裕士立斷佃田契》：“立斷佃田字侄裕士，有承管的周禮公佃田壹段，坐在本鄉，土名黄坑坂，每年載大租十六碩，受種貳拾斤。”（綜錄 52）

(8)《清嘉慶十九年（1814）陳門曾氏立轉典契》：“立轉典契人陳門曾氏，承先夫東有水田乙段，貫在□番，土名棕仔崁，受種載租登在前轉典契內。”（典藏 27）

(9)《清同治二年（1863）福清縣翁明科園坪賣斷契》：“立賣斷契　翁明科今因乏用，將自己有荒園一十四號，坐落鳳嶺山，计受種六斗地，其土名、四至、坵塅開列于後。”（畲族上 457）

(10)《清光緒三十四年（1908）福清縣钟聖銀田地典契》：“又得林臣春宗一號，受種二斗二升地；又林臣章宗二號，受種一斗三升地。”（畲族下 282）

劉澤民（2007：25）將“受種”釋為“開墾田園授給耕佃種子或種苗，穀物以面積計算，番薯則以枝條計算”。如《清雍正十三年（1735）林鏇任立賣田契》：“立賣田契人水里社林鏇任，有自墾水田叁段，共柒坵。受種肆石，共田肆甲零伍釐，年載租粟完納。”（孔昭明 1987a：189）《清道光十五年（1835）廣濟祖師廟產碑記》：“買過林欽水田貳段，坐址在南埔洋頂壹段，受種肆分，東至圳，西至林家田，南至圳，北至圳。”（孔昭明 1987b：75）《清光緒七年（1881）黃旋叔立賣盡杜根契字》：“立賣盡杜根契字人彰化縣海豐港保producing番勢厝莊黃旋叔，有承祖父鬮分應份物業壹坵，受種地瓜叁萬藤，地坐落土石在副瀨莊後。”（孔昭明 1987c：613）對於清代臺灣契約文書中的“受種”而言，劉氏的釋義是正確的，然其與福建契約文書的“受種”之義不盡相符。通過對上下文語例進行比較，可以發現，二者出現的語境不同。前者已經知道田地的具體面積，如“肆甲零伍釐”“肆分”，其中

“甲”乃量詞，荷蘭語，臺灣人沿用之，“一甲”相當於中國十三畝三分一釐（連橫1978：31），然後根據田地面積的大小來播種種子；後者則是通過播種種子數量的多少來表示田地面積的大小。可見“受種子”“受種”在契約文書裏不衹一个意思。

“受種子”有時又可簡作“受子”。例如：

（11）《清康熙四十八年（1709）趙華□立典契》：“立典契人趙華□，置有苗田□，坐落嶺後土　仔崎水硿□田水路，大小丘□不等，共受子六斗，年穀五石二斗大。”（綜錄 138）

（12）《清乾隆九年（1744）南安縣張士旺賣佃園契》：“立賣契人張士旺，有承父應分佃園一段丘不等，受子半斗，及什木在內，及山乙所，年內自己租叁分，坐本都垵柄鄉，土名山猪空石路下相叠浦，內年載陳宅租叁分。”（選輯 382）

（13）《清道光二十四年（1844）家守兄立賣田契》：“立賣契人家守兄，有承父應分租佃乙段，受子貳升半。坐址本鄉土名番客寮厝脚出泉圻乙圻。”（典藏 34）

（14）《清咸豐八年（1858）南安縣孝蔣賣田契》：“立賣契人弟孝蔣，有承父應得佃田三段四丘，受子八栳大，坐在本都马塘洋，土名壩乌，年載本宗租二栳大。”（選輯 179）

民間契約文書有大量使用套語句式的特點（黑維強、賀雪梅 2018），通過比較例（11）“受子陸斗”與例（1）“受種子壹斗”可知，它們用詞用語、句式結構、表達意思皆一致，據此推知，“受子”實為“受種子”的省略形式。

**【俥算/件算】**放高利貸。

（1）《清乾隆六十年（1795）屏南縣藍國壽田產典契》：“其錢立契之日即交足訖，無挂分文。其田自盡之後，田任叔起業召佃耕作。中間願賣願盡，並無抑勒俥算等情。”（畲族上 287）

（2）《清嘉慶十一年（1806）屏南縣藍登和田產典契》：“其田隨契即退與藩前去管業耕作，中間兩相情願，並無俥算勒抑以及重張典挂等情。”（畲族上 299）

（3）《清嘉慶十年（1805）張方瑜立典契》：“其樓屋任名管業收租，中間明典，並無相貪俥[illegible]以及重張典掛他人財物等情。”（民間 6/227）

（4）《清嘉慶十六年（1811）張鶴齡立斷契》：“其墩隨退與恒子孫永遠管業，中間明賣明斷，不相貪俥[illegible]以及重典他人等情。”（民間 6/229）

（5）《清嘉慶十七年（1812）張欽耀立典契》：“其田自典以後，即退與則吉起業收租，中間明典，不是相貪俥[illegible]等情。”（民間 6/231）

（6）《清咸豐五年（1855）古田縣包邦敬佃田根賣斷契》：“其田自願永斷葛藤之後，任攀子孫永遠耕作管業，且敬兄弟不敢阻當異言。中間现錢交關，並無勒算情由。”（畲族上 424）

（7）《清同治二年（1863）屏南縣藍兴柱田產貼契》：“柱今因無錢使用，自情願求托中人進前勸谕茂等處貼出契價銀六兩文正，每兩的錢八百文算，其銀立契之日是柱亲收足訖，無少分釐。中間願貼願受，並無相貪俥算等情。”（畲族上 460）

（8）《清光緒三十二年（1906）屏南縣藍宗可田產典契》：“其年限言約七年满足任可備價贖回，若無力任要管業，中間授受清楚，並無抑勒俥算等情。”（畲族下 266）

《漢語大字典·人部》（2010：191）：“俥，船上動力機器的簡稱。”上舉例中之“俥”恐非此義。例（1）的“中間願賣願盡，並無抑勒俥算等情”，這是買賣雙方在立契交易時必須要寫明的擔保性套語句式。其中“抑勒”與“俥算”並列使用，它們不是近義詞，而是同類詞。“抑勒”是勒索、克扣的意思，“俥算”之“俥”是閩方言俗字，其本字是“車”，義為轉動，這裏喻指高利放貸。《戚林八音》云：“俥，重利盤剥。”李如龍等（2001：354、357）校註：“《康》（按：《康熙字典》）無。乃方言俗字。本字即‘車’。福州話把車輪滾動叫‘俥’。又以此比喻高利貸滚利的盤剥行為。”又曰：“‘車’，指高利貸盤剥，那種利息轉作本金，本金又生息正似車輪滚動，所以福州人稱之為‘車’。”因此，“俥算”當訓作放高利貸。例（2）“俥算勒抑”與例（1）“抑勒俥算”的語序顛倒，故“勒抑”是“抑勒”的同素逆序詞，二者意思相同。例（3）—（5）是《民間》的用例，該書衹有原件圖片，無錄文。引例中的“笑”“筭”“笶”都是“算”的俗字。“筭”為“筭”的訛變俗寫；“笶”即“笶”字，“笶”是“算”之俗寫。《宋元以來俗字譜》：“算，《東牕記》《嶺南逸事》作‘笶’。”（劉復、李家瑞 1957：61）是其證。“笑”，從字形上看似“笑”字，實為“笶”的省筆俗寫。這三例的“相貪”與“俥算”也是同類詞，“相貪”指侵占貪圖。例（3）“並無相貪俥算以及重張典掛他人財物等情”，意思是並沒有侵占、放債以及重複典當掛欠他人金錢物品等情況。例（6）“勒算”是“抑勒俥算”的縮略形式。如《清道光二十九年（1849）屏南縣藍氏合族田產賣契》：“中間合鄉喜悦願賣，並無抑勒俥算等情。”（畲族上 395）即其例。

“俥算”有時寫作“伡算”。例如：

（9）《清乾隆十八年（1753）屏南縣藍繼經田產典契》：“其田明買明賣，並無伡算等情。其田不明，係是經出头抵擋，不涉買主之事。”（畲族上 259）

（10）《清道光三十年（1850）古田縣钟起珠房產賣斷契》：“此房屋係珠鬮

分己份，與别房伯叔兄弟侄無干，中間清楚交闗，並無抑勒仵算等情，其屋亦未曾重挂他人財物。”（畲族上 403）

（11）《民國拾年（1921）古田縣钟國智佃田當契》：“其田自根之後，隨批即退與泉前去耕作還租管業，且智等房众不得異言阻擋。中間明買明賣，並無仵算勒迫情由。”（畲族下 365）

《畲族》一書衹有錄文，無原件圖片。該書的編者在“後記”中說道：“原文中的繁體字、古今字、異體字盡量改用簡化字”，但“俥算”之“俥”字卻有繁簡兩種不同的寫法。通過比較發現，例（1）（2）（7）（8）用的是繁體“俥”字，而例（9）一（11）用的是簡化“仵”字。為何會有此特殊情況呢？我們推測，編者或許知道“俥”在閩語里的意思，所以本着“力求最大限度地保存古籍原貌”的原則，對原件的繁簡“俥”“仵”字不做改動。

**参考文獻**

陳娟英，張仲淳. 廈門典藏契約文書. 福州：福建美術出版社，2006.

陳澤平. 19 世紀以來的福州方言——傳教士福州土白文獻之語言學研究. 福州：福建人民出版社，2010.

陳支平. 福建民間文書. 全六冊. 桂林：廣西師範大學出版社，2007.

馮愛珍. 福州方言詞典//李榮. 現代漢語方言大詞典：分卷本. 南京：江蘇教育出版社，1998.

福建師範大學歷史系. 明清福建經濟契約文書選輯. 北京：人民出版社，1997.

福州市郊建設局. 福州市郊區建設志. 北京：中國建築工業出版社，1994.

漢語大字典編輯委員會. 漢語大字典. 第 2 版. 第 1 卷. 成都：四川辭書出版社/武漢：崇文書局，2010.

黑學靜. 廈門典藏契約文書語詞釋例. 懷化學院學報，2016（8）.

黑維強，賀雪梅. 論唐五代以來契約文書套語句式的語言文字研究價值及相關問題. 敦煌學輯刊，2018（3）.

許寶華，宮田一郎. 漢語方言大詞典. 北京：中華書局，1999.

黃榮春. 福州市郊區文物志. 福州：福建人民出版社，2009.

孔昭明. 清代臺灣大租調查書. 臺北：臺灣大通書局，1987a.

孔昭明. 臺灣南部碑文集成. 臺北：臺灣大通書局，1987b.

孔昭明. 臺灣私法物權編. 臺北：臺灣大通書局，1987c.

連橫. 臺灣語典//沈雲龍. 近代中國史料叢刊續編. 第五十一輯. 臺北：文海出版社，1978.

李燦煌等. 晉江民間風俗錄. 廈門：廈門大學出版社，2010.

李如龍，王升魁. 戚林八音校註. 福州：福建人民出版社，2001.

李如龍，姚榮松. 閩南方言. 福州：福建人民出版社，2008.

李如龍. 東南亞華人語言研究. 北京：北京語言文化大學出版社，2000.

劉復，李家瑞. 宋元以來俗字譜. 北京：文字改革出版社，1957.

劉學洙. 老家留下兩棵樹//劉學洙. 大營巷舊事. 福州：海峽文藝出版社，2003.

劉澤民. 臺灣古文書常見字詞集. 南投：臺灣古文書學會，2007.

盧美松. 福州名園史影. 福州：福建美術出版社，2007.

南靖縣地方志編纂委員會. 南靖石刻集. 福州：海潮攝影藝術出版社，2007.

王建設，張甘荔. 泉州方言與文化. 下. 廈門：鷺江出版社，1994.

王鐵藩. 嚴復家鄉陽岐調查記. 1993 年//蘇中立等. 百年嚴復：嚴復研究資料精選. 福州：福建人民出版社，2011.

王永鑫. 語言論稿. 北京：中國文聯出版社，2002.

楊國楨. 閩南契約文書綜錄. 中國社會經濟史研究，1990 增刊.

張嘉星. 漳州方言童謠選釋. 北京：語文出版社，2006.

張忠發. 福建省少數民族古籍叢書・畲族卷・文書契約. 上下. 福州：海風出版社，2012.

鄭國權. 泉州明清戲曲與方言——《泉州傳統戲曲叢書》編校札記. 北京：中國戲曲出版社，2000.

鄭麗生. 鄭麗生文史叢稿. 上. 福州：海風出版社，2009.

周長楫，歐陽憶云. 廈門方言研究. 福州：福建美術出版社，1997.

周長楫. 閩南方言常用小詞典. 福州：福建人民出版社，2007.

周長楫. 閩南方言大詞典. 修訂本. 福州：福建人民出版社，2006.

周長楫. 閩南方言俗語大詞典. 福州：福建人民出版社，2015.

周焜民. 泉州古城踏勘. 廈門：廈門大學出版社，2007.

周學曾等. 晉江縣志. 福州：福建人民出版社，1990.

# Textual Research on Five Words in Fujian Folk Contract Documents

Huang Wenhao

**Abstract**: Fujian folk contract documents are precious historical documents in Fujian area. They are valuable literature and linguistic corpus. By using the methods of exegetic, comparison and dialect evidence, the paper explores and interpretes five words with regional characteristics namely, "*cuchi*, *shique*, *cechi*, *cesuo*"（粗池、石礐、廁池、廁所）. In other words, it is the latrine. "*Langgou*, *langgou*, *langgou*, *goulang*, *goulang*"（廊溝、榔溝、郎溝、溝廊、溝榔）means underground drain. "*Pixie*, *piexie*"（披榭、撇榭）are commonly called "*pianxia*"（偏廈）, that is, shabby hut on the side of the main room. And "*shouzhongzi*, *shouzhong*，*shouzi*”（受種子、受種、受子）means sowing seeds. “*Chesuan*，*chesuan*”（俥算、伡算）means loaning sharking.

**Keywords**：Fujian；contract documents；words；textual research

（黃文浩，華東師範大學國際漢語文化學院）